U0960011

高等院校精品规划教材——教育学相关专业

学与教的心理学

主　编　曾跃霞　陈红艳
副主编　张明娥　谭蔚然

天津大学出版社
TIANJIN UNIVERSITY PRESS

内容提要

本书根据教师教育课程质量标准、教师资格考试大纲、学生的心理特点和教师的教学需要，按心理学基本原理、学习心理、社会心理、健康心理、发展心理5大模块组织内容，具体包括12章，即心理学概述，心理的实质，心理动力——需要与动机，心理操作——感觉、知觉、记忆、思维，心理体验——情绪与情感，心理状态与调控，个性差异——智力，个性差异——人格，学习心理，社会心理，心理健康与心理咨询，毕生心理发展。

本书可供教育学相关专业的学生学习使用，也可供其他心理学学习者使用。

图书在版编目（CIP）数据

学与教的心理学／曾跃霞，刘运芳主编．—天津：天津大学出版社，2014.8 （2021.8重印）
高等院校精品规划教材．教育学相关专业
ISBN 978－7－5618－5166－1

Ⅰ．①学… Ⅱ．①曾… ②刘… Ⅲ．①教学心理学—高等学校—教材 Ⅳ．①G441

中国版本图书馆CIP数据核字（2014）第190700号

出版发行 天津大学出版社
地　　址 天津市卫津路92号天津大学内（邮编：300072）
电　　话 发行部：022－27403647
网　　址 publish. tju. edu. cn
印　　刷 廊坊市海涛印刷有限公司
经　　销 全国各地新华书店
开　　本 184mm×260mm
印　　张 18.5
字　　数 462千
版　　次 2014年9月第1版
印　　次 2021年8月第5次
定　　价 38.00元

前　言

心理学课程是职前教师教育专业的教育类核心课程，是提高教师自身素质进而适应教师专业化发展需要的必修课程，对于国家基础教育教师的培养具有深刻的影响。

心理学的国内外研究成果非常丰富，根据编者收集的材料统计，近30年来出版的供师范院校使用的心理学教材就有500多个版本。这些教材各有所长，根据教学、资格考试或者其他的需要确定内容体系，这无疑为后来者提供了多样化的选择。

自从严格实行教师资格证考试制度以来，教师教育类课程的内容与结构发生了很大的变化，“理论够用，实践取向”的方针使得传统的心理学课程不断朝着应用型、案例型方向发展。2011年，教育部颁布了《中小学和幼儿园教师资格考试标准及大纲（试行）》和《关于大力推进教师教育课程改革的意见》（教师〔2011〕6号），后者当中的《教师教育课程标准（试行）》明确“教师教育课程目标与课程设置”的建议，并指出“教师教育课程标准体现国家对教师教育机构设置教师教育课程的基本要求，是制定教师教育课程方案、开发教材与课程资源、开展教学与评价以及认定教师资格的重要依据”。同年又开始了国家教师资格考试新方式的试点，确立了“国标、省考、县聘、校用”的新模式。

基于上述我国当前教师教育课程改革的背景，本书在内容的组织上考虑了教师教育课程质量标准、教师资格考试大纲、学生的心理特点、教师的教学需要四个方面的因素，我们力争使本书符合国家心理学课程标准、学校心理学课时设置、学生学习特点，并满足学生参加教师资格考试的要求。内容具体由心理学基本原理、学习心理、社会心理、健康心理、发展心理五大模块组成，突出儿童发展和学生认知与学习两个方面的思想，基本涵盖了国家教师教育课程标准中的心理学知识体系。

教学是教师和学生双边活动的过程，教师的主导作用和学生的主体地位都需要得到合理的体现，教学的质量和效果最终要由学生的学习结果来说明。教学既要考虑教师的知识与技能，也要考虑学生的心理特点和学习规律，因此本书的内容总体上体现了“教”者知识与“学”者知识结合且“学”者知识优先的原则。

本书具有两个特点。首先，这是第一次对心理现象按机能系统分类，将心理现象按照心理动力系统、心理操作系统、心理体验系统、心理调控系统进行组织，此种分类法比传统的认识过程、情感过程、意志过程分类法更加形象，更容易被学生理解。其次，打破学科固有知识体系，不以任何独立的学科知识体系为线索，而是以教师教与学生学的知识需求为组织内容的标准，重点涵盖了学生今后职业发展需要的多方面的心理学知识。

本书由曾跃霞和陈红艳任主编，张明娥和谭蔚然任副主编。全书最后由曾跃霞和陈红艳统稿并定稿。

在本书编写过程中，我们参阅、引用了很多专家和学者的研究成果，在此谨向他们致以诚挚的谢意！

由于编者思想与知识方面存在局限，本书在结构体系、内容组织、文字处理等方面可能存在不妥之处，诚望专家和读者批评指正。

曾跃霞　陈红艳

目 录

第一章　心理学概述

学习要求

1. 概念识记：心理学、自然实验法、格式塔心理学。

2. 分析理解：心理学的学科体系、西方心理学的发展脉络、中国心理学的发展进程。

3. 思考运用：运用观察法观察一个同学在一次集体活动中的表现，并对其表现进行客观陈述。

现在，你面对的是一门被描述为千年渊源、百年历史的科学，即心理科学。无论你是否喜欢它，既然学校安排了这门课程，就说明至少在学校看来，这门科学对完善你的知识结构来说具有必要性，所以你必须了解它。

了解一门科学要做的第一件事情，不是急于去关注它内部细节上的概念、规律、公式等，那是以后的事情。那第一件事情是什么呢？第一件事情是站在这门科学的外围远观它，从而形成关于这门科学的宏观概念，如它在人类浩繁的科学领域中处于什么样的位置；它是研究什么的，是如何去研究的；它从哪里开始，现在状态如何，可能去往何方等。这样即使你还不知道这门科学内部细节上的问题，但保证你已经了解了走进这门科学的正确大门。本章将带你远观心理学，树立心理学的宏观概念。

第一节　心理学的研究对象、学科性质和学科体系

一个完整意义上的人，皆由两个部分构成，即血肉之躯和心灵之所。躯体活动表现出的现象如生老病死等称为生理现象，心灵活动表现出的现象如喜怒哀乐等则称为心理现象。心理学正是研究人类心理现象、揭示人类心理规律的科学。

一、心理学的研究对象

（一）人的基本心理现象

人不是机器，但把人比作机器却可以帮助我们更形象地理解人。假如把人比作机器，那么这台机器具有身体和心灵两个系统，正是两大系统协调的活动使人身心正常运转。人的身体由骨骼系统、神经系统、消化系统、血液循环系统等有机地构成，以维持身体正常持续的活动。人的心灵则由动力系统、操作系统、体验系统和调控系统构成，以实现心灵

正常持续的活动，构成这个复杂心灵系统的元素正是人的基本心理现象。

1. 心理动力系统：需要、动机

需要、动机是人心理活动的最根本的激发因素，是人的心理和行为的动力所在。人有各种需要，如需要饮食、需要保暖、需要友谊、需要面子等。人的一切活动，无论是简单的还是复杂的，都是在某种需要的推动下进行的。模糊意识到的需要叫意向，明确意识到的需要叫愿望。当需要激起人的行动并具有具体的行动目标时，需要转化成动机。需要是动机的基础，动机是需要的动态表现。

2. 心理操作系统：感觉、知觉、记忆、思维

感觉、知觉、记忆、思维是心理的操作、加工程序，是人们获取知识和运用知识的过程，也被称为认知过程或认知方式。感觉是运用人体的五个感官——眼、耳、鼻、舌和皮肤获取事物个别属性的信息，如颜色、明暗、声调、气味、粗细、软硬等的过程。知觉是对感觉信息整合并解释的过程，它反映事物的整体及其联系，如由鼻子、尾巴、耳朵等按特有的方式构成的大象整体，同时具有声、色、结构等的整体花园等。感知过的经验能贮存在头脑中，必要时还能提取出来，这叫记忆。人还具有将记忆积累的素材通过比较、分析、概括等方法使之发生质变的功能，这就是思维。思维使人对事物的认识实现由表及里、由浅入深、由此及彼、去伪存真的转变，是智慧的核心。

3. 心理体验系统：情绪、情感

情绪、情感不具有反映客观事物是什么、为什么、怎么样的功能，情绪、情感表达的是客体与个人意愿的关系。若客体与个体意愿的关系是正向的，则令个体产生积极的情绪、情感体验，如高兴、崇拜、尊重、自豪、爱等；若客体与个体意愿的关系是负向的，则令个体产生消极的情绪、情感体验，如痛苦、愤怒、鄙视、伤心、痛恨等。个体意愿的主观性、复杂性与客体的多侧面性，常常导致人的情绪、情感的纠结，如悲喜交加、爱恨交织等。

4. 心理调控系统：意志

如同汽车有时需要加速，有时需要减速一样，心理活动一样需要调节和控制，实现这个调控功能的系统就是意志。意志主要在人的目的性行为中发挥作用，保证个体发动和维持与目标一致的行为，约束那些有违目标的行为。比如，人有追求身体和心理健康的基本目标，意志的作用表现为约束那些有损身心健康的行为：该睡觉了，结束游戏；去跑步吧，身体会很棒；不能再沉湎于悲伤了，要接触阳光的事物；康复运动很辛苦，但一定要坚持……人都有意志，只是调控能量有强弱的区别。

（二）人的心理现象的延伸

需要、动机、感觉、知觉、记忆、思维、情绪、情感、意志是每一个人都具有的基本的心理现象，这些心理现象可以理解为人的心理的基本构成元素。这些元素以不同的特点与不同的人结合，就体现为个性心理；个体出现在不同的社会环境中，就体现为社会心

理；人的心理在不同的应用领域里也有特殊的活动规律，体现为多种应用心理；人的心理还表现出不同的状态……由此便产生了丰富多彩的延伸的心理现象。以下仅就个性心理、社会心理、发展心理、病态心理四个方面对延伸的心理现象进行介绍。

1. 个性心理现象

每一个人都有相同的基本心理元素，但不同的人心理元素的特点是不一样的。相同的心理元素以不同的特点组合在一个人的身上就表现出丰富的个性心理现象。如有的人追求物资条件的满足，有的人特别重视精神生活的充实，这是需要的差别；有的人敏感，有的人迟钝，这是感觉和知觉的差别；有的人肤浅，有的人深刻，这是思维的差别；有的人淡漠，有的人热情，这是情绪、情感的差别；有的人坚强，有的人脆弱，这是意志的差别。因为这些差别，我们就会看到表现出不同精神面貌的人，如我们可以这样描述张三：他很“物质”、感觉敏锐、记忆能力强、思维肤浅、感情冷漠、意志薄弱等；可以这样描述李四：重精神追求、思维深刻、为人热情、意志坚强等。这种不同人表现出的不同的心理现象叫个性心理现象。为了表述与信息传递的方便，心理学将人的个性心理现象概括为两个方面：智力与人格。智力指人的操作系统的特征，人格指人的操作系统之外的即非智力的其他心理因素的特征。

2. 社会心理现象

心理学主要研究人的心理现象，人是社会的人，总是与其他社会成员发生种种联系，形成各种社会关系，如民族关系、阶级关系、上下级关系、亲属关系、师生关系等。而且，同一个人在不同的社会环境中，其心理和行为的表现也会有很大的不同。例如，当一个女人和丈夫一起遇到危险时，她的第一反应很可能是躲到丈夫身后；假如她和自己的孩子一起遇到危险，她的第一反应则更可能是冲在孩子前面。人的心理和行为在各种社会关系、社会情境中的表现就是社会心理现象，如流行时尚、社会风俗和偏见、舆论、流言以及团体心理、民族心理等。当然，这些社会心理现象也表现在个体的心理现象之中。如果仅研究个体心理而不从团体或社会情境的角度来加以研究，就无法理解人的社会属性。

3. 发展心理现象

人的心理基本元素的特性不是稳定不变的，而是受先天遗传因素、后天环境因素或自然发展等因素的影响而发展变化的，这种变化就是发展心理现象。如问一个小孩子“你为什么喜欢我?”孩子可能回答“因为你给我好吃的”。问一个青年“你为什么不喜欢我呢?我给了你那么多好吃的!”青年可能回答“喜欢不是吃东西那么简单”，这就是心理的变化、发展、深化。这种变化使人在不同的年龄阶段表现出不同的心理特点。心理学通过研究人一生中不同年龄阶段的心理特点，探讨心理发展的内在机制，以认识人的心理发展规律。

4. 病态心理现象

人生充满矛盾：欲望与现实的矛盾，理智与情感的矛盾，平静与诱惑的矛盾，平庸与荣誉的矛盾……人生的过程，是矛盾形成与矛盾解决的过程，是危机与转机的过程。当矛盾过于严重或危机无法出现转机（也可能有遗传的因素等）就可能造成心理的压力，导致心理异常或心理病态，形成病态心理，如人格异常、心理抑郁、心理强迫等。关注人性迷失现象，对心理异常现象进行分类研究，探讨病态心理的形成原因并帮助病人实现人性复归，维护心理健康，是现代心理学的一项重要使命。

二、心理学的学科性质与学科体系

（一）心理学的学科性质

学科分类中通常把科学分为自然科学和社会科学两大门类。自然科学是研究自然界的物质形态、结构、性质和运动规律的科学，如数学、物理学、化学、天文学、气象学、生物学、医学、材料科学等。社会科学是研究人类的各种社会现象及其规律的科学，如经济学、政治学、法学、伦理学、历史学、社会学、教育学、管理学、人类学、民俗学、新闻学等。

心理学要研究心理现象产生的物质条件，研究人的心理产生的神经生物学基础。在这个意义上，心理学的研究对象、研究目标和手段都和自然科学一样，因而心理学具有自然科学的性质。人是社会的实体，人的心理的产生离不开社会环境的影响，同时心理学研究的团体心理和社会心理等更是社会生活的产物。在这个意义上，心理学的研究又具有社会科学的性质。可见，心理学既具有自然科学的性质又具有社会科学的性质，因此心理学常被界定为中间科学或边缘科学或交叉科学。

（二）心理学的学科体系

心理学目前已经发展为一个庞大的科学知识系统。有的心理学家把心理科学比作科学之林中的一棵大树，它枝繁叶茂，延伸在人类自然科学和社会科学的两大领域中，目前已经发展了100多门分支学科。心理学将这些学科归类为两大领域：基础领域与应用领域。

1. 基础领域

基础领域的心理学指研究心理科学中与各分支心理学都有关的一般理论和一般方法的心理科学。它包括普通心理学、实验心理学、生理心理学、发展心理学、社会心理学、病态心理学等。

（1）普通心理学

普通心理学是研究心理现象的一般规律的科学。它阐述正常人的心理过程和个性心理特征，是心理学最基本、最重要的基础研究。在普通心理学的范围内，按照心理活动的基本过程和个性心理特征，还可分为感觉心理学、知觉心理学、记忆心理学、注意心理学、思维心理学、情绪心理学、动机心理学、智能心理学、人格心理学等分支基础学科。

（2）实验心理学

实验的方法使心理学从哲学中独立出来，进入科学心理学阶段。实验心理学是研究心理实验的基本理论、基本技术并介绍心理学各分支领域中实验研究成果的科学。它研究心理实验的原理、设计、方法、仪器、技术和资料信息处理等相关问题。

（3）生理心理学

生理心理学是研究心理的生理机制的科学。它主要研究感觉、学习和记忆、动机和情绪等各种心理现象的神经机制以及内分泌腺对行为的调节机制等。

（4）发展心理学

发展心理学是研究个体心理发展规律的科学。发展心理学可分为婴儿心理学、幼儿心理学、学龄儿童心理学、少年心理学、老年心理学等分支学科。

（5）社会心理学

社会心理学是研究个体在特定社会、群体条件下，心理、动机、人际关系发生发展及其规律的科学。社会心理学着重探讨个体社会化的条件和规律，个体的社会动机与社会态度的形成，人际关系和群体心理的形成与影响等方面的一般规律。具体地说，它研究社会认知、社会动机、社会态度、社会感情、团体心理以及时尚、风俗、舆论、流言等社会心理现象的特点及其变化发展的条件和规律。社会心理学还包括民族心理学、家庭心理学等分支学科。

（6）病态心理学

病态心理学是用心理学原理和方法研究异常心理或病态行为的表现形式、发生原因和机制及其发展规律，探讨鉴别评定的方法及矫治与预防的措施的科学。

2. 应用领域

心理学的应用领域很广。可以这样说，凡属人类的社会实践领域，都涉及人的心理问题，都是心理学应用的领域。以下对教育心理学、管理心理学、医学心理学、商业心理学、军事心理学、司法心理学、运动心理学进行简单介绍。

（1）教育心理学

教育心理学研究教育教学过程中的各种心理学问题，揭示教育教学与心理发展的相互关系，为教育和培养学生服务。教育心理学可应用于课程设计、教学方法选择、学习动机激发等具体的教学环节中。教育心理学包括德育心理学、学科心理学、教师心理学等。

（2）管理心理学

管理心理学是研究各种管理工作中管理者和被管理者的心理活动规律的科学。它包括行政管理心理学、企业管理心理学、学校管理心理学等。

（3）医学心理学

医学心理学研究疾病的诊断、治疗、护理、预防中的心理学问题，为人的保健事业服务。它包括病理心理学、临床心理学、药理心理学、护士心理学、心理健康咨询学、心理治疗学等分支学科。

（4）商业心理学

商业心理学是研究商品销售过程中商品经营者与购买者心理活动规律的科学。它研究商业人员的选择、培训和职业指导以及消费者的动机、知觉和决策等。它包括销售心理学、旅游心理学、广告心理学等。

（5）军事心理学

军事心理学是研究军事活动中人的心理活动规律的科学。它主要研究战斗时人的行动、指挥员与下属的相互关系、士气、心理战以及掌握军事技术等方面的心理学问题，为提高部队战斗力服务。它包括指挥员心理学、战士心理学、军事工程心理学等。

（6）司法心理学

司法心理学也叫法制心理学。它研究人们在法制活动中的心理现象，主要包括立法、刑事犯罪与诉讼活动、民事法律、社会治安管理、法制宣传及进行其他法律活动过程中的心理学问题。它包括犯罪心理学（刑事心理学）、罪犯心理学、诉讼心理学、侦缉心理学、审判心理学等。

（7）运动心理学

运动心理学也叫体育心理学。它研究人在体育运动、训练、竞赛活动中的心理特点和规律。运动心理学的成果对于教练员与运动员提高体育运动成绩是极为重要的。

还可以列出其他一些心理学的应用分支学科，例如广告心理学、咨询心理学、创造心理学、文艺心理学、交通安全心理学等。基础学科心理学各分支概括心理学的一般理论，为应用学科心理学各分支提供理论依据；而应用学科心理学各分支的发展又为基础学科心理学各分支的概括提供了新的资料。这两个领域的心理学分支是相互联系、相互渗透的。

第二节　心理学的研究目的、研究任务与研究方法

一、心理学的研究目的

科学研究的目的，按照服务层次的不同，一般被划分为四层目标，即陈述、解释、预测、调控。心理学研究和其他科学研究一样，根据不同的研究深度，分为以下四层目标。

（一）陈述心理事实

陈述是将研究问题时所获得的信息，客观地用口头语言或书面语言描述出来。陈述达到研究中的“是什么”“知其然”的目的。科学研究的陈述追求事实的真实性，努力避免主观性。陈述是科学研究的初级阶段。比如，化学里“一把铁锹生锈了”就是一个事实的描述。以心理学研究人类记忆为例，心理学家勒温发现了这样一个心理事实：他经常与学生在咖啡馆会面，坐很长时间，谈笑风生，而在结账时，咖啡馆服务员往往不需要看账单就能准确报出账目，勒温很是吃惊。但有一次，勒温早早结完账，又与学生聊了半个小时，这时再把服务员叫来问刚才的账目，服务员却不记得了。这是一个生活中的心理事实陈述。后来他的学生蔡加尼克设计了一个实验，她分派给被试 22 种繁简不同的任务，如

抄写一首喜欢的诗、倒数数字、演算一道数学题等，完成每种任务所需要的时间大体相等，一般为几分钟。然后设计两个不同的环节，一种情况是让被试不间断地完成任务，直到发现答案为止；一种情况是中途打断，让被试停止操作，而去干别的事情。这里，允许做完和不允许做完的任务的出现顺序是随机排列的。做完实验后，在出乎被试意料的情况下，立刻让他们回忆刚才做了22件什么事情，结果发现，约有50%的任务能被回忆起来；未完成任务平均回想率为68%，已完成任务平均回想率为43%。这是一个心理学实验的事实描述，其中的规律后来就被称作蔡加尼克效应。

（二）解释心理现象

解释是说明事情发生的原因。解释以科学研究的结论为依据，是科学研究的成果体现。比如，化学根据研究结论对“铁锹生锈”做出解释，认为原因是“铁在有水的环境里与氧发生化学反应，生成了一种新的物质氧化铁”。对于人为什么会形成蔡加尼克效应，心理学从人的记忆动机、记忆情绪、记忆环境等方面进行解释，认为是基于三个原因：一是动机，对于未完成的任务个体有继续完成的动机，这种动机要求个体保持对任务的记忆状态；二是没有倒摄抑制的干扰，未完成的工作以一个整体的任务继续存在，记忆效果好一些；三是情绪，对于未完成的任务，往往伴随有个体期待或焦虑的情绪，而情绪对回忆有很大影响。

（三）预测心理事件

预测是根据事物发展的一般规律，对照目前的环境条件对事物发展的一种预见性的推测。人的心理现象虽然纷繁复杂，但还是有规律可循的，心理规律是心理预测的依据。预测要基于某些心理活动与行为之间的因果联系，需要建立在客观的陈述和科学的解释基础上。如根据蔡加尼克效应，教师的“滔滔不绝”“满堂灌”可能不会引发学生的记忆愿望，而巧设悬念、善于布置任务则可能因为引发了学生情绪的张力系统而产生良好的记忆效果。

（四）调控心理活动

调控是以规律为前提，通过改变事件发生的条件，进而改变可能发生的行为或事件的过程。调控的目的是使事件朝着目标规定的方向变化。例如，前面提到的化学现象，当人类了解了铁锹生锈的规律，就可以创造条件，能动地使铁锹生锈或者保持铁锹不生锈。心理调控的实例在生活中也很常见，如根据社会心理学的“从众心理”，国家或集体可以引导舆论方向，小商贩可以做“托”，老师可以巧设情境。例如，有一个老师为了调动学生思考的积极性，在一次上新课的时候对学生说：“我这里有一道难题，本想让你们做一做，可连我都没做出来，看来你们就更难做出来了。”好几个学生立刻请求老师把题写在黑板上。老师装作无可奈何的样子写了题，全班同学都忙碌起来，不一会儿一半同学举起了手。当学生清晰地说出解题思路时，老师故意装出甘拜下风的样子说：“同学们，你们真了不起，看来这堂新课你们自己就能学会，有没有信心?”学生的回答当然是“有”。这就是运用了“禁果分外甜”的原理，激发了学生的挑战热情，收到了良好的效果。心理调控对异常心理、犯罪心理也具有巨大的实践价值。

二、心理学的研究任务

心理学研究目的的实现，必须依赖一个个具体任务的完成。心理学的一般研究任务包括四个方面。

（一）确定心理事实

心理学研究最基础的一项工作是在质上和量上确定心理生活的具体事实。每一种心理事实都有质和量的特点。例如，在研究中学生的成就动机时，就要确定成就动机具有哪些质的和量的特点。学生的成就动机包含回避失败倾向、学业完成倾向、克服困难倾向和社会竞争倾向，这四种倾向的组合就表现为成就动机的质的特点。而表示每种倾向强弱的分数则表现为成就动机的量的特点。每一种心理事实都可以从质和量两个方面来描述。从质上和量上对心理事实进行描述是心理学研究的一项基本任务。

（二）揭示心理规律

心理学研究的第二项任务是揭示心理规律。科学研究不能只限于对心理事实的描述，而应从现象的描述发展为探求其规律。规律意味着每当某种条件具备时，就必然会出现相应的心理事实，例如，“遗忘的速度先快后慢”就是艾宾浩斯（Ebbinghaus，1885）用实验得出的一条规律。

（三）揭示心理机制

心理学研究的第三项任务是揭示心理机制。机制原指机器的构造和动作原理。心理学上借用这一术语是指要了解心理的内在工作方式，包括有关心理结构组成成分的相互关系和变化，这些结构间发生的生理生化变化和相互联系。对心理机制的探讨往往离不开对与之相应的生理机制的探讨。但是，对心理机制的探讨和对生理机制的探讨毕竟是属于心理学研究的不同层次，完全可以非同步地进行。例如，目前在心理学中对思维的生理机制知之甚少，但这并不影响我们对人类问题解决思维机制的研究。

（四）指导实践应用

心理学既是一门理论科学，也是一名应用科学。将心理学理论研究的成果和知识应用到社会生活的各个领域和层面，已经成为当代心理学的重要方向。例如，根据记忆研究，人类揭示了遗忘的规律，能有效地帮助学生科学复习，提高记忆效率；根据心理学揭示的注意规律，商家能进行符合受众心理的广告宣传，促进商品的销售；根据犯罪心理规律，警察能更有效地进行刑侦工作等。目前，心理学在教育、经济、医疗乃至军事等领域都发挥着积极的应用作用。

三、心理学的研究方法

心理现象有神秘的特性，是因为它看不见、摸不着；但心理现象也有普遍性的一面，所谓时时有心理，处处有心理，人人有心理。心理现象的神秘性是人类立志了解心理奥秘的动力之源，而心理现象的普遍性使人类的心理研究成为可能。为了科学地研究人的心理现象，揭示心理的事实、规律和机制，心理学家探索了多种研究方法。这里仅介绍四种基本的研究方法。

（一）观察法

观察法，特指自然观察法，是在自然情境中对被观察者的行为进行系统的观察记录以了解其心理的一种方法。例如，观察学生在听课时的表现以了解其注意力的集中情况，观察学生下课后的行为以了解其个性等。观察法通常是由于无法对被观察者进行控制，或者由于控制会影响其实际行为表现或有碍于伦理道德而采用的。从观察者和被观察者之间的关系来看，观察有两种主要形式：参与观察和非参与观察。前者是观察者成为被观察者活动中一个正式的成员，其双重身份一般不为其他参与者所知晓。后者是观察者不参加被观察者的活动，不以被观察者团体中一个成员的身份出现。无论采用哪种形式，都应在被观察者不知晓的情况下对其进行观察为宜。这样，被观察者的行为表现才自然真实。例如，通过单向透光玻璃或闭路电视录像装置进行观察，被观察者觉察不到有人在观察，就可以观察到其自然真实的行为。

为了避免观察的主观性和片面性，使观察时能够获得正确的资料，在使用观察法时应遵循几项原则：观察必须有明确的研究目的，对拟观察的行为特征要加以明确界定，做好计划，按计划进行观察；观察必须是系统的，而不是零星的、偶然的；必须随时如实地做好记录（如果能用录音机、录像机做记录，效果更好），严格地把传闻与事实、描述与解释区分开来；应在被观察者处于自然状态的情况下进行观察。

观察法是收集资料的初步方法，使用方便，但观察法积累的资料只能说明“是什么”，而不能解释“为什么”。因此，由观察所发现的问题尚需用其他研究方法做进一步的研究。

（二）调查法

调查法的主要特点是，以问问题的方式，要求被调查者就某个或某些问题做出自己的回答。调查法可以用来了解被调查者的机体变量（如性别、年龄、教育程度、职业、经济状况等），反应变量（如对问题的理解、态度、期望、信念、行为等）以及它们之间的相互关系。根据研究的需要，可以向被研究者本人做调查，也可以向熟悉被研究者的人做调查。调查法可分为书面调查和口头调查两种。

1. 书面调查

书面调查也称问卷法，是研究者根据研究课题的要求，设计出问题表格让被调查者自行填写以收集资料的一种方法。这种方法具有向许多人同时收集同类型资料、被调查者时间相对自由、回答比较客观等优点。其缺点是发出去的调查表难以全部收回，被调查者对问题回答的延展性可能不够等。

2. 口头调查

口头调查也称访谈法，是研究者向被调查者提出预先拟好的问题，以一问一答的方式进行调查。访谈法对主持访谈的研究者有较高的要求，他需要营造坦率和信任的良好气氛，并要善于提出有价值的问题和善于启发被调查者。与问卷法相比，访谈法有如下优点：可以直接向被调查者解释访谈的目的，提高他们回答问题的准确程度；可以控制访谈进程，使调查中的遗漏大为减少；可以不同的方式判断被调查者回答问题的真实程度；可以根据被调查者的反应提出临时应变的问题，有可能获得额外有价值的资料。

（三）测验法

测验法就是用标准化的量表来测量被试心理特点如智力、性格、态度以及其他个性特征的方法。测验的种类很多：按一次测量的人数，可把测验分为个别测验和团体测验；按测验的目的，可把测验分为智力测验、特殊能力测验和人格测验等。

用标准化的量表来测量心理特征时应注意几点：选用的测量工具应适合研究目的的需要；主持测验的人应具备使用测验法的基本条件，如口齿清楚，态度镇静，了解测验的实施程序和指导语，有严格控制时间的能力；主持测验的人能按测验手册上载明的实施程序进行测验并严格按测验手册上载明的方法记分和处理结果；测验分数的解释应有一定的依据，不能随意解释。

观察法、调查法和测验法可以用来发现变量之间的相关程度，即关系的疏密程度，但却不能确定它们之间是否存在着因果关系。确定变量之间的因果关系，必须借助于实验法。

（四）实验法

实验法就是在控制的情境下系统地操纵某种变量的变化，来研究此种变量的变化对其他变量所产生的影响的方法。由实验者操纵变化的变量称为自变量或实验变量（通常是用刺激变量），由实验变量而引起的某种特定反应称为因变量。实验需在控制的情境下进行，其目的在于排除实验变量以外一切可能影响实验结果的因素（无关变量）。在实验中，实验者系统地控制和变更自变量，客观地观测因变量，然后分析因变量受自变量影响的情况。因此，实验的价值在于不但能说明问题“是什么”，而且能进一步探求问题的根源即“为什么”。实验法分为实验室实验和自然实验。

1. 实验室实验

实验室实验是在严密控制实验条件的情况下借助于一定的仪器所进行的实验。例如，为了比较人的视觉和听觉简单反应时间的差异，在实验中布置好电秒表，光、声刺激器，电键等仪器，令被试将一只手放在电键上，要求他当看到（或听到）信号时，便立即按下电键，经过多次实验，便可发现它们在统计学上有无差异。实验室实验的最大优点是，对无关变量进行了严格控制，对自变量和因变量做了精确测定，精确度高。其主要缺点是存在研究情境的人为性。

2. 自然实验

自然实验也叫现场实验，是在实际生活情境中对实验条件进行适当控制所进行的实验。例如，要研究小学一年级儿童普遍存在的感知算式错误（把加法做成减法，或把减法做成加法）的原因，实验者在一个班里按一定的计划加强实验性训练，对另一平行班则不进行这种实验性训练只进行正常教学，将获得的材料加以整理和分析，就可以找出问题的原因。自然实验的优点是把心理学研究与实际的情境结合起来，具有直接的实践意义，较好地避免了实验室实验的情境人为性。其缺点是容易受无关因素的影响，不容易精密控制实验条件。要想精密地控制实验条件，还需用实验室实验。

第三节　科学心理学的诞生与发展

人类对心理现象的探讨最早见于东西方的哲学著作中，距今已经有几千年的历史。但是，当时人类对心理问题的关注是一种哲学意义的关注，目的在于说明意识与物质的关系问题，对心理现象探讨所采用的方法也是哲学思辨的方法。直到 19 世纪末，受生理学、生物学、物理学的影响，一些科学家开始引入实验的方法研究人类的心理问题，从而使人类对心理现象的研究发生了质的飞跃，并促使心理学从哲学里分离出来，成为一门独立的科学。正如德国心理学家艾宾浩斯所说："心理学有一个漫长的过去，却只有一个短暂的历史。"也有人形象地把心理学描述为一个"难产儿"，即一个在哲学母体里孕育千年的"难产儿"。

一、科学心理学的诞生

1879 年，德国的心理学家威廉·冯特（Wilhelm Wundt，1832—1920）在莱比锡大学建立了世界上第一个心理学实验室，开始进行有系统的心理学实验。

心理学实验室的建立与心理实验的进行标志着人类开始用科学的方法研究心理问题。心理学逐渐从哲学里分离出来，成为一门独立的科学。冯特也因此被尊称为科学心理学之父。

威廉·冯特

冯特是德国的一位哲学家和生理学家。他的学术活动开始于对神经组织学的研究，然后研究生理学、实验心理学，晚年研究社会心理学和哲学。冯特的实验室吸引了来自世界各地的学生与他一起进行感觉、知觉、注意、反应时间、联想等过程的心理研究。后来这些学生大多分散在欧美各国从事实验心理学的工作，成为促进心理科学发展的原始力量。冯特的心理学体系主要体现在他的代表作《生理心理学原理》一书中。

冯特创立了一种被认为适宜于心理研究的实验方法，即实验内省法。所谓实验内省法就是让被试报告自己在变化的实验条件下的心理活动，然后由心理学家考察被试经验所引起的变化。冯特认为经验可以分解为各种元素，心理学的任务是用实验内省法分析出意识过程的基本元素，发现这些元素如何合成复杂心理过程的规律。他认为最简单的心理元素只有两类：一类是感觉，另一类是感情。所有复杂的心理都是由这两类心理元素综合而成的。因此，他的理论体系也被称为心理化学。冯特对于心理学这门学科的影响是极其独特的。第一，是他将心理学确定为一门新的科学，并为之划定了研究的领域，确定了一个宏观的框架。心理史学家 G. 墨菲（G. Murphy）曾经评述：在冯特创立他的实验室之前，心理学像个流浪儿，一会儿敲敲生理学的门，一会儿敲敲伦理学的门，一会儿敲敲认识论的门。1879 年，它才成为一门实验科学，有了一个安身之处和一个名字。冯特对自己的评价可不只是一位实验科学家而已。在他自己的著作和文章里，冯特担当了心理学系统组织者及其总计划的建筑师这个角色。第二，是他将实验方法引入这门新兴学科，甚至他的实验室成为后来半个世纪心理学实验室的典范。第三，他的海量的教科书，在整整两代人的时期内影响力具有无可比拟的权威性。有人形象地说，如果你一天读两百页书，你得两年半才能把冯特的书看完。第四，他的许多学生都成为了非常知名的心理学家，心理学独立发展以后最初 50 年间的重要专家学者大多出自冯特门下。

二、现代心理学学派

（一）构造主义心理学

冯特建立的实验心理学既标志着心理学作为一门独立的科学从哲学中分离出来，也标志着心理学上第一个思想学派——构造主义的开始。构造主义作为心理学独立后的第一个学派，为了强调其科学属性，显示出鲜明的物理化的倾向。基于物理学研究揭示了构成物质的元素，冯特认为，心理学的任务在于应该而且能够分析出意识的构成元素。冯特的研究认为，构成意识的基本元素是感觉与感情。

E. B. 铁钦纳

冯特的忠实弟子 E. B. 铁钦纳（E. B. Titchener，1867—1927）继承和发展了冯特的思想和理论体系，并把这种心理学理论体系命名为“构造心理学”。所不同的是，铁钦纳的研究认为构成意识的元素是三个：感觉、意向、情感。

构造心理学在心理学史上的积极意义在于使心理学摆脱了思辨的羁绊而走上了实验研究的道路，从而使心理学成为一门独立的科学。但是，这个学派重视实验室里的心理元素分析，极力追求心理学的“纯内省”的“纯科学”分析，不注重甚至反对心理研究生活化、应用化的思想严重脱离实际，受到后来的机能心理学的批判。

（二）行为主义心理学

J. B. 华生

行为主义是现代心理学中影响很大的一个学派，其创始人是美国心理学家 J. B. 华生（J. B. Watson，1878—1958）。1913 年，华生在《心理学论坛》上发表了名为《行为主义者所见的心理学》的论文，正式举起了行为主义的旗帜。在这篇宣言性的论文中，他提出，心理学是行为的科学，而不是意识的科学；心理学的研究对象是人类和动物行为，而较简单的动物行为比复杂的人类行为更具有根本性。华生坚决反对冯特心理学的意识和内省这两个基本概念，认为只有直接观察到的东西才能成为科学研究的对象，只有客观的方法才是科学的方法。而意识不能直接观察，因而就不能成为科学心理学研究的对象；冯特的内省法不能提供客观的事实材料，因而不能作为科学心理学的研究方法。华生主张只有从可观察到的刺激和反应方面去研究，心理学才能成为像生物学、物理学、化学那样的自然科学，刺激—反应（S—R）就是华生行为主义的公式。他坚决主张把人的心理彻底生物学化和动物学化，认为“人的行为和动物的行为必须在同一层面来考虑。”他特别重视行为的分子概念，即将行为看作许多生理细节的组合。华生坚决认为，传统心理学中的意识、感觉、知觉、意志、表象等是一大堆无用的概念，应被彻底摒弃，而代之以刺激、反应、习惯形成、习惯联合等概念。他认为，心理学研究的目的是寻找预测和控制行为的途径。

华生的极端主张虽然没有被人们全盘接受，但是，他所倡导的方向却在美国得到广泛的传播。从此，行为主义就成为心理学中的一个重要派别而固定下来。虽然新行为主义与旧行为主义相比，不论在外表上和意向上都有很大的差别，但是它仍然遵循着一个信条：对行为进行探讨，而无须涉及意识。

华生彻底否认人的主观世界，以生理反应代替心理现象，把动物和人等同起来，将动物和人都看成是“有机的机器”，这与人们的常识显然是相违背的，是错误的。但是行为主义对心理学的发展也有一定的积极意义。华生竭力主张客观的研究方向，有助于心理学摆脱思辨的性质。他所强调的刺激—反应模式，容易对心理现象进行数量上的描述。

（三）格式塔心理学

格式塔心理学于 1912 年诞生在德国，后来在美国得到进一步发展。其创始人是 M. 魏特墨（M. Wertheimer，1880—1943）、K. 考夫卡（K. Koffka，1886—1941）和 W. 苛勒（W. Kohler，1887—1967）。

“格式塔”是德文 Gestalt 的译音，意为“完形”“样式”“结构”“组织”。格式塔心理学派是以似动现象的实验起家的。主持这个实验的是魏特墨，观察者是考夫卡和苛勒。实验用速示器将A、B两条发亮的直线先后投射在黑色背景上：两条线投射时间间隔过长，例如大于200毫秒，观察者看到的是两条线先后出现；时间间隔过短，例如小于30毫秒，看到的是两条线同时出现；如果时间间隔在60毫秒左右，便可以看到A线向B线移动，或只看见运动，没看见线。这是一种似动现象，与我们看电影时的所见相同。他们认为，这种知觉显然是无法用感觉元素的联合来解释的，因而坚决认为，每一种心理现象都是一个格式塔，都是一个“被分离的整体”；整体不等于部分的总和，整体不是由若干元素组合而成的，相反，整体先于部分而存在并且制约着部分的性质和意义。他们坚决反对对任何心理现象进行元素的分析，并把冯特的构造心理学称为“砖块和灰泥的心理学”。

那么，为什么每一种知觉都是一个“被分离的整体”呢？格式塔心理学家认为，这并不完全决定于外界事物，而是由于人脑中有一些力量把它们组织起来。当时，物理学中“场”的理论盛行，因而格式塔心理学家认为头脑中也有一个磁场。这个“场”中的力量分布，就决定了人把外界的东西看成什么样的。他们提出了知觉中的许多组织原则，试图解决格式塔的生理基础问题。

格式塔心理学家认为，学习和问题解决也像知觉一样，是通过整体进行的。魏特墨在其《创造性思维》一书中把格式塔原理应用于人类的创造性思维。他认为，学生在解决问题时之所以产生迷惑，是由于没有把问题的细节方面与问题的整个情境结构联系起来考虑；一旦把问题看成是一个有意义的整体，就会产生顿悟，问题也就解决了。

格式塔心理学强调整体并不等于部分的总和、整体先于部分而存在并制约着部分的性质和意义的理论观点，关于知觉的组织原则及学习和思维中的研究成果至今仍有积极的意义。

（四）精神分析心理学

西格蒙德·弗洛伊德

精神分析学派的创始人西格蒙德·弗洛伊德（Sigmund Freud，1856—1939）是奥地利的一位精神病学家。他的代表作有《梦的解释》（1900）、《精神分析引论》（1933）、《精神分析纲要》（1949）等。弗洛伊德把一个人的人格看成是由本我、自我和超我三部分构成的系统。本我是人先天具有的，其唯一目的是消除或减轻机体的紧张以获得满足和快乐；超我是内化了的道德标准，竭力压抑本我的盲目冲动；自我介于两者之间，负责理智地调节本我、超我和外界三者的关系。一个人的精神状态就是人格的三个部分相互矛盾产生冲突的结果。当自我能很好地平衡三者关系时，人格便处于正常状态；当自我失去对本我和超我的控制时，人就会产生各种焦虑。为了减轻焦虑，自我便发展出了各种无意识的防卫机制。在弗洛伊德看来，意识仅仅是人的整个精神活动中位于表层的一个很小的部分，无意识才是人的精神活动的主体，处于心理的深层；无意识是正在被压抑的或从未变成意识的本能冲动，它对人的精神和行为有着重大的影响，通过对失言、梦等的分析可以窥见其一斑。

弗洛伊德关于性本能有许多惊人的叙述。他认为，性欲是人的所有本能中持续时间最长、冲动力最强、对人的精神活动影响最大的本能。根据他的说法，人的性欲不是始于青春期，而是始于婴儿期；在性本能的整个发展过程中，人由爱自己（自恋情结）到爱父母（男孩的恋母情结和女孩的恋父情结），最后在青春期发展为异性相爱。弗洛伊德认为，婴儿或儿童对性感区（如口腔、肛门、性器官）的各种活动会因受到父母的管教而引起冲突，这样就会导致某种人格特征的产生。例如，根据他的说法，婴儿期过多或不足的口部满足会导致口恋型的性格，如强迫性大吃大喝者、抽烟者、健谈者、自私贪婪者等。他甚至认为，人类的一切创造都是追求性满足的无意识表现，精神病则是由于性欲过分受到压抑的结果。

对弗洛伊德的这些观点，在其学派内部意见也不一致。例如，A. 阿德勒（A. Adler，1870—1937）宁愿强调自我，而不愿强调性欲作用。C. G. 荣格（C. G. Jung，1875—1961）虽然仍使用“力比多”（libido）这个概念，但已排除了特定的性欲性质，指的是所有动机。近年来新弗洛伊德主义已不再特别强调性本能，而是从社会学的观点出发，强调人与人之间的文化关系。精神分析在西方心理学（如变态心理学、人格心理学、发展心理学）、精神医学和文艺创作中相当流行。

弗洛伊德把心理区分为意识和无意识，注意心理的动力因素如需要、动机等方面，这是值得肯定的。但是，他把人的一切活动都归于被压抑的性欲的表现，认为无意识决定着意识，甚至决定社会的发展，这是缺乏科学依据的。

（五）人本主义心理学

人本主义心理学于20世纪五六十年代在美国兴起，七八十年代迅速发展。人本主义反对行为主义把人等同于动物的倾向，认为行为主义只研究人的行为，不理解人的内在本性，对人区别于动物的最重要的尊严、罗曼蒂克置之不理，是一种“动物心理学”。同时，人本主义批评精神分析只研究神经症和精神病人，不考察正常人心理，称之为“残废心理学”。人本主义的这种行为在心理学史上被称为心理学的第三种运动。行为主义心理学、精神分析心理学、人本主义心理学也被称为心理学的三大势力。

人本主义心理学强调人的尊严、价值、创造力和自我实现，把人的本性的自我实现归结为潜能的发挥，而潜能是一种类似本能的性质。它最大的贡献是看到了人的心理与人的本质的一致性，主张心理学必须从人的本性出发研究人的心理。该学派的主要代表人物是A. 马斯洛（A. Maslow，1908—1970）和C. R. 罗杰斯（C. R. Rogers，1902—1987）。

马斯洛的主要观点：对人类的基本需要进行了研究和分类，将之与动物的本能加以区别，提出人的需要是分层次发展的；他按照追求目标和满足对象的不同把人的各种需要从低到高安排在一个层次序列的系统中，最低级的需要是生理的需要，这是人所感到要优先满足的需要。

A. 马斯洛

C. R. 罗杰斯

罗杰斯的主要观点：在心理治疗实践和心理学理论研究中发展出人格的“自我理论”，并倡导患者中心疗法；人类有一种天生的“自我实现”的动机，即一个人发展、扩充和成熟的趋力，它是一个人最大限度地实现自身各种潜能的趋向。

三、中国心理学发展的道路

中国心理学具有丰富的哲学渊源，但是中国心理学作为独立的一门学科则是在冯特的科学心理学传入之后，并先后经历了七个发展阶段。

（一）萌芽阶段（1840—1920）

鸦片战争后，西方心理学开始传入中国。早期传入中国的西方心理学是一种思辨的哲学的心理学。1879 年冯特创立的科学心理学诞生后也很快传入中国。外国教会在中国设立的一些大学，在 20 世纪初的头几年主要采用冯特的学生 E. B. 铁钦纳编的《实验心理学》及美国 W. 詹姆斯的心理学著作作为教材。1918 年，中国的心理学前辈陈大齐的《心理学大纲》是中国人自编的最早的大学心理学教材。

辛亥革命后，一些革命家和进步学者对创立中国的心理学抱有极大的热情。新文化运动的先驱蔡元培留学德国时曾师从冯特学习过心理学的实验法。他任北京大学校长后，于 1917 年支持陈大齐在北京大学建立了中国第一个心理学实验室。1920 年南京东南大学设立中国第一个心理学系。所有这些都为中国心理科学的发展奠定了基础。

蔡元培

（二）开创阶段（1921—1936）

从 1921 年中华心理学会成立到抗日战争爆发，中国心理学专业人员、机构、出版物数量都迅速增长。1928 年，蔡元培主持成立的中央研究院一开始就设立了心理研究所。1922 年，中国第一本心理学刊物《心理》出版，后来又陆续出版了学报、季刊、半年刊等。这个时期已开始广泛开展基础研究，包括生理心理、心理过程、发展心理、比较心理，并取得一定成果。应用方面的研究，尤其是教育心理方面的研究开展得更为广泛，而且具有一定的中国特色，同时也有少量的医学心理和工业心理的研究。

（三）低落阶段（1937—1948）

抗日战争爆发以后，中国的心理学研究和教学单位有的迁至西南地区，有的停办，只有极少数大学还保留心理学系或开设心理学课程。心理学会及原有的刊物几乎全部停办，中国心理学发展进入低落时期。在极端困难的条件下，部分心理学者仍然坚持科研并取得了一定成果，培养了一批研究生，出版了一些重要著作，还新创办了杂志《教育心理研究》。抗日战争胜利后，一些大学相继恢复了心理学系。

（四）学习改造阶段（1949—1956）

中华人民共和国建立初期，心理学的教学和研究机构以及从事心理学工作的人员迅速增加。中国科学院 1951 年成立了心理所，1953 年初改为心理研究室，1956 年又扩建为心理研究所。1952 年北京大学哲学系设置了心理学专业。全国各师范院校及部分医学院、体育学院设立了心理学教研室或教研组，开设必修或选修的心理学课程。1956 年，在全国学科规划中，心理学作为基础学科之一制定了 12 年发展的远景规划，明确了学科发展的新前景。在这个阶段里，在全国范围内心理学界有过两个学习热潮。先是系统学习马列主义、毛泽东思想的热潮。通过学习列宁的《唯物主义与经验批判主义》《哲学笔记》和毛泽东的《矛盾论》《实践论》等著作，批判资产阶级学术思想，逐步树立辩证唯物主义思想，并把辩证唯物主义作为研究心理学的指导思想。随后是学习苏联心理学的热潮。邀请苏联心理学家来中国讲学，在中国建立动物条件反射实验室和人类条件反射实验室，验证巴甫洛夫若干重要的实验并开展对一些基本理论问题的讨论和初步试探性的研究。

（五）开始研究阶段（1957—1965）

在这个阶段开始时，心理学界讨论了心理学研究与实际结合的问题，明确了科学必须为中国的社会主义建设服务这个方向。为此相应地加强了研究工作的规划和干部的培养，又在北京师范大学、华东师范大学、南京师范学院设置了心理学专业。在心理学的基础研究和应用研究方面都取得了一定的进展。但在此期间曾一度批判心理学中的“生物学化”和“抽象化”倾向，严重地混淆了学术问题与政治问题的界限，挫伤了一些心理学者的积极性。后来按照“百花齐放，百家争鸣”的方针排除上述干扰，于 1959 年开展了关于心理学对象、方法、任务与学科性质等基本问题的学术讨论，并于 1960 年对这一讨论进行了总结，促进了心理学的初步繁荣。

（六）停滞阶段（1966—1976）

在“文化大革命”期间，心理学被诬蔑为资产阶级伪科学，遭遇了严重的挫折和损失，心理学的发展处于停滞状态。但仍有部分心理学者在困难的条件下，独自坚持心理学的研究、编译和著述工作。

（七）繁荣阶段（1977—现在）

“文化大革命”结束以后，中国进入了新的历史发展时期，心理科学逐渐恢复和发展。中国科学院心理研究所及全国各院校心理学教研室（组）陆续恢复活动。先后在北京大学、杭州大学、华东师范大学、北京师范大学和华南师范大学设立了五个心理学系。重新组织修订了全国心理学科规划，召开了各种专业会议和学术年会。为适应研究工作迅速发展的需要，中国心理学会设立了各种专业委员会。两个曾经中断了的刊物《心理学报》和《心理科学通讯》也先后复刊。重新修订和新出版了多种教材、专著、论文集或丛书。20 世纪 90 年代，心理学经历了突飞猛进的发展。1999 年，心理学被确定为 18 个优先发展的基础学科之一。2000 年，心理学被国务院学位委员会确定为国家一级学科。目前，我国心理学的从业人员不断增加，心理学研究成果异常丰富，心理学对社会的渗透力越来越强，我国心理学的国际地位也日益凸显。可以预见，中国心理学将有极为美好的发展前景。

链接材料 1－1

20 世纪中国心理学发展的 10 件大事

2001 年，中国心理学会组织全国理事和国内各高校的心理学系主任投票选出了 20 世纪中国心理学发展的 10 件大事。

① 中国第一个心理学实验室在北京大学建立：1917 年，北京大学的心理学、哲学教授陈大齐在蔡元培先生的支持下，创立了我国第一个心理学实验室。

② 中国第一个心理学系在南京高等师范学校成立：1920 年，南京高等师范学校在教育科下设立了心理学系，这是我国设立的第一个心理学系。

③ 中国心理学会成立：1921 年 8 月，中国心理学会的前身中华心理学会成立；1955 年中国心理学会在北京正式成立。

④ 中国第一种心理学学术期刊《心理》出版发行：1922 年，中国第一种心理学专业杂志《心理》出版发行。

⑤ 中央研究院心理研究所成立：中央研究院心理研究所是现今中国科学院心理研究所的前身，于 1929 年 5 月在北平正式成立。

⑥ 中国科学院心理研究所成立：1951 年 12 月，中国科学院心理室成立，1956 年南京大学心理系与心理室合并又扩建成所，于 12 月 22 日在北京举行成立大会。

⑦ 全国心理学学科规划座谈会在北京召开：1977 年 8 月 16—24 日，全国心理学学科规划座谈会在北京召开。

⑧ 中国心理学会加入国际心理科学联合会：1980 年 7 月 6—12 日，国际心理科学联

合会讨论并一致通过接纳中国心理学会加入，中国成为其第44个国家会员，这标志着中国心理学走向世界。

⑨ 中国心理学会赢得在北京举办第28届国际心理学大会的主办权：第28届国际心理学大会定于2004年8月8—13日在北京召开。

⑩ 心理学被确定为国家一级学科优先发展：2000年，心理学被国务院学位委员会确定为国家一级学科。

（资料来源：陈永明．光明日报，2001-08-27）

第二章　心理的实质

学习要求

1. 概念识记：心理、无条件反射、条件反射。

2. 分析理解：心理的本质、心理的发展进程、神经系统的基本活动方式、人的心理的能动性。

3. 思考运用：举例说明两种信号系统的关系和作用。

心理学以心理现象为研究对象，心理现象也是每个人每天经历的最熟悉的现象。那么，人的心理现象究竟是一种什么性质的现象呢？人类为寻求这个问题的答案已经争论了几千年。在近代科学背景下发展起来的科学心理学认为：心理是以脑为核心的神经系统的机能，是神经系统对客观事物的主观反映。

第一节　心理是一种反映现象

一、反映是物质的普遍属性

世界是物质的。在地球上还没有人类和生物之前，地球与自然界就已经存在了。这种不依赖于我们的感觉而存在的现实就是物质。物质发展到一定阶段之所以能出现感觉等心理现象，是因为物质普遍具有一种反映的特性。

反映是指一种物体在与其他物体相互作用时能留下外部影响的痕迹并对它做出回答的功能，是物质形态所具有的普遍特性。例如，一只粉笔与地表发生相互作用，粉笔会在地上留下白色的痕迹，地表会让粉笔弹跳起来，或者使粉笔折断，还会发出响声，这就是一种反映现象。随着物质形态从低级到高级的发展，物质的反映形式也相应地由低级向高级发展。高级的反映形式以低级的反映形式为发生的前提，并包含着低级的反映形式，但它又具有自己的本质特点而不同于低级的反映形式。心理是物质发展到一定阶段的一种高级的反映形式。

二、生物的感应性

无机物的反映形式表现为机械的、物理的和化学的反映形式。例如，风力推动物体，物体发生位移；海浪冲击礁石，发出轰隆的声响；氢氧化合生成水；金属氧化生成锈；等等。

当物质进化到生命形式，物质的反映形式也相应地由低级向高级发展，形成一种新的反映形式即感应性。感应性是指生物对具有直接生命意义的信号做出反应，以维持新陈代谢正常进行的能力。例如，单细胞生物变形虫遇到细菌、藻类等营养物质，就伸出伪足将其裹入体内，经过一定的生化过程，同化为自己的组成部分；如果遇到刺激，就缩回伪足向相反的方向运动。生物的感应性与非生命物质的反映形式有本质的区别。首先，感应性是生物对外界刺激所表现出来的独立的、积极的反映能力。例如，变形虫不仅对食物和有害物质具有不同的反应，而且对不同的食物也有不同的反应方式，甚至对同一食物，其内部机能状态在饱食或饥饿时，反应也不一样。这种积极的、主动的反应是所有无生命物质反映形式所没有的。其次，感应性是在生物新陈代谢基础上实现的。生物与外界环境的联系是生物赖以生存和发展的基本条件。生物一方面把外界物质同化为自身的组成部分，另一方面又把自身的组成部分异化为外界物质。这种物质交换的过程叫新陈代谢。生物就是借助于新陈代谢才获得感应性的。一旦新陈代谢停止，生物的感应性也随之消失。无生命物质的反应是一种直接的相互作用。通过反应，参加反应的物体就转变为他物，不再是该物体了。例如，岩石经过风化变成了沙粒，金属氧化变成了锈。植物的感应性则明显地表现在单向环境刺激所引起的定向运动上，这种反应方式称为向性。向日葵向着太阳旋转其花冠，绿色植物的枝叶趋向于阳光充裕的方向（向光性）和根部趋向于地心引力的方向（向地性），都是向性运动。向性有正负之分，凡反应方向朝着刺激来源的为正向性，离开刺激来源的为负向性。例如，植物的根有正向地性，向下生长；茎有负向地性，朝上生长。向性是植物自我保存、自我调节的生物反映形式。因此，感应性是一种崭新的生物反映形式，与无生命物质的反映形式有本质的区别。

三、动物心理的形成与发展

（一）动物的感受性

随着生物的进化，在低等动物如单细胞动物、腔肠动物等身上出现了物质的高级反映形式即心理。心理的最初形式表现为动物的感受性。所谓感受性，是指动物能把不具有生物学意义的信号当作有生命意义的信号加以接受。动物的感受性使动物的反映范围扩大到与生命没有直接意义的中性刺激物，使动物对万事万物发生反应成为可能。例如，将放有草履虫的有水玻璃管的一端加热，具有积极温度向性的草履虫便会很快地游向加温的一端。继续实验，把加温与照明结合若干次，会发现平常对光无动于衷的草履虫在没有热量的情况下也会向有光的方向集中，表明草履虫开始对光这个中性刺激发生了反应。感受性是动物对中性刺激物的暂时神经联系，这种联系可以通过种系记忆成为本能，这是一种比感应性更为高级的反映能力。对中性信号刺激发生反应的能力标志着动物心理反映形式的发生和心理形成的开端。

（二）动物的感觉与知觉

随着动物神经系统的形成和感觉器官的分化，就出现了由专门感官接受刺激形成的各种感觉，如皮肤觉、嗅觉、味觉、视觉等。当动物的头部神经节能集中各种刺激并加工各种刺激时，便形成了对外界事物的整体印象，即知觉。例如，蜜蜂等有很强的形状与环境知觉能力，能辨别光谱中的四种颜色，即能看见黄色、蓝绿色、蓝色和人看不见的紫外线；它具有对偏振光的感受性，并以此作为定向的工具。蚂蚁也能看见紫外线。蝴蝶是唯一能辨别红色的昆虫。昆虫能区别甜、咸、酸、苦。苍蝇的甜味感受性比人高 20 倍。蜜蜂对咸味和酸味比人更敏感，而对苦味感觉较差。在昆虫中有用声音来作为种内通信手段的，如蟋蟀在交尾时期就是用声音来寻找配偶的。

（三）动物的思维

当动物进化到脊椎动物，包括鱼类、两栖类、爬行类、鸟类、哺乳类时，由于出现脊髓和脑这些中枢，动物便逐渐具有了对多种信息进行分析概括的能力，动物的心理也发展到思维阶段，并逐渐向复杂的逻辑思维发展。脊椎动物脊椎骨中都有一个空心的背神经管即脊髓，而且还有真正的脑。它们的脑一般由大脑、间脑、中脑、延脑和小脑组成。发展水平越高的脊椎动物，其脑的高级部位——大脑皮质也越发达。脊椎动物的神经系统远比无脊椎动物发达，同时又具有各种完善的感觉器官和运动器官。在适应极为多样化的环境中，它们除本能行为外，还有许多后天习得的行为。

鱼类的行为与昆虫的行为一样主要是借助于单一感觉控制的本能行为，但也开始表现出对刺激物的各种属性进行综合反应的能力。凶猛的鱼类在捕获猎物时，已开始表现出根据作用于它的刺激物的各种属性进行反应。实验证明，鱼类已经能够对光、声、颜色、物体的形状和滋味等信号形成条件联系。

两栖类是脊椎动物刚由水生过渡到陆生的动物。从两栖类开始，动物的大脑半球已完全分开，并且开始出现了原脑皮，但还没有真正的大脑皮质。两栖类动物的身体各部分比鱼类有了更多的分化。它们不仅在远距离感觉（视、嗅、听）上比鱼类发达，而且皮肤上已分化出温点、冷点、触点和痛点，其行为更加多样化，其他行为也比鱼类发达。

爬行类已过渡到陆地环境的生活。它们的大脑和小脑比两栖类显著发达，出现了真正的大脑皮质。爬行类动物的皮肤对化学、机械、温度、光等刺激的感受性大为减退，而味觉、嗅觉、听觉，特别是视觉有了很大的发展。爬行类对它们的住所有联想式的记忆。例如，在一个实验中，乌龟经过几次试验就学会了在有 4 个死胡同的迷津中沿最短路线走到窝的出口。在最后一次试验中走通迷津的时间只有第一次试验的 1/60，即由 35 分钟缩短为 35 秒。在较复杂的有 6 个死胡同的迷津中，乌龟经过 50 天的试验后，走通时间缩短约 2/3。

鸟类生活于辽阔的天空，它们的大脑有了进一步的发展。特别是视叶和小脑尤为发达。鸟类有比较高的分析综合能力。它们能利用个体经验来适应环境，打破本能的刻板行为模式。

哺乳动物是脊椎动物中身体构造最复杂、心理发展水平最高的动物。它们有高度发达、高度分化的脑，高度特化、发达的感觉器官和高度灵活的运动器官，其前肢不只参与移动身体的动作，而且还适应各种各样的活动，如挖掘、翻寻、撕断、抓破、拉近、握取、持拿物体等，因而它们能够适应各种复杂的生活环境，成为动物界中的优势动物。哺乳动物（特别是灵长目中的类人猿科）的脑无论在重量上、外形上还是细微结构上，都接近于人脑。猩猩脑重300～400克，大猩猩脑重400～500克，黑猩猩脑重395～400克。它们的脑重量几乎相当于人脑的1/3。类人猿的大脑皮质有许多沟回，皮质细胞分层排列，投射区也比较精确。有研究表明，类人猿的脑和人脑在形态结构上有396个共同点。大脑的高度发达是类人猿智能行为高度发展的物质基础。

总之，反映是物质的普遍属性，心理是物质的反映形式之一，是物质发展到一定阶段才具有的高级反映形式。

第二节　客观物质世界是心理的源泉

心理是物质的一种反映形式，这种反映具有主观性。而作为高级生物的人类，其心理反映在具有主观性的同时还具有很强的能动性。

一、客观现实是心理的源泉

人的心理活动总是具有一定内容的，这种内容是客观事物在人脑中的反映。无论是简单的心理现象还是复杂的心理现象，其内容都可以在客观世界的事物中找到源泉。当你看到一个茶杯，是因为在你的面前有一个茶杯的存在，这样在你的头脑中才会产生茶杯的形象，这是简单的知觉。复杂的概念如“社会主义”“资本主义”等也是以现实中可以直接观察的社会现象为基础的。甚至头脑中虚构的神话和鬼神等现实生活中不存在的荒诞的形象，不管它本身如何超脱现实，但构成它的原始材料还是来自客观现实。例如，鬼神之类的观念，初看起来似乎和客观事物没有任何联系，其实不过是对自然界和社会力量的歪曲的反映罢了。正如恩格斯所说：“一切宗教都不过是支配着人们日常生活的外部力量在人们头脑中的幻想的反映，在这种反映中，人间的力量采取了超人间的力量的形式。”又如，有的儿童在画画时，在马身上添翅膀，在坦克上加眼睛，尽管在现实生活中没有长翅膀的马和有眼睛的坦克。但是，马、翅膀、坦克、眼睛等原始材料在客观现实中都是存在的。这都说明心理的内容来自客观事物，客观事物是心理的源泉。

二、心理是一种主观反映

尽管心理以客观物质为基础，但是心理这种反映现象具有主观性。心理现象是一种观念性的东西。物质的特点在于它的客观实在性，即具有形体性，占有三维空间。而心理则是“物的复写、摄影、模写、镜像”，即物的映象。事物的映象和它所反映的事物，就其内容来说当然是相像的；但事物的映象却不等于事物本身，正如同我们在镜子中见到自己的形象不是我们自身一样。物体是实在的东西，心理是物体的印象，是观念性的东西。

心理的主观性受多种因素的影响。每一个问题都发生在一个具体的人身上，每一个人不仅存在着生理遗传、发展成熟性、需要动机和个性特征的差异，而且还存在着当时心理状态上的差异。因此，无论哪种客观事物的作用总是通过其内部特点而折射出来的。不同的人甚至同一个人在不同时期和不同条件下，由于其内部特点的不同对同一事物的反映都可能各不相同。在教育和教学的过程中，经常遇到这样的情况：一个班上的所有学生都听同样的老师讲授同样的课程，但学生们对教材的理解和掌握却各不相同；对所有的学生都提出同样的要求，但学生们对这些要求的领会和执行情况也各不相同。在李丹等人所做的一个实验中，让小学四年级学生和初一学生阅读一些寓言故事和成语，然后问他们：“这个故事告诉我们什么道理?”或“这个成语的意思是什么?”读了“刻舟求剑”的故事后，一个小学四年级学生说“他不应该在船上做记号，应该在水中插一根竹竿做记号”；一个初一学生说“这个人是笨蛋，不用脑子，因为他只看到剑是从船边落下去，没想到船是会走的”；而另一个初一学生则认为故事告诉我们事情要马上做，不要拖延。对于“一针见血”一词，一个小学四年级的学生把它理解为“戳一针就看见血”、一个初一学生则把它理解为“说的话很厉害，一句话就有了效果”，开始理解到它的隐喻。有的人认为蛇很可怕，而有的人认为蛇“可爱”而且是个宝。这说明心理反映的产生不单纯是客观的结果，更是通过主体的内部特点折射出来的。由于主体内部条件不同，同样的外部影响可以引起人们不同的心理反映，这都说明人的心理反映具有主观性。正是由于外界影响是通过人的内部特点而折射出来的，因此，在教育和教学过程中必须考虑每个学生的年龄特点、个性差异及当时的心理状态。

三、人的心理反映具有能动性

人对客观现实的反映不像镜子反映事物那样是被动不变的，而是表现出能动的特性。

首先，人的心理是在社会实践中形成发展的，而社会实践是受人的心理调节的。如果一个人脱离了社会生活条件，脱离了人的社会生活实践，就不会形成人的心理。例如，1920 年，印度人辛格在狼窝里发现了两个小女孩。小的约 2 岁，很快就死去了。大的约 8 岁，取名卡玛拉。卡玛拉用四肢爬行，用双手和膝着地休息；舔食流质的东西，只吃丢在地上的肉，不吃别人手里拿着的肉；怕水，从不让人给她洗澡；怕火、怕强光，夜间却视觉敏锐；每到深夜就嚎叫，白天蜷伏在墙角睡觉；从不穿衣，即使天气寒冷，也会撕掉给她御寒的衣服和毯子。经过辛格的细心照料与教育，卡玛拉两年学会了站立，四年学会了 6 个单词，六年学会了直立行走，七年学会了 45 个单词，同时学会了用手吃饭，用杯子喝水。卡玛拉到 17 岁死亡时，只有相当于正常 4 岁儿童的心理发展水平。至 20 世纪 50 年代末，世界上已发现30个由野兽在野外抚育大的小孩，除“狼孩”外，还有“豹孩”和“熊孩”等。这些小孩出生后因某种原因离开了人类的社会生活条件而与野兽一起生活，他们被救回到人类社会后与卡玛拉的情况没有多大差别。这类事实有力地说明，一个人如果脱离了人类的社会生活条件和社会实践活动就不可能产生人的心理，更谈不上心理发展。

其次，人的心理具有选择性。人总是抱着一定的动机和目的而采取行动的，并且有计划的途径、方法、步骤等。动物的选择性是由它的生物属性决定的，人的选择性不只取决于生物属性，还取决于人的社会需要。

再次，人类能认识事物的本质和规律，从而改造事物。由于实践活动的深化，人们的认识也不断深化，反映内容也不断丰富和发展，人们越来越认识到事物的本质，并形成对事物及事物关系的规律性认识。掌握了事物的本质与规律，人的行动成为自觉行动，进而产生巨大的能动作用。以小的事件来说，人类对树木进行嫁接已经是一项非常成熟的技术，但是这个技术的成功运用却是以人类对树木生长规律的认识为前提的。以大的事件来说，人类的航天技术、电子技术等已经非常先进，这是因为科学家掌握了其最深刻的本质和规律。所以，人的能动性并非随心所欲的“自由意志”，而是基于在实践中通过思维的抽象与概括形成的对事物本质与规律的把握。

最后，人能认识自己，改造自己。人类在实践活动中，不仅实现了对客观世界的认识，还实现了对人自身的认识和改造。第一，人类能把自己从客观世界中区分出来，认识到自我的存在。第二，人类能认识自己的心理过程、心理状态和个性特征，逐步形成“自知之明”，在认识自我的基础上，实现自我完善。

总之，人的心理是人脑对客观现实的主观反映，这种反映是通过实践活动实现的，实践活动检验、校正着心理对客观现实反映的正确性，心理又执行着对实践行为的能动的调节机能。

第三节　神经系统是心理的生理基础

人的心理是一种反映现象，这种反映是以脑为核心的神经系统通过反射的方式完成的。神经系统是心理产生的生理基础，生物进化学、病理学以及发展心理学都证明了心理的发展与神经系统发展的依存关系。反射是神经系统完成心理活动的基本方式。人的神经系统按照结构与机能的差别，通常划分为中枢神经系统和周围神经系统。中枢神经系统包括神经元、脑和脊髓，周围神经系统包括躯体神经系统和植物性神经系统。神经系统的反射方式则分为无条件反射和条件反射。

一、中枢神经系统的结构与机能

（一）神经元

神经元即神经细胞，是神经系统结构和功能的基本单位。神经系统主要由神经元和神经胶质所组成。神经元的形状和大小不一，但多数神经元具有一些共同的结构。典型的神经元由细胞体、树突、轴突、髓鞘和突触五部分组成（见图 2－1）。细胞体的中央有细胞核。细胞核是细胞的能量中心。通过化学反应，细胞体为神经活动提供能量，并大量制造用于传递信息的化学物质。自细胞体伸出两种突起，呈树枝状的突起称为树突，它接收其他神经元传来的信息并传至细胞体；另一种细长的突起称为轴突，它把冲动由细胞体传至远处，传给另一个神经元的树突或肌肉与腺体。髓鞘由胶质细胞构成，包裹在轴突上，起着绝缘作用。一个神经元的轴突有许多分支末梢膨大，呈葡萄状，称为突触小体，它是将信息传递给另一个神经元的发放端。

神经元根据其机能特性，可分为感觉（传入）神经元（它接受刺激向脑输送信息）、联络神经元（它把信息从中枢神经系统的一部分传向另一部分）、运动（传出）神经元（它传递脑和脊髓给肌肉运动的信息）。此外，还可以按神经元是引起后继单位兴奋还是抑制而将其分为兴奋性神经元和抑制性神经元。

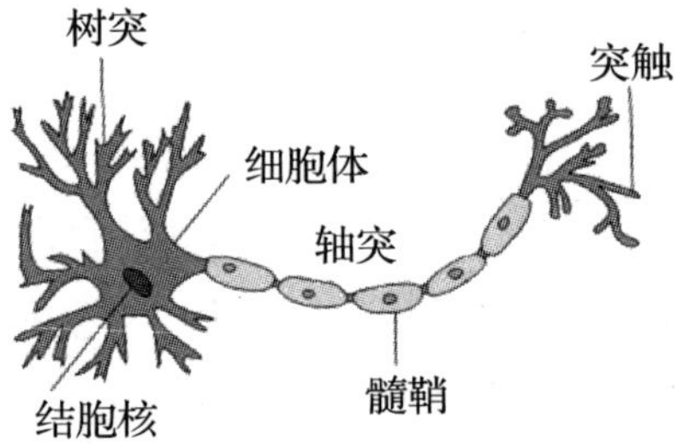

图 2－1　神经元的结构

（二）脑

脑由大脑、小脑、中脑、间脑、延髓和脑桥组成。除大脑半球和小脑外，其他部分又称为脑干。它们在结构和机能上是不可分割的整体，但各个部分又有特定的机能。

1. 大脑

大脑由对称的左右两个半球所组成。分隔左右两半球的深沟称为纵裂。纵裂底部由胼胝体相连。大脑半球外侧面由顶端起与纵裂垂直的沟称为中央沟。在半球外侧面由前下方向后上方斜行的沟称为外侧裂。半球内侧面的后部有顶枕裂。中央沟之前为额叶。中央沟后方，顶枕裂前方，外侧裂上方为顶叶。外侧裂下方为颞叶。顶侧裂后方为枕叶。胼胝体周围为边缘叶。每叶都包含很多回。在中央沟的前方有中央前回，后方有中央后回。大脑半球深部是基底神经节，主要包括尾状核和豆状核，合称为纹状体，其机能主要是调节肌肉的张力来协调运动。

大脑两半球之间的神经纤维叫连合，其中最主要的连合是胼胝体。胼胝体内 2^{108} 条神经纤维联系大脑两半球，往返频繁地传递极为大量的信息。如果单个神经纤维传递的冲动频率平均为20赫兹，则在1秒钟时间内就有4^{109}的脉冲在两半球之间通过。因而，在正常情况下一侧大脑半球任何皮质区进行的活动都能非常迅速而有效地传至同侧半球皮质区和对侧大脑半球。整个大脑作为统一的整体十分有效地进行活动。

链接材料2－1

如何说服你的朋友参加冒险活动

当你专注于从右耳或右视野获得信息时，你的左脑将会变得更加活跃。同样，如果你注意从左耳或左视野获得的信息，你的右脑将会变得更加活跃。如果你想充分发挥左脑的特殊才能，可以有意地注意来自右边的信息。例如，为了判断音乐的节拍或节奏，你可以侧过右耳来听。再如，当你评价一幅画时，可以把画放在自己左视野的位置，这样你可以更多地使用右脑的功能来看这幅画，因为右脑的处理过程能够提高你对形状的感知能力。

右脑和左脑在进行决策时有显著差异，这一事实也可在日常生活中运用。心理学家德拉克及其他研究者发现，当左脑比右脑活跃时人们更倾向于做出冒险性的决定，右脑更倾向于使用谨慎的认知模式。因此，当你想劝一个朋友要谨慎小心时，你最好站在对方的左边说话，因为这样能够更多地激活其右脑中的谨慎认知模式；但当你想拉一个朋友去参加冒险活动、与陌生人会面或去找工作时，你最好站在对方的右边说话，因为这样能够更好地激活其左脑，使他更可能做出冒险的决策。

（资料来源：丹尼斯·库恩．心理学导论：思想与行为的认识之路．郑钢，等，译．北京：中国轻工业出版社，2004）

2．小脑

小脑的主要机能是调节和校正肌肉的紧张度，以便维持姿势和平衡，顺利完成随意运动。小脑受损会导致运动失调。

3．中脑

中脑连接脑桥与小脑并连于间脑。它也是上行和下行神经信息的主要通路。这里有视、听的反射中枢，凡是瞳孔、眼球肌肉、虹膜、睫状肌的调节均受中脑的控制。

4．间脑

间脑位于大脑两半球之间，连接大脑半球和中脑，主要包括丘脑和丘脑下部（下丘脑）。丘脑是皮质下较高的感觉中枢。除嗅觉外，所有的感觉信息都先传送到丘脑，进行初步的分析综合，再由丘脑传送至大脑皮质的各感觉中枢。下丘脑是植物性神经系统的主要控制中枢。它直接与大脑各中枢相联系，又与脑垂体和延髓相联系。它的主要机能是控制内分泌系统，维持正常的代谢以及调节饥饿、渴、性等生理活动。它也是情绪反应的重要中枢。

5．延髓

延髓下接脊髓上接脑桥。来自头部皮肤与肌肉的感觉信息，来自味觉、听觉、平衡觉和躯干的感觉信息要传送到脑必先经过延髓。延髓还有许多对有机体生命十分重要的中枢，如控制肠胃蠕动、呼吸、心跳以及血管舒缩、唾液分泌、汗腺分泌等的神经中枢，所以延髓也有“生命中枢”之称。

6. 脑桥

脑桥介于中脑和延髓之间，有许多传递信息的上行和下行传导神经束。它是维持机体平衡的初级中枢。

（三）脊髓

脊髓是中枢神经的低级部位，位于人体的脊椎管内。脊髓含有大量的神经元。脊髓上接脑部，外连周围神经，31 对脊神经分布于它的两侧。脊髓的活动受脑的控制。来自躯干、四肢的各种感觉信息，通过感觉神经传送至脑，进行高级的分析和综合；脑的活动也要通过运动神经传至效应器。脊髓本身也可以完成许多反射活动，如牵张反射、膀胱和肛门反射等。

二、周围神经系统的结构与机能

（一）躯体神经系统

躯体神经系统包括脑神经和脊神经。脑神经共 12 对，主要分布于头面部；脊神经共 31 对，主要分布于躯干和四肢。它们的主要功能是在神经活动的反射过程中，一方面通过传入神经纤维把来自感受器的信息传向中枢神经系统，另一方面通过传出神经纤维把中枢神经系统的命令传向效应器，从而导致骨骼肌的运动。可见，躯体神经系统起着使中枢神经系统与外部世界相联系的作用。通常认为，躯体神经系统是受意识调节控制的。

（二）植物性神经系统

植物性神经系统分布于内脏器官、心血管、腺体及其他平滑肌。它也包含感觉（传入）神经纤维和运动（传出）神经纤维。植物性传入纤维传导体内脏器的运动变化信息，这种刺激的感受对机体内环境的调节起着重要作用。分布于各脏器的传出神经纤维在正常情况下保持相对平衡和有节律性的内脏活动，如呼吸、心跳、消化、排泄、分泌等，以调节机体的新陈代谢；当环境发生紧急变化时，促使机体发生应付紧急情况的一系列内脏活动。内脏活动一般不由意识直接控制，并且也不在意识上发生清晰的感觉，因而植物性神经系统也叫自主神经系统。植物性神经系统可分为交感神经系统和副交感神经系统。这两类神经都几乎向所有的腺体和内脏发放神经冲动。交感神经的功能主要表现在当机体应付紧急情况时产生兴奋以适应环境的变化，如心跳加快，冠状血管血流量增加，血压升高，血糖升高，呼吸加深变快，瞳孔扩大，消化减慢等一系列反应。副交感神经的作用是保持身体安静时的生理平衡，如协助营养消化的进行，保存身体的能量，协助生殖活动等。这两种系统在许多活动中既相互颉颃，又相辅相成。例如，交感神经使心搏加快，而副交感神经则使之减慢；性兴奋是副交感神经的作用，而性高潮则是交感神经的一种反应。

三、神经系统的活动方式——反射

（一）反射弧

神经系统的一切活动都是以反射方式实现的。反射就是有机体借助于神经系统对刺激做出及时适当的反应。执行反射的全部结构称为反射弧。反射弧一般包括五个部分：① 感受器，如眼、耳、鼻、舌、皮肤、黏膜等器官和位于内脏、肌肉内的内部感受器等，它们接受体内外各种刺激，并转换成神经冲动；② 感觉神经元（传入神经元），其细胞体在脑、脊神经节中，它把神经冲动传向中枢（脊髓和脑）；③ 联络神经元，其树突较短，紧靠细胞体反复分支，其轴突较长；④ 运动神经元（传出神经元），它发出轴突到达效应器，把神经冲动传到效应器；⑤ 效应器，它是最终产生反应的部分，如肌肉（产生收缩）和腺体（产生分泌）。构成反射弧的这五个部分，如果有任何一部分受到损伤，反射活动就无法完成。

（二）无条件反射

无条件反射是与生俱来的反射。动物的这种反射为数有限。新生儿有三种无条件反射：① 食物反射，如奶头放在他的嘴里他就会自动吮吸，食物放在他的嘴里他就会分泌唾液；② 防御反射，如东西刺激眼睛就眨眼，火烫到手手就缩回；③ 朝向反射，如把眼球和头转向刺激的光源。这些都是动物和人所共有的，是从遗传得来的。引起无条件反射的刺激叫无条件刺激。无条件反射只是有机体出生以后生长和发展的先天基础，无法适应异常复杂和经常变化的生活条件，因而在生活过程中就形成了另一种反射——条件反射。

（三）条件反射

20 世纪初，俄国生理学家巴甫洛夫用条件反射实验法研究大脑皮质的机能，创立了以条件反射形成规律为基础的高级神经活动学说。

巴甫洛夫

1. 条件反射的建立

巴甫洛夫在实验时，先使用一个与食物无关的中性刺激（如铃声）作用几秒钟，然后给动物一个无条件刺激（喂食物），并使两者共同作用一定时间如 10 ~ 20 秒（用无条件刺激进行强化），这样多次结合后，中性刺激（铃声）单独作用，动物也分泌唾液。这时，条件反射就形成了。本来与唾液分泌无关的中性刺激——铃声，现在成了喂食的“信号”，即成为信号刺激或条件刺激。条件反射的建立需要一定的条件，其中最主要的条件是中性刺激（无关刺激）必须与无条件刺激在时间上结合起来。中性刺激与无条件刺激在时间上的结合称为强化，强化的次数越多，条件反射就越巩固。凡能有效地作用于体内外的各种刺激，包括时间因素以及事物间的关系等，只要得到强化，都可以成为条件刺激，形成条件反射。

2. 多极条件反射

如果一种条件反射已经巩固，再用另一个新的中性刺激与这个条件刺激相结合，还可以形成第二级条件反射。例如，铃声同吃食结合形成巩固的食物与唾液分泌条件反射，再用灯光和铃声结合也可以形成食物与唾液分泌条件反射。同样，在已巩固的第二级条件反射的基础上，还可以建立第三级条件反射。在人身上可以建立很多级数的条件反射。人的学习过程也可以理解为一个建立多级条件反射的过程。例如，一个从没有打过针的孩子，当针进入他的身体时，他感觉疼痛而哭，这是无条件反射；第二次，他看到医生手上拿着针，他就开始哭了，这是第一级条件反射；第三次，他可能看到穿白大褂的人就开始哭，这是第二级条件反射；第四次，他走在去医院的路上就哭，这是第三级条件反射……这个孩子学习面对打针的过程，正是他建立对打针这个刺激的更高级条件反射的过程。

3. 条件反射的抑制

巴甫洛夫认为，大脑皮质的基本神经过程是兴奋和抑制以及它们之间的转化。兴奋过程表现为条件反射的建立和出现，即由条件刺激引起机体的积极反应，如分泌反应等。抑制过程则表现为条件反射的抑制，即反应不出现或强度减弱。抑制可分为无条件性抑制和条件性抑制。

（1）无条件性抑制

无条件性抑制是有机体生来就具有的先天性的抑制，包括外抑制和超限抑制。任何额外的新异刺激（如强音、陌生人的出现等）都可以暂时抑制条件反射的正常出现，这种现象称为外抑制。当刺激过于强大、过多或作用时间过久时，导致条件反射广泛而长期的抑制，这种现象称为超限抑制。

（2）条件性抑制

条件性抑制是后天获得的抑制，也称内抑制。内抑制发生的根本原因是条件刺激不被无条件刺激所强化。内抑制的形成不需要经历强化的过程。内抑制主要有消退抑制和分化抑制。消退抑制是指在条件反射建立后，如果多次只给条件刺激而不用无条件刺激加以强化，条件反射的反应强度将逐渐减弱，最后将完全不出现。例如，对以铃声为条件刺激而形成唾液分泌条件反射的狗只给铃声，不用食物强化，多次以后，则铃声引起的唾液分泌量将逐渐减少，甚至完全不能引起分泌，出现条件反射的消退。分化抑制是指在条件反射开始建立时，除条件刺激本身外，那些与该刺激相似的刺激也或多或少具有条件刺激的效应。例如，用500赫兹的音调与进食相结合来建立食物与唾液分泌条件反射。在实验的初期阶段，许多其他音调同样可以引起唾液分泌条件反射，只不过它们跟500赫兹的音调差别越大，所引起的条件反射效应就越小，这种现象称为条件反射的泛化。以后，只对条件刺激（500 赫兹的音调）进行强化，而对近似的刺激不给予强化，这样泛化反应就逐渐消失。动物只对经常受到强化的刺激（500 赫兹的音调）产生食物与唾液分泌条件反射，而对其他近似刺激则产生抑制效应。这种现象属于条件反射的分化。

（四）操作条件反射和生物反馈

巴甫洛夫的经典条件反射主要与唾液分泌、胃液分泌等自主神经系统的控制功能有关。与此不同，B. F. 斯金纳（B. F. Skinner，1904—1990）提出了操作条件反射理论。他认为，与经典条件反射中的条件刺激相比较，操作条件反射中的条件刺激则来自被试内部，与此相应的反应被认为是“随意”的，是被试为了达到某种目的对环境进行的操作。

斯金纳设计了一种现在被称为斯金纳箱的实验装置（见图 2－2）。该装置实际上是一种特殊条件的控制箱。箱内隔光、隔音，并装有可以自动控制和记录的光、声系统及一套杠杆和喂食器。只要在箱内按下杠杆，喂食器就自动供给食物。实验时将禁食的小白鼠置于箱内，开始时小白鼠在箱内乱跑并向四周攀附，当它偶然触压杠杆得到一粒食物后，不久在记录器上就可看到小白鼠越来越经常地触压杠杆，这说明它很快学会了主动地触压杠杆以获得食物。小白鼠通过训练形成的反应被称为操作条件反射或工具条件反射。

B. F. 斯金纳

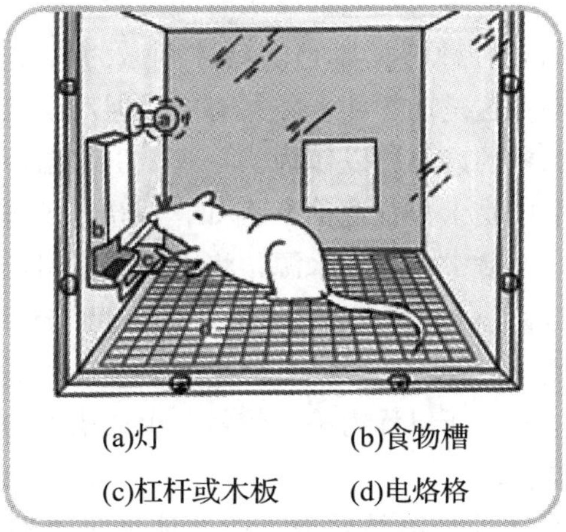

图 2－2　斯金纳箱

操作条件反射与经典条件反射有形式上的差别。经典条件反射是通过训练将条件刺激与无条件刺激联系起来，使条件刺激也能引起与无条件刺激产生的无条件反射相同的条件反射。而操作条件反射是通过训练将“随意”操作和奖赏联系起来，以引出特定的操作。一般来说，自主神经系统的条件反射能由经典条件反射训练方法引起，而随意神经系统的条件反射则由操作条件反射训练方法而引起。这两种条件反射在内部机制上有许多相同之处：都是随着强化的次数增多而巩固，也都有泛化、分化和自然恢复等现象。由斯金纳的操作条件反射理论而引起的生物反馈研究，还有助于我们深入理解心理与生理（脑）相互作用的关系。

1969 年，米勒（Miller）在其论文《内脏和腺体反应的学习》中，提出了主神经系统所控制的某些功能可由意识来控制的理论，给出了许多在研究自主神经系统中操作条件反射方面的自我控制，认为这两种条件反射并非是两个根本不同的事物，而是同一事物在不同条件下的不同表现。根据这个设想，运用操作条件反射学习方法会产生任何可能通过经典条件反射学习方法得到的内脏反应。

生物反馈就是运用操作条件反射原理，将体内的某一生理活动信息（如肌电活动、皮肤温度、心率、血压等）检测出来，并对特定方向上的变化给予奖赏，以促进这一方向的变化，达到对这一局部活动的控制。在动物和人身上做的生物反馈实验的大量资料表明：① 主神经系统的操作条件反射在心跳加快和减慢、血压变化、胃肠收缩、尿量形成等方面都是可行的；② 反应是对某一特定的、作为强化物的刺激所做出的反应，这些反应的分化、消退、泛化等都可以成功；③ 学得的内脏反应有特异性，而非神经系统一般兴奋所出现的反应，也非激活状态的结果；④ 自主神经系统的反应可以通过操作条件反射训练进行调节控制，而且大脑高级中枢本身的某项电活动（脑电波的频率和振幅、脑低级部位某些神经核的电活动）也都能通过训练而发生变化。

（五）人类条件反射的特点

根据信号刺激的特点，巴甫洛夫把大脑皮质的功能分为第一信号系统活动和第二信号系统活动。凡是以直接作用于各种感觉器官的具体刺激为信号刺激而建立的条件反射系统，称为第一信号系统活动，这是动物和人类共有的。但对于人类，不仅周围环境中的具体事物可以起信号作用，抽象的词也可以作为信号刺激引起条件反射活动。词语信号的条件刺激作用在我们日常生活中是十分普遍的。例如，成语“望梅止渴”的故事就是一例。一次，曹操率领的军队在行军途中被断了水源，将士们非常口渴。曹操心生一计，指着前面说：“前有梅林，梅子甘酸，可以解渴。”将士听后想起梅子的酸味，嘴里流出了口水，于是不再感到口渴了。这里，“梅子”一词代表着梅子具体的形状、颜色、味道等而起信号作用，成为第一信号的信号，所以称为第二信号。由词语作为信号刺激而建立的条件反射系统，称为第二信号系统活动。

作为第二信号系统刺激物的词语是对现实的具体事物的抽象和概括，具有一定的含义。人的第二信号系统是以词语的意义，而不是以它的物理性质（说话的声音和文字的形象）作为刺激而引起信号活动的，这是人类和动物的条件反射活动的根本区别。虽然人们可以用一些词使动物形成条件反射，但动物对这些词的意义并不理解，而只是对词的声音刺激或视觉刺激的直接作用发生反应。所以说，动物没有第二信号系统活动，只有第一信号系统活动。

由于人类有了语言文字，形成了第二信号系统，两种信号系统的活动就密不可分地联系在一起。因而，人的第一信号系统也就在本质上不同于动物的第一信号系统。动物条件反射的形成决定于刺激的生物学意义，人的条件反射的形成决定于刺激的社会意义。正是由于这个特点，人对刺激的反应常与动物有所不同。例如，动物碰到火或看到火，就会发生避开火以免被烧伤的防御无条件反射或条件反射。而人为了保护人民的生命财产，明知火伤人，会偏向火海冲。我们在研究心理活动的生理机制时，必须注意人的高级神经活动的这个重要特点，不能把人和动物等同起来而用纯生物学的观点来解释人的行为。

第三章　心理动力——需要与动机

学习要求

1. 概念识记：需要、需要的种类、动机、动机的功能。
2. 分析理解：动机的分类、动机理论、影响学习动机形成的因素。
3. 思考运用：马斯洛的需要层次理论、耶基斯—多德森定律、学习动机的培养。

动机是情意性的心理倾向。需要是动机的基础，而需要与一定诱因的结合则导致动机。本章着重讨论有关需要的心理学理论、有关动机的心理学研究以及学习动机的培养和激发。

第一节　需要概述

一、需要的概念

需要是有机体内部的某种缺乏或不平衡状态，它表现出有机体的生存和发展对于客观条件的依赖性，是有机体活动的积极性源泉。

需要的产生源于有机体内部生理或心理的某种缺乏或不平衡状态。例如，血液中血糖成分的下降会产生饥饿求食的需要，而水分的缺乏则会产生口渴想喝水的需要；生命财产得不到保障会产生安全的需要；孤独会产生交往的需要；等等。一旦有机体内部的某种缺乏或不平衡状态消除了，说明需要得到了满足。这时，有机体内部又会产生新的某种缺乏或不平衡状态，产生新的需要。需要总是指向于能满足该需要的对象或条件，并从中获得满足。没有对象的需要，不指向任何事物的需要是不存在的。

需要是个体进行活动的基本动力。人的各种活动，从学习、劳动，到创造、发明，都是在需要推动下进行的。需要激发人去行动，使人朝着一定的方向，追求一定的对象，以求得自身的满足。需要越强烈、越迫切，由它所引起的活动动机就越强烈。同时，人的需要也是在活动中不断产生和发展的。当人通过活动使原有的需要得到满足时，人和周围现实的关系就发生了变化，又会产生新的需要。这样，需要推动着人去从事某种活动，在活动中需要不断地得到满足又不断地产生新的需要，从而使人的活动不断地向前发展。

虽然动物和人类有一些共同的需要，但人类的需要和动物的需要是有本质区别的，主要表现为：人的需要的对象和满足需要的方式受具体的社会历史条件的制约，具有社会性；人具有意识能动性，能调节和控制自己的需要。

二、需要的种类

人类的需要是一个整体结构，各种分类仅仅具有相对的意义。通常根据需要的起源，把人的需要分为生理性需要和社会性需要；根据需要的对象，把人的需要分为物质需要和精神需要。

（一）生理性需要和社会性需要

生理性需要也称生物学需要，它包括饮食、运动、休息、睡眠、排泄、配偶等需要。这些需要主要由有机体内部某些生理的不平衡状态所引起，对有机体维持生命、延续后代有重要意义。生理性需要往往带有明显的周期性。

人和动物的生理性需要的对象和满足方式都有根本的区别。动物只能等待大自然的恩赐，只依靠周围环境中的自然物作为满足需要的对象。而人类不仅以周围环境的自然物作为满足需要的对象，而且主要通过社会生产劳动生产出自己所需要的对象，并且随着生产的发展，不断提高自己的生理性需要。例如，人需要新鲜的空气，这种需要可以使用空调设备和空气净化器等现代技术手段来满足。马克思指出："饥饿总是饥饿，但是用刀叉吃熟食来解除的饥饿不同于用手、指甲和牙齿啃生肉来解除的饥饿。人的进食不仅受机体的饥饿状态所支配，而且还要考虑各种社会行为规范，讲究色、香、味。"

社会性需要是人类在社会生活中形成的为维护社会的存在和发展而产生的需要，如对劳动、交往、友谊、求知、美和道德等的需要。这些需要反映了人类社会的要求，对维系人类社会生活、推动社会进步有重要的作用。

社会性需要是在生理性需要的基础上，在社会实践和教育影响下发展起来的。它是社会存在和发展的必要条件，如劳动是人类赖以生存的第一个基本条件。人类如果不劳动就无法生存，人类社会就无法存在和发展。

社会性需要是人类特有的。它受社会生活条件所制约，具有社会历史性。不同的历史时期、不同的阶级、不同的民族和不同的风俗习惯，使得人们的社会性需要也有所不同。

（二）物质需要和精神需要

物质需要是指与衣、食、住、行有关的物品的需要，如对劳动工具、文化用品、科研仪器等的需要。在物质需要中既包括生理性需要，又包括社会性需要。

精神需要是指认知需要、审美需要、交往需要、道德需要和创造需要等，如对文艺作品的需要，阅读报刊和观看电影的需要等。它是人类所特有的需要。

物质需要与精神需要有着密切的关系。人们在追求美好的物质产品时，同样表现了某种精神的需要，如向往整洁雅静的住房、入时的衣着、外观漂亮的音响系统等。而精神需要的满足又离不开一定的物质产品，如满足阅读的需要不能没有报纸、杂志、书籍等物质条件来满足；艺术欣赏的需要，不能没有乐器、表演场地及表演者的服饰等。

需要的分类是相对的，各种需要之间是相互交叉的。生理性需要往往都是物质需要，社会性的需要往往都是精神需要。

三、马斯洛的需要层次理论

关于需要的结构，在心理学界存在不同的理论观点，比较著名的有默瑞（Murray，1938）的需要理论和马斯洛的需要层次理论等，其中马斯洛的理论影响最大。

美国心理学家马斯洛1968年提出了他的需要层次理论（见图3－1）。他认为可把人的需要分为五个层次，即生理的需要、安全的需要、爱和归属的需要、尊重的需要、自我实现的需要。需要的这五个层次是由低到高逐级形成并逐级得以满足的。

生理的需要即人对食物、空气、水、性和休息的需要，这些是个体维持生命最基本的需要，也是在人类各种需要中最重要、最有力量、最为迫切的要求，必须首先给予满足。例如，当人站在空气稀薄的高原上感到缺氧时，就会体会到自尊和爱的需要不重要了。

安全的需要是人对生命财产的安全、秩序、稳定，免除恐惧和焦虑的需要。它是在生理需要满足的基础上产生的。这种需要得不到满足，人就会感到威胁和恐惧。它表现为人都希望自己有一个稳定的工作，有稳定的收入；希望生活在安全、有秩序、熟悉的环境中；喜欢做自己熟悉的工作；等等。

爱和归属的需要是在生理和安全的需要得到满足的基础上产生的，是人要求与他人建立情感联系（如结交朋友，追求爱情）的需要以及隶属于某一群体并在群体中享有地位的需要。爱的需要包括给他人的爱和接受他人的爱。

尊重的需要包括自尊和受到别人尊重。这种需要得到满足会使人体验到自己的力量和价值并增强信心。这种需要得不到满足会使人产生自卑感并失去信心。

自我实现的需要是指人希望最大限度发挥自己的潜能，不断完善自己，完成与自己能力相称的一切事情，实现自己理想的需要，这也是人类最高层次的需要。每个人自我实现的需要的内容有明显的差异，如有人想当体育或文艺界明星，有人想当企业家，而达到自我实现的途径和方式也各不相同。

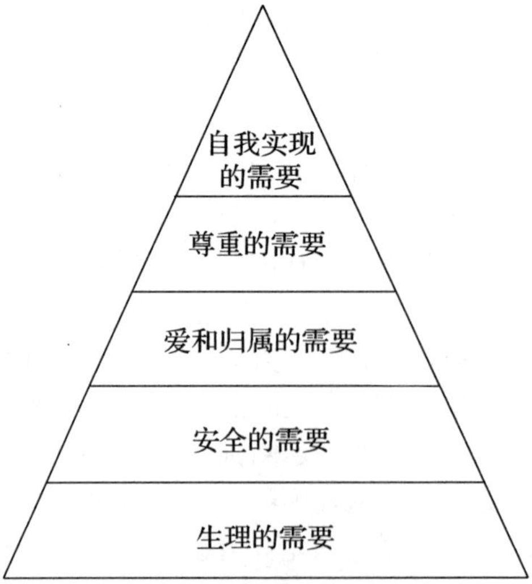

图3－1　马斯洛的需要层次理论

马斯洛认为，这五种需要都是人的最基本的需要。这些需要是与生俱来的，它们分成了不同的等级或水平，并成为激励和指引个体行为的力量。关于低级需要与高级需要的关系，马斯洛认为，层次越低的需要出现得越早，层次越高的需要出现得越晚；层次越低的需要力量越强，它们能否得到满足直接关系到个体的生存，因而也叫缺失需要。只有当低层次的需要得到满足或部分满足之后，较高层次的需要才会出现。例如，当一个人饥寒交迫或为自己的安全而感到恐惧时，他是不会追求归属或爱的需要的。因此，在从动物到人的进化中，高级需要出现得较晚。所有生物都需要食物与水分，但是只有人类才有自我实现的需要。高级需要不是维持个体生存所绝对必需的，因此，这种需要的满足可以稍作延迟。但是高级需要对人的健康成长也是影响重大的，满足这种需要能带来健康、长寿、精力旺盛。在这个意义上，高级需要也叫生长需要。高级需要比低级需要复杂，因此满足高级需要要具备较好的外部条件，如社会条件、经济条件和政治条件等。

马斯洛认为，个人需要的发展过程呈现波浪式演进，各种不同的需要的优势由一级演进到另一级（见图3－2）。例如，婴儿时期主要是生理需要，后来才产生安全需要、爱和归属的需要，青少年时才产生尊重需要。

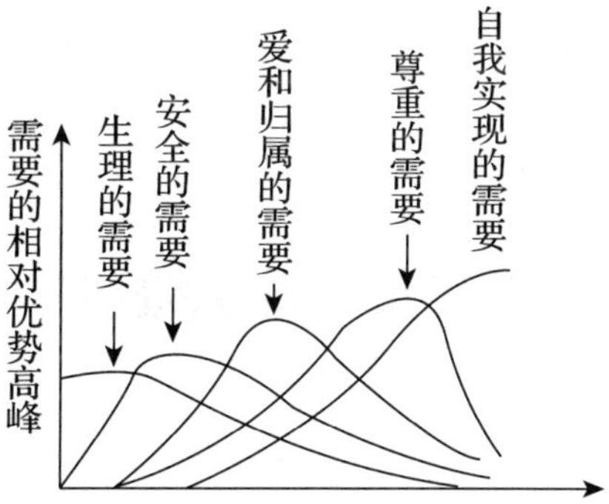

图3－2　需要层次的演进

马斯洛看到了高级需要与低级需要的区别，要满足高级需要，必须先满足低级需要，但他并没有把两者绝对对立起来。他认识到在人的高级需要产生以前，低级需要只要部分地得到满足就可以了。他还认识到，在人类历史上，那些为实现理想和伟业胜利而不惜牺牲一切，甚至自己生命的人，是不考虑自己的生理需要和安全需要的。同样，一些虔诚的宗教信徒，他们忍受着低级需要的缺失，过着贫穷和困苦的生活，以此来实现他们更完善的潜能。此外，个体对需要的追求也表现出不同的情况，有人对自尊的需要超过了对爱和归属的需要。他们只有在感到非常自信并觉得有价值时，才会追求爱与归属的需要。

马斯洛的需要层次理论在教育实践中具有一定的应用价值。它启发我们在开展教育工作时针对不同情况的学生要充分考虑他们不同的需要，这样才能更好地开展学生的思想教育工作。教师要重视培养和激发学生的高层次需要，并创设良好的教育条件逐步使之得到满足。

马斯洛的需要层次理论把人的需要看作多层次的组织系统，反映了人的需要由低级向高级发展的趋向，也反映了需要与行为之间的关系。但是，马斯洛认为人的需要是自然赋予的，是生物进化到人类以后出现的特征。他忽视了人是社会的人，人的需要是对客观现实的反映，是受社会历史条件制约的。

链接材料 3－1

中国古代的需要层次论

终日奔波只为饥，方才一饱便思衣。
衣食两般皆具足，又想娇容美貌妻。
娶得美妻生下子，恨无田地少根基。
买到田园多广阔，出入无船少马骑。
槽头扣了骡和马，叹无官职被人欺。
县丞主簿还嫌小，又要朝中挂紫衣。
做了皇帝求仙术，更想登天跨鹤飞。
若要世人心里足，除是南柯一梦西。

第二节　动机概述

一、动机的概念

动机是激发个体朝着一定目标活动，并维持这种活动的一种内在的心理过程或内部的动力。动机不能进行直接的观察，但可根据个体的外部行为表现加以推断。动机作为一个解释性的概念，用来说明个体为什么有这样或那样的行为。动机可以是有意识的，也可以是潜意识的。在心理学中大部分是探讨“怎么样”的问题，而动机则涉及更为基本的“为什么”的问题。

引起动机必须有内在条件和外在条件。

引起动机的内在条件是需要，动机是在需要的基础上产生的。如果说人的各种需要是个体行为积极性的源泉和实质，那么人的各种动机就是这种源泉和实质的具体表现。例如，学生的学习动机就是他们学习需要的具体表现。动机和需要密切地联系在一起，离开需要的动机是不存在的。当需要在强度上达到一定水平，并且有满足需要的对象存在时就引起动机。

驱使有机体产生一定行为的外部条件称为诱因。它是引起动机的另一个重要因素。诱因可以分为正诱因和负诱因。个体因趋向或接受它而得到满足的诱因称为正诱因，个体因逃离或躲避它而得到满足的诱因称为负诱因。例如，对饥饿的人来说，食物是正诱因，电击是负诱因。诱因可以是物质的，也可以是精神的。例如，教师对学生的表扬就是一种激发学生学习的精神诱因。个体在某一时刻有最强烈的需要，并在有诱因的条件下能产生最强烈的动机。例如，有购物需要的人只有在超市购物的条件下才能引起购买的动机。

动机和行为之间有着复杂的关系。不同的动机可以通过相同的活动表现出来；不同的活动也可能是由相同或相似的动机所引起，并且人的一种活动还可以由多种动机所引起。例如，学生按时复习功课、完成作业的活动，其动机可能是不同的。有的可能是理解到自己对社会的责任，有的可能是想考取高一级的学校，有的可能是出于个人的物质要求，有的可能是怕老师的检查和父母的责骂。在这些动机中，有些动机起着主导作用，有些动机则处于从属地位。动机和效果之间一般来说是一致的，即良好的动机会产生积极的效果，不良的动机会产生消极的效果。但是在实际生活中，由于某些因素的作用，动机和效果也会出现不一致的情况。

二、动机的功能

动机在人类行为中起着十分重要的作用，它既给人的活动以动力又对人的活动方向进行控制。动力和方向被认为是动机概念的核心。具体地说，人类动机对活动具有引发、指向、激励功能。

（一）引发功能

动机能激发机体产生某种活动。人类的各种各样的活动总是由一定的动机所引起的，没有动机也就没有活动。动机是活动的原动力，它对活动起着始动作用，如为了消除饥饿而进行择食活动，为了获得优秀的成绩而努力学习，为了获得他人的赞扬而勤奋工作，为了摆脱孤独而交朋友等。

（二）指向功能

动机使机体的活动针对一定的目标或对象。如果说动机的激发功能如同导火索，那么，动机的指向功能就好比指南针，它使个体的行为指向一定的方向，并使个体朝着预定的目标前进。如在学习动机的支配下，人们可能去图书馆或教室；在休息动机的支配下，人们可能去睡觉；在成就动机的驱使下，人们会主动选择具有挑战性的任务等。动机不同，活动的方向和所追求的目标也不同。

（三）激励功能

当活动产生后，动机要维持这种活动，使它坚持进行下去，并及时调节活动的强度和持续时间。当活动指向人所追求的目标时，动机就获得强化，活动就会持续下去。当活动偏离人所追求的目标时，动机得不到强化，活动就会逐渐停止。

有人说，人类的动机就如同汽车的发动机和方向盘，是人活动的动力和方向，既给人的活动以动力，又对人活动的方向进行控制。不同性质和强度的动机，对活动的维持和调节作用是不同的。高尚动机比低级动机更具有激励作用，动机强比动机弱也具有更大的激励作用。

三、动机的分类

人类的动机非常复杂。可以从不同角度、根据不同标准对动机进行分类。这些分类可以使我们对动机的本质与特性有更加全面的认识。

（一）生理性动机和社会性动机

根据与动机相关联的需要的起源，可以把动机分为生理性动机和社会性动机。

由有机体的生理需要产生的动机称为生理性动机，又称为驱力或内驱力，如吃饭、穿衣、休息、性欲等需要产生的动机。以人类的社会文化需要为基础而产生的动机称为社会性动机，如交往的需要引起交往动机，成就的需要产生成就动机，权利的需要产生权利动机。

（二）外在动机和内在动机

根据动机的来源，动机可分为外在动机和内在动机。

外在动机是指活动动机是由外在因素引起的，是追求活动之外的某种目标。例如，学生为了得到父母或教师的表扬或避免受到父母或教师的责备、惩罚而学习。内在动机是指活动动机出自于活动者本人并且活动本身就能使活动者的需要得到满足。例如，由于学生认识到学习的重要意义或对学习有了兴趣，因而积极主动地学习。外在动机是可以转化为内在动机的。例如，课堂教学中最初起作用的是外在动机，教师和父母的表扬引起学生的学习兴趣，逐渐地，学生为了得到社会的承认和赞赏也能够专心致志地学习并把学习看成是一种乐趣。

（三）长远的、概括的动机和短暂的、具体的动机

根据动机的影响范围和持续作用的时间，可把动机区分为长远的、概括的动机和短暂的、具体的动机。

长远的、概括的动机影响范围广，持续作用时间久。例如，一位师范生想成为优秀的教师，为培养祖国的下一代多做贡献。这个动机促使他努力学习科学知识，积极锻炼身体，参加学校的各项政治活动。短暂的、具体的动机只对个别具体行动一时起作用。例如，学生仅仅为了考试得高分数或应付老师的提问而努力学习。

（四）主导动机和次要动机

人的复杂的活动（如学习、工作、求职等）并不只是受一种动机的推动，而是受多种多样的动机组成的整个动机系统的推动。这些形形色色的动机交织在一起，互相补充。它们对活动的驱动作用并不是同等的，其中有的起主导作用，这种动机称为主导动机；另一

些是次要的，称为次要动机。在人的成长过程中，活动的主导动机也是不断变化和发展的。例如，同是学习活动，刚入学的小学生，其主导动机可能是学生的地位（“当个小学生”），以后的主导动机可能是在班级中取得应有的地位（如“争当优秀少先队员”）。

四、动机强度与工作效率

工作效率与动机强度有密切联系。你可能设想，动机强度越高，有机体的活动热情就会越高涨，活动的效率也就越佳。但是，事实并非如此。活动动机强度很低而对工作持漠然态度，工作效率是低的。然而当动机强度过高时有机体处于高度紧张的状态，其注意和知觉的范围变得过于狭窄，反而会限制正常活动，从而使工作效率降低。例如，在奥运会前期训练中进行了充分准备的运动员一心想赛出好成绩，往往在正式比赛中却不能充分发挥实力，就是因为动机强度过高，反而降低了效率。因此，为了使活动卓有成效，就应避免动机强度过低或过高。

心理学的研究表明，动机强度与工作效率之间的关系不是一种线性关系，而是倒“U”形曲线关系。中等强度的动机最有利于任务的完成，也就是说，动机强度处于中等水平时，工作效率最高，一旦动机强度超过了这个水平，对行为反而会产生一定的阻碍作用。

心理学家耶基斯和多德森（Yerkes&Dodson，1908）的研究表明，随任务性质的不同各种活动都存在一个最佳的动机水平。在比较容易的课题中，工作效率有随动机强度提高而上升的趋势；而在比较困难的课题中，动机最佳水平有逐渐下降的趋势。这种现象是耶基斯和多德森通过动物实验发现的。随着课题难度的增加，动机最佳水平有逐渐下降的趋势，这种现象称为耶基斯—多德森定律（见图3－3）。

耶基斯—多德森定律对学习指导具有重要的意义，它表明：①在一定范围内，动机强度的增高有利于学习效率的提高；②动机处于适当强度时，学习效率最高；③动机强度超过一定界限时，学习效率会下降。

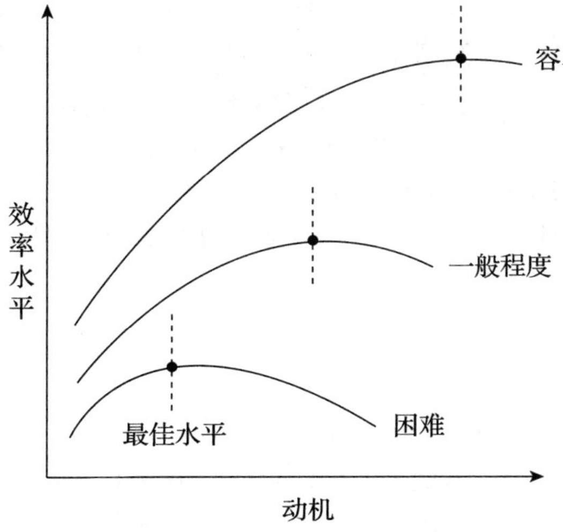

图3－3 耶基斯—多德森定律

第三节　动机理论

一、自我效能感理论

自我效能感是指个人根据自己过去的行为经验，对某一特定事务，经历多次成败后，对自己是否有能力处理该项事务的判断，也就是“个人对自己是否具备达到某一行为水平的能力的评判”。这一个概念由美国著名社会心理学家班杜拉在 1977 年最早提出。20 世纪 80 年代以来，自我效能感理论得到了丰富和发展，也得到了大量实证研究的支持。

班杜拉

根据自我效能感理论，“对自己操作行为的信念是一种决定人们的行动、思维方式以及在紧张情境中体验到的情绪反应的最为直接的因素”。自我效能感决定着个人对行为的选择（追求什么，回避什么），决定着个体行为付出的努力和行为持续的时间（自我效能感越强烈，付出的努力越多，行为持续的时间也越长），决定着人的思维方式和情感反应（如对行为中困难的估计，对行为成败的归因）。显然，自我效能感对行为具有动机作用。例如，在学习情境中，当个人面对一项具有挑战性的工作任务（如竞争性考试）时，个人是否主动全力以赴地完成工作任务，取决于他对自己的效能的认知评估。如果他认为自己有能力取得成功，他就会全身心地投入到该项任务中（积极的自我效能感）；相反，如果他怀疑自己或者否认自己的能力，就会表现出回避该项任务的倾向（消极的自我效能感）。在教学实践中我们也会发现，那些对自己的能力估计较高的学生在学习上就比较主动，并倾向于将自己在学业上的成败归因于努力的程度；而那些对自己的能力估计较低的学生在学习上常常是被动的，并倾向于将自己在学业上的成败归因于能力的水平或者机遇。

根据班杜拉的研究，个人自我效能感的形成来自四个方面的经验：① 直接经验，即以往实际从事同类工作的成败经验；② 间接经验，即通过观察学习获得的他人成败的经验；③ 书本知识或他人的意见，即通过阅读或与他人交往中获得的经验；④ 身心状况，即对自己身心状况的主观评估。由此看来，教师在教学中帮助学生形成积极的自我效能感显然有助于培养学生的学习动机。

二、成就动机理论

成就动机在人的成就需要的基础上产生，是激励个体乐于从事自己认为重要的或有价值的工作，并力求获得成功的一种内在驱动力，是个体努力克服障碍、施展才能、力求又快又好地解决某一问题的愿望或趋势。在行为上，它表现为一个人对自己认为有价值的、重要的社会或生活目标的刻意追求。

麦克利兰发现，具有强烈的成就动机的人渴望将事情做得更为完美，提高工作效率，获得更大的成功，他们追求的是在争取成功的过程中克服困难、解决难题、努力奋斗的乐趣以及成功之后的个人成就感，他们并不看重成功所带来的物质奖励。个体的成就动机与他们所处的经济、文化、社会环境和政府的发展程度有关，社会风气也制约着人们的成就动机。

阿特金森对麦克利兰的理论进行了进一步的深化，他在 1957 年提出了“期待—价值”成就动机理论，认为个人的成就动机可以分成两部分，其一是力求成功的意向，其二是避免失败的意向。也就是说，成就动机涉及对成功的期望和对失败的担心两者之间的情绪冲突。追求成功的动机是成就需要、对行为成功的主观期望概率以及取得成就的诱因值三者乘积的函数。

趋向成功的趋力（Ts）由三个因素决定，用公式表示为：$Ts = Ms \times Ps \times Is$。在这个公式中，$Ms$ 代表争取成功的相对稳定的倾向（这是用 TAT 主题统觉测验得到的）；成功的可能性 Ps 指的是认知目标的期望，或是主体理解到的成功的可能性；Is 为成功的诱因值，这一项被认为与 Ps 有相反的关系，也就是 $Is = 1 - Ps$，即当 Ps 值减小时，成功的诱因值增加。阿特金森认为，完成一个困难任务以后所体验到的自豪感比完成一个容易任务后体验到的自豪感更强，比如说，在经过了几天冥思苦想后解出数学题比轻而易举地解一道简单的数学题要高兴得多。

避免失败的趋力（Taf）由三个因素决定，用公式表示为：$Taf = Maf \times Pf \times If$。在这个公式中，$Maf$ 指回避失败动机强度；Pf 是对失败概率的主观估计，受过去完成相似任务的经验、对他人做同类工作的了解及对竞争估计的影响；If 指失败的诱因价值。$If = 1 - Pf$，也就是说，失败的可能性减小时，失败的诱因值就增加。失败的诱因值可理解为一种消极的情感，如羞愧、消沉等。完成一种容易的任务失败后所体验到的羞愧感比完成一种困难任务失败后的羞愧感要强。

由以上内容得出：作为结果的成就动机由力求成功的倾向的强度减去避免失败的倾向的强度决定，即 $Ta = (Ms \times Ps \times Is) - (Maf \times Pf \times If)$。如果一个人在一种特定的情境中获得成功的需要大于避免失败的需要，那么他就敢于冒风险去尝试并追求成功。根据这一理论，如果学生获取成就的动机大于避免失败的动机，那么为了解决一个问题，遇到一定次数的失败，反而会增加他们去解决这一问题的愿望。研究表明，这种学生最有可能选择成功概率约为 50% 的任务（因为这种选择挑战性最强），而对完全不可能成功或稳操胜券的任务，动机水平反而下降。相反，如果学生对失败的担心大于获取成就的动机，那么，也有可能由于失败而灰心丧气，由于成功而得到鼓励。这种学生在选择任务时，倾向于选择非常容易或非常困难的任务，因为选择非常容易的任务可使他们免遭失败，而选择非常困难的任务会使他们即使失败也可找到适当的借口，从而可减少失败感。

麦克利兰的实验研究证实了这一点。成就动机的水平与完成学业任务的质和量紧密相关。高成就动机者在没有外力控制的环境下仍能保持好的表现，在经历失败的过程中，高成就动机者在任务的坚持性上比低成就动机者强。另外，追求成功者有很强的自信心，有高的成就动机水平和内归因。成功使他们更相信自己的能力，一旦失败，他们会认为是自己采取了不合适的策略或没有付出足够的努力，而不会将失败归于缺少能力，他们会更加努力地去完成任务。避免失败的学生正相反，他们的自信心不强，倾向于外归因。由于认为自己的能力有限，他们往往设置一些不切合实际的目标，不付出足够的努力，这导致了又一次的失败，而不断失败导致他们形成了自己能力不足的固定看法，将失败归因于缺乏能力，而将成功归因于运气、机遇、任务简单。这样无论成功还是失败对他们都没有积极的影响：成功了，他们不会再付出努力，而一旦失败他们就会进一步去避免失败。

成就动机是在一定的社会、教育条件下形成的，所以能够通过一定的训练来培养和提高成就动机水平。训练不仅能提高成就动机的水平，而且能提高学生的学习成绩。很多研究证明，对成就动机进行的训练是有效果的，直接效果表现为受过训练的学生对取得成就更为关心，并能够根据自己的实际情况去选择所追求的目标，间接效果是能够提高学生各学科的学习成绩。这一效果在原来成就动机水平低而学习又差的学生身上表现得更为明显。

在学校里，一方面可以采取适当的方法提高学生的成就动机水平，如可以通过改变课题的难度使课题对学生的意义（诱因值）发生变化，另一方面要根据学生的实际情况培养成就动机。

三、行为归因理论

行为归因理论是对他人或自己的工作、学习或其他行为的成败原因进行分析、解释和推断的理论。著名心理学家维纳对行为结果的归因进行了系统探讨，首先提出三个基本假设：① 个人对自己在某种情境下所表现的行为具有自我解释（归因）的动机；② 解释自己的行为后果时，个人所做的归因是复杂而多维度的；③ 个人对先前行为的归因将决定他以后行为动机的强度。基于这三个基本假设，通过实证研究，维纳发现大多数人都将自己行为的成功或失败归结为以下六个因素：能力高低、努力程度、任务难易、运气好坏、身心状态、外界环境。维纳认为这六个因素可归为三个维度：稳定性归因和非稳定性归因、内部归因和外部归因、可控归因和不可控归因。将三个维度和六个因素结合起来就组成了如表 3－1 所示的归因模式。

表 3－1　行为动机的归因模式

	稳定性		内在性		可控性	
	稳定	不稳定	内在	外在	可控	不可控
能力高低	+		+			+
努力程度		+	+		+	
任务难易	+			+		+
运气好坏		+		+		+
身心状态		+	+			+
外界环境		+		+		+

一般来说，学生通常将成功和失败的原因归于能力高低、努力程度、任务难易与运气好坏四个因素，而较少归因于身心状态或外界环境。

在行为归因理论的指导下，心理学家进行了大量研究。结果表明，学生对学习结果的归因，不仅解释了以往学习结果产生的原因，更重要的是对以后的学习行为会产生不同的影响。只有将成功归因为内部因素才会感到自豪与满意；如果认为成功是源于他人或外部力量，情感反应是感激而不是自豪。相反，如果将失败归因于内部因素，如不努力或无能，则会感到自责、内疚或羞愧；如果将失败归因于外部因素，则会感到生气或愤怒。将成败归因于稳定因素时，对未来结果的期待与目前的结果是一致的，也就是说，成功者预期着以后的成功，失败者预期着以后的失败。例如，把失败归因于自己能力差，那么就会担心下一次还会失败，因为能力是比较稳定的，很难在短时间内得到改变。这类学生容易产生学习上的无助感。相反，若将成败归因于不稳定的因素，则对以后成败的预期影响较少。例如，若学生认为失败是由于不努力造成的，认为自己努力学习就有可能取得成功，以后有可能会更加努力学习。

既然不同的归因模式会影响主体今后的行为，那么，我们就可以通过改变主体的归因模式来改变其今后的行为，这对学校教育工作是有实际意义的。在学生完成某一学习任务后，教师应指导学生进行成败归因。一方面，要引导学生找出成功或失败的真正原因；另一方面，也应根据学生过去一贯的成绩，从有利于今后学习的角度进行积极归因，要以强调内部动机为主，外部动机为辅。

第四节 学习动机的培养和激发

正确而强烈的学习动机既是掌握技能和知识的前提条件，又是良好道德品质的重要组成部分。因此，培养和激发学生的学习动机是学校教育工作的一项重要任务。

一、学习动机的概念

学习动机是直接推动学生进行学习的一种内部动力。它是一种学习的需要，这种需要是社会和教育对学生学习的客观要求在学生头脑中的反映，通常表现为学习的意向、愿望或兴趣等，对学习起着推动作用。

学习自觉性是学习动机中的重要成分，是随着学生认知能力的发展，家庭和学校所进行的学习目的教育以及个人的学习成败体验与对社会要求的认识等逐渐形成的。学习自觉性的高度发展使人们认识到个人学习与社会进步的关系，从而产生学习的社会责任感。学生一旦有了学习的自觉性，就会迸发出对学习的极大热情。

学习动机中最现实、最活跃的成分是兴趣，它是力求认识世界、渴望获得科学文化知识和不断探求真理而带有情绪色彩的意向活动。当人对某种学习产生兴趣时，他会积极主动且心情愉快地学习，不觉得学习是一种沉重的负担。有兴趣的学习不仅能使人全神贯注、积极思考，甚至会达到废寝忘食的境地。人在满怀兴趣的状态下对学习的一切内容常常掌握得迅速而牢固。

学生的学习动机与他对待学习的态度是直接联系的。研究表明，在中小学学生中，具有强烈而自觉的学习动机的学生，一般都能专心听讲，认真而仔细地完成作业，遇到困难时表现出极大的自制力和顽强的精神；而学习动机不端正、动机水平低的学生，对待学习的态度比较被动，遇到困难与障碍时不能坚持学习，克服困难的信心与决心较差。所以，从某种意义上说，学生的学习态度和学习积极性是学习动机的具体表现。

二、影响学习动机形成的因素

学习动机的形成过程受主观和客观两方面因素的影响。

（一）家庭、社会和学校教育对学生学习动机形成的影响

学生的学习动机是社会和教育对学习的客观要求在学生头脑中的反映，其学习动机的形成不能脱离社会生活条件和教育的影响。社会要求在许多情况下是通过家庭和学校教育提出来的，特别是对低年级的学生更是如此。

家庭对学生学习动机的形成有着直接作用。初入学的儿童，其学习动机基本上是家长要求的反映，如说“将来成为像老师那样的人”等。父母要求子女努力学习科学文化知识，将来成为对社会有用的人才，这些都会在学生学习动机的形成过程中产生较大的影响。

社会发展对科学文化的要求、社会风气和思想意识形态等都对学生学习动机的形成起着重要的影响。随着学生年龄和知识的增长，社会的影响对学生学习动机的形成所起的作用越来越大。

在一般情况下，学校教育对学生学习动机的形成和发展起主导作用。如果学校、家庭和社会有目的、有组织的教育是一致的，学生原来已初步形成的正确动机的萌芽就可以得到深化，原来不正确的动机则能得到改正。但是，如果家庭、社会的要求和学校教育不一致，则会抵消或破坏教育的作用，特别是社会上的歪风邪气、同伴的坏习惯常常阻碍学生正确学习动机的形成。

（二）学生年龄的增长对学习动机形成的影响

研究表明，学生在不同的年龄阶段，其主导性的学习动机是不断发展变化的。总的趋向是，随着年龄和知识经验的增长及世界观的逐步形成，与社会要求相适应的动机越来越占支配地位，并逐渐成为学生学习的主导性动机，与学习活动本身相联系的直接动机也越来越稳固。例如，学龄初期，学生的学习更多地受直接兴趣的影响。因此，教学内容的生动性和教学方法的直观性，教师和父母的具体要求和评价等，对推动学生的学习有较大的作用。一般来说，这一阶段以直接的近景性学习动机为主导。少年期学生的学习动机有了

进一步的发展，一方面，由于学习内容的丰富和日益深化，学生的兴趣更为多样，对学习的推动作用更强；另一方面，这个时期许多少年儿童加入了少先队组织，少先队员的责任感和集体荣誉感常常成为学习中的强大动力。这两方面共同构成了少年期学生学习动机的主要特点。到了青年初期，学生的主导性学习动机就更富有社会性，其学习兴趣和学习动机也更服从于未来社会建设的要求，生活目标、职业志向和抱负成为学习的强大动力。这时，间接的学习动机和直接的学习动机都发展到更高一级的水平，它们更趋稳定、深刻而持久。

（三）学生的个性特点对学习动机形成的影响

学生兴趣爱好的广度和深度影响其学习动机的稳固性和深刻性。有的人对各学科或各种学习活动具有广泛多样的兴趣；有的人只对某门学科或某种学习活动具有特殊兴趣，如有的学生特别喜欢语文，有的学生特别喜欢数学等。这两种兴趣的形成对学习有不同的作用，但是两者又都是不可偏废的。广泛的学习兴趣可以使学生在各方面的学习表现出积极的态度，使学习生活丰富多彩，但也容易使学习流于肤浅和表面；而专门的学习兴趣可以使学生深入学习某方面的知识，但也难免使学习陷入狭隘和片面。因此，教师应注意适时地培养学生这两方面的学习兴趣。一般来说，较好的是先有普遍的学习兴趣，然后在此基础上培养专门的学习兴趣。

学生的意志品质对学习动机形成的难易和快慢有很大影响。意志力坚强的人发生动机矛盾时，能以顽强、坚毅的意志战胜一切困难，以理智权衡孰轻孰重，用客观的标准决定取舍，直至最后取得胜利。意志薄弱的学生往往在动机教育的过程中畏缩不前，信心不足或者放弃学习。

个人志向水平不同，学生对学习的要求和反应也不一样。例如，一个学生考试得“良”会非常高兴，另一个学生得“良”则感到惭愧，这表明这两个人学习的志向水平有差异。研究表明，儿童在学习过程中，成功会导致志向水平的提高，失败会导致志向水平的降低。人们的成功经验越丰富，以后的志向水平会提高得越高；失败越多，以后的志向水平就降得越低。

另外，学生的性格以及智能发展水平对学习动机的形成也有一定影响。

三、学习动机的培养

学生正确的学习动机和学习兴趣是不会自发产生的，社会各种因素都在影响学生的学习。教师应该有计划、有目的地培养学生形成正确的学习动机和浓厚的学习兴趣，把家庭、学校和社会对他们学习的要求变成内在的学习需要，帮助他们抵制各种干扰和不良影响。

（一）加强学习目的性教育，提高学习自觉性

进行学习目的性教育是教师和家长的一项经常的、重要的工作。我们要通过对学生的

学习目的性教育，帮助学生正确认识学习的社会意义，把当前的学习和祖国的需要、未来的建设、个人的远大理想联系起来，形成长远的、持久的学习动机，以明确学习方向，端正学习态度，激发学习热情，提高学习的自觉性和积极性，培养坚强的意志力。

进行学习目的性教育应从实际出发，采取生动、有说服力且适合学生心理发展特点的形式和内容，避免空洞说教。学习目的性教育应贯穿在各科教学中。教学实践表明，学生对某些学科缺乏学习积极性，往往是由于对学习这门学科的重要意义缺乏深刻认识造成的。因此，为使学习目的性教育卓有成效，教师和家长必须从学生的实际出发，根据学生的年龄特征，采取生动活泼、富有感染力的方式，努力把思想性与知识性、情感性、形象性结合起来，寓学习目的性教育于丰富多彩的活动之中，这样才能使教育要求真正转化为学生的学习需要，从而成功地激发和维持学生的学习动机。另外，教师应把学习目的性教育贯穿在日常的教学活动中。例如，教师在开始讲授一门新课前，可先说明学习该学科的目的以及应达到的教学目标。在授课时，让学生知道具体的目标和要求、这门课在整个体系中的地位及实际意义，以引起学生的求知欲，从而调动学生学习的积极性。在进行学习目的性教育时，教师还可以通过对比、经验交流、个人谈话等方式，对学生某些不正确的学习动机予以否定，使他们头脑中产生新旧动机之间的斗争，以正确的动机战胜错误的动机，从而逐步形成正确、长远、持久的学习动机。

（二）利用各种方式培养学生的学习兴趣，发挥其主体性

兴趣是推动学生进行学习的内部动力，是影响学生学习积极性和自觉性的直接原因。它不仅使学生渴望获得知识和技能，促进学生的学习，而且使学生学习活动中始终伴随着愉快的情绪体验，有利于他们产生进一步的学习需要。因此，教师应利用各种方式激发和培养学生的学习兴趣，具体可以从以下几个方面入手。

1. 利用课堂教学激发学生的求知欲

求知欲和学习兴趣是一种内在的学习动机。课堂教学是学校教育教学工作的主要形式。教师利用课堂教学培养学生的学习兴趣通常有以下两种方式。

（1）教学方法灵活多样，富有启发性

教学方法直接影响学生学习兴趣。研究表明，生动有趣、灵活多样、符合学生特点的教学方法，可以使学生学得主动积极、生动活泼，有助于培养他们的学习兴趣；而呆板、机械、单调重复的教学方法，学生往往感到索然无味，失去学习兴趣。因此，根据学生的年龄特点和知识水平，教师要利用新颖、灵活多样、富有启发性的教学方法，采取讲训结合的模式，让学生动脑、动手、动口，在轻松愉快的气氛中掌握知识。

（2）教学内容安排合理，难易适中

心理学研究表明，知识性、科学性、趣味性相结合的教学内容最能诱发学生的好奇心，使他们惊叹世界的广阔，深感自己知识的贫乏，从而激发求知探究的学习意愿。人们对符合本人能力水平、有成功希望的活动容易产生兴趣。作为教育对象的学生，在学习能力上是有差异的，对同样的学习任务，不同的学生往往因能力的差异而产生不同的学习结果。实验证

明，凡符合本人能力水平的活动，其对成功的期望值越大，获得成功的可能性也越大。而获得成功就能产生满足感，同时伴有愉快的情绪体验，从而产生进一步学习的欲望。如果学生屡次失败则会产生焦虑、自卑，以致学习兴趣低落，从而削弱学习动机。因此，教师在教学中应做到教学内容组织得当，难易适中，重点突出，难点分散，这样学生才会开动脑筋，产生学习兴趣和求知欲。

2. 组织学生广泛参加各种实践活动，培养和发展兴趣

学习兴趣是在各种实践活动中逐步形成和发展起来的。组织学生参加实践活动，尤其是科技活动，可以使他们面对实际任务时能够运用所学知识解决各种力所能及的问题，从中体验成功的愉快和学习的欢乐，唤起强烈的求知欲。同时，让学生参加实践活动还可以使教师更有效地因材施教，发挥学生特长，并进一步发现学生的兴趣，通过兴趣的迁移培养新的学习兴趣。

3. 建立良好的师生关系

师生间的亲密交往对学生学习兴趣的形成和发展有重大影响。中小学生在一定程度上往往因为教师对他好不好、教得好不好、有无威信而喜欢或不喜欢某门学科。师生间的亲密交往能使教师以友善的态度亲近学生、关心学生学习，学生因教师对自己的期望而增加对教师的好感、信任和尊敬，从而对教师所教课程产生兴趣。因此，融洽的师生关系能使师生间产生积极的教学反馈；反之，则产生消极的教学反馈。同时，学生和自己喜爱的教师交往的愿望本身就可能是一种强烈的学习动机。

（三）利用原有动机迁移，引起求知需要

迁移是学习中的普遍现象，它不仅存在于知识、技能之间，也存在于学习动机之间。在学生学习目的不明确、缺乏学习动机的情况下，教师可以根据迁移规律，将学生已有的对其他活动的动机迁移到学习上来，使学生对学习产生直接兴趣。这是培养学习动机的重要而有效的手段。一个班级中总是有部分学生认识不到学习的重要意义，体验不到学习成功的快乐，对学习缺乏热情甚至有厌学的情绪。但这类学生往往对体育活动、生产劳动、课外兴趣小组等有浓厚的兴趣，教师要因势利导，把这种活动与学习联系起来，使学生产生学习需要。例如，让爱劳动的学生参加生物小组，饲养动物，栽培植物，激起他们学好生物课的需要。在此基础上，引导他们在该学科的学习中取得好成绩，激起其求知的欲望，并把对该学科学习的积极性逐渐迁移到相关的学科，如化学、语文等，使他们产生学好各门功课的动机。

四、学习动机的激发

在学生已经初步具有学习动机以后，要使它真正变成经常起作用的、有效的动力，教师还必须采取相应的措施，使已经初步形成的学习动机由潜伏状态转入活动状态，成为推动学生学习的内部动因，从而调动其学习的积极性，并使已经形成的学习动机不断得到巩固、加深和提高。学习动机的激发是在学习过程中进行的，可以从以下几个方面入手。

（一）提出具体而明确的学习目标

教师在讲授一节课前必须具体而明确地提出这堂课的学习目标，以激起学生的求知欲。另外，结合教材内容在生活中的具体意义进行教学，讲清它在知识体系中的地位，可以引起学生对知识的重视，提高其学习的积极性。

（二）增加教学内容与方法的新颖性

教师在教学中以丰富有趣、逻辑性和系统性很强的内容以及生动的教学方法来吸引学生，使学生通过学习得到精神上的满足，可进一步激起学生学习的兴趣。新奇事物可以引起学生的探究活动，并在此基础上产生更高水平的求知欲。一些有经验的教师经常通过一些措施来激发学生的学习兴趣和求知欲。例如，语文和外语阅读课上分角色朗读，数学教学中口算与笔算交替使用，以及适当采用幻灯、录音、录像等现代化教学手段，等等。这些措施都可以进一步强化学生已形成的间接的学习动机。

（三）创设问题情境，启发学生积极思维

教学不应是简单的问答式，而应给学生提出一定的课题，即问题的情境，使他们不能单纯利用已有的知识和习惯方法去解决问题，从而激发学生思维的积极性和求知的需要。所谓“不愤不启，不悱不发”，就是在学生对所要解决的问题有了心求通、口欲言的需要时才去启发。教师应积极创造这种“愤”和“悱”的情境，通常有两种方式：①言语提示的方式，即教师直接提出与教材有关的需要解决的问题，借以激发学生学习的动机，使其抱着解决问题的态度进行学习；②活动的方式，即让学生通过参加一些活动而发现问题，如在讲物理、化学的某些定理之前，先做某种预备实验，在实验中发现问题，使学生感到有问题而又难以回答，从而产生进一步了解有关知识的需要。

（四）利用学习的反馈作用

及时了解学习的结果，包括看到自己所学知识在实际中应用的成效，解答问题时的正确与错误，以及学习成绩的好坏等，均可激发学生进一步努力学习的动机。不少实验表明，学生知道学习结果后，学习积极性会提高，进步较快。这是因为看到自己的进步会激起进一步学好的愿望，看到自己的缺点会激起上进心，树立克服缺点、继续前进的信心。

因此，在教学过程中教师要注意：①及时批改和返还学生的作业、试卷，这样可以利用学生刚刚留下的鲜明的记忆印象，满足其进一步学习的愿望，增强学习信心；②眉批、评语要写得具体，有针对性、启发性和教育性，使学生受到鼓舞和激励。

（五）开展竞赛活动

竞赛是源于人们的自尊需要、获得成就的需要而激发人们奋发努力、力求上进的一种手段。国内外的研究证明，在学习中开展适当的竞赛对提高学生学习的积极性具有促进作用。例如，查普曼和费得对五年级两个等组的学生进行了为期 10 天的加法练习研究。学生每天练习 10 分钟。竞赛组学生的成绩每天都公布；无竞赛组只做练习，无任何诱因。实验结果是竞赛组的成绩明显优于无竞赛组（见图 3-4）。这是由于学生在竞赛过程中获得成就和声誉的动机表现得更为强烈，学习兴趣和克服困难的毅力增强，学习积极性得到了充分发挥。

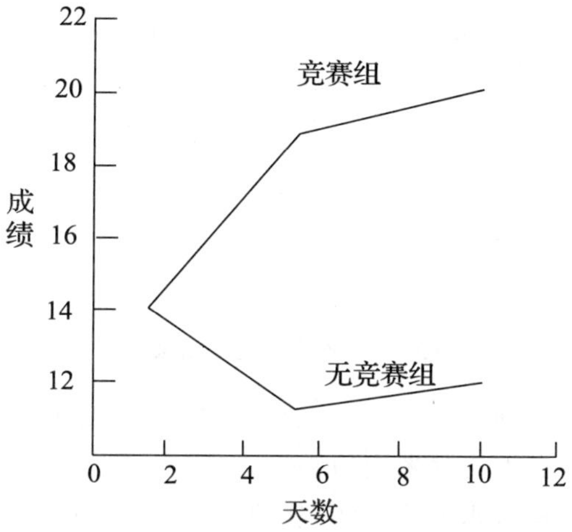

图 3-4 加法练习竞赛成绩比较

不过，过于频繁的竞赛不仅会失去激励作用，而且会制造紧张气氛，使学生产生怯场的心理，从而加重学生负担，损害学生身心健康。对学习成绩不好的学生来说，如果竞赛频繁，他们会因失败而丧失信心和兴趣。故采用竞赛激发学生学习动机时必须适量，竞赛后要对不同类型的学生进行思想教育，以强化其正确的学习动机，纠正错误的学习动机。

（六）正确评价，适当表扬与鼓励

从实际出发，对学生的学习正确地进行表扬和批评，是激发其学习动机的重要手段之一。适当的表扬与鼓励是对学生学习态度、学业成绩肯定的一种强化方式，可以激发学生的上进心、自尊心、集体主义精神等。美国心理学家赫洛克通过实验证明，表扬与批评运用得当都可以对学生的学习起推动作用，比没有任何表扬和批评的效果要好。

一般说来，表扬与鼓励多于批评、指责可以更好地激起学生积极的学习动机。赫洛克的实验有力地说明了这一点。被试为 104 名四、五年级的学生，要他们练习难度相等的加法 5 天，每天 15 分钟。他把被试分为四个等组，在四种不同的诱因情况下进行加法练习。控制组单独练习，不予任何评论。其他三组为实验组，甲组为受表扬组，主试者宣布儿童的名字，予以表扬和鼓励；乙组为受训斥组，主试者宣布儿童的名字，并严加训斥；丙组为受忽视组，主试者完全不注意该组儿童，只让他们静听其他两实验组受表扬和受训斥。然后分析不同诱因所起的作用。四个等组的平均成绩如

图 3－5 所示。

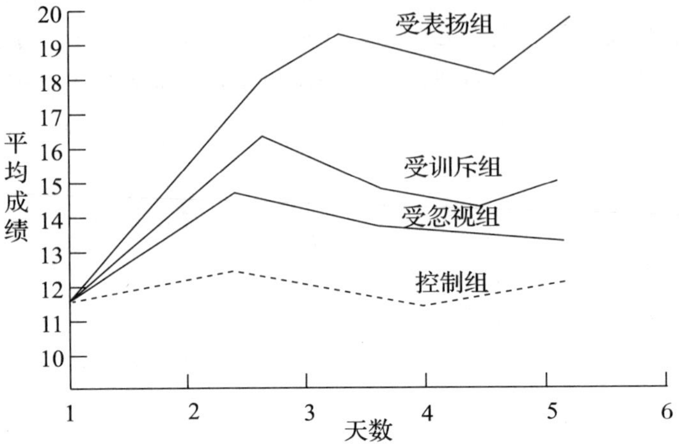

图 3－5　不同诱因的效果比较

但是，过多的表扬与鼓励会让学生产生骄傲和忽视自己缺点的倾向，从而引起消极的结果；同时，在责备时也必须注意采用巧妙的方式。优秀教师在运用评价这一手段来激发学生的学习动机时，常常是从积极的方面把鼓励和批评两者结合起来运用，在表扬时指出进一步努力的方向，在批评时又肯定进步的一面。

链接材料 3－2

动机对行为的影响

在费约所做的实验中，要求三组大学生用右手食指拉起测力计上悬挂的重达 3.4 千克的砝码。对第一组被试不告诉任何理由，对第二组被试告知他们要表现自己的最大能力，对第三组被试则告诉他们，这是为了把电输送到工厂、住宅，完成这项任务有重要的意义。研究表明，在具有较强的社会性动机的被试组中，其活动效果最好。

（资料来源：樊豫陇，张艺．心理学．郑州：河南科学技术出版社，2007）

第四章　心理操作——感觉、知觉、记忆、思维

学习要求

1．概念识记：感受性、感觉阈限、识记、保持、遗忘、思维、想象。

2．分析理解：感觉的相互作用、知觉的特征、遗忘曲线的含义、影响遗忘进程的因素、思维的过程与形式、解决问题的一般步骤、影响解决问题的因素、表象和想象的作用。

3．思考运用：联系实际谈谈感觉和知觉规律在学习活动中的运用；谈谈如何根据记忆的规律有效地组织复习和提高记忆力；分析如何激发和培养学生的创造性思维。

人类认识世界的过程是一个从感性认识到理性认识的过程。人类通过感觉认识当前事物的个别属性，通过知觉认识当前事物的整体属性。记忆是人的心理过程在时间上得以持续的根本保证，它将人们感知过的事物和体验过的情绪保留在头脑中，将心理活动的过去、现在和未来联结成一个整体。思维则是一种最为高级和复杂的心理活动，它通过概念、判断和推理的形式帮助人们认识事物内在的、本质的属性，想象是思维的一种特殊形式。也就是说，人类通过感觉和知觉获取信息，通过记忆存储提取信息，通过思维深度加工信息。人类通过感觉、知觉、记忆、思维的心理操作，完成从感性到理性认识世界的过程。

第一节　感觉和知觉

一、感觉和知觉概述

（一）感觉和知觉的概念

感觉是人脑对直接作用于感觉器官的事物的个别属性的反映。例如，我们的面前有一个苹果，它有气味、颜色和光滑度等特定的个别属性，我们闻它的气味是香的，看它的颜色是红的，触摸它的表皮是光滑的。这个苹果直接作用于我们的鼻子、眼睛和手，在我们的头脑里就产生了它的气味、颜色和光滑度的反映。这种当前事物的个别属性通过感觉器官作用于人脑，在人脑中引起的心理活动就是感觉。

感觉是最简单、最基本的心理活动。通过感觉，不仅能够分辨外界各种事物的颜色、气味、软硬、粗细、重量、温度等外部特征，而且也能知道身体内部的状况和变化，如饥

饿、疼痛、酸麻等。我们有心跳动的感觉，是心脏的搏动在头脑里的反映；饥饿是胃的蠕动和身体血糖的变化在头脑里的反映。我们通过某一种感觉，只能认识事物的某一种外部特点，然而生活中的事物的个别属性总是作为一个方面与整个事物同时被反映。例如，红色或者是红旗的红，或者是红花的红。所以信息一经通过感觉器官传达到脑，知觉也就随之产生。

知觉是人脑对直接作用于感觉器官的客观事物的各个部分和属性的整体反映。知觉的产生以头脑中各种感觉信息的存在为前提，并且与感觉同时进行，但它却不是各种感觉的简单总和。知觉除了以各种感觉为基础外，还需要借助过去经验和知识的帮助。例如，听一首歌曲，我们除了反映其声音的高低、强弱和音色这些个别属性以外，还反映这些属性之间在时间延续、空间定位和运动节奏变化等方面的关系，从而组合成完整的歌曲，这就是知觉。

感觉和知觉是人对客观世界认识的初级阶段，是人们认识世界的开端，也是人们其他心理活动的基础，一个人若没有感觉和知觉，就不可能形成记忆、思维、想象等复杂的心理活动。可见，感觉和知觉是一个人正常心理活动发生发展的必要条件。

（二）感觉和知觉的生理机制

感觉和知觉是客观事物作用于神经系统，引起神经系统的活动而产生的。产生感觉和知觉的神经系统叫分析器。分析器由感受器、传导神经和神经中枢三部分组成。人体有多种分析器，如视觉分析器、听觉分析器、味觉分析器、肤觉分析器、运动觉分析器等。

感受器是指接受某种刺激产生兴奋的神经装置，如眼、耳、鼻、舌等感受器官中的感受细胞或神经末梢。外界事物对感受器的影响叫刺激。每种感受器都有各自的适宜刺激，如光波是视网膜的适宜刺激，视网膜对光能量特别敏感，而温度、气味都不能引起视觉细胞和听觉细胞的兴奋，对它们来说都不是适宜刺激。感受器在接受适宜刺激时，把外界刺激的物理或化学能量转化为神经系统上的电活动（神经冲动），所以感受器实际上是一种能量转换器，环境中的信息只有通过感受器加以转换才能实现神经传导。感受器中产生的神经冲动，沿传导神经传向神经中枢。当神经冲动到达大脑皮层相应区域之后，皮层相应区域就进行分析、综合活动，从而产生了感知。

感觉的产生是某一种分析器活动的结果，知觉的产生往往是多种分析器同时或相继活动的结果。由分析器相对应的大脑皮层中各中枢复杂的分析、综合活动，有可能形成复杂的暂时神经联系，产生对事物整体的反映。同时，人借助关系反射，能形成完整的知觉。引起多种分析器同时或相继活动的刺激物叫复合刺激物，以复合刺激物之间的相互关系建立的条件反射称为关系反射。一首乐曲，不管是用钢琴还是用小提琴演奏，不管是用高八度还是用低八度演奏，虽然其中个别成分改变了，但乐曲中各成分的关系未变，仍然能被知觉为同一首乐曲。

由于人的感知有第二信号系统的参与，所以人的感知具有随意性。借助词语的作用，人能更迅速、更准确地分析和标志出事物的不同属性，如颜色、声音、重量、气味等。借助词语，人还能把这些属性综合成为一个整体，并唤起以往经验，加深对对象的理解，这体现了人类感知与动物感知的本质区别。

（三）感觉和知觉的关系

感觉和知觉是紧密联系又相互区别的心理活动过程。它们都是客观事物直接作用于感觉器官时在人脑中产生的对当前事物的反映。两者的紧密联系表现在：感觉是对事物个别属性的反映，知觉则是对事物整体属性的反映，没有反映事物个别属性的感觉，就不可能有反映事物整体的知觉。因此，感觉是知觉的有机组成部分，是知觉的基础，而知觉则是感觉的深入和发展。对某个事物感觉到的个别属性越丰富、越精确，对该事物的知觉也就越完整、越正确。在现实生活中，人们一般都是以知觉的形式直接反映客观事物的，感觉只是作为知觉的组成部分而存在于知觉之中，很少有孤立的感觉存在。心理学为了科学研究的需要，才把感觉从知觉中区分出来加以探讨。

感觉和知觉的区别主要有三个方面。第一，感觉是介于心理和生理之间的活动，它的产生主要来自于感觉器官的生理活动以及客观刺激的物理特性，相同的客观刺激会引起相同的感觉。而知觉则是以生理机制为基础的纯粹的心理活动，它的产生是在感觉的基础上对事物的各种属性加以整合和解释的心理活动过程，处处表现出人的主观因素的参与。第二，感觉是人脑对客观事物的个别属性的反映，知觉则是对客观事物的不同属性、不同部分及其相互关系的综合的、整体的反映。第三，从感觉和知觉的生理机制来看，感觉是单一分析器活动的结果，而知觉则比感觉要复杂，它是多种分析器协同活动对复杂刺激物或刺激物之间的关系进行分析综合的结果。在多种分析器的参与下，通过反映事物多种属性并整合后才形成知觉。由于已有的知识和经验对知觉的形成具有重要作用，因此，在知觉过程中，还包括了当前的刺激所引起的兴奋和以往相应的知识经验的暂时神经联系的恢复过程。

二、感觉和知觉的一般规律

（一）感受性和感觉阈限

每个人都有感觉器官，但每个人感觉器官的感觉能力却不相同。同一个声音，有人听得到有人听不到；同样亮的光线，有人看得见有人看不见，这就是感觉能力的差别。我们把感觉器官对刺激的感觉能力叫感受性，能引起感觉的临界刺激量叫感觉阈限。感受性是用感觉阈限的大小来度量的。人的每一种感觉都有两种感受性和感觉阈限，即绝对感受性和绝对感觉阈限、差别感受性和差别感觉阈限。

1. 绝对感受性和绝对感觉阈限

刚刚能引起感觉的最小刺激强度叫绝对感觉阈限，又叫绝对阈限。绝对阈限表示的是绝对感受性。绝对阈限越低，即能引起感觉所需的刺激量越小，绝对感受性就越高，即对刺激越敏感。也就是说，绝对阈限和绝对感受性成反比。用字母 S 代表绝对感受性，用 R 代表绝对阈限，则两者间的数字关系可表示为：$S=1/R$。

人类重要感觉的绝对阈限如表 4－1 所示。

表 4－1　人类重要感觉的绝对阈限

感觉类别	绝对阈限
视　觉	在晴朗的黑夜里，一支烛光可照到的距离为 30 英里（1 英里＝1.609 千米）
听　觉	在安静的条件下，手表滴嗒声可听到的距离为 20 英尺（1 英尺＝0.3048 米）
味　觉	2 加仑（1 加仑＝3.785 升）水中的 1 匙糖
嗅　觉	一滴香水扩散到有 6 个房间的公寓的空间中
触　觉	一只蜜蜂的翅膀从 1 厘米的高处落在人的脸上

感觉阈限是一个范围，能够感觉到的最小刺激强度叫下限，能够忍受的最大刺激强度叫上限。下限和上限之间的刺激都是可以引起感觉的范围。

2. 差别感受性和差别感觉阈限

两个同类刺激物的强度只有达到一定的差异量，才能引起差别感觉，即人们才能够觉察出它们的差别。例如，把 100 克砝码放到手上，再增加 1 克，人们不会感觉到重量有所增加；增加 3 克以上，人们才会感觉到重量的增加。这种刚刚能引起差别感觉的刺激的最小差异量，叫差别感觉阈限（也叫差别阈限）；对这一最小差异量的觉察能力，叫差别感受性。差别感受性与差别阈限在数值上也成反比。差别阈限越小，即刚刚能够引起差别感觉的刺激物间的最小差异量越小，差别感受性就越大。

德国生理学家 E. H. 韦伯（E. H. Weber）的研究发现，在中等强度的刺激范围内，差别感觉阈限的大小不决定于一个刺激增加的绝对数量，而取决于刺激物增量与原刺激量的比值。比方说，如果手上原有的重量是 100 克，那么至少必须增加 2 克，人们才能感觉到两个重量即 100 克与 102 克的差别；如果原有的重量是 200 克那么增加的重量必须达到 4 克。可见，要引起差别感觉，刺激的增量与原刺激量之间存在着某种关系。这种关系可用以下公式来表示：

$$K=\Delta I/I$$

其中 I 为标准刺激的强度或原刺激量，ΔI 为引起差别感觉的刺激增量，K 为一个常数，也叫韦伯常数，这个公式叫韦伯定律。对不同的感觉韦伯常数不同，韦伯常数越小感觉越敏锐。

部分差别阈限的韦伯常数（中等强度范围内）如表 4－2 所示。

表 4－2　部分差别阈限的韦伯常数（中等强度范围内）

感觉系统	韦伯常数
视觉（亮度、白光）	1/60
动觉（提重）	1/50
痛觉（皮肤上的灼热）	1/30
听觉（中等音高和强度）	1/10
压觉（皮肤压觉）	1/7
嗅觉（橡胶气味）	1/4

对感受性和感觉阈限的研究在理论上和实践上都具有重要意义。在航海、航空、精密仪器、医疗器械、环境保护、教育卫生等行业中，感受性强的人比感受性弱的人更能胜任工作。

（二）感觉的相互作用

感觉的相互作用有两种形式：一是同一感觉中的相互作用，二是不同感觉之间的相互作用。

1. 同一感觉中的相互作用

对一种感受器的刺激有时间和空间两种模式。刺激的空间模式是指刺激同时作用于一种感受器的不同部位。例如，几种光同时作用于视网膜的不同部位，溶液作用于舌面的不同部位。刺激的时间模式是指刺激先后作用于一种感受器的同一部位。由于对感受器的时空刺激模式不同而导致感受性变化的现象，称为同一感觉中的相互作用。适应和对比是这类现象的突出事例。

（1）感觉的适应

感觉的适应是相同的刺激物持续地作用于某一特定感受器而使感受性发生变化的现象。感觉的适应是很普遍的。当我们进入水中游泳时，开始觉得水是冷的，过一会儿就不再觉得水冷了。“入芝兰之室，久而不闻其香；入鲍鱼之肆，久而不闻其臭。”这些都是感觉的适应现象。

适应可引起感受性的提高，也可以引起感受性的降低。这在视觉的适应中表现得特别明显。我们从明亮的电影院外面进入正在放映电影的场内，开始什么也看不清，只好在黑暗中摸索，隔了一段时间之后才逐渐分辨出物体的轮廓来，这一过程叫对暗适应。对暗适应是环境刺激由强向弱过渡时，由于一系列的弱光刺激，导致对后来的弱光刺激的感受性的不断提高。在黑暗中停留一小时，对光感受性可提高 20 万倍。相反，如果我们从电影院内走出来，已经完全适应黑暗环境的眼睛会感到外面的光线太强而看不清外面的物体，我们不得不眯起眼睛以免光的照射，这样不久便能看清物体了，这一过程叫对光适应。对光适应是环境刺激由弱向强过渡时，由于一系列的强光刺激，导致对后来的强光刺激的感受性的迅速降低。

各种感觉的适应速度和程度是不同的。触觉具有高度的适应性且适应速度快。视觉的适应比较慢（对暗适应需几十分钟），但也有高度的适应性。听觉和冷觉是难以适应的，而痛觉则根本不能适应或很难适应（因为痛觉是伤害性刺激的信号），如果痛觉能够适应就会危及有机体的生存。

（2）感觉的对比

感觉的对比是指两种不同的刺激物作用于一种感受器而使感受性发生变化的现象。感觉的对比可以分为两种：同时对比和继时对比。

两种刺激物同时作用于一种感受器时，产生同时对比。例如，同样一个灰色矩形，处在白色背景上看上去暗淡些，处在黑色背景上看上去明亮些；同一块灰色小方纸，放在蓝色的背景上显得发黄，放在红色的背景上显得发青。两种刺激物先后作用于同一种感受器时，产生继时对比。例如，吃糖后接着吃柑橘，觉得柑橘很酸；凝视红色物体后，白色物体看起来就显得带青绿色。

2. 不同感觉之间的相互作用

对某种刺激物的感受性因其他感受器受到刺激而发生变化的现象，叫不同感觉之间的相互作用。例如，用刀子沿着玻璃边擦出来的吱吱声会使不少人的皮肤产生寒冷的感觉。又如，微弱的听觉刺激能提高视觉对颜色的感受性，而震耳的马达声则使视觉的差别感受性降低；微光刺激能提高听觉感受性，强光刺激使听觉感受性降低。不同感觉之间相互作用的一般规律大致是：弱刺激能提高另一种感觉的感受性，而强刺激则使另一种感觉的感受性降低。

（三）知觉的特征

1. 知觉的选择性

人所处的环境复杂多样，在某一瞬间，人不可能对众多事物进行感知，而总是有选择地把某一事物作为知觉对象，与此同时把其他事物作为知觉背景，这就是知觉的选择性。分化对象和背景的选择性是知觉最基本的特性，背景往往衬托着、弥漫着、扩展着，对象往往轮廓分明、结构完整。

有时人可以依据自身目的进行调整，使对象和背景互换，如图 4－1 中的少女与老妪、花瓶与人脸。选择一部分作为对象时，图片的内容是少女、花瓶；选择另一部分作为对象时，图片的内容是老妪、人脸。

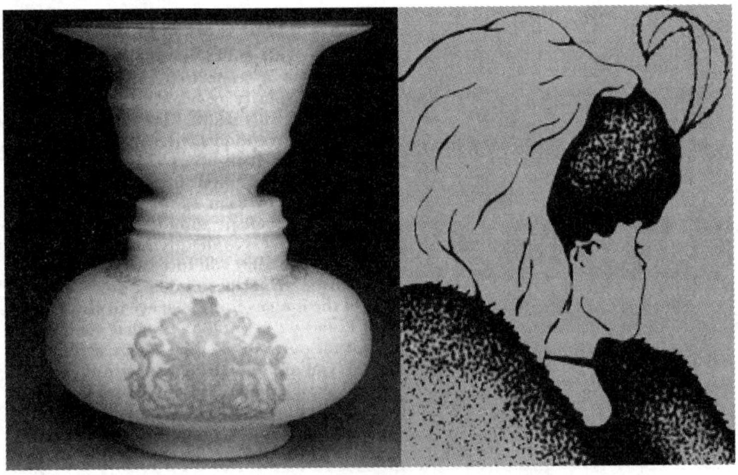

图 4－1　知觉的选择性

知觉对象的选择受客观和主观因素的影响。客观因素主要包括三个方面。① 首先，对象和背景的差别。差别越大越容易把对象从背景中区分出来，如教学中用抑扬顿挫的语调、轻重缓急不同的语言和必要的复述来突出教材中的重点。② 其次，对象的活动性。在固定不变的背景上，活动的事物容易成为知觉的对象，如暗夜中的流星、行驶的火车等。③ 最后，对象各部分的组合。时间上的组合和接近，有利于成为知觉对象，如演讲者的语言既要连贯也要注意停顿，注意语言时距上的组合才更容易被听众注意。空间上距离接近和形态相似的部分容易组合成对象。影响知觉选择性的主观因素主要有人的兴趣、需要、目的、情绪等。知觉的过程总是由具体的个人来实现的，知觉内容和倾向会受到个人主观因素的影响，不同的人在同样的环境中会选择不同的事物作为知觉对象。

2. 知觉的整体性

虽然事物有多种属性，由不同部分构成，但是人们并不把知觉对象感知为个别的、孤立的几个部分，而倾向于把它们组合为一个整体。

正因为如此，当人感知一个熟悉的对象时，哪怕只感知了它的个别属性或部分特征，也可以由经验判知其他特征，从而产生整体性的知觉。例如，面对一个残缺不全的零件，有经验的人还是能马上判断出它是何种机器上的何种部件。这是因为过去在感知该事物时，是把它的各个部分作为一个整体来知觉的，并在头脑中存留了部分之间的固定联系。而当知觉对象是没经历过的或不熟悉时，知觉就更多地以感知对象的特点为转移，将它组织为具有一定结构的整体，即知觉的组织化。其原则是视觉上相似的、邻近的、闭合的、连续的易组合为一个图形（见图4－2）。

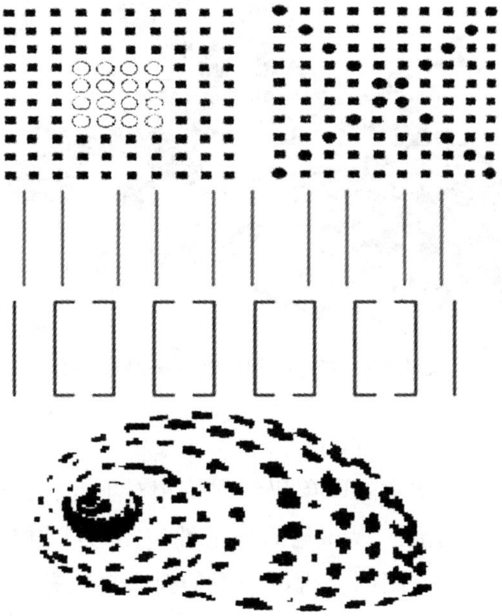

图4－2 知觉的整体性

知觉的整体性尤其是关键部位的作用提高了人们知觉的速度，例如，辨别个别笔画和辨别整个字的时间是相同的。但这也使人们容易忽略部分和细节，例如，校对时对整个文句的感知会妨碍对个别错别字和错误标点的感知。

3. 知觉的理解性

知觉的理解性是指在知觉过程中，人用过去所获得的有关知识经验，对感知对象进行加工理解，并以概念的形式表示出来。在理解过程中，知识经验是关键。例如，面对一张 X 光片，不懂医学的人很难知觉到有用的信息，而放射科的医师却能获知器官病变与否。

当第一次看隐匿图形（见图 4 －3）时，人并不是消极地观看图片上的黑白斑点，而是力求理解这些斑点的关系，提出种种假设，对它做出合理的解释。例如，“这是一片雪地吗？雪地里有什么？中间好像有个动物！它是什么？是熊吗？不像！是狼吗？也不像！哦，它是一条狗！”可见，人在知觉的过程中，不是被动地把知觉对象的特点记录下来，而是以过去的知识经验为依据，力求对知觉对象做出某种解释，使它具有一定的意义。

图 4 －3　知觉的理解性——隐匿图形

4. 知觉的恒常性

当知觉条件发生变化时，知觉的印象仍然保持相对不变，这就是知觉的恒常性。在视知觉中，知觉的恒常性十分明显。视知觉的恒常性包括形状恒常、大小恒常、亮度恒常、颜色恒常。从不同的角度看同一扇门，视网膜上的投影形状并不相同，但人们仍然把它知觉为同一扇门，这是形状恒常性。一个人由近及远而去，在视网膜上的成像是越来越小的，但是人们并不会认为这人在慢慢变小，这是大小恒常性。煤块在日光下反射的光量是白墙在月色下反射的光量的5万倍，但我们仍然认为煤是黑的，墙是白的，这是亮度恒常性。家具在不同灯光的照明下颜色发生了变化，但人对它颜色的知觉保持不变，这是颜色恒常性。

恒常性使人在不同的条件下，仍然产生近似实际的正确认识，这对正常的生活与工作是必要的。

三、感觉和知觉的种类

（一）感觉的种类

感觉可以分为外部感觉和内部感觉两大类。外部感觉是个体对外部刺激的觉察，主要包括视觉、听觉、嗅觉、味觉、肤觉。内部感觉是个体对内部刺激的觉察，主要包括机体觉、平衡觉和运动觉。

1. 视觉

视觉是人类最重要的一种感觉，它主要是由光刺激作用于人眼所产生的。在人类获得的外界信息中，有80%来自视觉。视觉的适宜刺激是波长为380~780毫微米的光波（电磁波）。

人类对颜色的视觉具有饱和度、明度、色调三种特性，这些特性是由光波的物理特性决定的。明度是指颜色的明显程度，是由光的强度决定的。光的强度越大，颜色越亮，最后接近于白色；光的强度越小，颜色越暗，最后接近于黑色。饱和度是指某种颜色的纯杂度或鲜明程度，纯的颜色饱和度高。饱和度是由不同光波成分所决定的，光波成分越单纯，颜色就越鲜艳。红、橙、黄、绿等颜色的色调是由光波的波长决定的，即由光源或物体表面所反射的光线中占优势的那一种波长决定。如果700毫微米的波长占优势，看上去就是红的；如果510毫微米的波长占优势，看上去就是绿的。

2. 听觉

听觉是个体对声音刺激的觉察。人类语言信息和其他与声音有关的信息主要就是通过听觉获得的。听觉的适宜刺激是频率为16~20 000赫兹的声波，其中人耳最敏感的声波频率为1 000~4 000赫兹。但是，当声音强度超过120分贝时，声波就不再引起听觉的进一步变化，而只有压痛感。

人类的听觉具有音调、音响、音色三种特性，这些特性主要是由声波的物理特性决定的。音调主要是由声波的频率决定的。频率高，声音听起来尖高；频率低，声音听起来低沉。例如，成年男子的声带厚而长，振动缓慢，说话的频率一般约为95~142赫兹，声音较为低沉；成年女子的声带薄而短，振动较快，说话的频率一般约为272~653赫兹，声音较为尖高。音响主要是由声波的振幅决定的。振幅越大，声波越强，听起来就越响。普通说话声的响度约为60分贝。音色主要是由声波成分的复杂程度决定的。我们听到说话声就能分辨出是谁在说话，就是因为每个人的说话声都有独特的音色。

3. 嗅觉和味觉

嗅觉和味觉这两种感觉时常联系在一起。嗅觉是由挥发性物质的分子作用于嗅觉器官的感受细胞而引起的一种感觉，作为嗅觉感受器的嗅细胞位于鼻腔上部两侧的黏膜中。据估计，人的嗅觉细胞约有 1 000 万个，德国牧羊犬有 22 400 万个嗅觉细胞。一般来说，嗅觉的感受性很高，对不同刺激物嗅觉的感受性不同。环境条件（例如空气的清洁程度、湿度）以及机体健康状况（例如感冒）都对嗅觉感受性有较大的影响。味觉的适宜刺激是溶于水的化学物质，其感受器是分布在舌头上的味蕾。人的基本味觉有酸、甜、苦、咸四种，其敏感部位分别在舌的两侧、舌尖、舌根、舌面。味觉常常和嗅觉相互配合，相互影响。

4. 肤觉

刺激作用于皮肤引起的各种各样的感觉叫肤觉。肤觉的基本形态有四种：触觉、冷觉、温觉、痛觉。肤觉感受器在皮肤上呈点状分布，称触点、冷点、温点、痛点。身体的部位不同，各种点的分布及其数目也不同。肤觉对人类的正常生活与工作有重要意义。没有肤觉，人们就不能觉察到危险存在，不能感觉到体温的适宜，因而也就不能逃避伤害、调节体温。有了肤觉，人们才可以认识到物体的软硬、轻重等特征，而且把它和视觉联系起来，才能准确认识物体的大小、粗细、形状。

5. 机体觉

机体觉又称内脏感觉，是机体内部器官受到刺激而产生的感觉。其感受器位于脏器壁上，它们将内脏的活动及变化的信息传入中枢。一般当内脏器官工作正常时，各种感觉便融合成人的一般性自我感觉，只有当内脏器官受到特别强烈的刺激，机体觉才能鲜明地被觉察，产生饥渴、饱胀、便意、恶心、疼痛等感觉。

6. 运动觉和平衡觉

运动觉是反映身体各部位的位置和相对运动的感觉，其感受器位于肌肉、肌腱、韧带和关节中。运动时，由于肌肉的收缩或拉长以及关节转动等，感受器开始兴奋并向大脑发放神经冲动，引起身体运动和位置的感觉。

平衡觉又称静觉，是对人体做加速或减速的直线运动以及旋转运动所产生的感觉。平衡觉的感受器是位于内耳的前庭器官。平衡觉与视觉、内脏感觉相联系。当前庭器官兴奋时，人会出现头晕目眩、呕吐恶心等现象。例如，晕船、晕车就是前庭器官受到刺激引起的，当然这种状态经过训练是可以得到改善的。

（二）知觉的种类

根据不同的标准，可以对知觉进行不同的分类。根据知觉活动中占主导地位的感受器的不同，可将知觉分为视知觉、听知觉、嗅知觉、味知觉等。根据知觉对象的不同，可将知觉分为物体知觉和社会知觉。根据知觉映像是否符合客观实际和反映客观现实的精确性程度，可以把知觉分为精确知觉、模糊知觉、错觉和幻觉。根据人脑所认识的事物特性，可把知觉分为空间知觉、时间知觉和运动知觉。

1. 空间知觉

空间知觉是对客观世界空间特性的知觉，具体指物体大小、距离、形状和方位等在头脑中的反映。空间知觉是一种较复杂的知觉，需要人的视觉、听觉、运动觉等多种分析器的联合活动来实现。在我们的生活、学习中，空间知觉具有重要的作用。例如，学习汉语拼音、汉字时，需要正确辨别上下左右，否则难以顺利地掌握汉字的结构和识别汉语拼音；下楼梯时，如果我们不知道有几个台阶、每个台阶有多高，就容易摔倒。

空间知觉包括形状知觉、大小知觉、深度与距离知觉、方位知觉等。

形状知觉指对物体的轮廓和边界的整体知觉。形状知觉是人类和动物共同具有的知觉能力，但人类的形状知觉能力比动物的更高级，因为人类能识别文字。形状知觉是靠视觉、触觉、运动觉来实现的。我们可以通过物体在视网膜上的投影、视线沿物体轮廓移动时的眼球运动、手指触摸物体边沿等，产生形状知觉。

大小知觉指对物体长短、面积和体积大小的知觉。依靠视觉获得的大小知觉，决定于物体在视网膜上投影的大小和观察者与物体之间的距离。在距离相等的条件下，投影越大，则物体越大；投影越小，则物体越小。在投影不变的情况下，距离越远，则物体越大；距离越近，则物体越小。大小知觉还受个体对物体的熟悉程度、周围物体的参照的影响。对熟悉物体的大小知觉不随观察距离、视网膜投影的改变而改变。对某个物体的大小知觉也会因该物体周围参照物的不同而改变。

对物体深度和距离的判断可以依据的线索很多，如小的物体似乎远些，大的物体似乎近些；被遮挡的物体远些；远处的物体看起来模糊，能看到的细节少；远的物体显得灰暗，近的物体色彩鲜明；看近物时，双眼视线向正中聚合；看远物时，双眼视线近似平行等。我们还可以通过立体镜来了解深度知觉。

人依靠视觉、听觉、运动觉等来判断方位，这种能力是后天形成的。依靠视觉进行方位判断必须借助参照物，参照物可以是自己的身体、太阳的位置、地球的磁场、天地等。不同方位辨别由易到难的次序分别是上、下、后、前、左与右。由于人的两只耳朵分别在头部的左右两侧，因此同一声源到达两耳的距离不同，两耳所感知的声音在时间上、强度上存在差别。正因如此，我们也能依靠听觉进行方向定位。

2. 时间知觉

时间知觉是对事物发展的延续性、顺序性的知觉，具体表现为对时间的分辨、对时间的确认、对持续时间的估量、对时间的预测。生活中，我们对时间的知觉既可以借助于自然界的变化，如太阳的东升西落、月的圆缺、四季变化等，也可以借助于生活中的具体事件或自身的生理变化，如数数、打拍子、节假日、上下班等，还可以借助于时钟、日历等记时工具。在不同的心理状态下，人们对时间的估计有很大差别。研究表明，在烦闷的情绪下，人们在时间估计方面会出现高估现象；在欢快的情绪下，在时间估计方面会出现低估现象。例如，买好票在影院门口等朋友十分钟，会觉得时间很长；朋友来了一起进场看电影两小时，可能觉得时间很短。

3．运动知觉

运动知觉是指物体在空间的位移特性在人脑中的反映。世界上万事万物都处在运动当中，因而，运动和静止是相对而言的。物体运动速度太慢或太快都不能使人产生运动知觉。人没有专门感知物体运动的器官，对物体运动的知觉是通过多种感官的协同活动实现的。当人观察运动的物体时，如果眼睛和头部不动，物体视像的连续移动就可以使人产生运动知觉。如果用眼睛和头部追随运动的物体，这时视像虽然保持基本不动，眼睛和头部的动觉信息也足以使人产生运动知觉。如果我们观察的是固定不动的物体，即使转动眼睛和头部，也不会产生运动知觉，因为眼睛和头部的动觉抵消了视网膜上视像的位移。

运动知觉又可具体细分为真动知觉、似动知觉和诱动知觉。

4．社会知觉

社会知觉就是对人的知觉，是由人的社会实践所构成的社会现象的知觉，具体包括对他人的知觉、对自己的知觉、对人与人之间关系的知觉等。

我们每个人都是社会中的人，不可避免地要和各种各样的人交往。我们不仅会通过与对方的言谈来了解对方，也会根据面部表情、目光接触、身体姿态和活动等形成对对方的印象。与陌生人初次交往时，对他人的知觉常常受对方给自己留下的第一印象的影响，即首先获得的印象比后来获得的印象占有更大的比重。与熟悉的人或朋友交往时，对他人的知觉会受到新近获得的信息的强烈影响，在心理学中这一现象叫新近效应。

另外，在对他人知觉的过程中还存在晕轮效应，即对一个人形成某种印象后，我们会以与这种印象相一致的方式去判断这个人的其他特点。例如，如果喜欢某个明星，则会喜欢与明星有关的一切事物，包括他的发型、穿着、说话的神态及其家人等。

5．错觉

错觉是在特定条件下产生的对客观事物的歪曲知觉，这种歪曲往往带有固定的倾向。只要产生错觉的条件存在，通过主观努力是无法克服错觉的。错觉的种类很多，有线条长短、线条方向的错觉，有面积大小的错觉，甚至不同感觉之间的相互作用也会产生错觉，如形重错觉（大小不等、重量相等的木盒，掂起来觉得小的重，大的轻）、视听错觉（眼睛看着台上做报告的人，觉得声音是从台上传过来的；低下头来不看报告人时，又觉得声音是从旁边扩音器里传过来的）等。图4－4所示是典型的几何图形错觉。

虽然错觉是知觉人和物时常见的心理现象，但不能由此证明人不能正确反映客观事物。恰恰相反，由于人能发现错觉，找出产生错觉的原因和条件，正说明人具有反映客观事物的能动性。错觉对人的认识和实践有一些不利影响，但利用错觉规律却成为造型艺术、绘画、建筑设计、服装设计和军事伪装的重要手段。

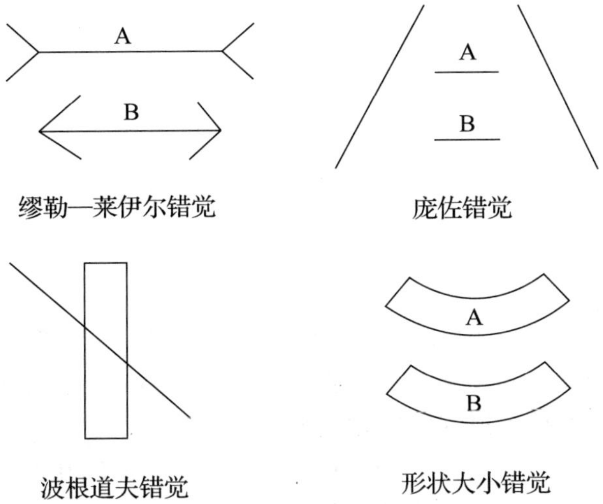

图4-4　典型的几何图形错觉

链接材料4-1

感觉剥夺实验

1954年，加拿大心理学家D. O. 赫布（D. O. Hebb）等人在麦吉尔大学进行了首例感觉剥夺实验研究。

他们在付给大学生每天20美元的报酬后，让这些大学生待在缺乏刺激的环境中，具体地说，就是在没有图形知觉（戴上特制的半透明的塑料眼镜）并限制触觉（手和臂上分别戴上由纸板做的手套和袖头）和听觉（实验在隔音室里进行，只能听到空气调节器的单调嗡嗡声）的环境中，静静地躺在舒适的帆布床上。当时大学生打工一小时大约只能挣50美分，因此这项实验让很多大学生都跃跃欲试，并认为利用这个机会可以好好睡一觉，或者考虑论文、课程计划。但结果却令很多人大跌眼镜：没过几天，参加实验的大学生就纷纷退出。他们说感到非常难受，根本不能进行清晰的思考，哪怕是在很短的时间内注意力都无法集中，思维活动似乎总是“跳来跳去”。更为可怕的是，50%的人出现了幻觉，包括视幻觉、听幻觉和触幻觉。视幻觉如出现光的闪烁；听幻觉如似乎听到狗叫声、打字声、滴水声等；触幻觉则感到有冰冷的钢板压在前额和面颊，或感到有人从身体下面把床垫抽走。在实验结束后的几天里，被试注意力涣散，不能进行明晰的思考，智力测试的成绩不理想。对脑电波的分析证明被试的全部活动严重失调，有时甚至出现了幻觉（白日做梦）现象。

心理学家通过切断被试各种感官对外界信息的获取途径，让被试处于高度隔绝的状态。实验证明丰富的、多变的环境刺激是人生存的必要条件，在被剥夺感觉后，人会产生难以忍受的痛苦，各种心理功能将受到不同程度的损伤。

（资料来源：沃尔克．知觉与经验．喻柏林，等译．北京：科学出版社，1986.）

第二节 记 忆

一、记忆概述

（一）记忆的概念

记忆是过去经验在人脑中的反映，是人脑对曾经感知过、思考过、体验过或行动过的事物的反映。记忆和感觉、知觉不同，感觉、知觉是人脑对当前直接作用着的事物的反映，而记忆是人脑对过去体验过的事物的反映。

记忆是一个复杂的心理过程，它包括识记、保持、再认和回忆三个基本环节。识记是识别记住事物，从而积累知识经验的过程。保持是巩固已获得的知识经验的过程。再认和回忆是在不同的情况下恢复过去经验的过程。从信息加工的观点看，识记是信息输入和编码的过程，保持是信息储存和继续编码的过程，再认和回忆是提取信息的过程。

记忆作为一种基本的心理过程对保证人的正常生活起着极其重要的作用。人通过感知从外界获得的信息，如果不能保留就不可能获得知识和经验，就不能形成概念进行判断和推理，也就不能适应复杂多变的客观环境。没有记忆，一个人的心理活动将总是停留在新生儿的水平上，不可能有个性心理活动的正常发展。记忆将人的心理活动的过去、现在和未来联结成一个整体，是人的心理过程在时间上得以持续的根本保证，从而使人的心理发展、知识积累和个性形成最终实现。

（二）记忆的分类

从不同的角度可以把记忆分成多种类别。类别的划分不仅有利于记忆问题的研究，也从一个侧面反映了记忆研究的趋势、热点和新成果。

1. 根据记忆内容划分

根据记忆内容的不同，可以把记忆分为形象记忆、词语记忆、情绪记忆和动作记忆。

形象记忆是个体对感知过的事物以表象的形式存储在头脑中的记忆。当我们感知过的事物离开我们之后，事物的具体形象会留在我们的头脑中，这种具有很明显的直观性的形象就是我们称之为表象的心理事实。表象一般以视觉和听觉为主，但在各种感觉、知觉的基础上也都可以形成。例如，香蕉的表象就不仅有视觉来源的形状、颜色等，也包括味觉、嗅觉、触觉等表象来源。

词语记忆是个体对主要以词语为表达方式的知识的记忆，如概念、定理、公式等。可见，这种记忆在我们的学习过程中是最常见的一种记忆。词语本身的抽象性、概括性等特征使得个体通过词语能够了解事物的意义，因此，也有人称词语记忆为语义记忆。在获得知识的过程中，词语记忆显然起着主导作用。它是我们学习系统的科学知识体系、主动并有意识地解决现实问题的主要手段。

情绪记忆是以个体对曾经体验过的情绪为内容的记忆。个体在过去特定情境下体验过的情绪在一定条件下又会重新体验到，说明了情绪记忆的存在。典型的情绪记忆甚至把引起情绪的事物全部忘却，而只把某一情境和某种情绪联系起来。当这一情境或类似情境出现，就会引起“说不出原因”的情绪体验，如怕黑而紧张、恐惧的情绪体验。强烈的、对个体有重大意义的情绪体验保持的时间会较长且容易被再体验。

动作记忆是以个体过去经历过的身体运动状态或动作为内容的记忆。一个人从小学会游泳，即便长大后多年不游，也能较快地恢复游泳水平，这是过去习得的运动技能得以保持的结果。动作一旦掌握并达到一定的熟练程度，会保持相当长的时间，这是动作记忆显著的特征之一。

2. 根据记忆内容的性质划分

根据记忆内容的性质，可将记忆分为陈述性记忆和程序性记忆。

陈述性记忆是对陈述性知识的记忆，是对有关事实和事件的记忆。它可以通过语言的传授而一次性获得，它的提取往往需要意识的参与。我们学习的各种知识、日常掌握的各种常识多属这类记忆。

程序性记忆是对程序性知识的记忆，是对如何做事情的记忆，主要包括认知技能与策略、运动技能等内容。这种记忆往往需要通过多次尝试才能逐渐获得，而且在提取、使用时常不需要意识的参与。例如，我们在学习游泳的过程中，可以通过翻看书籍、教练示范等掌握动作要求并获得陈述性记忆；而后经过不断练习，形成一定的运动技能，学会游泳。这时的记忆就是程序性记忆。

3. 根据记忆过程中意识参与程度划分

根据记忆过程中意识参与程度的不同，可以将记忆分为外显记忆和内隐记忆。

外显记忆是指个体有意识地或主动地收集某些相关经验，用以完成当前面临的任务时所表现出来的记忆。这种记忆是个体有意识回忆的，因此又被称为意识控制的记忆。

过去经验对个体当前所从事的活动产生的无意识影响称为内隐记忆。由于这种记忆对行为的影响是自动发生的，是个体无法意识到的，因此又被称为自动的无意识记忆。

研究表明，内隐记忆和外显记忆在认知加工方面具有很大的差异。首先，内隐记忆受学习者认知加工深度的影响远小于外显记忆；其次，内隐记忆和外显记忆的保持时间不同，内隐记忆保持更持久；最后，干扰因素更容易对外显记忆产生影响。

4. 根据记忆存储时间的长短划分

根据记忆存储时间的长短，可把记忆分为感觉记忆、短时记忆和长时记忆。心理学研究表明，记忆活动是由感觉记忆、短时记忆、长时记忆三个相互联系的记忆系统组成的。这三个记忆系统在信息的存储时间、信息的编码方式、记忆的容量等方面都有各自不同的特点；同时，三个系统的信息加工水平是不同的，感觉记忆的信息加工水平最低，长时记忆的信息加工水平最高。信息的长期保持是在一定的条件下，将信息由感觉记忆转入短时记忆，再由短时记忆转入长时记忆。这种信息加工过程可以用图 4－5 来表示。

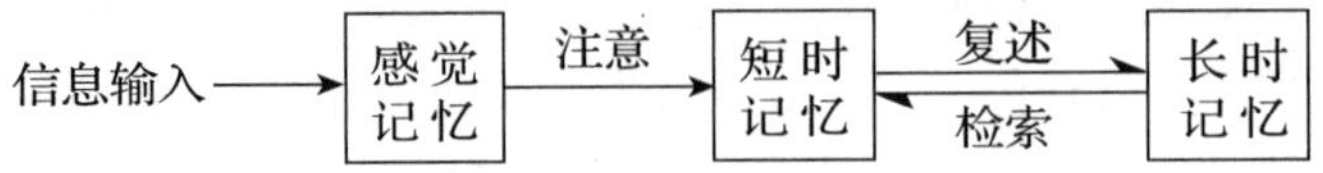

图 4－5　信息加工过程

通过感觉获得的信息在大脑中都要保存极短的时间，这就是感觉记忆，又称瞬时记忆或感觉登记。在感觉记忆中，信息保持的时间大约有 0.25～2 秒；信息的编码是以信息所具有的物理特性来进行的，具有鲜明的形象性。不同内容的感觉记忆，其容量有一定的差异，如视觉信息的记忆容量大于听觉信息的记忆容量。一般认为感觉记忆的容量比短时记忆大。感觉记忆中保存的信息如果没有受到注意，就会很快地丧失；如果受到注意，它就进入了短时记忆系统进行保存。

在注意的条件下，将有关信息只短暂地呈现一次（信息呈现的时间一般为 1 秒），这种当前信息的记忆叫短时记忆。短时记忆所加工的信息有两个来源：其一是感觉记忆中的信息因受到注意而进入短时记忆，其二是为了解决当前的问题而从长时记忆中提取出来暂时存放在短时记忆中的。在短时记忆中，信息的保存时间约为 5 秒到 2 分钟；信息的编码方式以言语的听觉形式为主，也存在视觉编码和语义编码。短时记忆的容量相当有限，一般约为 7±2 个组块。组块是短时记忆信息加工的单位，它可以是字母、单词、句子甚至更大的单位。每一个单位的内部是由人非常熟悉的内容组成的。可见，短时记忆的容量实际上取决于组块的大小。也有人（如 H. A. Simon，1974）认为，如果组块较大，则短时记忆的容量只有 4～5 个组块。短时记忆中的信息经过复述，就进入了长时记忆；如果得不到复述，就会随时间而自动消退。

长时记忆是对经过深入加工的信息的记忆。长时记忆保存的时间很长，可以是 1 分钟，也可以是几个小时、几天、几年，甚至是终生的。长时记忆的容量非常巨大，我们在一生中所学的东西几乎不可能将其填满。长时记忆主要采用语义的形式进行编码，有时也以各种感觉形象的形式进行编码。前者如一个概念、定理的记忆，后者如一些生活情景的记忆。长时记忆是被研究得最多的记忆系统，在早期的记忆研究中长时记忆曾被当作唯一的记忆系统。

（三）记忆的品质

记忆的品质是我们评价一个人记忆力好坏的主要依据，它包括以下四个方面。

1. 记忆的敏捷性

记忆的敏捷性是指记忆在速度方面的品质。对于同一材料，有的人很快就能记住，有的人则需要长时间才能记住。有的人能过目成诵，而有的人虽然经过长久刻苦的学习，记忆的效果却不佳。前者就表现出良好的记忆敏捷性，而后者记忆的敏捷性就较差了。

2. 记忆的持久性

记忆的持久性是指记忆在保持时间长短方面的品质。不同的人记忆的持久性也存在着明显的差异。有的人过目不忘，而有的人识记过的事情转身就忘了。一般来说，勤于思索、善于复习的人，记忆的持久性较好。

3. 记忆的正确性

记忆的正确性是指回忆原来识记的材料时正确与否方面的品质。这一品质是记忆品质中最核心、最关键的品质。如果一个人对识记的内容不能正确地回忆，那么，其他的记忆品质便失去了意义。不同的人这一品质也存在着明显差异。有的人回忆曾识记过的内容时没有任何遗漏歪曲，而有的人回忆曾识记过的内容时模棱两可。

4. 记忆的准备性

记忆的准备性是指回忆储存在大脑中的所需要的知识时能否及时方面的品质。这是使知识运用于实际方面的品质，是机智的先决条件。不同的人记忆的准备性也各不相同。有的人出口成章、下笔成言，而有的人则“书到用时方恨少”。

二、记忆的过程

（一）识记

识记是通过对事物的反复感知而获得事物的信息和编码，并在头脑中留下印象的过程。识记是记忆的首要环节，是保持、再认和回忆的前提。

1. 识记的种类

识记种类的划分可以从多个角度来进行。根据识记有无明确的目的，可把识记分为无意识记和有意识记；根据识记材料有无意义或者识记时是否以理解为基础，可以把识记分为意义识记和机械识记。

（1）无意识记和有意识记

无意识记是指没有明确的识记目的，通常不借助特定的识记方法，且不需要作意志努力的识记。生活中的许多内容被自然而然地识记，如人到老年仍然可以回忆出许多童年往事就是无意识记。

无意识记具有明显的选择性，那些在生活中具有重要意义的、容易引起人的注意和兴趣的对象比较容易被记住。无意识记是一种消极被动的识记，但无意识记对我们的经验、知识体系的构建意义重大。例如，儿童的语言获得就充分表明了无意识记在意义性、经济性和使用性方面的重要程度。无意识记可以使人在比较轻松自然的情况下获得知识，“潜移默化”就是指周围影响通过无意识记被人接受。年龄越小潜移默化的影响越大。但无意识记得到的信息也往往是不系统的。

有意识记是指有明确的识记目的，运用一定的识记方法，并且做出意志努力的识记。例如，背诵课文、考前复习等都是有意识记。有意识记服从于一定的识记任务，伴随着一定的思维活动，并要求具有高度的积极性和自觉性，所以有意识记能使我们在生活实践中获得大量的、系统的科学知识和操作技能。并且，在其他条件相同的情况下，有意识记的效果比无意识记的效果要好。在现实生活和个体的发展过程中，有意识记是获得系统知识、掌握科学概念和原理的主要途径。

(2) 意义记忆和机械记忆

意义识记是指识记材料与个体的知识经验背景建立了意义联系的识记。不管一个识记材料本身是否有逻辑意义，只要个体能够将其与自身的知识经验建立一定的联系，就是意义识记。这种意义识记可能是有意识的，也可能是无意识的。例如，对于学过英语的成年中国人而言，一个英语单词的识记可能是意义识记，他可以把单词的含义与汉语语义相联系而形成意义识记，也可以把单词的字母组合与已掌握的英语构词规律相联系加以识记。但对于一个从未接触过英语的人而言，就难以做到这样。

肯斯莱（Kingsley）用三种不同的材料比较识记效果的实验说明，在识记材料数量相等的情况下，彼此有意义且相关的英语单词识记的效果最好，三个字母组成的孤立英语单词次之，无意义音节最差。其结果如表 4－3 所示。

表 4－3　材料的意义性对记忆的影响

材料	默写出的平均数（个数）
15 个无意义音节	4. 47
15 个由三个字母组成的孤立英文单词	9. 95
15 个彼此意义相关的英文单词	13. 55

与意义识记相对，机械识记是依据材料的外在联系采取简单重复的方式进行的识记。很明显，机械识记的特点是个体只根据识记材料的外在特征进行识记加工，而与知识经验的联系不够或不能形成主动的意义加工。平时我们所说的死记硬背就是指这种识记方式。虽然在效果和效率上机械识记远不如意义识记，但必要的机械识记是现实中必不可少的。这在学习一些全新的知识过程初期是显而易见的。

2. 影响识记效果的因素

(1) 客体影响因素

在其他条件相同的情况下，识记的效果因识记材料的性质、材料的数量、材料的位置差异而不同。

材料的性质影响识记效果。一般来说，直观形象材料的识记比抽象材料的识记效果要好，且视觉材料的识记效果比听觉材料的识记效果好；意义材料的识记比无意义材料的识记效果要好。

材料的数量也影响识记的效果。一般来说，要达到同样的识记水平，材料越多，平均用时也越多，多个对无意义音节的识记实验所得到的结果均支持这一结论。但是，如果识记的是课文内容，识记时间就依内容的逻辑结构、学习者的经验等条件而定，不只取决于课文的字数。

另外，在多个项目连续呈现的情况下，各项目在序列中的位置也会影响识记的效果。一般来说，最先呈现的项目，也就是排在序列首部的项目最易记住（称为首因效应），最后的项目，也就是排在序列尾部的项目也容易记住（称为近因效应），而排在序列中部的项目相对难记。

（2）主体影响因素

有无明确的识记目的和任务直接影响识记的效果。明确的识记目的和任务有利于调动一个人的识记积极性和针对性。由于有了明确的识记目的和任务，全部的识记活动就会集中在所识记的对象上，且会采取各种各样的方式去识记，这就是在其他条件相同的情况下有意识记比无意识记效果好的原因。

在识记中提出更具体的、局部的、特殊的任务，对识记的进程、效果会有不同的影响。在教学中，教师要求学生对课文进行逐字逐句识记与要求识记课文大意相比，其效果和重视的情形就有显著的不同。识记任务在时间上的要求不同，识记的牢固程度也不同。对被试提出的是“长久记住”的任务还是“短期记住”的任务，两者的识记效果有明显的差异。

识记时的情绪状态对人的识记效果会产生影响。一般来说，在积极的情绪状态下，人的识记效果好；在消极的情绪状态下，则识记效果差。有人曾做过实验，让被试在不同的心境下识记六个句子的内容，结果发现，识记效率有随心境水平上升而提高的趋势。通常，人们对带有愉快色彩的经历记忆牢固，但是，如果情绪波动非常强烈、兴奋性高、很激动，无论其情绪色彩是积极的还是消极的，记忆同样深刻。

（3）识记方法

采用不同的方法和途径识记材料，其效果是不同的。

以理解为基础的意义识记比机械识记的效果好得多。意义识记在全面性、精确性和巩固性等方面，都要比机械识记优越得多。这是因为，理解了的东西与过去巩固了的知识经验发生了内在联系，它的存在不是孤立的，而是被纳入了已有的知识系统，成为其中的一部分。相反，不理解的东西总是作为孤立的、在内容上与过去经验没有联系的东西出现在头脑中，不理解的东西即使暂时能背，迟早也会遗忘的。所以，我们在识记时要尽量地去理解，把所学的东西与已有的知识联系起来。

让识记材料成为活动的直接对象将有助于提高识记效果，这在一些实验性的学科上尤为明显。例如，学习无线电时，自己动手组装收音机；上生物课时，自己动手采集和制作标本；上化学课时，自己做实验，观察实验现象等。

（二）保持和遗忘

1．保持

保持是识记过的事物在头脑中储存和巩固的过程。保持是记忆过程的第二个基本环节，它以识记为前提，保持的效果是在再认和回忆中得到证明和体现的。

人的知识经验在经识记后置于头脑中的储存是有一定秩序和层次的。随着时间的推移，保持的内容会发生数量和质量的变化，体现出人脑对识记材料主动加工的特点，说明人以往的知识经验及对未来的期望都会对保持过程不断发生影响。

保持的内容在质的方面发生变化的特征一般表现为：一方面，记忆内容中不甚重要的细节部分趋于消失，而主要内容及显著特征能较好地保持，从而使记忆内容简略、概括和合理；另一方面，记忆内容中的某些特点和线索被有选择地保留下来，同时增添某些特征，使记忆内容成为较易理解的“事物”。英国心理学家巴特莱特的实验说明了这种变化。他给第一个被试呈现一幅图画，要求他根据自己的记忆画出来；然后将第一个被试所画的图画交给第二个被试，并让第二个被试根据自己的记忆再画下来；如此依次下去，直到第十八个被试。结果表明，被试凭借自己的记忆所画出的图画与原图画相比发生了很大的变化（见图4－6）。原图画越是复杂，间隔时间越久，发生的变化就越大。

图4－6　记忆过程中图画的变化

保持的内容在量的变化上一般会随着时间的推移而呈递减趋势，但偶尔也会有记忆恢复现象。记忆恢复现象是美国心理学家巴拉德在1913年发现的。他发现，儿童学习后最完美的回忆成绩并不是识记后的当时，而是在识记后两三天的时候，他把这种现象称为记忆的恢复。这种现象在儿童中较为常见，学习较难材料比学习容易材料更易发生，学的不熟比学的纯熟更容易发生。这种现象产生的原因还有待进一步的研究。

2．遗忘

遗忘是指记忆中识记过的内容不能被再认和再现，或者是被错误地再认和再现。已转入长时记忆的内容一时不能被提取，但在适宜条件下还可能恢复的称暂时遗忘。记忆的材料未经复习而消失的称永久遗忘。遗忘是保持的对立面，也是巩固记忆的一个条件。如果不遗忘那些不必要的内容，要想记住和恢复那些必要的材料是困难的。但通常对所学习的内容的遗忘是消极的，例如概念、原理等的遗忘。

（1）遗忘的进程

艾宾浩斯1885年出版了著名的著作《论记忆》，成为第一位对记忆进行科学定量研究的心理学家。他使用无意义音节作为记忆材料，采用节省法，得出了不同时间间隔后的保持量（见表4－4），进而得出了著名的遗忘曲线（见图4－7），开创了记忆研究的科学时代。后来很多人以不同的材料和方法重复他的研究，得出了大体相同的结论。

表4－4 不同时间间隔后的保持量

时间间隔	重学时节省时间的百分数（%）
20分钟	58.2%
1小时	44.2%
8小时	35.8%
1日	33.7%
2日	27.8%
6日	25.4%
31日	21.1%

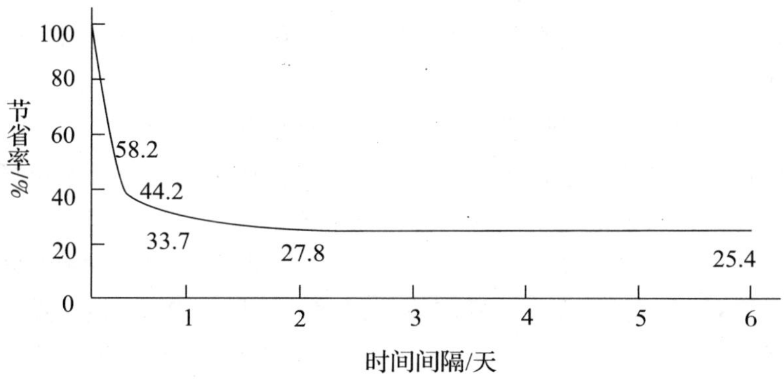

图4－7 艾宾浩斯遗忘曲线

艾宾浩斯遗忘曲线表明，遗忘的进程是不均衡的，有先快后慢的特点。

（2）影响遗忘进程的因素

遗忘进程不仅受时间因素的影响，还受其他因素的影响。

第一，识记材料的性质与数量。一般来说，抽象材料比形象材料遗忘得快，而无意义材料比有意义材料遗忘得快；在学习程度相等的情况下，识记材料越多，忘得越快。因此，学习时要根据材料的性质来确定学习的数量，一般不要贪多求快。

第二，学习的程度。一般认为，对材料的识记没有一次能达到无误背诵的标准，称为低度学习的材料；如果达到恰能成诵之后还继续学习一段时间，这种材料称为过度学习材料。实验证明，低度学习材料容易遗忘，而过度学习的材料比恰能背诵的材料记忆效果要好一些。当然，过度学习有一定限度，花费在过度学习上的时间太多，会造成精力与时间上的浪费。

第三，识记材料的系列位置。人们发现在回忆系列材料时，回忆的顺序有一定的规律性。例如，人们对于26个英文字母的记忆，一般是开头字母A，B，C的记忆效果较好，最后几个字母X，Y，Z的记忆效果也很好，但对字母表的中间部分则容易遗忘。在一项实验中，实验者要求被试学习有 32 个单词的词表，并要求他们在学习后进行回忆，回忆时可以不按原来的先后顺序。结果发现，最后呈现的项目最先回忆起来，其次是最先呈现的那些项目，而最后回忆起来的是词表的中间部分。在回忆的正确率上，最后呈现的词遗忘得最少，其次是最先呈现的词，遗忘最多的是中间部分。这种在回忆系列材料时发生的现象叫系列位置效应。最后呈现的材料最易回忆，遗忘最少，叫近因效应。最先呈现的材料较易回忆，遗忘较少，叫首因效应。这种系列位置效应已被许多实验所证实。

第四，学习方法。学习方法对遗忘进程也有影响。用分散学习识记的材料比用集中学习识记的材料遗忘得慢；用试图回忆识记的材料比单纯反复阅读识记的材料遗忘得慢；用视觉识记的材料比用听觉识记的材料遗忘得慢。

第五，识记者的态度。识记者对识记材料的需要、兴趣等对遗忘的快慢也有一定的影响。研究表明，在人们的生活中不占主要地位、不能引起人们兴趣、不符合一个人需要的事情首先被遗忘，而人们需要、感兴趣、具有情绪作用的事物则遗忘得较慢。另外，经过人们的努力、积极加以组织的材料遗忘得较慢，而单纯的重述性材料遗忘得较快。

（3）遗忘的原因

关于遗忘的原因主要有三种假设：衰退说、干扰说和压抑说。

衰退说主要强调生理活动过程对记忆痕迹的影响，认为遗忘是由于记忆痕迹得不到强化而逐渐减弱，以致最后消退的结果。从巴甫洛夫的条件反射理论来看，记忆痕迹是人在感知、思维、情绪和动作等活动中大脑皮层上有关部位所形成的暂时神经联系，联系形成后在神经组织中会留下一定的痕迹，痕迹的保持就是记忆。有关刺激的作用会激活痕迹，使暂时神经联系恢复，保持在人脑中的过去经验便以回忆或再认的方式表现出来。有些没有被强化的痕迹随着时间的推移而逐渐衰退造成遗忘。记忆痕迹衰退说目前还没有得到精确有力的实验证明，但它的解释接近于常识，正像某些物理、化学痕迹也会随时间推移而消失一样，很容易为人们所接受。

干扰说认为，遗忘是由于在学习和回忆时受到其他刺激干扰的结果，干扰一旦排除记忆就能恢复。此学说的依据是“刺激—反应”理论，最明显的依据是倒摄抑制和前摄抑制。倒摄抑制是指后学习的材料对先前学习材料的干扰作用。刚学习完一种材料，马上就学习另一种新材料，这样就会忘记前面学习的材料。前摄抑制是指先前学习的材料对后学习材料会起干扰作用。倒摄抑制和前摄抑制的影响常表现在课文的学习上，人们学习一篇课文时通常都是开头部分和结尾部分容易记住，中间部分最容易遗忘，其原因就在于中间部分受到前摄和倒摄两种抑制的干扰。

压抑说认为，遗忘是由于情绪或动机的压抑作用引起的，如果这种压抑被解除了，记忆就能恢复。这种现象首先是由弗洛伊德在临床实践中发现的。他在给精神病人施行催眠术时发现，许多人能够回忆起早期生活中的许多事情，而这些事情平时是回忆不起来的。他认为，这些事情之所以平时回忆不起来，是因为回忆它们会使人产生痛苦、不愉快和忧愁，于是便拒绝它们进入意识，将其存储在无意识中，也就是被无意识动机所压抑。

（三）再认和回忆

1. 再认

再认指过去经历过的事物再度呈现时能够识别出来的心理现象。例如，能认出多年不见的同学，能认出多年前学过的课文等，都是再认的表现。考试时选择题、判断题都是通过再认来回答的。再认是记忆的初级表现形式，一般来说，再认比回忆要容易、简单。

虽然再认比较简单，但迅速、确定的再认还依赖于以下条件。

首先，识记的精确性和牢固程度。对事物的识记越牢固、精确、熟练，再认就越快、越准确。反之便会再认得慢且不准确，只有熟悉之感。

其次，当前呈现的事物及其环境条件与以前经历过的事物及其环境条件的类似程度。经历过的事物重新出现时，若变化太大就难以再认。甚至环境条件（如时间、地点）发生变化，即使事物本身变化不大，再认也会发生困难。例如，多年不见的童年伙伴突然在他乡相遇，就很难再认出来。

最后，主体的身心状态。主体的身体状态、情绪状态、期待、思维活动的积极性以及个性特征等均影响着再认的速度和准确性。人身体疲劳、情绪紧张时，再认会困难些；积极的思维活动有助于提高再认效果；独立性强的人比依赖性强的人再认成绩好；个体对事物的期待也影响再认的速度和准确性。

发生再认错误的原因，一般认为有两个方面：一方面是由于联系的消失或受抑制而不能再认，一方面是由于联系的泛化而发生误差。严重的不能再认和认错对象在病理状况下经常发生。比如，麻痹性患者对与他紧密相关的某一类事物甚至一切事物完全失去再认能力，这种症状通称为不识症。病态的似曾相识症则对面前感到熟悉的人和事，无论是否经历过，都确认是以前所经历过的，产生了认识和精神上的错乱。

再认对知识的迁移有积极和消极两种影响。当已经获得的知识、技能，甚至方法和态度对学习当前新知识、新技能有积极的效果时，称为正迁移，否则就是负迁移或干扰作用。比如学习英文字母以前，由于掌握了汉语拼音，会对新知识产生熟悉的感觉，从而消除疑虑和紧张情绪，这是好的一面；但是初学英文字母，会在读、写过程中与拼音产生混淆行为，使一些似是而非的知识不能迅速积累下来，从而影响了新知识的掌握，这是坏的一面。随着新旧知识的对比和巩固，负迁移就会逐步削弱，再认能力也会随之提高。我们应该正确地认识再认在知识迁移过程中所产生的影响，使之更好地为教学服务。

由于再认有方便性的优点和精确性的不足，所以在教学活动中，我们不能只依靠它来检查学生知识的巩固程度；同时，再认对那些需要精细、准确掌握的知识，又不失为一种巧妙而有效的检查手段。

2. 回忆

(1) 回忆的概念

回忆是指把过去曾经经历而当前并非作用于我们的事物，在头脑中得其映象并自行呈现出来的记忆过程。也就是某种信号刺激引起头脑中形成的相关暂时神经联系的兴奋，从而表现为某种知识经验的恢复和提取的心理过程。例如，背诵以前所学的课文就是回忆。考试时填空、问答题都是通过回忆来完成的。回忆比再认更困难些。一般来说，能回忆的就能再认，能再认的不一定能回忆。当再认发生障碍时，就会马上转化为回忆，在头脑中追寻曾经的印象，这种现象被称为追忆，是有意回忆的一种特殊形式。所以，再认和回忆是紧密相关的两个环节，两者的根本区别在于再认是针对感官之外的事物而言的，而回忆是针对头脑中所保留的事物的印象而言的。

回忆是识记和保持的结果，但回忆并不只是所保持材料的机械简单重现，而是通过联想，在许多旧知识经验甚至全部知识经验中加以筛选并有思维参与的过程。保持和回忆虽有联系，但二者毕竟不是同一过程，回忆可以说明保持，而保持下来的内容并非完全能回忆出来。

（2）回忆的种类

根据回忆是否有目的任务，可将其分为无意回忆和有意回忆。无意回忆是没有预定目的任务，不自觉地想起某些旧经验，如“触景生情”就属于无意回忆。有意回忆是有预定的目的任务，自觉地去想起以往的某些经验，如考试时回忆曾学过的知识就属于有意回忆。有意回忆有时比较容易，有时则较困难，需要较大的努力才能回忆起来，这种情况就是追忆。

根据回忆是否借助于一定的中介，可将回忆分为直接回忆和间接回忆。直接回忆是无须借助于任何中介，由当前的事物直接唤起旧经验的回忆。间接回忆是需要借助于一定的中介才能唤起旧经验的回忆。

（3）回忆与联想

回忆过程特别是追忆，常常以联想为基础。联想是一种在头脑中由一件事物想到另一件事物的心理活动，是客观事物之间的关系在头脑中的表现。联想在记忆全过程中都有重要作用。回忆的联想形式出现有如下规律。

首先，接近律。在时间和空间上相接近的事物容易形成接近联想。例如，由冬天想到下雪，由天津想到北京。

其次，对比律。事物间相反的特性容易形成对照联想。例如，由冷想到热，由苦想到甜，由痛苦想到幸福。

再次，相似律。当事物之间具有类似的或共同的特性时，容易形成相似联想。例如，由秋天想到丰收，由李白想到杜甫。

最后，因果律。具有因果关系的事物容易形成因果联想。例如，由雪想到冷，由劳动想到成果等。因果联想表现出人更复杂的思维活动，是一种更复杂的联想。

综上所述，人们对经历过的事物经过识记，都可以作为经验在头脑中保持下来，并在一定条件下实现再认和回忆。识记、保持、再认和回忆是记忆的基本过程。在整个记忆过程中，可以说回忆和识记是两个相反的过程，识记过程是将识记内容在有关经验中建立联系，而回忆过程是将所需要的内容从有关的经验中筛选和提取出来。实践证明，识记时联系越丰富、越系统化，回忆就越容易；反之则越困难。所以，我们在识记过程中要尽量多地形成联系和利用联想，使记忆力获得充分的发展。

链接材料 4-2

记忆材料的优化处理策略

对记忆材料的处理是决定记忆效率和效果的关键，记忆规律的运用、记忆方法的选择也主要涉及记忆材料的处理。记忆材料的优化处理策略可细分为三个方面。

一、记忆材料的性质转化

记忆材料的性质是影响记忆的一个重要因素，因此，在对记忆材料进行加工处理时，要尽可能将其转化为有利于记忆的性质。

① 记忆材料的操作化，即把要记忆的材料转化为操作活动的对象。例如，活动记忆法是通过手操作来记住有关材料，笔记记忆是通过抄写、批语、做卡片等笔记形式来记住有关材料，朗读记忆法是通过出声朗读来记住有关材料。

② 记忆材料的形象化，即把要记忆的材料转化为形象材料。例如，在记一些易写错的字，如“纸”时，头脑中就可出现一张白纸的形象，心里马上想到：白纸怎么会有污点呢？这样把“纸”写成“紙”的错误便可纠正了。

③ 记忆材料的诗歌化，即把要记忆的材料转化为诗歌。例如，我国历史朝代比较复杂，硬记不易，但编成诗歌则朗朗上口而不易忘：“夏商周秦西东汉，三国两晋南北朝，隋唐五代有两宋，元明以后是清朝。”教学中流传的英语字母歌、汉语拼音歌、珠算口诀等都是运用此法的成果。

④ 记忆材料意义化，即把要记忆的材料转化为意义材料，也就是赋予机械性材料一定的意义性。第一，采用谐音法，借助谐音赋予材料意义，把化学中用石蕊试纸鉴定碱性溶液呈蓝色的规律用“橄榄”（碱蓝）这一谐音词记忆，不仅不会忘记，而且“酸红”的记忆也简单化了。第二，采用数字及运算法，使原无意义的数字也产生意义。例如，秦统一中国是在公元前221年，可想为 $2\div2=1$；爱因斯坦把朋友家的电话号码24 361记为两打加19的平方（$12+12=24$，$19\times19=361$）。第三，采用数字—字母转换法，将数字0—9转换成不同的字母，如0换t，1换e，2换n等，那么210就变成net，使用时再按规则转换回去。第四，采用联想法，对原来意义不相关联的材料赋予意义上的联系。例如，英语中以o结尾的名词复数一般都是加s，只有hero，negro，tomato，patato四个单词的复数是加es，因而可对这四个无联系的词进行人为的联系，形成一个句子“黑人英雄爱吃土豆和番茄”，以便于记忆。

二、记忆材料的数量简化

记忆材料的数量是影响记忆效率的一个因素，一次识记的数量越多，记忆的效率越低。同时，人的记忆潜力虽然很大，但毕竟时间和精力有限。因此在对记忆材料进行加工时有必要对其加以简化。

① 记忆材料的概括化，即对记忆材料进行提炼，抓住关键进行记忆，包括主题概括、内容概括、简称概括、顺序概括、数字概括、文字概括等。例如，将中国古代井田制方面的内容概括为国君所有、诸侯享用、奴隶耕作、形似井字，也可进一步概括为君有、侯用、奴耕、井形。

② 记忆材料的规律化，即对记忆材料进行分析、抽象，以便抓住规律进行记忆。例如，三角函数中有54个诱导公式，孤立记忆这些公式比较困难。但仔细分析能从中找出一个共同的规律："奇变偶不变，符号看象限"，有助于推导出全部诱导公式。

③ 记忆材料的特征化，即抓住记忆材料中的特征来加强记忆。例如，记忆戊、戌、戍三个字时，抓住其共同特征和区别特征来记，效果要好得多。又如，在一些历史年代的数字中也有特征可寻：努尔哈赤建立后金是1616年，马克思诞生是1818年，共产国际建立是1919年。

三、记忆材料的内容系统化

头脑中记忆材料的储存犹如资料室里的文件存放：资料室里的文件只有按序分类分目摆放才能方便寻找，缺乏系统管理则无法查找；人们头脑中的记忆材料同样需要有条有理地储存，否则很快就会忘记。这里就涉及记忆材料的内容系统化问题。记忆材料的内容系统化就是在头脑中把识记的材料归入一定的类别或网络，使之彼此发生一定的联系。

① 记忆材料的归类化，即把识记材料按一定的标准组成或纳入不同的类别。其中把识记材料组成类别属于分类记忆，而把识记材料纳入类别属于归类记忆。例如，在英语单词学习中，可以把 preserve 一词归入头脑中 reserve，observe，deserve 这一词形相似类里储存；把 acquire 一词归入 get，abtain，gain 这一词义接近类里储存；把 black，short，fat 等词分别与头脑中 white，long，thin 等相反词义的词联系，归入由此组成的词义对比类里储存。

② 记忆材料的网络化，即把识记材料编成或织入某一网络。其中把识记材料编成网络是形成一种认知结构，把识记材料织入网络是纳入某种认知结构。例如，学习政治经济学中生产力、生产关系、经济基础和上层建筑等一系列概念时，可把这些概念的内在联系编成网络来记忆；如果以后又学了"科学技术是第一生产力"，便可把"科学技术"纳入网络中"生产力"这一节点上，这样就能大大减轻记忆负担，提高记忆效率。

（资料来源：www. pep. com. cn）

第三节　思　维

人类通过感觉和知觉能够认识到当前事物表面的属性，通过记忆能够认识到过去经历的事物，而当我们需要认识事物内在的、本质的属性时，就需要一种更为高级、复杂的形式，这就是思维。

一、思维的概念和种类

（一）思维的概念

思维是人脑对客观事物的本质属性和内部规律的概括的、间接的反映。

思维和感觉、知觉一样，都是人脑对客观现实的反映，不过感觉和知觉是对客观现实的直接的反映，所反映的是客观事物的外部现象或个别属性，而思维则是对客观事物的间接的、概括的反映，所反映的是客观事物共同的本质特征和内在联系。例如，人们研究水的时候，通过感觉和知觉只能认识水的颜色、形态、温度，而通过思维则能够认识到在101千帕下，水的温度降低到0 ℃就会结冰，升高到100 ℃就会沸腾这样的规律。因此，人的思维是以感觉和知觉为基础的一种更复杂、更高级的认识活动。

思维具有间接性和概括性两个重要特征。

思维的间接性，就是人们凭借已有的知识经验或其他事物的媒介，理解或把握那些没有直接感知过的或根本不可能感知到的事物，以推测事物过去的进程，认识事物现实的本质，推知事物未来的发展。例如，人类学家根据古生物的化石以及其他有关资料，就能推知人类进化的规律；医生根据对病人的体温、血压、血液、尿液、心电图、脑电图等检查的有关资料，就能确诊病患和病因；气象工作者根据已有的气象资料就能预知今后天气的变化；教师根据学生的行为表现可以推断学生的内心世界；等等。这些都是间接的认识，是通过人脑“去粗取精，去伪存真，由此及彼，由表及里”的加工活动即思维活动来实现的。

思维的概括性包含两层意思。第一，把同一类事物的共同特征和本质特征抽取出来加以概括。例如，人们把形状、大小各不相同却能结出枣子的树木称为枣树，把枣树、苹果树、梨树等依据其根、茎、叶、果等共归性称为果树等。第二，将多次感知到的事物之间的联系和关系加以概括，得出有关事物之间的内在联系的结论。例如，每次看到“月晕”就要“刮风”，地砖“潮湿”就要“下雨”，就能得出“月晕而风”“础润而雨”的结论。这种概括推动人对客观事物内在关系和规律性的认识，也有助于人对客观环境的适应、控制与改造。

思维的间接性是以人对事物概括性的认识为前提的。人之所以能够根据屋顶潮湿做出曾下过雨的推断，是因为知道下雨和屋顶潮湿之间的因果关系，而这种认识正是由思维的概括性所获得的。因此，思维的概括反映和间接反映的特点是密切联系的。

（二）思维的种类

1. 根据思维的发展水平或思维的凭借物划分

根据思维的发展水平或思维的凭借物不同，可以把思维分为直观动作思维、具体形象思维和抽象逻辑思维。

直观动作思维又称实践思维或操作思维，是凭借直接感知，伴随实际动作进行的思维活动。实际动作便是这种思维的支柱。幼儿的思维活动往往是在实际操作中，借助触摸、摆弄物体而产生和进行的。例如，幼儿在学习简单计数和加减法时，常常借助数手指，实际活动一停止，他们的思维便立即停下来。成人也有动作思维，如技术工人在对一台机器进行维修时，一边检查一边思考故障的原因，直至发现问题排除故障为止，在这一过程中动作思维占据主要地位。不过，成人的动作思维是在经验的基础上，在第二信号系统的调节下实现的，这与尚未完全掌握语言的儿童的动作思维相比有着本质的区别。

具体形象思维是运用已有表象进行的思维活动。表象便是这类思维的支柱。表象是当事物不在眼前时，在个体头脑中出现的关于该事物的形象。人们可以运用头脑中的这种形象来进行思维活动，这在幼儿期和小学低年级儿童身上表现得非常突出。例如，儿童计算 $3+4=7$，不是对抽象数字的分析、综合，而是在头脑中用三个手指加上四个手指，或三个苹果加上四个苹果等实物表象而计算出来的。形象思维在青少年和成人中仍是一种主要的思维类型。例如，要考虑走哪条路能更快到达目的地，便需在头脑中出现若干条通往目的地道路的具体形象，并运用这些形象进行分析、比较来做出选择。在解决复杂问题时，鲜明生动的形象有助于思维的顺利进行。艺术家、作家、导演、工程师、设计师等都离不开高水平的形象思维。学生更需要形象思维来理解知识，并使之成为他们发展抽象思维的基础。

抽象逻辑思维是以概念、判断、推理的形式达到对事物的本质特性和内在联系认识的思维。概念是这类思维的支柱。概念是人反映事物本质属性的一种思维形式，因而抽象逻辑思维是人类思维的核心形态。科学家研究、探索和发现客观规律，学生理解、论证科学的概念和原理以及日常生活中人们分析问题、解决问题等，都离不开抽象逻辑思维。小学高年级学生的抽象逻辑思维得到了迅速发展，初中生这种思维已开始占主导地位。初中一些学科中的公式、定理、法则的推导、证明与判断等，都需要抽象逻辑思维。

儿童思维的发展，一般都经历直观动作思维、具体形象思维和抽象逻辑思维三个阶段。成人在解决问题时，这三种思维往往相互联系、相互补充，共同参与思维活动。例如，进行科学实验时，既需要高度的科学概括，又需要展开丰富的联想和想象，同时还需要在动手操作中探索问题症结所在。

2. 根据思维探索的方向划分

根据思维探索的方向不同，可以把思维分为聚合思维和发散思维。

聚合思维又称求同思维、集中思维，是把问题所提供的各种信息聚合起来，朝着同一个方向得出一个正确答案或最佳解决方案的思维。其主要特点是求同。例如，学生从各种解题方法中筛选出一种最佳解法的思维，工程建设中对多种实施方案经过筛选和比较找出最佳方案的思维。

发散思维又称求异思维、辐射思维，是从一个目标出发，沿着各种不同途径寻求各种答案的思维。其主要特点是求异和创新。例如，数学中的“一题多解”的思维，科学研究中对某一问题的解决提出多种设想的思维，教育改革中提出多种方案的思维。

聚合思维与发散思维都是智力活动不可缺少的思维，都带有创造的成分，而发散思维最能代表创造性的特征。聚合思维与发散思维既有区别又紧密联系。当我们分析火灾发生的原因时会产生许多联想，做出种种假设，这是发散思维；通过调查检验，最后放弃多种假设，找到唯一正确答案，这又是聚合思维。

3. 根据思维的创新成分的多少划分

根据思维的创新成分的多少，可以把思维分为常规思维和创造性思维。

常规思维是指人们运用已获得的知识经验，按惯常的方式解决问题的思维。例如，学生按例题的思路解练习题，利用学过的公式解决同一类型的问题等。这类思维缺乏独创性，是运用已获得知识的过程，不会产生新的思维成果。

创造性思维是指以新异、独创的方式解决问题的思维。例如，技术革新、科学的发明创造、教学改革等所用到的思维都是创造性思维等。

二、思维的过程与形式

（一）思维的过程

思维的过程包括分析、综合、比较、分类、抽象、概括、具体化和系统化等。其中，分析和综合是思维的基本过程，其他过程都是从分析、综合过程派生出来的，或者说通过分析、综合来实现的。

1. 分析与综合

分析与综合是思维过程的基本环节，一切思维活动，从简单到复杂，从概念形成到创造性思维，都离不开头脑的分析与综合。

分析是在头脑中把事物的整体分解成各个部分、方面或个别特征的思维过程。例如，我们把植物分解为根、茎、叶、花、果实、种子，把动物分解为头、尾、足、躯体，把几何图形分解成点、线、面、角、体，分析一个句子由哪些语言成分构成等，都属于分析过程。综合是在头脑里把事物的各个部分、方面、各种特征结合起来进行考虑的思维过程。例如，把单词组成句子，把文学作品的各个情节组成完整的场景，把一个学生的思想品德、智力水平、学业成绩、健康状况等联系起来加以评价都属于综合过程。

分析与综合在人的认识过程中有不同作用。通过分析人可以进一步认识事物的基本结构、属性和特征，通过综合人可以完整、全面地认识事物。分析与综合是同一思维过程中彼此相反而又紧密联系的过程，是相互依赖、互为条件的。分析是以事物综合体为前提的，没有事物综合体就无从分析。综合是以对事物的分析为基础的，分析越细致综合越全面，分析越准确综合越完善。例如，学生读一篇课文，既要分析，也要综合。经过分析理解了词义和段落大意，经过综合掌握了文章的中心思想从而获得了对文章的整体认识。对事物只有分析而没有综合，只能形成片面的、支离破碎的认识；只有综合没有分析，只能形成表面的认识。分析与综合是辩证统一的，只有把分析与综合有机地结合在一起，才能发现事物的关系，才能更好地认识事物。

2. 比较与分类

比较是在头脑中把各种事物或现象加以对比，确定它们之间的异同点的思维过程。人们认识事物，把握事物的属性、特征和相互关系，都是通过比较来进行的。只有经过比较，区分事物间的异同点，才能更好地识别事物。例如，教师要讲清“思维”这个概念，必须与相近的“思想”这个概念相比较，找出它们的共同点和差异点。它们的共同点是，二者都是理性认识；它们的差异点在于，思想是理性认识的内容，思维是理性认识的形式。通过比较，对思维这一概念的认识就更加准确了。

分类是在头脑中根据事物或现象的共同点和差异点，把它们区分为不同种类的思维过程。分类是在比较的基础上，将有共同点的事物划为一类，再根据更小的差异将它们划分为同一类中不同的属，以揭示事物的一定从属关系和等级系统。例如，学生掌握数的概念时，先把数分为实数和虚数，又把实数分为有理数和无理数，再把有理数分为整数、小数和分数等。

3. 抽象与概括

抽象是在头脑中把同类事物或现象的共同的、本质的特征抽取出来，并舍弃个别的、非本质的特征的思维过程。例如，我们对人的认识，人可以分为男性、女性，大人、小孩，工人、农民、军人、学生、教师、商人，高个、矮个，白种人、黄种人、黑种人，能吃饭、能睡觉、能喝水、能活动、能知觉、能记忆、能说话、能思维、能制造工具、会使用工具等。通过分析、比较，找出人类具有的共同的、本质的属性，即能说话、能思维、能制造工具等，舍弃能吃饭、能睡觉、能喝水、能活动等其他动物也有的非本质属性，这就是抽象过程。

概括是在头脑中把抽象出来的事物的共同的、本质的特征综合起来并推广到同类事物中去，使之普遍化的思维过程。例如，我们把人的本质属性——能说话、能思维、能制造和使用工具综合起来，推广到古今中外一切人身上，指出“凡是能说话、能思维、能制造和使用工具的动物都是人”。这就是概括。

抽象与概括的关系十分密切。如果不能找出一类事物的本质属性，就无法对这类事物进行概括。而如果没有概括性的思维，就找不出一类事物的本质属性。抽象与概括是相互依存、相辅相成的。抽象是高级的分析，概括是高级的综合。抽象、概括都是建立在比较基础上的。任何概念、原理和理论都是抽象与概括的结果。

4. 具体化与系统化

具体化是指在头脑里把抽象、概括出来的一般概念、原理与理论同具体事物联系起来的思维过程，也就是用一般原理去解决实际问题，用理论指导实际活动的过程。具体化把理论与实践结合起来，把一般与个别结合起来，把抽象与具体结合起来，可以使人更好地理解知识、检验知识，使认识不断深化。

系统化是指在头脑里把学到的知识分门别类地按一定程序组成层次分明的整体系统的过程。例如，生物学家按界、门、纲、目、科、属、种的顺序，把世界上所有的生物分了类，并揭示了各类生物间的关系，这就是人脑对生物系统化的过程。又如，学生掌握数的概念，在掌握整数、分数、小数知识之后，可以将它们概括归纳为有理数；当数的概念扩大，学习了无理数之后，又可把有理数和无理数概括为实数；掌握了虚数之后，又可把实数和虚数概括为数。这样就掌握了系统的数的知识。

（二）思维的形式

人们往往通过思维活动掌握各种概念，并运用各种概念形成判断，用各种判断推理。也就是说，人们通过概念、判断和推理来进行思维活动，概念、判断和推理是思维的基本形式。心理学通过对思维形式的研究来认识人类思维活动过程的规律性。

1. 概念

概念是人脑对客观事物的本质特征的认识，如花、草、树木、国家、人民等都是概念。事物的本质特征是决定事物的性质并使一事物区别于其他事物的特征。非本质特征则是对事物不具有决定意义的特征。例如，“鸟”这个概念，它的本质特征是有羽毛、无齿有喙的动物，这些特征使鸟类与其他动物区别开来；而毛色、大小、是否会飞、生活地区等则是鸟类非本质的特征。人们掌握了概念，认识就能超越感觉和知觉的范围，透过事物的表面现象深入事物的本质。

每一个概念都包括内涵与外延两个方面。内涵是指概念的质，即概念所反映的事物的本质特征。外延是指概念的量，即概念的范围。例如，“脊椎动物”这个概念的内涵是有生命和有脊椎，它的外延包括一切有脊椎的动物，如鸟、鱼、蛇、兔、狼、豹等。而“鸟”这个概念的内涵除有生命和有脊椎外，还有有羽毛、无齿有喙等特征，它的外延只是一切鸟类。概念的内涵增加，外延就变小了。

概念具有不同的等级或层次，如“玫瑰花”是一个概念，“花”“植物”“生物”也是一个概念，它们处在不同的层次上。“植物”这个概念在层次上比“花”这个概念高，但比“生物”这个概念低。

概念和词是不可分的。概念是用词来表达、巩固和记载的，概念的形式也是借助于词和句子来实现的。词的意义不断充实的过程，也是概念不断扩大和深化的过程。但是，概念与词不是一一对应的。词分为实词和虚词，实词能表达概念，而虚词一般不表达概念。同一概念可以由不同的词来表示，同一词也可以表达不同的概念。例如，“医生”与“大夫”两个不同的词表达了同一概念，而“千金”一词却表达了“许多钱”“女儿”“珍贵”等不同的概念。

2. 判断

判断是概念与概念之间的联系，是人脑对客观现实的对象和现象之间本质关系的反映形式，即用概念去肯定或否定事物具有某种属性的思维形式。

判断以句子的形式来表达概念和概念之间的关系，进而肯定或否定事物之间的关系。例如，当我们说“闪电后有雷鸣”时，便肯定了这两种自然现象之间在时间上的一定联系；当我们说“中国和日本是一衣带水的邻邦”这句话时，便肯定了两国地理位置在空间上的一定联系；当我们说“蝙蝠不是飞禽”这句话时，便否定了蝙蝠的本质特征与飞禽所具有的本质特征之间的联系。由于事物存在着各种各样的复杂属性和关系，因此人们也就有各种各样的判断。判断不能模棱两可，应不是肯定就是否定。判断是否正确要用实践加以检验。

判断主要分为直接判断和间接判断两种形式。直接判断是感知形式的判断，是对具体事物表面特征的直接感知，并不需要复杂的思维活动的参与。例如，“黄种人是黄皮肤、黑眼睛、黑头发”“白种人是白皮肤、蓝眼睛、黄头发”等都是直接判断。间接判断是抽象形式的判断，是通过复杂的思维过程，在清理事物之间的关系的基础上而做出的。例如，“水遇热会蒸发变成水蒸气，遇冷会结冰”这一判断，反映了水的三态变化和温度变化之间的关系，这不可能通过感知的方式直接获得，而是在多次感知的基础上通过复杂的思维活动而得到的。间接判断往往是通过推理来实现的。

3. 推理

推理是判断与判断之间的联系，是从一个或数个已知判断推出新的未知判断的思维判断形式，也是事物之间的关系在人脑中的反映。例如，以“果实是植物中有种子的部分（判断）”与“杏有种子（判断）”这两个判断为前提，推出“杏是果实（新判断）”的结论。这就是推理。推理可以使人达到对客观事物的间接认识。

推理主要分为归纳推理、演绎推理和类比推理三种形式。归纳推理是从特殊事例出发归纳出一般原理的思维形式。例如，从戏剧、小说、诗歌、散文等具体的文学作品中看到它们都具有以语言和文字来形象地反映现实的特点，因而就可以归纳出“文学都是以语言、文字为工具来形象地反映现实的艺术”的结论。演绎推理是从一般原理到特殊事例的思维形式。例如，当我们听说某人是优秀教师时，就能够根据优秀教师都是热爱教育事业的普遍原理，推知这个人也是热爱教育事业的。类比推理则是从某个特殊事例到另一个特殊事例的思维形式。当人们发现两个或两类事物具有某些共同属性后，就能推出它们在其他属性上也可能有共性。例如，发现甲乙两个人在性格的意志特征上很相似，由此便可以推出他们在性格的情绪特征上可能也相似。

归纳推理和演绎推理是相辅相成的过程。凭借归纳推理可以从特殊的、具体的事例得到一般原理，凭借演绎推理可以把一般原理运用到具体特殊的事例上以验证一般原理。类比推理的结论是或然性的，要提高其可靠性，就要增强材料的准确性，抓住本质属性进行推理。否则，无论是类比推理，或者是归纳、演绎推理，很可能发生“误推现象”。教学中，学生回答问题、演算习题都要进行判断与推理。教师对学生的回答或演算不仅要看其结论，而且要进一步了解其内部的思维过程，这对于指导学生正确地进行判断、推理，培养学生思维的逻辑性与严密的推理习惯都是大有裨益的。

三、问题解决

思维总是体现在一定的活动过程中，主要是问题解决的活动过程中。问题解决是由一定的情景所引起的，按一定的目标，应用各种认知活动、技能等，经过一系列心理活动阶段，使问题得以解决的过程。

（一）问题解决的一般步骤

1. 提出问题

问题就是矛盾，发现问题就是发现矛盾的存在并产生解决矛盾的需要和动机，这是把社会的需要转化为个人思维活动的过程。发现问题是问题解决的开端，也是问题解决的动力。只有发现问题，才能激励和推动人们投入问题解决的思维活动之中。

能否发现具有价值的问题，取决于多种因素。首先，思维活动的积极性。勤于思考、善于钻研的人，才能从细微平凡的事件中发现关键性问题。思想懒惰、因循守旧者难以发现问题。例如，牛顿发现地心引力，瓦特发明蒸汽机，巴甫洛夫发现狗的“心理性唾液分泌”等都是勤于观察、思考的结果。其次，态度。人的活动积极性越高，社会责任感越强，态度越认真负责，越容易发现问题。例如，一个工作认真负责的教师很容易发现学生中出现的学习、心理等问题，而一个没有认真负责态度的人对周围的一切问题将会熟视无睹。再次，兴趣爱好和求知欲望。兴趣广泛、求知欲望强烈的人，一般不满足于对事物的公认的、表面的解释，而是力求探究事物的内部原因，能够见人所未见，想人所未想，发现事物的本质和规律。最后，知识经验的丰富程度。一般来说，知识渊博、经验丰富的人能够提出深刻而有价值的问题，而知识贫乏的人不容易提出问题，更不容易抓住要害提出深刻而有价值的问题。

2. 分析问题

分析问题就是抓住问题的核心与关键，找出主要矛盾的过程。分析问题依赖于已有知识经验的多少和是否全面系统地掌握相关材料两个条件。知识经验越丰富，掌握的材料越全面，越容易抓住主要矛盾和对问题进行归类，使思考具有指向性，便于有选择地应用原有知识经验来解决当前的问题。

3. 提出假设

提出假设就是在明确问题的基础上，对问题解决的具体方案提出假定和设想。问题解决的方案常常是先以假设的方式出现，经过验证逐步完善的。假设是人们推测、假定和设想问题的结论与问题解决的原则、途径、方法。

假设的提出是从分析问题开始的，在分析问题的基础上，根据问题的性质、问题解决的一般规律及个人的知识经验，在头脑中进行推测、预想和推论，然后有指向、有选择地提出解决问题的建议和方案（假设）。假设的提出为问题解决搭起了从已知到未知的桥梁。

4. 检验假设

检验假设是对假设进行验证的过程，它是问题解决的最后步骤。检验假设的方法有两种。一种是直接检验，即通过实验和实践活动来检验。这是检验的最根本、最有效的手段。例如，机器坏了，我们查找到原因，提出解决方案，进行实际维修，看一看这种维修方案是否解决问题。另一种是间接检验，即在头脑中根据已掌握的科学原理、原则，利用思维对假设进行论证。对于那些不能立即通过实践直接检验的复杂的假设常采用间接检验。例如，我们研制的卫星、导弹、运载火箭等不可能一遍又一遍地进行直接检验，而是反复地进行间接的理论论证，认为万无一失再进行直接检验。医生设计的治疗方案、军事指挥员提出的各种作战方案等，都总是先在头脑中进行反复的推敲、论证，最后付诸实践。实践是检验真理的唯一标准，任何假设的正确与否最终都要接受实践的检验，其结果有两种情况：一是假设与检验的结果符合，这样的假设是正确的；二是假设与检验的结果不符合，这样的假设就是错误的，这种情况下就要重新提出假设。正确的新假设的提出有赖于对以前失败的原因进行充分的了解和分析。检验假设直到结果正确为止。

应当指出的是，问题解决的四个基本步骤不能截然分开，有时是交错进行的。

（二）问题解决策略

在问题解决过程中，问题解决者会使用各种策略。问题解决策略是指使问题发生某些变化并由此提供一定信息的处理、实验或探索。问题解决中所用的各种策略可以分为两大类：算法式和启发式。

1. 算法式

算法式是一种按逻辑来解决问题的策略。它是一定能得出正确答案的特定程序。例如，解一个有 6 个字母的字谜，假如确实有这样的一个词存在，你只要系统地改变这 6 个字母的次序，每次到词典中去查字母构成的排列，最终就能找到一个匹配的词（如 course 或者 source）。运用这种策略，问题解决者可能需要做出 720 种排列。因此，算法式的最大缺点是很费时间。

2. 启发式

启发式是由以往解决问题的经验形成的一些经验规则来解决问题的策略。如果你曾经换过汽车轮胎，当你的汽车轮胎在公路上出毛病时，你可能会想到用千斤顶抬起车来换轮胎这种有用的启发式策略。与算法式不同，启发式并不能保证得到答案，但这种缺点被其容易且速度快的优点弥补了。在以往的研究中，心理学家已经发现以下几种经常使用的有效启发式策略。

（1）手段—目的分析

手段—目的分析是指问题解决者不断地将当前状态和目标状态进行比较，然后采取措施尽可能地缩小这两个状态之间的差异。当问题可分成若干个各自具有目标的更小问题时，人们常常采用手段—目的分析启发式策略。手段—目的分析是人类解决问题最常用的一种策略。

（2）顺向工作

顺向工作也称顺向推理，是指从问题的已知条件出发，通过逐步扩展已有的信息直到解决问题的一种策略。例如，解下面这个密码算题：DONALD + GERALD = ROBERT。已知 D =5，任务要求：① 把字母换成数字；② 字母换成数字后，下面一行数字答案必须等于第一行和第二行之和。问题解决者往往采用顺向推理的策略，先从 D =5 这一信息出发，找出可能性最小的一列，从中获得最多的信息，再利用加法中的某些规则进行推理，一步一步地找到正确答案。研究表明，顺向工作是专家问题解决行为的一个重要特点。专家在看到问题时，首先是发现问题提供了什么信息，然后立即想到用哪些方法能从这些信息中推出新的信息，从而对问题中各要素的相互关系增进了解，以便解决问题。

（3）逆向工作

逆向工作也称逆向推理，是指从问题的目标状态出发，按照子目标组成的逻辑顺序逐级向当前状态递归的问题解决策略。其主要特点是将问题解决的目标分解成若干子目标，直至使子目标按逆推途径与给定的条件建立直接联系或等同起来，即目标—子目标—子目标—现有条件。例如，解下面的问题：已知图 4 - 8 中的 *ABCD* 是一个长方形，证明 *AD* 与 *BC* 相等。从目标出发，进行反推时问题解决者可能会问：如何才能证明 *AD* 与 *BC* 相等？如果我能证明△*ACD* 与△*BDC* 全等，那么就能证明 *AD* 等于 *BC*。下一步的推理就是：如果我能证明两边和一个夹角相等，那么就能证明△*ACD* 和△*BDC* 全等。这样，从一个子目标出发反推到另一个子目标，以达到问题的解决。新手往往是采用这种策略来解决问题的。

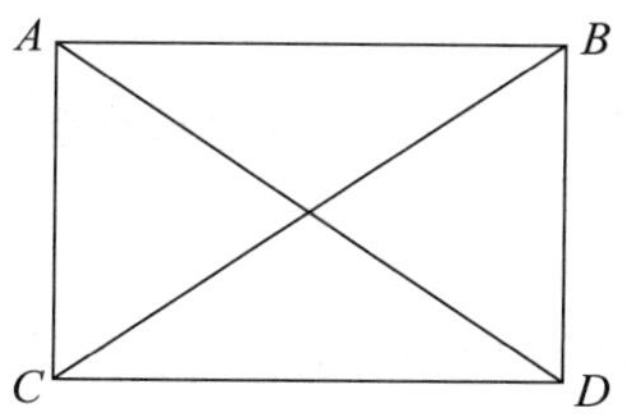

图 4 - 8　求证 AD = BC

（4）假设检验

假设检验一般分为两步进行：第一步，产生一个“候选”答案；第二步，检验它是否是答案，如果被否定，则另产生一个“候选”答案，并再度检验，直到找出真正的答案为止。这种策略的缺点是：①没有提供如何尽快选择“候选”答案的方法，对答案的选择可能较费时；②解决问题的答案要求是完整的，否则难以检验，而要完整列出所有“候选”答案也较困难。

总之，在解决问题时人们可以选择不同的策略。但人们一般不去寻求最优的策略，而是找到一个较满意的策略。因为即使是解决最简单的问题，要想得到检验次数最少、效能最高的问题解决策略也是很困难的。另外，抱负水平的高低会影响问题解决的满意度。

（三）影响问题解决的因素

问题解决的思维过程受多种心理因素的影响。有些因素能促进思维活动对问题的解决，有些因素则妨碍思维活动对问题的解决。认真研究这些因素及其作用的规律性，有利于发挥其积极作用，消除其消极影响，推动思维活动顺利进行，促进问题的解决。

1. 问题情境

问题情境是指呈现问题的客观情境（刺激模式）。问题情境对问题的解决有重要的影响。首先，情境中物体的空间排列不同，会影响问题的解决。一般说来，解决某一问题所必需的物体比较靠近，都在人的视野之中，问题就容易解决，反之则困难。其次，问题情境中的刺激模式与个人的知识结构越接近，问题就越容易解决。例如，已知一个圆的半径是2厘米，求圆的外切正方形的面积。用A、B两种方式呈现图形（见图4－9）。A图中不容易看出圆的半径与正方形的关系，问题解决就要困难；而B图中人们很容易看出圆的半径与正方形的关系，问题较易解决。最后，问题情境中所包含的物体或事实太少或太多都不利于问题的解决。太少可能遗漏事实，太多则会产生干扰。

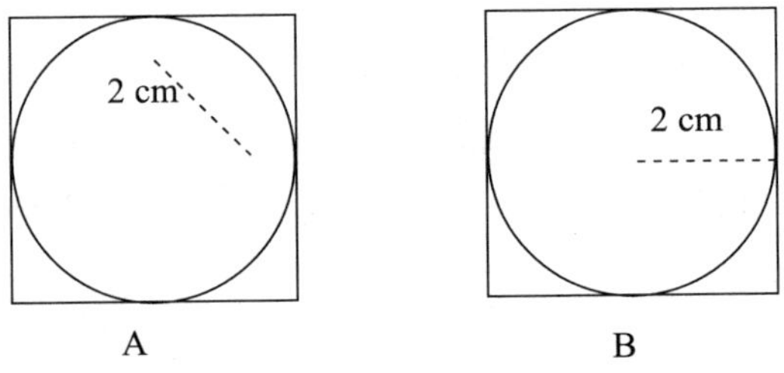

图4－9　两种表示圆半径的呈现方式

2. 思维定势

思维定势是个体先前的思维活动形成的心理准备状态对后继同类思维活动的决定趋势。定势常常是意识不到的，有时有助于问题的解决，有时会妨碍问题的解决。

最初研究定势在解决问题中的作用的是梅尔（Maier，1930）。在他的实验中，对一些被试利用指导语给予指向性的暗示，对另一些被试不给予指向性暗示。结果，前者绝大多数能解决问题，而后者则几乎没有一人能解决问题。

定势对问题解决的妨碍作用可以从陆钦斯（Luchins，1942）的实验中看到。在实验中，告诉被试有三个大小不同的杯子，要求其利用这三个杯子量出一定量的水。实验序列如表4－5所示。实验结果表明，由于被试通过序列1—5的实验形成了利用B－A－2C这种方式的定势，结果对序列6和序列7也大都用同样方式加以解决，竟然没有发现原本显而易见的简单办法（A－C和A＋C）。在这个例子中，定势使问题解决的思维活动刻板化。

表4－5 陆钦斯的量水问题实验序列 （单位：毫升）

序列	杯子的容量			要求量出水的容量
	A	B	C	
1	21	127	3	100
2	14	163	25	99
3	18	43	10	5
4	9	42	6	21
5	20	59	4	31
6	35	17	23	12
7	18	39	21	39

3. 功能固着

功能固着指一个人看到某个物品有一种惯常的用途后，就很难看出它的其他新用途；初次看到的物品的用途越重要，也就越难看出它的其他用途。这是一种特殊类型的定势。这个概念是德国心理学家东克尔（Duncker，1945）首先提出的。他在一个实验中，让学生们想办法在一块垂直的木板上放置蜡烛，并要使蜡烛能够正常地燃烧。东克尔给每个学生三支蜡烛以及火柴、纸盒、图钉和其他东西。被试中有一半人分到的是放在纸盒里的材料，另一半人分到的东西都散放在桌面上。东克尔发现，把东西放在盒子里提供给被试，会使问题解决变得更困难，因为此时盒子被看作是容器，而不是能够参与解决问题的物体（在这个实验中，解决问题的方法是将盒子钉在木板上，把它当烛台用）。

另一个实验是美国心理学家梅尔（Maier，1931）设计的一项摆荡结绳的实验（见图4－10）。该实验设计的问题情境是在一个房间内，由天花板上垂下两条绳子，要求被试设法将它们连接在一起。房间里还摆放有一把椅子、一把钳子和其他东西。问题是两条垂绳间距太远，被试无法同时用手将它们连接。实验设计的目的旨在观察被试能否突破功能固着，利用现场所陈列的材料，达到问题解决的目的。这一问题的解决办法是将钳子拴在一条垂绳上，使垂绳摆动，摆动期间有时两绳间的距离缩短，被试就可以同时抓住两条垂绳并将其结在一起。实验结果发现，只有39.3%的被试能够想到上述方法解决问题。显然，大多数被试没想到钳子可以用作摆锤，在他们看来，钳子的功能就是拔钉或剪断铁丝之类。

图 4－10　结绳实验

功能固着也是思维活动刻板化现象，在日常生活中经常碰到。硬币好像只有一种用途，很少想到它还能用于导电；衣服好像也只有一种用途，很少想到它可用于扑灭烈火。这类现象使我们趋向于以习惯的方式使用物品，从而妨碍以新的方式去使用它来解决问题。

4. *原型启发*

原型启发是指在其他事物或现象中获得的信息对解决当前问题的启发。其中具有启发作用的事物或现象叫作原型。作为原型的事物或现象多种多样，存在于自然界、人类社会和日常生活之中。例如，人类受到飞鸟和鱼的启发发明了飞机和轮船，受蒲公英轻飘飘随风飞行的启发制成降落伞，模拟蝙蝠定向作用而设计出了雷达，模拟狗鼻而设计出了“电子鼻”。科学家们从动物的形态、动作和某些机体结构中获得启发，解决了大量的生产、生活和军事上的问题，并形成仿生科学。

5. *知识经验*

解决问题的知识经验越丰富，越有利于问题的解决。善于解决问题的专家与新手的区别，在于前者具备有关问题的知识经验并善于实际运用这些知识来解决问题。例如，一位老医生与一名刚参加工作的年轻医生，在面对一名具有很多症状的病人时就采取了不同的处理方式。年轻医生不确定病人患了什么病，便为病人开出了各种各样的医学检查单，在有了一系列几乎完整的症状信息之后，才可能做出正确的诊断。但有经验的老医生很可能会立即认定这些症状符合某种或少数几种疾病的特征，仅仅对病人做了有限的检查后便很快做出了相当准确的诊断。

那么，知识经验为什么能促进问题的解决呢？西蒙等人对这个问题进行过研究。他们把有25个棋子的国际象棋盘以5秒的时间向国际象棋大师和棋艺不太好的一般棋手呈现（5秒的时间内被试完全能看清棋盘，但不能存入长时记忆）。分两种实验条件：第一种是把象棋好手下到一半的真实棋盘布局呈现给这两组；第二种是把在棋盘上随机摆上25个棋子的布局呈现给这两组。呈现棋盘撤走后，要求被试把刚才看过的棋盘布局在另一棋盘上摆出来。结果发现：对于真实的棋盘布局，象棋大师能恢复25个棋子中的23个，而一般棋手则只能恢复6个左右；对于随机排列的棋盘布局，象棋大师和一般棋手能恢复的数量是相等的，都是6个。研究还表明，专家在看棋盘上有规律的25个棋子时，并不是看25个孤立的东西，而是以组块为单元，加上组块之间的关系来看的。根据对国际象棋大师的研究，西蒙认为，任何一个专家必须储存有5万~10万个组块的知识，而要获得这些知识的时间不会少于10年。由于专家储存有大量的知识以及把这些知识运用于各种不同情况的丰富经验，因而能熟练地解决本领域所遇到的各种问题。需要新手冥思苦想才能解决的问题，对专家来说也许只要检索一下储存的解法就可以了。

6. 动机和人格

人在解决问题的过程中，总会伴随一定的动机，如人们的社会责任感、学习态度、学习兴趣等都可成为活动的动机。心理学家的研究表明，适中的动机水平有利于问题的解决，过强或过弱的动机水平不利于问题的解决。由于太强的动机水平会使人处于高度紧张的状态，因而容易忽视解决问题的重要线索。而动机水平太弱，人又容易被无关因素所吸引。

个体的人格差异也会影响解决问题的效率。理想远大、意志坚强、自尊、自信、自立、自强等优良的人格品质都会提高解决问题的效率。而缺乏理想、意志薄弱、骄傲懒惰、自卑等消极的人格特点都会妨碍问题的解决。

总之，影响问题解决的心理因素是多方面的。它们不是孤立地起作用，而是互相联系、互相影响、综合地影响着问题解决的思维过程。

四、表象与想象

人们在思维过程中经常伴有感性的直观形象（表象），这些直观的形象是思维活动的感性支柱，有助于思维活动的顺利进行。

（一）表象

1. 表象的概念

表象是指人们在头脑中出现的关于事物的形象。从信息加工的角度来讲，表象是物体或事件的一种知识表征，这种表征具有鲜明的形象性。人的思维不仅要借助概念来进行，也要借助表象来进行。按表象产生的主要感觉通道来划分，表象可分为视觉表象（如想起母亲的笑脸）、听觉表象（如想起吉他的声音）、运动表象（如想起舞蹈的动作）等。根据表象创造程度的不同，表象可分为知觉表象、记忆表象和想象表象。知觉表象是指感知事物时在头脑中留下的形象。记忆表象是指在记忆中保持的客观事物的形象，如想起朋友的音容笑貌。想象表象是指在头脑中对记忆形象进行加工改组后形成的新形象，这些形象可能从未经历过，或者世界上还不存在，因而具有新颖性。

2. 表象在思维中的作用

表象为概念的形成提供了感性基础，并有利于对事物进行概括的认识。表象是认知过程的一个重要环节，它既有直观性，又有概括性。从直观性看，它接近于知觉；从概括性看，它接近于思维。

表象离开了具体的事物，摆脱了感觉、知觉的局限性，因而为概念的形成奠定了感性的基础。例如，对“动物”这个概念，孩子们常常用猫、狗、鸡、鸭等具体形象来说明。

表象的形成还有利于对事物进行概括。例如，在一项研究中，研究者要求二年级的小学生概括课文的中心思想。学生被分为三组，第一组阅读课文后直接进行概括；第二组在阅读课文的同时看一张有关的图片；第三组阅读课文后要用口头语言描述每段故事的情节，也就是用语言在头脑中引起有关情节的表象，然后进行概括。结果表明，第三组的成绩最好；第二组由于受图片的影响，概括具有较大的局限性；第一组的成绩最差，概括的内容与中心思想不一致。这说明第三组在头脑中形成的表象有利于概括，第一、二组缺乏表象，概括就出现困难。

表象促进问题解决。表象在问题解决中的作用早为人们所认识。例如，小学低年级学生在解决数学的运算问题时，在很大程度上要有表象的参与；中学生在解决几何问题时，要依赖表象的支持；成人在利用概念进行抽象思维时，也需要具体形象的帮助与支持（如工程师在审阅建筑设计图纸时倾向于在头脑中利用建筑物的形象来帮助思维）。

在进行推理时，表象也有重要的作用。休腾洛切尔（Huttenlocher，1968）等人给被试两个命题：若汤姆比迪克高些，哈里比汤姆高些，要求被试说出谁最高，谁最矮。这时被试头脑中可能出现不同高度的圆柱体，并用它们代表汤姆、迪克和哈里。根据对表象的比较，被试直接说出了所要求的答案。

（二）想象

1. 想象的概念

想象是人对头脑中已有表象进行加工改造，创造出新形象的心理过程。形象性和新颖性是想象活动的基本特点。想象是以感知过的事物形象为基础，即以记忆表象（储存在脑中的已有的表象）为原材料进行加工改造而形成的。例如，我们没有去过草原，但当我们读到《敕勒歌》中的诗句“天苍苍，野茫茫，风吹草低见牛羊”时，头脑中就会浮现出一幅草原牧区的美丽景象。同时，人的头脑还能够产生过去从未感知过的事物形象。例如，吴承恩在写《西游记》时，他头脑中出现的孙悟空、猪八戒等形象并不是他所感知过的；音乐家谱写一首新曲子时头脑中出现的音乐形象，建筑设计师设计一座新的建筑物时头脑中出现的新建筑物的形象等，这些他们没有感知过的但又出现在头脑中的新形象是想象的结果。

想象与思维有密切的联系，它们同属于高级的认识活动，都产生于问题的情景，由个体的需要所推动，并能预见未来。想象的预见是以具体形象的形式出现的，而思维的超前反映是以概念的形式出现的。这就是说，当人们面对问题情景时，头脑中可能存在两种超前系统。一种是形象系统，一种是概念系统，这两种系统密切配合、协同活动。如果问题的情景具有很大的不确定性，由情景提供的信息不充分，解决问题的进程将主要依赖于想象。想象可以“跳过”某些思维阶段构成事物的形象，在此基础上寻找解决问题的途径。例如，早在飞机发明之前，人们就想象能像鸟一样在天空中自由飞翔。

2. 想象的作用

想象的作用主要体现在以下三个方面。

首先，想象是促使人的心理活动深化和丰富的重要因素。想象是智慧的翅膀，是思维的特殊形式。就深刻性而言，想象不满足于像知觉那样只反映事物外部的和表面的联系，也不满足于像记忆那样只再现过去的认识，而是人脑对已有的感知材料进行加工改造后进一步深化的认识。就其广阔性而言，想象不像感觉和知觉只限于个人狭窄的直接认识的范围，而具有更丰富的内容。借助想象人们可以驰骋于无限的现实世界和神奇的幻想世界之中，可以追溯上至几千年的过去，也可以展望几万年以后的未来。常言道，想象可以使人“思接千载，视通万里”，就是说想象可以打破时空的界限，使人的心理更为丰富充实。

其次，想象是促使人们创造性地进行各种实践活动的必要条件。如果没有想象，人们的活动就无法进行和提高，也不可能事先在头脑中构成关于活动本身及其结果的各种表象。人们对未来的预见，一切科学上的新发现、新发明，新的艺术作品的创作，各种科学知识的学习，都是和人的想象活动密切联系的。

最后，想象有助于调节人的情感和意志活动。想象的形象会引起人的情感体验，从而调节人的情绪。阅读文学作品时，我们借助想象与故事里的人物一起欢笑、流泪，一起紧张、悲愤；借助想象还可以从书中的英雄人物身上获得情操的陶冶，发展具有积极倾向性的情感；同时，想象也是构成人的意志行动内部推动力的不可缺少的因素之一。苏联学者鲁宾斯坦认为，每一种思想，每一种情感，哪怕是在某种程度上的改变世界的意志行动，都有一些想象的成分。事实也是如此，如果没有想象的作用，人就不可能前瞻活动的结果，不可能确定清楚的目标，不可能预订具体的计划，因而就不可能进行意志活动。

3. 想象活动的形式

想象过程是一个对已有形象（表象）分析、综合的过程。想象的分析过程是从旧形象中区分出必要的元素或创造的素材。想象的综合过程是将分析出来的元素或素材，按照新的构思重新组合，创造出新的形象。想象的分析、综合活动有以下几种形式。

（1）黏合

黏合是把两种或两种以上客观事物的属性、元素、特征或部分结合在一起而形成新形象的过程，如孙悟空、猪八戒、美人鱼、飞马等的形象。黏合方式是想象过程中最简单的一种方式，多用于艺术创作和科技发明。

（2）夸张与强调

夸张与强调是改变客观事物的正常特征，使事物的某一部分或一种特性增大或缩小、数量增多、色彩加浓等，从而在头脑中形成新形象的过程。例如，人们创造的千手千眼佛、九头龙及《格列佛游记》中的大人国、小人国等形象。又如，我们常看到的一些人物漫画就是绘画者对人物特点进行夸张或强调的结果（见图 4－11）。这种方式是各种创作的一种重要手法。

图 4－11　夸张的人物漫画

（3）拟人化

拟人化是把人类的形象和特征加在外界客观对象上，使之人格化的过程。例如，《封神演义》《西游记》《聊斋》等古典名著中的许多形象都采用了拟人化想象的创作手法。雷公、风婆、花仙、狐精、白蛇与青蛇等均是拟人化的产物。拟人化也是文学和其他艺术创作的一种重要手段。

（4）典型化

典型化就是根据一类事物的共同的、典型的特征创造新形象的过程。这是一种在文学艺术创作中普遍采用的方式。例如，阿 Q 的形象、祥林嫂的形象就是鲁迅综合某些人物的特点之后创造出来的。

4. 想象的种类

按照想象活动是否具有目的性，可以将想象分为无意想象和有意想象。

（1）无意想象

无意想象是一种没有预定目的、不自觉地产生的想象。它是当人们的意识减弱时，在某种刺激的作用下，不由自主地想象某种事物的过程。例如，人们看见天上的浮云想象出的各种动物形象，精神病患者在头脑中产生的幻觉，由药物，如吸大麻、迷幻药 LSD 导致的幻觉，这些都是无意想象。

（2）有意想象

有意想象是按一定目的、自觉进行的想象。例如，科学家提出的各种想象模型，文学艺术家在头脑中构思的人物形象，都是有意想象的结果。在有意想象中，根据想象内容的新颖程度和形成方式的不同，可分为再造想象、创造想象和幻想。

再造想象是根据言语的描述或图样的示意，在人脑形成相应的新形象的过程。例如，建筑工人根据建筑蓝图想象出建筑物的形象。又如，没有领略过北方冬日风景的人们，通过诵读毛泽东的诗词《沁园春·雪》，可以在头脑中形成北国风光的情景：寒冰封山，大雪纷飞，雪中群山好似银蛇在翩翩起舞，丘陵好似银白色的象在奔跑……根据别人的描述进行的再造想象有一定程度的创造性，但其创造性的水平较低。

再造想象的形成要求有充分的记忆表象作为基础，表象越丰富再造想象的内容也就越丰富。同时，再造想象离不开词语思维的组织作用。它实际上是在词语指导下进行的想象思维的过程。基于这些特点，为培养和发展再造想象能力，首先要扩大人们头脑中记忆表象的数量，充分储备有关的表象，同时，还要掌握好语言和各种标记的意义，只有这样才能从语言描述和符号表集中激发想象。

创造想象是在创造活动中，根据一定的目的、任务，在人脑中独立地创造出新形象的过程。在新作品创作、新产品创造时，人脑中构成的新形象都属于创造想象。例如，鲁迅创作的阿 Q 形象，毛泽东创作的诗词《沁园春·雪》，都是创造想象的产物。创造想象具有首创性、独立性和新颖性等特点。它们源于生活，但又高于生活。例如，工程师发明的新机器，虽然综合了许多机器的特点，但它又具有前所未有的新性能、新造型，因此，它比再造想象更复杂、更困难。它需要对已有的感性材料进行深入的分析、综合、加工、改造，在头脑中进行创造性的构思。

幻想是指向未来并与个人愿望相联系的想象。它是创造想象的特殊形式，如各种神话、童话中的形象都属于幻想。幻想不立即体现在人们的实际活动中，而带有向往的性质，幻想的形象是人们寄托的东西。

当人们依据事物的客观规律来想象未来时，这种想象叫作理想。理想指向未来，与人的愿望相联系。理想体现了事物的发展规律，因而具有实现的可能性。但幻想不一定以客观规律作为依据，因而不一定具有实现的可能。空想不以客观规律为依据，甚至违背事物发展的客观进程，因而是没有实现可能的想象。

链接材料 4－3

创造性思维的训练

一、发散思维训练

发散思维训练是培养创造性思维的重要途径，以下发散思维训练有利于培养创造性思维能力。

① 材料扩散，即以某个物品为扩散点，设想它的各种用途。如说出回形针的用途：把纸或文件别在一起，做发夹……

② 功能扩散，即以某种事物的功能作为扩散点，设想出获得该功能的各种可能性。如怎样达到照明的目的：点油灯，开电灯，点火把……

③ 结构扩散，即以某种事物的结构为扩散点，设想出利用该结构的各种可能性。如

尽可能多地说出含圆形结构的东西：太阳、水滴、酒杯……

④ 特征扩散，即以某种事物的特征为扩散点，设想出利用某种特征的各种可能性。如利用红色可做什么：禁止通行的信号灯、红印泥、红墨水……

⑤ 方法扩散，即以人们解决问题或制造物品的某种方法为扩散点，设想出利用该种方法的各种可能性。如说出用“吹”的方法可能做的事或解决的问题：吹气球，吹蜡烛，吹口哨……

⑥ 组合扩散，即从某一事物出发，以此为扩散点，尽可能多地设想其与另一事物联结成新事物的各种可能性。如尽可能多地说出钥匙圈可以同哪些东西组合在一起：可同小刀组合，可同指甲刀组合，可同小剪刀组合……

⑦ 因果扩散，即以某事物发展结果或起因为扩散点，设想出这一结果的原因或这一原因可能产生的结果。如推测“玻璃杯碎了”的原因：手没抓住，掉在地上碎了；被某物碰碎了……

⑧ 语词扩散，即以一个词为基础连接或组成更多的词或句子，如学生—生活—活力—力量—量表—表扬……

二、摆脱习惯性思维训练

习惯性思维有时可能阻碍我们的思路，摆脱习惯性思维训练可打破某种固定不变的思维框架，使思维具有流畅、变通、灵活、独创等特点。

（一）排除观念定势训练

这是一项帮助思考者对任何事都能考虑各种可能性的训练。例如，爸爸的衬衣纽扣掉进了已经倒入咖啡的杯子，他连忙从杯子里取出，不但手不湿，连纽扣都是干的，他是怎样取出来的？答案很简单：已经倒入的咖啡是固体粉末。在人们的观念里，总以为咖啡是一种液体饮料，而导致解决问题的障碍。

（二）排除功能固着训练

这是一项帮助思考者从崭新的角度思考问题，防止思维刻板、僵化，打破思维定势的影响的训练。例如，天花板上悬挂两根相距五米的绳子，桌上放有一把剪刀，聪明的被试能站在两绳间不动，伸开双臂，两手各抓一根绳子。你知道用的是什么办法吗？原来被试先用一根绳拴住剪刀并使其振荡，然后走过去抓住另一根绳，另一只手抓住振荡过来的剪刀。人们很少想到用剪刀来当重锤，只想到“剪”的功能。想不到剪刀的其他功能，问题就很难解决。排除功能固着可通过列举事物用途来加以训练。

（三）核查表法训练

为了打破习惯性思维方式，人们把应该考虑的各个要点编成一个表格，进行发明设想时按表格内的要点逐一考虑，从中得到启发，而提高创造性思维的效率。

三、缺点列举训练

对某事物存在的某个或某些缺点产生不满往往是创造发明的先导。只要把列举出来的缺点想办法加以克服，那么就会有新发明创造。如尽可能多地列举出玻璃杯的缺点：易碎，较滑，盛了开水时手摸上去很烫，有小缺口会划破手……

四、愿望列举训练

愿望列举也称希望点列举。人们对美好愿望的追求，往往成为创造发明的强大动力。如人们希望能自动控制烧饭，结果就发明了电饭锅。愿望列举就是将对某个事物的要求即“如果是这样该多好”之类的想法列举出来。提出积极的希望比仅仅克服缺点会产生更好的创意。如这样的电视机才理想：看起来像立体的，具有每个人都可以分开看的装置，想看的频道节目会自动出现，能看到全世界的节目……

五、想象训练

训练想象力是培养和发展创造性思维的一种极好的办法。它能帮助人们从固定化想法中解放出来，使人们在思考和解决问题的过程中学会大胆想象，敢于标新立异、异想天开。

（资料来源：www. pep. com. cn）

第五章　心理体验——情绪与情感

学习要求

1．概念识记：情绪、情感、激情、心境、应激。

2．分析理解：情绪与情感有哪些区别和联系？情绪、情感引起的生理变化和外部表现有哪些？大学生情绪的特点有哪些？

3．思考应用：如何运用情绪调节方法，完善自己应对压力的模式？

第一节　情绪与情感概述

人们在与自然界相互作用的过程中，通过认识活动实现对客观事物发生发展规律及其内在关系反映的同时，还会产生相应的喜、怒、哀、乐等情绪和情感体验。它的产生和形成，既影响着人们的心理和行为活动，也影响着人们的生理活动。深入研究情绪、情感产生和发展变化的规律及机制，对提高人们的实践活动效率及身心健康水平都有着极其重要的意义。

一、情绪与情感的概念

人不仅是理智的动物，更是情感的动物。人在认识世界的过程中并不是冷淡无情的，而总要对事或人持有一定的态度，体验到这样或那样的情绪和情感。俗话说：人非草木，熟能无情？人若无情，对五光十色的大千世界会觉得平淡无奇，对千变万化的社会生活会觉得索然无味。人生在世，有生老病死，有荣辱得失，所以就有喜怒哀乐这些人类情感的不同表现形式。情绪和情感是人因客观事物是否符合自己的需要而产生的主观态度的体验。态度是一个人对某人、某事、某物、某种社会组织和事业、某种活动或自己的思想行为所持的一种接近或背离、拥护或反对的稳定概括的思想意识倾向。体验是一种带有特殊色彩的内心感受。态度可以不是当前的，形成之后以观念的形式存在于人的意识中，具有较大的时间范围。体验是当前的，是现实发生的、正在进行的心理活动。态度并不必然伴有体验，某种固有的、潜在的态度只有在有关现实的作用下，才能成为现实的态度，并以体验的形式表现出来，成为情绪、情感。

情绪、情感是由客观事物引起的，离开了具体的客观事物，人不可能自发地产生情绪、情感。世界上没有无缘无故的爱和恨。引起情绪、情感的客观事物是多种多样的，有外部的也有内部的。例如，春光明媚、空气清新，使人感到振奋、舒畅，这是由自然现象引起的情绪、情感；美好的事物令人爱慕，丑恶的现象使人憎恶，这是社会现象引起的情绪、情感；我们为事业的成功而高兴，为工作中的失误而懊悔，这是由人的行为本身所引起的情绪、情感；疾病缠身，久治不愈，会使人心情不畅、情绪抑郁，这是由机体内部因素所引起的情绪、情感。

情绪、情感的性质是以客观事物能否满足人的需要为中介的。情绪、情感是由客观事物引起的，但却不是由客观事物本身决定的。决定人情绪、情感性质的是客观事物与人的需要之间的关系。凡能满足人的需要，符合人的愿望的客观事物，就能使人产生满意、愉快、喜爱等积极的内心体验；凡不能满足人的需要或违背人的愿望的客观事物，就会使人产生忧伤、不满、厌恶等消极的内心体验；与我们的需要没有什么关系的事物，也就不会引起什么体验。因此，情绪、情感也是人脑对客观事物的反映，但它反映的不是客观事物本身，而是客观事物与人的需要之间的关系。

情绪和情感是两个既有区别又有联系的概念。情绪和情感的区别表现在以下几方面。第一，从稳定性程度看，情绪具有较大的情境性、机动性和暂时性，它往往随着情境的改变和需要的满足而减弱或消失。而情感则具有较大的稳定性、深刻性和持久性，是人对事物稳定态度的反映。第二，从表现特征看，情绪具有冲动性，且常伴随着有机体的生理变化和明显的外部表现，如高兴时手舞足蹈，愤怒时咬牙切齿。情绪一旦产生往往难以控制，而情感则比较内隐、含蓄，常以内心体验的形式存在，始终处于意识支配的范围内。第三，从需要的角度看，情绪一般与机体生理需要相联系，如由饮食需要能否获得满足引起的愉快或不快的体验。情感往往与社会需要相联系，如由交往需要引起的体验。情绪既然与机体生理需要相联系，由于动物也有机体的生理需要，因此，动物也有与机体生理需要相联系的情绪，情绪为人和动物所共有。情感是与社会需要相联系的体验，为人所独有。即使人和动物所共有的情绪，它在人身上也表现有人的特点。例如，在危及生命的情况下，动物和人都会产生恐惧的情绪，这是和自我保护的机体生理需要相联系的。但许多革命先烈在敌人屠刀下临危不惧，说明与机体生理需要相联系的情绪也具有社会内容，并改变了原始情绪的表现形式。

情绪和情感的区别是相对的。从本质上说，它们都是人脑对客观事物与人的需要之间关系的反映，是人的主观心理体验，在具体人身上它们又互相依存，密切联系。一方面，情绪是情感的外在表现。稳定的情感是在情绪的基础上形成的，而且是通过情绪的形式表现出来的。情感离不开情绪，离开了情绪，情感既无从形成，也无法表现。另一方面，情感是情绪的本质内容。在情绪发生过程中常常包含着情感，情感的深度决定着情绪表现的强度，情感的性质决定着情绪表现的形式。因此，情绪和情感是不可分割的，有些心理学家对情绪和情感不加区分，统称为感情。

二、情绪与情感的功能

（一）适应功能

情绪、情感能使个体针对不同的刺激事件产生灵活自如的适应性反应，并调节或保持个体与环境间的关系。如羞怯感可以加强个体与社会习俗的一致性。当个体对他人造成伤害时，内疚感可激发社会公平的重建。其他情绪，诸如同情、喜欢、友爱等，也能起到构建和保持社会关系的作用。它们可以增强群体内的凝聚力，而且有提高个体的社会适应能力的作用。

（二）动机功能

情绪、情感伴随动机性行动产生，具有动机作用。积极的情绪对行为有促进作用，消极的情绪对行为有抑制作用。情绪、情感能够驱使个体进行某种活动，也能够阻止或干扰正在进行的活动。喜悦愉快的情绪会激励人去从事引起这些愉快情绪的活动，而恐惧厌恶的情绪则使人远离引起这些不悦情绪的事物或活动。对此，美国心理学家奥尔兹的动物心理实验做出了有力的证明。他将生物电极埋入大白鼠下丘脑内的快乐中枢，并让大白鼠学会按压杠杆以获得生物电刺激，引起快乐冲动。结果大白鼠会竭尽全力去按压杠杆，追求快乐，直到筋疲力尽进入睡眠状态为止。

（三）组织功能

积极的情绪和情感对活动起着协调和促进作用，消极的情绪对活动起着瓦解和破坏作用。个体的情绪、情感可以感染别人，使别人产生强烈的内心体验，形成与之相应的情绪、情感。在一定情景下，人的情绪会不自觉地受到影响和感染而产生共鸣现象。

（四）信号功能

个体可以体验的方式表达出自己对周围事物意义的认知，并对他人施加一定的影响。人的各种情绪、情感无不具有各自特定的表情。心理学家和语言学家把表情称为非语言性言语。人们在相互交往中，不仅利用语言，而且利用表情把自己的需求、愿望、态度、观点以十分微妙的方式表达出来，使自己对事物的认识和态度更易为别人感知和接受。例如，喜悦的表情可以表达对事物的爱慕，愤怒的表情可以表达对事物的不满，点头微笑表示赞赏，皱眉摇头表示否定。所有这些都说明表情具有传递信息的作用，它使人不通过言传就能理解别人对事件的认识和态度。

三、情绪和情感的维度与两极性

情绪、情感变化的维度是指对情绪、情感所固有的特征的度量，这种度量可以从情绪、情感的动力性、激动度、强度和紧张度这几方面来进行。而每一种特征的变化都具有两极对立的特性，也就是说，每一种特征都存在着两种对立的状态，这就是情绪和情感的两极性。

首先，动力性有增力和减力的两极。一般来讲，满足需要的、肯定的情绪和情感都是积极的、增力的，能提高人的活动能力。而不能满足需要的、否定的情绪和情感都是消极的、减力的，能降低人的活动能力。

其次，激动度有激动和平静的两极。由重要的、突如其来的事件引起来的，有强烈的明显外部表现的情绪状态是激动的。在正常生活工作条件下的、安静的情绪状态是平静的。

再次，强度有强和弱的两极。从愠怒到狂怒、从惬意到狂喜都是弱和强的两极。在强和弱的两极之间，还可以区分出各种不同的强度。

最后，紧张度有紧张和轻松的两极。情绪的紧张程度取决于情景的紧迫程度与个体的心理准备和应变能力。在情景紧迫、心理准备不足又缺乏应变能力的情况下，个体往往会感到紧张、不知所措，甚至发抖。相反的情况下人会觉得轻松自如。

四、情绪、情感与认识过程的关系

情绪、情感不同于认识过程。认识过程是人对客观事物本身的反映，而情绪、情感则是对客观事物与人的主观需要之间关系的反映；认识过程通过形象或概念来反映客观事物，而情绪、情感则是通过主观体验来反映客观事物与人的需要之间的关系；认识过程的发生和改变在一定程度上具有随意的性质，而情绪、情感的发生和改变则具有非随意性。

情绪、情感和认识又是有联系的。一方面，认识是情绪、情感产生的基础。人对客观事物的认识、评估是产生情绪、情感的直接原因。清新的空气，人们认识到它有利于人体的健康，就喜欢它；被动吸烟，人们没认识到它对人体健康的危害时，就觉得无所谓。同一事物，由于在不同时间、不同条件下出现，我们对它的认识、判断和评价不同，从而所产生的情绪体验也就不同。例如，在野外看到一只老虎，我们会感到害怕，而在动物园里见到笼中的老虎就没有害怕的体验，其原因就在于认识起着关键的作用。另一方面，情绪和情感也影响认识过程。人的情绪、情感不仅以认识为基础，反过来又会影响人的认识过程。一般来说，积极的情绪、情感对认识活动具有促进作用，消极的情绪、情感对认识活动具有阻碍作用。心理学研究表明，积极的情绪、情感可使人产生超强的记忆力、活跃的创新思维和丰富的想象，而焦虑不安、忧郁苦闷、愤怒等不良情绪则会降低智力活动水平，影响认识活动的效率。

五、情绪和情感引起的生理变化与情绪和情感的外部表现

（一）情绪和情感引起的生理变化

随着情绪、情感的发生，有机体会产生一系列的生理变化，这主要表现在呼吸系统、心血管系统、消化系统和腺体活动的变化上。这些变化可作为情绪、情感状态变化的客观指标。在不同的情绪、情感状态下，呼吸的频率会发生明显的变化。人平静时每分钟呼吸20次，高兴时每分钟呼吸17次，悲伤时每分钟呼吸9次，愤怒时每分钟呼吸40次，恐惧时每分钟呼吸高达64次。心血管系统在不同情绪状态下也会发生一系列变化。人在愉快

和满意时，心跳正常，血管舒张；惊恐时，心跳加速加强，血液输出量增加，收缩压升高。人在羞愧时面红耳赤，气愤时脸色铁青，就是由于面部血管的舒张和收缩造成的。消化系统的活动也会随情绪的变化而发生变化。人在愉快时胃肠的蠕动和消化腺的分泌会加强，消化系统的功能会提高；人在悲伤时，胃肠蠕动功能下降，消化液分泌减少，造成食欲减退。至于不同情绪、情感引起的泪腺、汗腺分泌的改变，更是我们能一目了然的。例如，高兴、激动或悲伤时禁不住流泪，羞愧时汗流满面，恐惧时出一身冷汗。

由于情绪和情感发生时，总要引起一系列人体生理机能的变化，所以情绪和情感与人的健康密切相关。乐观开朗、心情舒畅能促使各种内脏功能正常运转，增强对疾病的抵抗能力，有利于保持身心健康。而不良的情绪、情感状态则会损害人的身心健康，使人得病或病情加重。大量实验和临床研究证明，极度紧张和过分激动的情绪对人身心健康十分有害，甚至可危及人的生命。

根据个体说话时由于情绪因素而产生的生理变化，可以在一定程度上鉴定个体是否说谎。测谎技术作为一项通用科技已被世界上多个国家广泛应用于国防、司法、保险、商贸乃至企业招聘雇员等各个领域。现代测谎仪由传感器、主机和微机组成。传感器与人的体表连接，采集人体生理参量的变化信息；主机是电子部件，将传感器所采集的模拟信号经过处理转换成数字信号；微机将输入的数字信号进行存储、分析，得出测谎结果。一般戴在人手指上的是皮肤电阻传感器，这是一种不锈钢电极，用来测量皮肤电阻的变化；呼吸传感器是拉伸传感器，系在人的胸部，测量人呼吸的变化；脉搏和血压传感器是一种压敏传感器或血压计，戴在人腕部或臂部，测量人脉搏和血压的变化。确切一点说，测谎技术是一种心理测试技术。

（二）情绪和情感的外部表现

当情绪、情感发生时，不仅身体内部器官有一定变化，而且身体各部位的动作、姿态也会发生明显变化，这种变化称为表情，是情绪、情感的外部表现。人的表情极其丰富，主要表现在三个方面。

1. 面部表情

面部表情是指由面部肌肉和五官的变化所表示的情绪状态。愉快和不愉快是两种最基本的面部表情。愉快时面肌横伸，面孔较短；不愉快时面肌纵伸，面孔较长。眉也是表现面部表情的主要部位，展眉表示欢欣，皱眉表示愁苦，扬眉表示得意，竖眉表示愤怒，低眉表示慈悲。嘴也参与表情动作，哭与笑是面部表情最明显的表现，哭与笑都离不开嘴的动作。在面部表情中，最值得注意的是目光的运用。俗话说：“眼睛是心灵的窗户”，所谓“眉目传情”“暗送秋波”“瞠目结舌”“怒目而视”都是说不同的目光所表达的不同情感。

2. 姿态表情

姿态表情是指借助全身姿态和四肢活动来表达情绪和情感，在表演艺术中又称身段表情。例如，扬头表示高傲，点头表示赞同，摇头表示反对，垂头表示丧气。从全身姿态看，高兴时手舞足蹈，愤怒时暴跳如雷，恐惧时不寒而栗，悔恨时捶胸顿足，惊慌时手足失措。有些成语如“卑躬屈膝”“趾高气扬”“正襟危坐”“呆若木鸡”等，都用来形容伴随情绪、情感所产生的体态变化。

3. 言语表情

言语表情是指由言语的音调、音色、节奏、速度等方面的变化所表示的情绪状态。“言为心声”就是说不同的言语表情反映出不同的心理状态。例如，悲哀时语调低沉，语速缓慢，语音高低差别不大；喜悦时，语调高昂，语速较快，语音高低差别较大，音色悦耳；恐惧时，音调高尖急促，声音刺耳颤抖。根据心理学家和语言学家的研究，在许多场合，“怎么说”（也就是说话时运用怎样的语气、语调）往往比“说什么”更为重要，因为言语表情所传达的信息比言语本身更为可靠。俗话说“听话听音”，由于语调不同，同一句话所代表的意思可能大相径庭。比如说，“这是怎么回事”这句话，既可以表示和颜悦色的疑问，也可以表示指责和鄙视。据研究，人在说谎时的音调比说真话时要高一些。在日常生活中我们通常会觉得说话深沉的人更诚实和稳重一些。

表情在人类社会活动中具有重要意义。首先，表情具有信息传递和社会交际功能。言语本身是人类特有的交际工具，它表达思想和感情，而言语表情与面部表情和姿态表情一起成为辅助言语交际的有力工具。有时人们觉得用言语表达情意显得过于唐突或难于启齿时，就借助于表情。国外有关研究也表明，在进行口头沟通的过程中，接受信息者从发出信息者那里获得的信息中38%来自于发出信息者的语调，55%来自于其面部表情，只有7%来自于语词本身。表情承载着大量信息，在人际交往和沟通中具有极其重要的作用，是人们交往和沟通的重要渠道，一个人要顺利与他人进行交往，既要善于运用表情，又要善于识别表情。其次，表情也是判断人的内心体验的标准之一。在日常生活中，根据一个人的面部变化和姿态动作能够了解他当时的情绪和情感状态。

第二节 情绪与情感的类型

根据我国古代传统和国外资料，可从不同角度、不同方面把情绪和情感分为不同的类型。

一、情绪的类型

人类的情绪是复杂的，至今很难说清人类的情绪有多少种。各种情绪的面部表现见图5-1。关于情绪的类型我国古代思想家有不同的观点，如《中庸》将情绪分为善、怒、哀、乐四种，《素问》把情绪分为善、怒、悲、忧、恐五种，而根据《礼记》记载，情绪可分为喜、怒、哀、惧、爱、恶、欲，即“七情”。到了近代，美国心理学家克雷奇认为有四种基本原始情绪：快乐、愤怒、悲哀、恐惧。

图5-1 各种情绪的面部表现

（一）快乐

快乐是指人们希望的目标达到后，或者某种需要得到满足时产生的情绪体验。如高考时取得了好成绩，买了一件自己喜爱的衣服，都会产生快乐的体验。快乐可以有满意、愉快、欢乐、狂喜等不同的程度。快乐的程度主要取决于两个因素。首先取决于所达到的目标的意义和重要程度。实现的目标对人越重要、越有意义，越能引起人的快乐；如果实现的目标是无足轻重的，所引起的快乐也就是轻微的。其次取决于目标实现的料想程度。意料之中目标的实现固然使人高兴，但出乎意料之外偶然性目标的实现，往往使人达到狂喜的程度。

（二）愤怒

愤怒是人们在实现某种目的的过程中受到了挫折，或者愿望不能够得到满足时产生的情绪体验。愤怒的程度可以有不满、生气、愤怒、暴怒几种。一般来说，当人们遇到挫折时，都会产生一定的不满情绪，但不一定会发怒。如果人们意识到这种挫折是由于他人的恶意造成的，那么，怒气就会油然而生。特别是当人的自尊受到伤害，人格受到侮辱时，往往会产生激烈的愤怒情绪，甚至勃然大怒。愤怒是一种不良情绪，它会破坏人的心理、生理平衡，从而诱发各种疾病，因此容易发怒的人一般体质都欠佳。人处于愤怒状态时，常常表现出对愤怒对象的攻击和自身的身心紧张状态。愤怒往往需要宣泄，宣泄对象可能是他人（如怒责或攻击他人），可能是自己，也可能是物品。

（三）悲哀

悲哀一般是与所热爱的事物丧失和希望破灭有关的情绪体验。例如亲人去世、升学考试失意都属这种情况。悲哀也有遗憾、失望、难过、悲伤、哀痛等程度的不同，悲哀的程度取决于所失去事物的价值，一个事物越有价值和意义，当它丧失时产生的悲哀体验就越强烈。由悲哀引起的紧张情绪的释放就是哭泣，通过哭泣人们的悲哀就会得到缓解。哭泣不仅是表达感情的一种方式，也是一种心理保护措施。哭泣能使人放松，麻痹身体的痛苦，缓解心理的紧张，宣泄不愉快的体验等。适度的哭泣有利于身心健康，当人遭遇到极大的委屈或亲友亡故时，都会情不自禁地哭起来。

（四）恐惧

恐惧是人们面临危险的情景或预感到某种潜在的威胁时产生的情绪体验。它往往是人们无力摆脱困境时的表现。如大难临头，又无路可走时，人们的恐惧心理就会油然而生。一个人夜间单独行走，本无危险，但想象到某种可能的危险也会产生恐惧。恐惧可分为程度不同的怕、惧怕、惊恐和恐怖几种。人在恐惧时，脸色苍白，反应迟钝，有时还会浑身发抖。“心惊肉跳”就是形容人在恐惧时的精神状态，可见恐惧也是一种消极情绪。恐惧有常态和变态之分。对陌生的东西产生恐惧乃常态恐惧，如原始人害怕雷电。变态恐惧则是五花八门，千奇百怪。人的恐惧心理大多都是后天习得的。陌生奇怪的事物容易引起恐惧。非常熟悉的事物或环境，如果发生了料想不到的变化，也会引起恐惧的情绪。恐惧具有较强的弥漫性，即便引起恐惧的情境消失了，但余悸往往还要持续一段时间。

在上述四种基本情绪形式的基础上又能派生出许多情绪，组成各种复合的形式。与对他人评价有关的如爱慕、厌恶、怨恨，与对自我评价有关的如谦虚、自卑、悔恨等，都包含着快乐、愤怒、悲哀、恐惧等因素。

二、情绪状态

情绪状态是在某种情境下，在一定的时间里所产生的激动不安的状态。根据情绪发生的强度和持续时间的长短，一般可把情绪分为心境、激情和应激三种情绪状态。

（一）心境

心境是一种微弱、平静而持久的情绪状态，也叫心情。如心情舒畅或郁郁寡欢、兴高采烈或无精打采等。

心境具有弥散性，它不是关于某一特定事物的体验，而是由一定的情境唤起后在一段时间内对各种事物态度的体验。心境影响着人的全部行为表现。一个人的某种心境一旦发生，他常常会以同样的情绪状态看待周围的一切事物，使自己的一切活动都染上某种情绪色彩。例如，在舒畅的心境下，会觉得事事顺心，处处快乐。在悲伤心境中，一切都令人烦恼。所谓“情哀则景哀，情乐则景乐”，说的就是对于同一件事，不同心境的人体验是不相同的。

心境产生的原因是多方面的，既有客观原因，也有主观原因。第一，激情的余波。激情过后往往会转为心境，如狂喜过后心情舒畅，暴怒过后闷闷不乐。第二，生活中的重大事件。社会地位的变迁、经济条件的变化、工作和学习的顺利或受挫、事业的成功或失败等都会引起不同的心境。第三，人际关系。一个人与家人、邻里、同事关系融洽，就会有愉快的心境。相反，家庭关系紧张、邻里关系不和、同事之间矛盾重重者，心情就抑郁苦闷。第四，自然环境变化。冬天寒冷，雨雪纷纷，道路泥泞，心境容易抑郁；夏日炎热，心境容易烦躁；春光明媚，秋高气爽，心境就快乐、舒畅。环境清静优美使人舒畅，环境嘈杂使人厌烦。第五，生理状况。身体健康会使人情绪饱满，疲劳、失眠、疾病则会使人情绪低落。

除上述原因外，每个人还有自己独特的比较稳定的心境。有的人乐观，有的人多愁善感。决定人心境的主要原因是一个人的人生观和信念。乐观主义者即使在极端不利的条件下仍然能保持乐观的心境。

心境对生活、工作、学习和健康有很大的影响。良好的心境能使人更好地发挥积极性、创造性，提高工作效率，有益于健康。不良的心境则会使人消极颓废，降低工作效率，有损健康。因此，在日常生活中，我们应当培养积极心境，防止消极心境。

（二）激情

激情是一种强烈的、短暂的、爆发性的情绪状态，如狂喜、暴怒、绝望等。激情具有冲动性，发生时强度很大。在激情状态下，机体内部伴随有强烈的生理变化并有明显的外部表现，如狂喜时手舞足蹈，暴怒时面红耳赤。激情还具有爆发性，发生的速度很快，持续的时间很短暂，一旦离开引起激情的具体情境，会很快冷静下来或转化为心境。

引起激情的原因很多。首先，对人具有重大意义的突发事件可以引起激情，如重大的喜讯、亲人的亡故等。其次，对立意向的冲突或过度的兴奋与抑制也容易引起激情，如对某种痛苦忍耐过久，抑制过度，一旦爆发出来就会成为十分强烈的、难以控制的激情。此外，激情的发生还和一个人的修养程度有关。缺乏教养、不讲礼貌或患有歇斯底里症的人，可以在毫无理由的情况下激情爆发。

激情对人的活动有很大的影响。激情既有积极的一面，又有消极的一面。积极的激情常常能调动人身心的巨大潜力，成为激励人行为的强大动力。例如，战士的激情可以让他们奋勇前进，教师在授课中的激情有利于感染学生和调动学生的学习热情，伟大的诗篇、美丽的爱情故事都离不开激情。消极的激情则会使人出现意识狭窄现象，即认识范围缩小，不能正确评价自己行为的意义和后果，做出一些鲁莽的行为，甚至铸成千古之恨。过度的激情往往不利于人的身心健康。医学心理学表明，经常处于激情状态或过度激情的人，在临床上容易患冠心病、高血压、脑血管疾病、动脉硬化、偏瘫等，严重的会导致死亡。

当然激情也并非不可控制，事实证明人能意识到自己的激情状态并可有意识地调节和控制。控制激情的方法有很多。首先要尽量避开引起激情的环境刺激。其次是转移注意力，干一些自己感兴趣的事。再次是合理地有节制地发泄。此外，还可以借鉴前人的经验，由发怒转为发奋。例如，生活中遭到挫折，受到他人讽刺嘲笑，心中不平时，要化愤怒为力量，变压力为动力，发奋图强，做生活的强者。当然，控制激情最根本的方法还在于加强思想修养。

（三）应激

应激是出乎意料的紧迫情况引起的急速而高度紧张的情绪状态。在日常生活中，人们遇到某种意外危险或面临某种突发事件时，必须迅速而及时地做出决定，采取有效措施应付紧急情况，此时人的身心处于高度紧张状态，即为应激状态。例如，正在行驶的汽车突然遇到障碍物时司机紧急刹车，突然发生火灾、地震等，在这些情况下人们所产生的特别紧张的情绪状态就是应激状态。

在应激状态下，人可能有两种表现。一种是急中生智。此时，应激引起的身心紧张可使个体集中自己的智慧和经验，调动全身力量迅速而及时地做出决定，解决当前的紧急问题。在这种应激状态下，人的思路清晰，反应迅速，判断准确，动作有力，能够化险为夷，做出平时做不到的事情。另一种是惊慌失措。应激所造成的高度紧张情绪，使个体行为失调，思维混乱，分析判断能力减弱，注意的分配和转移发生困难，甚至会使身体各部分的机能失调，出现暂时休克现象。实践证明，人的应激能力可以通过训练而提高。通过训练，可以培养思维的敏捷性，提高意志的果断性，增强动作的灵活性，加强技能的熟练性，提高在意外情境下迅速决断的能力。这样，遇到突发事件时，就能镇定自若，当机立断，摆脱困境，转危为安。由于应激状态中会出现一系列激烈的生理反应，若长时间处于应激状态，则会破坏人的生物化学保护机制，使人抵抗力降低，易受疾病侵袭。

三、情感的类型

情感是与人的社会性需要相联系的体验，是人类所特有的。社会情感按其内容可分为道德感、理智感和美感。

（一）道德感

道德感是根据一定的道德标准去评价人的思想、意图和言行时产生的情感体验。人生活在社会上，在与周围的人交往中掌握社会道德标准，并转化为自己的道德需要。人根据已掌握的道德标准去评价自己或别人的思想、意图和言行时，认为符合自己的道德需要就会产生肯定性情感，认为不符合自己的道德需要就会产生否定性情感。例如，对别人大公无私的行为产生敬佩之情，对别人的损人利己行为产生愤怒、蔑视的情感，自己尽到了社会责任感到心情舒畅，未尽到责任则感到内疚惭愧等，都属于道德感。

道德感具有社会性。不同的社会、不同的历史时期、不同的社会集团或民族，有着不同的道德标准和行为规范，不同的人对这些标准和规范又有着不同的理解，因而就会产生不同的道德需要，也就有着不同的道德感。例如，在婚姻观上，封建社会的人认为“父母之命，媒妁之言”是合理的，自己做主谈情说爱是伤风败俗；而现代人一般认为没有爱情的婚姻是不道德的。在社会主义社会，道德感的内容非常丰富。道德感在社会情感体系中占有特殊地位，对人的活动具有重要的指导作用。

（二）理智感

理智感是人在智力活动过程中，对认识活动成就进行评价时产生的情感体验。它是与人的好奇心、求知欲、探求和热爱真理的需要相联系的。没有人的情感就不可能有人对真理的追求。理智感的表现多种多样。它体现出人对自己智力活动过程与结果的态度。例如，发现问题时的惊奇感、疑虑感，百思不解时的焦虑不安与苦闷，获得结论时的喜悦、陶醉与自信，对真理的维护与热爱和对偏见、谬误的鄙视与痛恨等，这些都属于理智感。

理智感是在人的认识和实践活动中产生和发展起来的，反过来，它又成为人认识和实践活动的动力。任何学习活动、科学发明、艺术创作都与理智感分不开。一个人的思想只有被深厚的理智感渗透时，才能引起积极的注意、记忆、思维，并获得克服困难的力量。

（三）美感

美感是人们根据自己的审美标准对自然或社会现象及其在艺术上的表现予以评价时产生的情感体验。例如，人对浩瀚的大海、蔚蓝的天空、秀美的田园、漂亮的容貌、名胜古迹、艺术珍品等表示的赞美、喜爱等都是美感的表现。

美感是内容美和形式美的统一。美感具有直觉性，它总是在接触事物时立即直接发生。因此，事物的外表形式对美感有很大的影响，其形状、颜色及声音、气味方面的特点在美感产生中起着重要的作用。但美感也依赖于事物的内容，起决定作用的是事物的内容。苍蝇的外形和蜜蜂相似，前者往往使人产生厌恶之感，而后者则可以使人产生美感。对于人来说，仪表是给人以美感的重要条件，但更重要的是心灵美，那些人格高尚、心灵美好的人即使身残貌丑也会受到人们的敬佩和赞赏。

美感具有社会性。同道德感一样，美感也受社会历史条件的制约，不同的社会、不同的时代、不同的民族、不同的阶级，人们的审美标准各不相同，因而也就有不同的美感。例如，在封建社会里人们认为弱不禁风的窈窕淑女是美，在资本主义社会里人们认为袒胸露背、放荡不羁是美，而我们则认为健康、大方、自然、协调是美。

美感具有个体性。对于同一客观对象，不同的人可以产生不同的美感，有人觉得美，有人觉得不美。当然人类也有共同的美感，鲜艳的花卉、秀丽的风景、动听的音乐、优美的诗歌、雄伟的建筑，任何人都认为是美的。桂林的山水、西湖的风光、八达岭的长城、北京的故宫常常使中外游人流连忘返，这说明虽然人们的生活地域不同、种族各异，但人们的审美感存在着相同之处。我们要重视美育，在教育中要从小培养孩子健全的美感，包括对艺术美、自然美、社会美的领悟和追求能力。

第三节　情绪的调节及压力应对

每个人在生活中都会碰到令人愉快或痛苦的事，会产生喜怒哀乐之情。虽然说起伏波动的情绪会使人生绚丽多彩，但是如果毫无节制地让情绪波动，那么就会使人丧失战胜自我的意志。情绪既能增进也能损害个体身心健康。不良的情绪可以造成疾病，损害人的健康，而良好的情绪则是防病治病的重要因素。医学研究表明，长期焦虑、忧愁、悲伤、压抑可能导致精神分裂、高血压、心脏病、溃疡、胃病和癌症等多种疾病。我们应该管理好自己的情绪，注意心情的调节。

一、大学生情绪的特点

（一）情绪体验丰富多彩

大学时期是一个人的社会化进程急剧加快的时期，此时大学生面临人生的多种选择，学习、交友、恋爱、就业等人生大事基本在这一阶段完成。大学生身心发展已经成熟或接近成熟，能独立地应对个人的生活和周围的事物。从自我意识的发展来看，大学生表现出较多的自我体验，自我尊重的需要强烈，易产生自卑、自负等情绪体验。从社交方面来看，大学生的交际范围日益扩大，与同学、朋友及师长之间的交往更细腻、更复杂。这时有的大学生开始体验一种更突出的情感——恋爱，恋爱活动往往伴随着深刻的情绪体验，这种特殊的体验对大学生有十分重要的影响。在情绪体验的内容上，大学生的情绪呈现出相当丰富多彩的特征：精力充沛，思想敏锐，敢想、敢说、敢为，富有激情和创造性，情绪日益丰富。

（二）情绪活动波动较大

大学生的心理发展正处于从不成熟向成熟过渡的时期，家庭、学校、生活事件都会对大学生的情绪产生影响，易产生各种内心矛盾并不断发生冲突，如独立与依赖、自尊和自卑、理想与现实等矛盾和冲突。这些矛盾与冲突常会打破大学生的心理平衡状态，引起情绪的波动起伏，这时大学生的情绪犹如疾风骤雨，表现出多变、不稳定的特点。由于人生观、价值观还未完全定型，认知能力有待提高，大学生的情绪活动往往强烈而不能持久，会随着认知标准的改变而改变。尽管大学生的认识水平有了一定的提高，对自己的情绪已有了一定的控制能力，情绪亦趋于稳定，但同成年人相比，大学生相对敏感，容易兴奋、冲动，喜欢感情用事，情绪活动波动较大。

（三）情绪体验强烈

心理学家霍尔认为，青年期处于由“蒙昧时代”向“文明时代”演化的过渡期，其特点是动摇的、起伏的，他把这一时期称为“狂风暴雨”时期。“热血青年”“血气方刚”“初生牛犊不怕虎”等，所描述的正是青年人情绪体验强烈的特点。大学生对某种具体的体验反应特别强烈，常因一点小事而振奋精神、豪情万丈。他们往往对符合自己信念、观点的事件或行为迅速产生强烈的情绪，对不符合自己信念、观点的事件或行为则迅速出现否定情绪。由于大学生兴趣广泛，对新事物比较敏感，所以他们虽然具有一定的理智和自我控制能力，但在外界刺激下很容易冲动，易表现出强烈的情绪体验。

（四）情绪表现外显与内隐并存

大学生对外界刺激反应迅速、敏感，喜怒哀乐表现充分而又具体，由情绪引起的内心变化与外部表现是一致的，具有外显性特点。一般而言，大学生的很多情绪是一眼就能看出的，如考试得第一名或赢得一场球赛马上就能喜形于色。然而，随着大学生社会化的逐渐完成与心理逐渐成熟，他们的外部表情与内部体验开始具有不一致性，他们能够根据特有条件、规范或目标来表达自己的情绪。他们有时会有意识地掩饰自己内心的真实感受，如对于一些事物的看法和内心存在的秘密，是说还是不说，是多说还是少说，都要依时间、地点、条件为转移。尤其是在对异性的态度上，明明喜欢某个人，但却有意无意地表现出不关心和冷漠。

二、情绪调节的方法

（一）学会有效表达情绪

长期的紧张、焦虑或生气可能导致多种生理疾病的发生，或使身体对抗疾病的免疫力下降，因此我们应该把情绪表达出来，学会有效地表达情绪。

1. 识别并接受自我情绪

认识和识别自我的情绪是情绪智力的基石，只有在此基础上才能对自身情绪进行有效的表达、妥善的利用和管理。你也许不能控制引起你体验某种情绪的外在事件，但是你却能控制这些外在事件对你产生的影响。面对某件使你生气的事情，你会感觉气愤，但如果这种情绪一直围绕你，你不如告诉自己要做情绪的主人，去做自己应该做的事情，既不让别人控制自己的情绪，同时也为自己的情绪负责。

2. 及早处理不良情绪

我们常常对情绪有一种误解，认为情绪是非理性的，一个理性成熟的人不应该表现出自己的不良情绪，因此选择积聚不良情绪而不处理不良情绪。这种不良的积聚如果超过一定负荷就会打破心理平衡，引起心理疾病。因此必须及时处理不良情绪，适当地表达出来，让自己能减轻这种情绪带来的紧张感，这样也才能更积极、直接地处理问题。

3. 慎重而清晰地表达情绪

在人际交往中，个体需要表现出符合社会规范和情境的情绪。有时我们要真实地表达情绪，有时却需要伪装情绪。要选择适当的情境表达情绪，不要在极端情绪状态下表达情绪。在表达情绪时，一方面应清楚表达出情绪的程度或类型；另一方面在表达情绪后，要加上简单的理由加以说明，即为什么产生了这样的情绪。

（二）善于控制不良情绪

不良情绪会影响人的身心健康，因此心理学家大力提倡大学生应学会对不良情绪进行自我调节和控制。对不同情境中的不良情绪可以采取不同的方法进行自我调节和控制。

1. 注意力转移法

注意力转移法就是把注意力从引起不良情绪反应的刺激情境转移到其他事物上去或从事其他活动来自我调节的方法。心理学研究表明当一个人产生某种情绪时，头脑里就会出现一个较强的兴奋区。这时如果另外建立一个或几个兴奋区就可以抵消或冲淡这个较强的兴奋区。环境对人的情绪有重要影响和制约作用。在条件许可的情况下改变环境，对调节情绪是很重要的。

2. 情绪宣泄法

人在受挫时会产生很多不良情绪，这种情绪靠堵是堵不住的，比较好的方法是在合适的场合发泄出来。可以找一个僻静的角落，对树木、石头发泄，也可以把自己的烦恼、愤怒、痛苦等向老师、朋友或亲人倾诉，或者通过创造性的活动来消化情绪，比如绘画、做手工等。情绪的宣泄必须及时，在不良情绪产生后应该及时进行宣泄。情绪宣泄也应该适度，即宣泄不良情绪的程度应该与不良情绪自身程度一致，过弱不能达到宣泄效果，过强则易引起身心过度反应。情绪宣泄必须合理，即宣泄情绪的方式、场合恰当，这是因为方式、场合的不当可能给本人或社会带来不良后果，而这些不良后果会加剧原有的不良情绪或引发新的不良情绪。

3. 情绪升华法

情绪升华是对消极情绪的一种高水平的宣泄，它将消极情绪引导到对人、对己、对社会都有利的方向。升华将不为社会所接受的动机和欲望改变为符合社会规范和时代要求的动机和欲望。

4. 心理暗示法

心理暗示是个人通过语言等以隐含的方式来控制情绪。积极的自我暗示又称自我肯定，是对某种事物的有力、积极的叙述。进行肯定的练习能让我们用一些更积极的思想和概念来替代过去陈旧的、否定性的思维模式。自我暗示一般是用不出声的内部语言进行默念，但也可以采用自言自语等其他方式。例如，要发怒时，暗示自己“不要发怒”；当遇到会引起心情紧张的事给自己“不能紧张”“紧张要出差错”的暗示等，往往可以起到缓解紧张、稳定情绪的作用。自我暗示只有在排除杂念、专心致志的情况下才能起到较好的效果，因此在进行自我暗示时要尽可能减少干扰。

（三）调节认知，改变情绪

我们常有的一些不合理的信念是产生情绪困扰的根源，如果这些不合理的信念长期存在，还会引起情绪障碍。调节情绪的关键是调整不恰当的认知观念。

人们常见的一些不合理信念常常具有以下三个特征。

一是绝对化的要求。这是指人们常常以自己的意愿为出发点，认为某事物必定发生或不发生的想法。它常常表现为将“希望”“想要”等绝对化为“必须”“应该”或“一定要”等。例如，“我必须成功”“别人必须对我好”等。这种绝对化的要求之所以不合理，是因为每一客观事物都有其自身的发展规律，不可能依个人的意志为转移。对于某个人来说，他不可能在每一件事上都获得成功，他周围的人或事物的表现及发展也不会依他的意愿来改变。因此，当某些事物的发展与其对事物的绝对化要求相悖时，他就会感到难以接受和适应，从而极易陷入情绪困扰之中。

二是过分概括化。这是一种以偏概全的不合理思维方式的表现，它常常把“有时”“某些”过分概括化为“总是”“所有”等。它具体体现在人们对自己或他人的不合理评价上，典型特征是以某一件或某几件事来评价自身或他人的整体价值。例如，有些人遭受一些失败后，就会认为自己“一无是处、毫无价值”，这种片面的自我否定往往导致自暴自弃、自罪自责等不良情绪。而这种评价一旦指向他人，就会一味地指责别人，产生怨恨、敌意等消极情绪。

三是糟糕至极。这种观念认为如果一件不好的事情发生，那将非常可怕和糟糕。例如，“我没考上大学，一切都完了”，“我没当上处长，不会有前途了”。这种想法是非理性的，因为对任何一件事情来说，都会有比之更坏的情况发生，所以没有一件事情可被定义为糟糕至极。但如果一个人坚持这种“糟糕观”，那么当他遇到他所谓的百分之百糟糕的事时，他就会陷入不良的情绪体验之中而一蹶不振。

因此，在日常生活和工作中，当遭遇各种失败和挫折时，要想避免情绪失调，就应多检查一下自己的大脑，看是否存在“绝对化要求”“过分概括化”和“糟糕至极”等不合理想法，要有意识地用合理观念取而代之。

三、应对压力

压力也称为应激，是出乎意料的紧张情况和与人有切身利害关系的严重生活事件所引起的情绪状态。目前对应激的定义有300多种，随着研究的深入，现代应激理论认为，应激是个体面临或觉察（认知、评价）到环境变化（应激源）对机体有威胁或挑战时做出的适应和应对的过程。也就是说应激是一个过程，是人与环境之间相互作用的产物。

加拿大的生理学家汉斯·塞利（Hans Selye）最早对应激进行了系统研究。他认为无论外界刺激如何，机体的反应都是非特异的，即各种不同的刺激所引起的反应都是类似的，这种反应称为一般适应综合症。一般适应综合症可分为三个阶段，即警戒反应阶段、抵抗反应阶段和衰竭反应阶段。这三个阶段可以理解为，首先唤起体内对于外界刺激的反应，而后全身进行相应抵抗，最后如果消耗大量能量仍然不能抵抗则会使得身心疲惫。心理学家柯因（Coyne）则指出应激的产生包括应激源、中介变量和心理生理应激反应三部分，从而使应激研究具有了整体性和明确性。

（一）压力源

1. 压力源的种类

压力源也叫应激源，主要是指人们在日常生活中、在社会与自然环境中所经历的各种生活事件、突然的创伤性体验、慢性紧张等，它可以是躯体的、生理的和社会文化因素的。已有研究表明，几乎所有的应激源（包括心理的或生理的）的重复出现都可能导致生理伤害乃至生理障碍，长期的应激状态可能会影响人的情绪，引发消极后果，像心力衰竭、疾病和死亡等。压力源的分类方法有很多种，在此按压力源的内容将其分为三种。

第一，外部物质环境，即自然环境应激源。这是指自然环境中的物理、化学、生物刺激物，如高温、辐射、噪声、酸碱、毒品、细菌、病毒；突发灾难，如地震、洪水。

第二，个体体内环境。机体内部各种物质的产生和水、电解质以及酸碱平衡等内环境的失调既可以是应激反应的一部分，也可以成为应激源。

第三，心理社会环境。心理因素和社会因素在压力源中处于主导地位。心理性压力源主要指发端于个体头脑内的事件，如不切实际的预测、心理冲突、挫折、错误的认识结构、个体不良经验、道德冲突、长期生活经历造成的不良个性心理特点等。社会性压力源一方面指纯社会性的，如重大社会变革、重要人际关系破裂、家庭冲突、战争、被监禁等，另一方面是自身状况造成的人际适应问题等。

值得指出的是，事件本身没有应激性，“某个人的应激源可能是另一个人的蛋糕”。一个事件可能对某个人来说是一件非常严重的事，但在另一个人的眼里可能是微不足道的，甚至是好事。事物的应激性主要取决于个体对于事物的评价和应对能力。

早期研究者们一直在关注和研究重大的应激事件，像地震、台风、火山爆发、空难等对人们造成的影响，这些重大事件不仅会使当事人产生即时的心理应激反应，更有甚者会产生严重的后续心理问题，也称为创伤后应激障碍。但人们逐渐认识到，日常生活中的小困扰事件经过日积月累之后，同样也可以给人们的身心健康造成很大的影响。

2. 压力源的测评

如何对压力源进行测评也是心理学家关心的问题。可以肯定地说，十分合理、量化水平比较理想的压力源测量方法至今还没有。为了解决实际问题，目前对人们有实用价值的测量压力源的量表有以下几种。

（1）社会再适应量表

该量表是为测量重大生活事件而设计的，设计者是霍尔姆斯（Holmes），于1967年正式用于临床。经历数年的实践考验，这种测量方法被证明是有用的。使用该量表测量得分较高的人，比较容易患心脏病、骨质疏松、糖尿病、白血病并常患感冒。量表中的负面生活事件遭遇者易患精神障碍、抑郁。另外，多种生活事件不断累加的效应更明显，由于遭遇者的整体免疫功能降低，所以极易患病。

（2）日常生活中小困扰的测量量表和令人兴奋的事件的测量量表

坎纳编制了两个量表：一个是日常生活中小困扰的测量量表，共计117个题目；另一个是日常生活中令人兴奋的事件的测量量表，共计135个题目。戴隆基斯于1982年使用这两个量表在100个成年被试中进行了9个月的连续研究，每个月让被试填写一次。结果显示，被试的健康状况与小困扰出现的频率和强度有关，而与生活事件的数目和严重性无关。令人兴奋的事件与健康无关。这一研究提出一种见解，即日常小压力比主要的生活改变更能预测健康。这正像我们在日常生活中感受到的那样，繁多杂乱的琐碎事更令我们烦躁不安，千头万绪的事情更令人苦恼不已。后来的研究者也认为，日常生活积累的困难比重要生活事件更能影响健康。

（3）知觉压力测评量表

知觉压力是个体意识到现实生活提出的并超出个人能力的事件。知觉压力测评量表是让个体说出在自己的现实生活中，有哪些事件是超越自己应对能力的。这种测评工具也称为知觉压力问卷。这一测评工具在实际应用中显示了其优点，即预测早期健康问题更为有效。它还可以评估个人习惯性的或慢性的压力。

我国学者郑全全、陈树林等编制的中学生应激源量表全面探讨了中学生的心理应激源，为维护和促进中学生的心理健康提供了方法和依据。该量表有七个维度，分别评估学生的学习问题、教师问题、家庭环境问题、父母教养方式问题、同学朋友问题、社会文化问题及自身生理心理问题。

（二）压力的影响

由应激源引起的生理反应、心理反应以及行为改变就是应激反应，它是紧张或唤醒的一种内部心理状态，是个体内部出现的解释性的、情感性的、防御性的应对过程。这些应对过程是发展的，会提高并趋向成熟。生理反应包括高血压、头痛、失眠、心跳加剧、心血管反应、垂体—肾上腺皮质系统激活等。心理反应包括情绪反应、注意力集中、自我防御反应等，像焦虑、烦躁、不稳定，注意力范围变得很狭窄，自我保护意识明显减退，很难做出正确决断等。

但是压力也具有一定的积极作用。压力的积极作用可以分为三个方面。首先，适度的压力可以提高机体警觉性，防止意外伤害。压力的产生是机体面临紧张情境时产生的一种自主性反应，这种自主性反应的本质是自我防御。这种自我防御的目的是为了提高机体的警觉性，防止意外伤害，也是对紧张情境的适应。其次，适度的压力是应对生活的基本条件。在每个人的成长过程中出现压力是不可避免的，而适度的压力为人学会应对生活、提高适应能力提供了可能。最后，压力的积极作用不仅表现在应对不良情绪上，也表现在竞争激烈的活动中。例如，体育活动只有适度紧张、重视对手，才能在赛前刻苦训练，赛时把注意力集中在比赛上面。又如，适度紧张会使人认识到考试的重要性和意义，认真对待考试。

（三）应对压力的中介变量

应激源并不能直接导致应激反应，在刺激物和应激反应之间还存在着许多心理中介变量。中介变量是连接应激源和疾病的纽带，可以起到重要的调节作用。由于个体的心理中介变量存在着差异，所以相同的应激源可以产生不同的心理应激反应。中介变量有很多，主要包括应对方式、社会支持、人格特征、个体的认知评价以及个体的健康状况等，其中最主要的应对方式和社会支持分别有相应的量表可以进行测试。

1. 应对方式

就应对方式的类别而言，不同的心理学家从各自的研究目的出发，提出了不同的分类方法。有学者把应对方式分为采取积极行动、回避、攻击和听之任之四种类型。还有学者则根据反应的针对性来确定应对方式的特征，将应对方式分为针对问题的应对（以直接希望缓解应激或消除应激源）和针对情绪的应对（使用经过设计的行动或计划来安抚与应激有关的情绪）。目前的研究对于应对方式是作为一种策略存在还是作为一种风格存在，并没有明确的结论。

关于应对的研究，目前主要是采取问卷法对应对与心理健康、个性特征、情境因素等的关系进行研究。常用的应对问卷包括简易应对方式量表（SCSQ）、黄希庭等人编制的中学生应对方式量表（CSSMSS）、肖计划等人编制的应对方式量表等。问卷的产生和使用极大地促进了应对的相关研究，但批评也越来越多。信度、效度、被试的诚实度、回忆的准确性等都是被质疑的因素。目前很多研究都证明了应对方式在压力事件与心理健康、抑郁、焦虑等负性情绪之间起着中介作用，应对能够缓冲外界压力对心理造成的威胁，维护心理健康。

2. 社会支持

社会支持是指来自社会各个方面的精神和物质的帮助和支持。社会支持是重要的辅助资源，是决定心理应激与健康的重要中介因素。缺乏社会支持者可能采用不良情绪甚至是自闭的应对方式，社会支持丰富者可能采用寻找社会支持、积极解决问题等应对方式。

对于社会支持的研究起源于20世纪60年代人们探求生活压力对身心健康的影响。压力研究的一些结果表明，个体产生压力的原因是外部的环境要求超出了个体的能力和可控制水平，结果使得个体感到缺乏信心和无助。因此，通过各种方式增强个体的信心，无论是对压力的体验还是有效地应对各种压力性事件都会起到很大的作用，其中社会支持是一种有效的途径。

在大量的应激研究中，对社会支持都给予了足够的重视。社会支持是一种背景，这种背景意味着一个人过去与现在身处应激时在多大程度上可以获得帮助。社会支持是一种资源，意味着一个人身处应激时能够获得多大的帮助。社会支持对应激的影响就像是一种缓冲器和调节器。目前在社会支持的作用机制方面尚有争议，一部分心理学家认为社会支持具有普遍的增益效应，无论个体是否面对压力情境，有力的社会支持总伴随着良好的身心状况，这是社会支持的主效果模型。而另一部分心理学家则认为社会支持只是在人们面临大的生活压力的情况下发挥作用，它使人们免受或较少地受压力事件的影响，保持和增进健康，这是社会支持的缓冲器模型。

社会支持的来源包括客观支持、主观体验到的支持和对支持的利用度。客观支持也称实际社会支持，包括物质上的直接援助和社会网络、团体关系的直接存在和参与，是客观存在的现实，是人们赖以满足社会、生理和心理需求的重要资源。主观体验到的支持也称领悟社会支持，即个体所体验到的情感上的支持，也就是个体在社会中受尊重、被支持、被理解因而产生的情感体验和满意程度，与个体的主观感受密切相关。对支持的利用度是个体对社会支持的利用情况。人与人之间的支持是相互的，支持别人的同时也为别人向自己提供帮助打下了基础。社会支持也可以分为认知支持、情感支持、行为支持。这是以社会支持维度为出发点进行的分类。认知支持指提供各种信息、意见与知识等。情感支持指安慰、倾听、理解及交流等。行为支持指实际的帮助行动。

国内外大量的研究证明，社会支持对身心健康有着显著的影响，社会支持作为一个对人类健康有益的社会因素已经得到了广泛的承认。有的研究结果表明，社会支持在增强对流行性疾病的抵抗力方面有着明显的积极影响，这是因为当人们面对一个挑战性的情境时，社会支持可以使其感到有依靠，进而通过改变情绪状态而缓解应激水平。同时，稳定的社会支持可以使人们具有一种安全感，这种安全感不仅能帮助其摆脱或消除直接影响身体健康的消极情绪，而且能提高其对疾病的抵抗力和健康恢复力。

有学者研究了妊娠期妇女生活事件量、社会支持水平与妊娠并发症的关系。结果表明，社会支持、生活事件与妊娠并发症之间并没有独立的联系，但是如果将社会支持与生活事件结合起来分析，则对生活事件评分高、社会支持水平亦高的妇女的妊娠并发症的发生机会仅为对生活事件评分高、社会支持水平低的妇女的三分之一，这是因为社会支持缓冲了生活事件对健康的损害作用。社会支持对中学生的抑郁和过失行为有显著的缓冲作用，研究表明社会支持水平与良好的生活满意度显著正相关，而与孤独、抑郁和焦虑等消极情绪显著负相关。

此外，人格特征是影响个体应对方式的重要主观因素，有研究表明人格特征对应对的影响力要大于社会支持。对当前困境的认知评价也是影响个体应对方式的重要因素。认知评价是指个体从自己的角度对遇到的生活事件的性质、程度、可能危害做出估计。对事件的认知评价直接影响应对活动和身心反应。倾向于将应激源评价为高强度应激源的人易采用被动消极的应对方式，而能客观评价的人多采用积极主动的应对方式。

第六章　心理状态与调控

学习要求

1. 概念识记：注意、有意注意、无意注意、意志。

2. 分析理解：引起和保持有意注意的条件有哪些？引起和保持无意注意的条件有哪些？睡眠的基本阶段有哪些？注意的基本品质有哪些？

3. 思考应用：请根据睡眠的基本规律帮助亲友解决考前失眠问题。

第一节　意识概述

一、意识的界定

意识往往被认为是人所特有的心理现象。20 世纪上半叶，行为主义是心理学的主流，为保证心理学研究的科学性，心理学只研究可客观观察与测量的行为刺激，排斥对人的内部心理过程的主观臆测，意识被排除在心理学的研究范围之外。直到六七十年代后，现代认知心理学逐渐成为心理学研究主流，人类的意识才逐渐成为心理学关注的重要课题。但到目前为止，对于“什么是意识”还没有一致的看法。许多学科都在用“意识”这个词，但对其所赋予的含义却并不一致，即使同一学科内，不同学者以及在不同情况下使用这个词也会有很大差别。

对于意识比较广义的界定往往是把意识当成与物质相对应的概念，即把个体所有的观念、思想、感情、愿望、意向等都归之于意识，意识成了心理体验的总和，几乎包含所有心理现象。例如，精神分析学家认为意识是可以感知的心理活动，影响人的思想与行为的主要是潜意识，意识只是冰山的显露部分，潜意识才是冰山的主体。对于意识比较狭义的界定强调意识是一种察觉活动，指一种对外在事物和内在自身的觉知，实质上就是对感知活动的泛指。在生理心理学中，意识是指人的唤醒状态，这种状态与下丘脑和脑干网状结构等神经结构密切相关。

二、意识的特性

（一）意识的觉知性

意识是对外部刺激和内部心理事件的觉知。觉知性是意识最基本的特征。人对于自身的存在，对于周围世界的存在，对于自己和周围世界的复杂关系是能够觉知到的。人不仅能觉知到周围的世界，而且也能觉知到自身的世界；不仅能觉知到自身的存在，而且能觉知到自己的感觉、知觉、记忆、想象、思维等认识活动、情绪活动和意志活动；不仅能觉知到自己的心理和行为，还能对自己的心理和行为进行评价，而且能觉知到周围事物与自身的关系，把我和非我、主观和客观区别开来。

意识对现实的反映不是静止不动的，而是不断变化的。由于人在某一瞬间内觉知事物的有限性，所以对于复杂事物或现象的有意识反映只能是逐渐进行的。对于我们自己的经验和身体的意识，也是先意识到一部分，然后再意识到另一部分。在这一过程中也包含着一系列的意识和无意识的转化。在正常成人的心理活动中意识和无意识是不可分割地联系着的。

（二）意识的能动性

就意识在人的活动中的作用来说，它的另一个基本特性是能动性，这是人类特有的意识的最高境界。列宁说："人的意识不仅反映客观世界，并且创造客观世界。"意识的能动性表现在下列三方面。

首先，对现实的有意识的选择反映。人是周围现实的积极活动者，对现实的反映不是消极被动的。在周围纷繁复杂的客观事物中，个体首先注意那些急需的、符合个体活动目的的事物。这种自觉选择的反映正是意识能动性的表现。

其次，认识事物的本质和规律。在人的有意识反映中语言符号思维是主要成分。通过语言符号思维，人能将感知到的资料去粗取精、去伪存真、由此及彼、由表及里地改造，从而达到认识事物的本质和规律。这是无意识的动物心理所不可能达到的。

最后，保持和监督有目的活动的进行。由于人有意识，在进行活动之前，活动的目的和结果就以观念的形式存在于头脑之中，并依此制订计划指导自己的活动，以便达到预期的目的。例如，用木头做桌子，人总是先考虑为什么做，并在头脑中想象出桌子的形象，制订出工作方案和计划，然后再按照以观念形式存在于头脑中的桌子形象去加工木头。在这一过程中人还可能根据活动半成品的各种具体情况修改头脑中已经形成的计划，改变原来预期所要达到的目的。例如，在制造桌子的过程中看到有更新的样式，于是改变了预期产品有关部分的大小和结构等，最后生产出头脑中想要的新式桌子。

三、意识状态

意识是不断变化的，意识状态是指在一定的时间里意识所呈现的特征。例如，什么进入意识之中，进入的程度如何，什么性质的心理活动占主导地位，个人发挥作用的效率如何等。从生理学的角度看，意识是一种唤醒状态。根据心率、血流量、呼吸等生理指标，可以区分出不同的唤醒程度和意识状态。

首先，从深度睡眠到警觉的清醒状态，意识经历着不同的状态。以入睡状态为例，研究中唤醒睡眠中的被试并令其报告被唤醒前的思想活动，表明意识经历着三种状态：完整的自我状态，即能区别自己的心理活动和外界情境，思想合乎正常的逻辑过程；解构的自我状态，即不能区分自己和外界的关系，出现许多古怪的心理内容；再构的自我状态，即再度出现正常的合乎逻辑的思想过程。这种意识出现不同状态的顺序是有规则地与同时发生的脑电波和眼动模式相关联的。另外，个体高度集中注意力时，往往属于最佳警觉的意识状态。

其次，意识可以分为被动的意识状态和主动的意识状态。被动的意识状态是指消极地感受着来自感觉系统或头脑中自动出现的经验。例如，做白日梦的人任凭思路游荡，被动地观察着自动在头脑中出现的表象、记忆和情感体验等。主动的意识状态是指主动地操纵自己的心智活动，进行有目的的控制。例如，积极思考问题者设定目的、制订计划、展望远景、分析条件和结果的关系等进行积极的思维活动的意识状态。意识状态最能动积极的体现往往表现为人的意志过程。

最后，意识可以分为正常的意识状态和异常的意识状态。正常和异常是很难区分的，界限并不总是清楚的。但是异常的意识状态一般都具有下列特征：认知能力和自知力降低，缺乏自我照料能力和辨别力；可能出现自我知觉和客体知觉的异常，对不触犯禁忌的自我控制能力可能削弱甚至消失。如精神分裂症等各种精神病的发病状态、催眠和气功使人进入的状态或者精神活性物质导致的各种特定意识状态都是异常的意识状态。医生和精神病学家都十分重视区分正常与异常的意识状态。

第二节　睡眠与梦

睡眠是与唤醒相对的意识状态。人们总是试图维持着生理激活的一种最佳水平，不是太高也不是太低。唤醒水平通常过高的人，容易紧张、排外、内向；唤醒水平通常过低的人，容易无聊、烦闷、外向。随着睡眠状态的深入，人们的唤醒水平逐渐降低。

一、睡眠

（一）睡眠是一种需要

人和动物都需要睡眠，只是时间长短有所不同。人每天睡眠大约 8 小时，牛每天睡眠大约 3.9 小时，马每天睡眠大约 2.9 小时，狐狸每天睡眠大约 9.8 小时，蝙蝠每天睡眠大约 19.9 小时。

人每天睡眠时间的长短随年龄的增长而逐渐减少。新生儿每天睡眠大约 16 小时，6 个月的婴儿每天睡眠大约 13 小时，2～12 岁儿童每天睡眠大约 10～12 小时，13～18 岁青少年每天睡眠大约 9 ~ 10 小时，成人每天睡眠大约 7 ~ 8 小时，60 岁以上老人每天睡眠大约 5 ~ 7 小时。

睡眠是人们所必需的，但有的心理学家就想看看如果不让人睡眠会怎样，这就是睡眠剥夺实验。睡眠剥夺时间长的有 200 小时，还有更长的，连续 11 天。结果令人意外：被试除了感到极度疲劳、昏昏欲睡之外，其身心功能方面并无显著异常的现象发生。

（二）睡眠的阶段性特征

1929 年，德国神经生理学家汉斯·伯格（Hans Berger）发明了脑波仪，可以记录脑电波的变化。这种技术在 50 年代被心理学家采用，成为研究睡眠的主要工具。心理学家根据脑电波形态的变化，把睡眠过程分成五个阶段。

第一，睡眠开始，即平常所指昏昏欲睡的感觉。脑波为 α 波，频率 8 ~ 12 赫兹，一般处于深度放松状态。

第二，浅睡阶段，开始正式睡眠。脑波为 θ 波，频率 4 ~ 7 赫兹。

第三，阶段三与阶段四为深度睡眠阶段，不易被唤醒。脑波为 δ 波，频率 2 ~ 4 赫兹。δ 波的多少有变化，所以分为两个不同的阶段。前四个阶段也统称为非快速眼动睡眠或者慢波时相。梦游、梦呓和尿床多发生在这个阶段。就一夜 7 ~ 8 小时的整个睡眠过程看，属于深睡期的第四阶段主要出现在前半夜的一段时间，即睡后两个半小时内。

第四，阶段五为快速眼动睡眠，除脑电波形改变之外，睡眠者的眼球呈快速跳动现象。此时如果将睡眠者唤醒，80% 以上的人说正在做梦，并且记得梦中的内容，这一阶段也被称为快波时相。快速眼动睡眠在整个晚上间歇性出现，主要出现在午夜及以后，大约每隔 90 分钟出现一次，一夜之间出现 4 ~ 5 次，在第一次循环中，大约持续 10 分钟左右，往后的循环中时间逐渐延长，可持续到一个小时。

二、失眠

失眠是最普通的睡眠失常现象。在生活紧张的现今社会，失眠现象相当普遍，几乎每个人都曾或多或少地受到过失眠的困扰。失眠表面看似简单，其实形成的原因却非常复杂。

失眠一般有以下四种情形。

第一，情境性失眠。造成这类失眠的原因是某些原因造成的心理压力事件。比如意外受伤或者亲人离去，感情挫折或面临重大的抉择等。有时候我们讲的换床就睡不着也属于情境性失眠。

第二，假性失眠。有些人经常对外宣称自己饱受失眠之苦，但其状态良好，半点失眠的状态也没有，细问之下得知原来他们只是每天的睡眠时间少于常人，因此认为自己在失眠。这种失眠称为假性失眠。

第三，节律性失眠。如值夜班或者飞行时差导致的失眠。

第四，药物性失眠。如果睡前喝了咖啡、茶或者可乐之类的饮料，常常出现精神兴奋以致久久无法入睡，这种失眠就称为药物性失眠。药物性失眠还有一种情况，就是有失眠者借助安眠药来使自己入睡，而长时间服用安眠药物导致在心理和生理上都形成了对药物的依赖，如果不吃药或减少用量就无法入睡。

针对如何应对轻度失眠问题，研究者提出了以下建议。

第一，建立信心。对生活中偶尔遇到的失眠，不必过分忧虑，要相信自己的身体自然会调节适应。如果不担心偶尔失眠的痛苦，到困倦时自然就会睡眠。失眠之后越担心失眠越难入睡。

第二，安排规律生活。避免失眠的最有效办法是使生活起居规律化，养成定时就寝和定时起床的习惯。有时因必要而晚睡，早晨仍然要按时起床；周末假期，避免多睡懒觉；睡眠不能储存，睡多了无用。

第三，保持适度运动。每天保持半小时到一小时的运动，以使身体各器官保持良好状态。睡前应避免剧烈运动。

第四，睡前放松心情。睡前半小时内避免过分劳心劳力的工作。

第五，设计安静卧房。尽量使卧室隔离噪声，睡觉要关灯。

第六，睡前饮食适度。睡前如有需要可适度饮食，牛奶、面包、饼干之类有助于睡眠。过饱对睡眠不利，咖啡、可乐、茶等刺激性饮料尤其不利于睡眠。

第七，饮酒不利睡眠。酒后容易入睡，但酒后的睡眠易醒，醒后很难入睡。

第八，忌随意服用安眠药物。未经医生开处方，不要自行购用安眠药。

三、梦

现代心理学认为，梦是睡眠状态下的一种心理活动，只是唤醒水平较低，我们意识不到梦中的内容，或者意识到的只是残缺零散的梦象。这样说并不暗示梦都是完整和有序的，是与否都没有足够的可靠依据，但是醒来以后陈述的梦是经当事人有意无意修改过的。

精神分析创始人弗洛伊德最早对梦提出了系统的理论解释，他的名著《梦的解析》被后人誉为改变历史的书籍。但是他的理论主要是根据多年精神病治疗的经验进行的总结，用来解释普通人的梦是有缺陷的。弗洛伊德认为人的潜意识的愿望通常都是被压抑的，这种被压抑的能量必须得到宣泄，否则就会导致心理问题，而睡眠状态中“自我”放松了警惕，潜意识的愿望得以在意识层面寻求“满足”。但是为了不把“自我”惊醒，这种“满足”总是象征性的，而不是赤裸裸的。所以梦是被压抑的潜意识的愿望的象征性满足。由于能够减少潜意识层面的紧张和压力，所以做梦对于维持人的心理健康是很重要的。

从弗洛伊德的泛性论角度对梦的象征性解释如表 6－1 所示。

表 6－1　从弗洛伊德的泛性论角度对梦的象征性解释

男性生殖器官象征	女性生殖器官象征	性交象征
飞机场	瓶子	爬梯子
子弹	盒子	过桥
鱼	山洞	开汽车
火	箱柜	坐电梯
蛇	门	进入房间
棍棒	隧道	骑马
火车	壶	玩过山车
雨伞	船	穿越隧道

梦对人的创造性有很大影响，有创造性的人往往记得住更多的梦。梦是介于睡眠和唤醒之间的一种状态，梦是做梦者所清楚的，但做梦者本身不知道梦是自己清楚的，即梦的意义做梦者确实明白却又不知道自己明白，因而梦具有半透明性。为了探索这个半透明的梦，我们可以把梦的内容或意义分为两个层次：一个是表层意义又可称为梦的显意，一个是深层意义又可称为梦的隐意。梦的显意就是指做梦者能够回忆起来的梦境情景及其意义，梦的显意虽然生动、离奇但它并不代表梦的真意。梦的隐意则是指做梦者由联想可以知道的隐藏在显意背后的意义，构成显意的那些经验材料所以成为梦的显意乃是由潜意识中的欲望决定的，也就是由梦的隐意决定的。

梦的主要运作方式有以下几种。

第一，凝缩，即将多种隐意集中简化为一种象征出现，如花即为许多心爱事物的象征。

第二，移置作用，即将被压抑的观念或情调换成一种不重要的观念，而在梦中却居主要地位。

第三，戏剧化，即将抽象的隐意变换成具体的形象，如一妇女梦见被马践踏代表她内心顺从了男友的要求。

第四，润饰（或称加工改造），即将无条理的东西精心制作改造为有条理的梦境，以便蒙混过关。释梦就是将上述的种种伪装揭开，从显意中寻求隐意。

1953 年，克里特曼和阿塞斯基在美国芝加哥大学开始用脑电波的变化从事梦的研究，这是关于梦的实验心理学研究的开始。该研究的要点包括三个方面。首先，为什么醒来后只能记得少数的梦？认知心理学的解释是：梦境的记忆都是短时记忆，短时记忆如不经过复习而在长时记忆中贮存，自然很快会忘记。其次，做梦的必要性。曾有心理学家做过梦的剥夺实验，在被试入睡以后，每当他出现快速眼动睡眠阶段的波形即将他叫醒，几分钟后再让他入睡。如此连续数夜之后发现，被试出现的做梦期的波形一夜比一夜多。最后让被试恢复正常的睡眠，发现被试一夜快速眼动睡眠波形出现的次数比平时多出两倍。这一现象表明，在前几夜里被剥夺的梦，要在以后有机会时补足。最后，脑电波的波形并不能肯定地用来作为做梦的指标。快速眼动睡眠的波形出现时表示做梦是肯定的，但在非快速眼动睡眠阶段的波形出现时未必一定不做梦，只是做梦的次数较少而已。

梦游和噩梦是我们经常经历的。梦游是睡眠中自行下床行动，而后再回床继续睡眠的怪异现象。梦游在神经学上是一种睡眠障碍，症状一般为在半醒状态下在居所内走动，但有些人会离开居所或做出一些危险的举动。梦游者多为儿童，年龄多在6～12岁之间。噩梦是指做内容恐怖的梦，并引起以焦虑恐惧为主要表现的睡眠障碍。噩梦可发生于任何年龄，学龄前和学龄期儿童最多见，无明显性别差异。做噩梦主要原因可能为心理因素，如睡前过度紧张、过度兴奋、各种内心冲突和焦虑情绪等，也可能为身体因素，如发热、晚餐过饱或太少、卧室空气污浊、被褥过厚、睡眠的姿势不当、胸前受压等。

噩梦与梦惊的区别如表6－2所示。

表6－2　噩梦与梦惊的区别

噩梦	梦惊
快速眼动睡眠阶段	深度睡眠阶段
身体不动或轻动	剧烈运动，或坐或跑
害怕或焦虑	恐惧、恐慌
思维有条理	思维混乱，失去判断
不出汗	大汗淋漓
能回忆	不能回忆

链接材料6－1

睡眠和梦

睡眠和梦是宇宙奥秘之一，自古以来吸引着人们的注意。近年来对睡眠和梦的机制的研究进展较快，但由于它们的复杂性，许多问题有待进一步深入研究。

近年来脑电波和眼动的研究发现人的睡眠不是单一的过程，具有两种不同的时相：慢波睡眠和快波睡眠。

慢波睡眠中脑电波呈现同步化慢波。夜间睡眠多数时间处在这种睡眠状态。成年人慢波睡眠可分成四个阶段：第一阶段为打盹浅睡，第二阶段为中度睡眠，第三阶段为中度至深度睡眠，第四阶段为深度睡眠。儿童睡眠的分期比较困难。

快波睡眠中脑电波呈现去同步化快波。人的一生中，快波睡眠的时间在整个睡眠时间中所占的比例随年龄增长而减少。新生儿的快波睡眠占睡眠时间的50%，2岁以内的婴儿的快波睡眠占睡眠时间的30%～40%，青少年和成年人的快波睡眠占睡眠时间的20%～25%，而老年人的快波睡眠占睡眠时间不到5%。

慢波睡眠时眼球没有或只有少量缓慢的运动，故慢波睡眠又称非快速眼动睡眠；快波睡眠时眼球有快速运动（50～60次/分），故快波睡眠又称快速眼动睡眠。

成年人的睡眠中，慢波睡眠和快波睡眠相互交替，先进入慢波睡眠状态，持续约90分钟，然后进入快波睡眠状态，约持续20～30分钟，接着又进入慢波睡眠。两种睡眠状态都可以直接进入觉醒状态，但从觉醒状态进入快波睡眠必须先进入慢波睡眠。一夜整个睡眠期间这种反复交替约3～5次，越接近睡眠后期快波睡眠的持续时间越长。

做梦是人脑的正常活动，是人脑处于睡眠状态下，一定时相一定部位的兴奋活动。做梦是必不可少的，而且每个人每夜都反复地做着梦，只是有的人记得清楚，有的人记不清楚。

研究表明，做梦主要是在快波睡眠期间，当然，也有少数是在慢波睡眠期间。但两种睡眠状态所做的梦在内容上是不同的。慢波睡眠期间所做的梦概念性较强，内容常涉及最近生活中所发生的事；快波睡眠期间所做的梦知觉性（特别是视知觉）较强，内容生动、古怪。由于快波睡眠状态大部分发生在下半夜，因此整个睡眠时所做的梦一般是从较多概念化的上半夜向较多知觉化的下半夜过渡。

梦具有离奇性和逼真性的特点。离奇性指梦中出现的事物常常是现实中不存在的，如有时梦见人会飞起来。这主要是由于做梦时，高级中枢处于抑制状态，缺乏意识的严密调节和控制，使激活的表象形成了离奇的结合。逼真性是指人们在梦中常有一种身临其境之感，如有人梦见自己坠入悬崖，其情景犹如真的一般。

梦虽然是无意想象，但也是由一定的动因引起的。

第一，身体内部的某些变化。如胃空时，人们往往梦到自己到处在找食物。

第二，外部刺激的作用。如睡觉时风刮树叶的沙沙声，可使人梦到下雨。睡觉时把手压在心脏跳动的部位，就会做恐惧的梦。

第三，日有所思，夜有所梦。白天生活中的某些事情引起大脑皮层的过度兴奋，使这部分细胞不易抑制，也能构成梦境。

研究表明，如果人为地连续几天剥夺人的快波睡眠，人就会出现紧张、焦虑、注意力涣散、易激怒，甚至出现幻觉等反常现象。还有人认为，从半睡眠状态到做梦这个阶段，对于恢复脑细胞的功能，用于积累、整理、储存来自外界和机体的信息是极为重要的时刻。做梦是脑的正常功能的表现，它不仅无损于身体健康，而且对维持脑的正常功能是必要的。做梦可以防止人脑因晚上不用而丧失其效能。

（资料来源：www. pep. com. cn）

第三节　注　意

注意和意识关系密切，我们常常用注意来描述和解释意识。现代认知心理学里很多人对这两个概念不加以区分。现实生活中我们也经常这样，如我们说“我没注意到你进来了”和“我没意识到你进来了”是一个意思。注意是一种自我高度控制的意识状态。

一、注意概述

注意是一种特殊的心理状态。一方面，注意不能独立存在，本身没有内容，人们谈及注意，总是在强调注意什么，如“注意开车”“注意听讲”，即注意总是有所指向的。人在注意着什么的时候，总是在感知着、记忆着、思考着、想象着或体验着什么。人在同一时间内不能感知很多对象，只能感知环境中的少数对象。而要获得对事物的清晰、深刻和完整的反映，就需要使心理活动有选择地指向有关的对象。另一方面，所有心理过程，如感觉、知觉、记忆、思维、想象等，都离不开注意。注意能提供一个清晰的觉醒状态。人在清醒的时候，每一瞬间总是注意着某种事物。没有注意的支持，我们将一事无成。

（一）注意的概念

人在清醒状态下，总会感知某一事物，思考某一问题，或产生某一事物的表象等。人的心理活动对一定客体的指向和集中就称为注意。

注意具有指向性和集中性两个特点。注意的指向性是指在某一瞬间人的心理活动或意识选择了某个对象，从而离开了另一些对象。如一个人在剧院里看戏，心理活动或意识选择了舞台上的演员，而离开了剧场里的观众，对前者记得牢，对后者没有清晰概念。在各种声音嘈杂的鸡尾酒会上，有音乐声、谈话声、脚步声、酒杯餐具的碰撞声等，当某人的注意集中于欣赏音乐或别人的谈话而对周围的嘈杂声音充耳不闻时，若在另一处有人提到他的名字，他会立即有所反应，注意说话人下面说的话。这就是鸡尾酒会效应。注意的集中性是指当心理活动或意识指向某个对象时，它会在这个对象上集中起来，也就是全神贯注起来。如医生在做复杂的外科手术时，他的注意高度集中在病人的患病部位和自己的手术动作上，聚精会神，专心致志。注意的高度集中会使人消耗大量的体力和精力，能保证人们对当前活动有鲜明清晰的反映，对于人进行复杂活动很重要。

指向性与集中性关系密切。注意的指向性是指心理活动或意识朝向哪个对象，而注意的集中性是指心理活动或意识在一定方向上活动的强度或紧张度。人在高度集中注意时，注意指向的范围缩小，对周围的一切可能视而不见。相反，注意指向的范围过多过杂，也很难高度集中。

注意是我们心灵的唯一门户，意识中的一切必须要经过它才能进来。注意是一切心灵活动的开端。注意作为一种积极的心理准备状态或意识状态，始终伴随着人的各种心理活动，保证心理活动的顺利进行。

（二）注意的功能

注意表现为心理活动的一种积极状态，它具有选择的功能，也就是使心理活动具有一定的方向性，注意状态选择有意义、符合需要、与当前活动相一致的有关刺激，避开或排除与之无关的其他刺激，并抑制对它们的反应。注意还具有保持的功能，即把注意对象的映象维持在意识中，以得到准确、清晰的反应，直到顺利完成相应的心理活动，达到目的为止；感觉记忆的材料必须经过注意才能进入短时记忆，如果不加注意，它就会很快消失。此外，注意还有对活动进行调节和监督的功能。要保证心理活动的正常机能，使之向着一定的方向和目标，就必须进行调解和监督，这是人进行正常心理活动的必要机能保障。

（三）注意的外部表现

1. 感官的趋向活动

当个体注意某一事物时，一般要调整感官，适应其需要。例如，当个体注意听一个声音时，把耳朵转向声音的方向，侧耳倾听；当个体注意看一个物体时，把视线转向该物体，举目凝视；当个体注意思考某一问题时，双眉紧锁，全神贯注。

2. 无关运动的停止

注意集中时，全身肌肉紧张，无关运动停止。如有的人注意时香烟烧疼了手而不知道缩回手，有的人张开嘴巴而不知道合拢。

3. 呼吸的变化

个体处于集中注意状态时，往往呼吸变得轻微而缓慢，吸得短，呼得长，甚至暂时停止呼吸，同时人的血液循环和心跳也会发生一定的变化。

有经验的教师能够根据学生注意的外部特征，了解学生上课时的注意情况。

二、注意的信息加工模型

认知心理学认为注意属于认知活动，但又不是一种单独发生的过程，而有自己的一套程序。研究者多用模型表示注意的过程，这类模型就叫作注意的信息加工模型。现代认知心理学关于注意的模型主要有两类：一类是以过滤理论为依据的模型，另一类是以容量理论为依据的模型。

过滤理论认为在信息加工的各个不同阶段，大脑有一种或多种把以一定形式进入意识的输入信息过滤掉的机能。在这种理论指导下，有三种不同的注意模型：早期选择模型、中期选择模型和晚期选择模型。

早期选择模型是1958年英国心理学家布鲁德本特提出的。他认为注意类似于过滤器，它的作用在于对信息进行筛选，从而防止容量有限的通道超载。他认为选择发生在早期知觉阶段，因此信息选择的标准是环境刺激的物理特性。

中期选择模型由特里斯曼等人于1967年提出。他们认为早期选择模型不能说明全部事实；信息选择不仅根据感知特征，也根据语义特征；既然语义分析产生在加工的较晚阶段，那么可能还有一个中枢过滤器在起作用。他们还认为在信息加工的不同阶段存在着外围过滤器和中枢过滤器两种过滤器，前者对刺激特点进行级差性选择，而不是“全或无”

的选择，后者对范畴、语义特点进行选择；级差性选择是指不是完全阻断感觉信息，而只是加强或减弱它，这种加强或减弱受中枢过滤器的影响。

晚期选择模型又叫完全加工模型，1968 年由诺尔曼提出。他认为信息的选择发生在加工的晚期，随知觉的强度和意义而转移。注意指向于某些知觉，过滤器位于知觉和工作记忆之间，对信息的选择发生在模式识别之后。他认为个体受环境刺激时，模式识别的过程无须意识的觉察而自动进行，直到完成模式识别之后才出现选择。选择的依据是经过分析识别的信息的类型。他认为人能够不受限制或少受限制地同时对信息进行大量的分析。人的信息加工之所以受阻是因为人不具备完全记住或保持这些分析结果的能力。也就是说，如果没有为了进一步分析而对其进行保持的目的，那么先前的分析结果便很快丧失了，因而堵塞是一种记忆的堵塞而非加工的堵塞。

容量理论则认为，人的信息加工系统根据目的而选择一定的信息进行加工，并放弃另外的信息，这是因为信息加工的智源有限，不能同时执行多种任务，不能加工所有的信息。智源涉及心理的能力、记忆的能力和通信的通道容量。被忽略的信息的确进入信息加工系统中，不过由于没有得到足够的加工而意义不明确。由该理论指导提出的注意模型为智源有限模型。

三、注意的品质

（一）注意广度

注意广度也叫注意范围，是指在同一时间内所能清楚把握的对象的数量。注意广度是心理学中最早进行实验研究的问题之一。1871 年的实验中，耶文斯抓一把黑豆撒在一个黑色背景上的白盘子中，只有一部分豆粒落到盘子中，其余豆粒滚到黑色背景上面去，待白盘子中的豆粒刚一稳定下来，便立刻报告所看到的盘子中的豆粒数量。耶文斯这样重复了一千多次实验，结果表明：在盘子上有 5 个豆粒的时候，开始发生估计上的误差；不超过 8 ~9个豆粒的时候，估计还比较正确，错误估计次数在 50% 以下；豆粒数超过 8 ~ 9 个的时候，错误估计次数便占 50% 以上。豆粒数量越多，估计的偏差范围越大。豆粒数量较多时会出现低估倾向，即倾向于把数量估计得较少。

视觉的注意范围可以用速视器加以确定。在不超过 1/10 秒的时间内，在速视器上呈现一些印有数字、图形或字母的卡片，由于呈现时间很短，眼睛来不及移动，被试对刺激物的知觉几乎是同时进行的。在此时间内，被试所能知觉的数量就表示了他的注意范围。实验结果证明，在 1/10 秒的时间内，成人一般能够注意到 8 ~ 9 个黑色圆点或 4 ~ 6 个彼此不相联系的外文字母。

这种注意范围的大小是随着被知觉对象的特点不同而改变的。例如，对同样颜色的字母所能注意的范围，一般比对颜色不同的字母的注意范围要大一些；对排列成一行的字母，比对分散在各个角落上的字母的注意数目要多一些；对大小相同的字母所能感知的数量，要比对大小不同的字母感知的数量大得多。也就是说，被注意的对象越集中，排列得越有规律，越能成为相互联系的整体，注意范围就越大。在注意不同数量对象的时候，常常采用不同的方法。在一个实验研究中被试每次报告刺激物数量以后，要求他们回忆判断数量所用的方法。结果表明，对较少数量（4 个以下刺激物）的正确判断多是采用直接知觉的方法获得的；对中等数量（5 ~ 6 个刺激物）的正确判断使用把刺激物分组进行知觉的方法效果较好；对较大数量（7 ~ 8 个刺激物）的正确判断则分组知觉和计数方法的效果差不多，但直接知觉的效果很差。

此外，注意范围的大小随着活动的任务不同和个人的知识经验不同而有所改变。例如，呈现一定数量的字母，要求被试指出字母写法上的错误时，他能知觉到的字母的数量比单纯要求他说出有些什么字母时的数量少得多。在这种情况下，注意范围的缩小是因为指出错误的任务比辨认字母的任务更需要被试清楚地知觉每个字母的细节。又如，根据个人的知识经验去感知一些有意义的字或词句，要比知觉一些彼此不相联系的孤立的字母或单字的注意范围大得多。可见，虽然呈现的材料的数量是相同的，但是由于知觉的任务不同，主体的经验不同，注意的范围也有所不同。

注意广度的另一种形式是感知在时间上分布的刺激物的广度。例如，在接收电码中常常要求感受高速度连续呈现的刺激物，就涉及注意在时间上的广度问题。有人研究了接收连续闪光刺激物和连续声音刺激物的注意广度：每次呈现刺激物的数量不等，分别为 1 到 10 个闪光或短暂声音，刺激物的呈现频率也有变化，由被试判断看到或听到的刺激物数目。如果视觉刺激物呈现的速度太快，便产生融合现象，听分析器却可以感受更高的频率。一般刺激物数量越多，呈现速度越快，判断的错误越多，而且越趋向于低估，这种倾向对于视觉刺激物来说更加明显。注意在时间上的广度也受刺激物的特点和主体状态的影响。

（二）注意稳定性

注意稳定性是指在较长时间内，把注意不断地集中在一个对象上或同一种活动上。注意稳定性有狭义和广义之分。

1. 狭义的注意稳定性

狭义的注意稳定性是指注意保持在同一对象上的时间。与之相关的特殊现象叫注意起伏，也叫注意动摇，它表现为一系列的周期性波动。换言之，当人长时间注意某一对象时，其感受性不能长时间地保持在某种固定状态，而是间歇地加强或减弱。如在听觉方面，当我们把一只表放在离被试一定距离的地方时，虽然被试一直在专心注意倾听，却时而听到时而听不到。注意起伏不会影响对复杂而有趣活动的完成。

2. 广义的注意稳定性

广义的注意稳定性是指注意保持在同一活动上的时间。广义的注意稳定性并不意味着注意总是指向同一对象，而是指当注意的对象和行动有所变化时，注意的总方向或总任务能保持不变。如上课时学生既要听老师讲解，还要看实验演示，又要记笔记等。虽然注意的对象发生变化，但所有这些活动都服从于听课这一总任务，因此他们的注意也是稳定的。与注意稳定性相关的一种现象叫注意衰减。一般在开始工作 20 分钟左右注意就开始衰减，到半个小时就会有明显的工作效率下降表现。因此，一般中小学教师每隔 20 多分钟便会转换一种活动方式，以提高注意水平。

影响注意稳定的因素有三方面。首先，注意对象的特点影响注意稳定性。注意对象内容丰富，复杂多变，注意就容易稳定。内容贫乏、单调和静止的对象，就难于维持稳定的注意。其次，活动的内容和方式会影响注意稳定性。在进行复杂持久的活动时，适当地变化活动的内容和方式能维持稳定的注意。最后，主体状态影响注意稳定性。一个意志坚强、善于控制自己、对事物抱有积极态度、目的任务明确的人，一般能保持稳定的注意。反之，一个人意志薄弱、对活动的目的任务不明确，或处于疾病、失眠、过度疲劳或心境不佳等状态，就难于保持稳定的注意。

（三）注意分配

在同时进行两种或几种活动的时候，把注意指向不同的对象，叫作注意分配。在实际生活中常要求人们的注意能够很好地分配。例如，教师需要一边讲课，一边板书，一边观察学生听讲的情况；学生需要一边听讲，一边记笔记等。

研究注意分配最常用的方法是双作业操作法，就是让被试同时完成两种作业，观察其完成的情况。实验研究证明，在听故事的同时进行加法运算，这样同时进行两种活动是可能的。在复合活动中，每种单一活动的效率都会降低。在运动心理学中，可以用类似的方法来训练运动员的注意分配能力，如篮球运动员一边运球，一边对前面呈现的数字做出辨别反应。

在不同种类的刺激物严格地同时发生作用，因而需要用两个分析器去感受的时候，要适当分配注意是相当困难的。在这种情况下，通常是首先只能感知到一个刺激物，经过一段很短的时间以后，才能感知到第二个刺激物。在复合器的实验中，仪器上有一个指针在刻有一百个刻度的度盘上迅速地转动着，指针经过一定度数的时候，就会响起铃声。被试的任务是在铃响的时候，说出指针所指度数。实验表明，被试通常不能说出铃响时的准确度数，而所说出的却是铃响之前或之后的度数。这就表明他的注意先是指向一个刺激物（铃声或指针的位置），而在稍迟一些时间，才指向另一刺激物。

注意分配的重要条件之一，就是在同时进行的几种动作中只有一种是不熟悉的，需要以集中的注意去观察它或思考它，使它成为注意的中心，而其余的动作都已达到了相对“自动化”的程度，在进行时无须紧张注意。因此一个人越是熟练地掌握了这些动作，他进行注意分配也就越容易。实验研究证明，在控制双手调节器的动作异常熟练以后，被试在控制双手调节器的同时还可以进行心算。为了能够很好地分配注意，必须在同时进行的几种活动之间建立一定的联系。这需要通过练习使复杂的活动形成一定的联系系统，使其达到“自动化”

的程度，在需要的时候就很容易让整个活动系统运作起来。例如汽车司机驾驶汽车的复杂动作，通过训练以后，能够形成一定的动作系统，他差不多不需要特别的努力就可以很好地完成驾驶动作，并且他的注意还可以分配在其他与驾驶有关的事情上。在实际生活中，有很多工作要求具备很强的注意分配能力，如管理机床、课堂教学、音乐指挥等。

（四）注意转移

注意转移是根据新的任务，主动地把注意从一个对象转移到另一个对象上。一般说来，注意转移的快慢和难易，取决于原来注意的紧张度以及引起注意转移的新事物或新活动的性质。原来的注意紧张度越高，新的事物或新的活动越不符合引起注意的条件，转移注意就越困难和缓慢。

注意转移不同于注意分散。前者是在实际需要的时候有目的地把注意转向新的对象，使一种活动合理地为另一种活动所代替；后者是在需要注意稳定的情况下，因受到无关刺激物的干扰而使注意离开需要注意的对象。

影响注意转移的速度和质量的因素有四个方面。首先是原来注意的紧张程度。原来注意的紧张程度越高，那么注意的转移就越困难，反之则容易。其次是两种活动的性质和人们对它们的态度。容易的活动转移到困难的活动一般较慢，反之较快。对后继活动感兴趣，更持积极的态度，则注意容易转移，反之困难。再次是对新事物是否具有高度的自觉目的性。如果对新事物的意义理解得很深刻，即使原从事的活动吸引力很强，也能顺利地和较快地进行注意转移。最后是个人神经过程的特点和工作习惯。神经过程不平衡或不灵活，注意的转移则不容易进行。

应当指出，注意的以上四种品质看起来好像是矛盾的，实际上是统一的。也就是说：一个人一定要有稳定的注意，才能使任务完成得更好；但在一定条件下，又要求注意发生迅速的转移；为了使注意在每一瞬间把握的对象多，就应当使注意的范围扩大；同时，在扩大注意范围的基础上，还需要善于把注意分配到不同的活动上去。因此，注意的四种品质是不可分的。在这四种品质统一发展的基础上所产生的注意，才是有价值的注意。注意的品质在不同人身上是有差异的，如有些人注意转移与分配能力强，有的则较差；有的人注意范围大，有的小；有些人注意比较稳定，有的不稳定。这些差异有时和神经的机能有关（如神经衰弱患者一般注意力不集中，较难持久），但对一般人而言，注意四种品质中的不足可以通过不同的实际生活的锻炼和教育、训练而得到改善和提高。因此应该按照不同职业的要求进行有关注意的锻炼，这样就会提高从事某种职业的工作能力。

四、注意的种类

根据注意有无目的和意志努力的程度不同，可把注意分为无意注意、有意注意和有意后注意。

（一）无意注意

1. 无意注意的概念

无意注意又称不随意注意，是指事先没有预定目的并且不需要意志努力的注意。例如，教室内十分安静，有人打了很响的喷嚏，大家的目光会不由自主地转向他。无意注意是不受意志的控制的，是自然而然地把感受器官转向刺激物的探究定向反射，是被动地由一些主客观条件引起的，所以有的心理学家称之为消极的注意、被动的注意。无意注意是注意最简单的、最初级的形式。

无意注意由于无须意志努力，所以在工作、学习中可以减少脑力的无谓消耗，不易引起身心过度疲劳。但是由于这种注意是自发产生的，未必和人们正在做的工作一致，说不定起的是干扰作用并成为分心的原因，所以单凭无意注意人们不可能获得系统的知识，不可能完成复杂的工作任务。

2. 影响无意注意的因素

影响无意注意的因素可分为两大类：一是客观刺激物本身的特点，二是人的主观状态。

客观刺激物本身的以下特点影响人的无意注意。

首先，刺激物的相对强度会影响无意注意。强度较大的刺激容易引起无意注意，如一声巨响、一道强光、一种鲜艳的颜色都会立刻引起我们的注意。但在这种情况下起决定作用的是刺激物的相对强度，如寂静的夜里很小的声响也能引起注意，而在喧闹的球场上很大的喊声也未必引起人的注意。

其次，刺激物的活动与变化情况会影响无意注意。活动变化的刺激比静止不变的刺激更容易引起人的无意注意。如听课时，老师突然停止讲课，马上就会引起学生的注意；闪烁的霓虹灯、跑动的兔子、飞翔的小鸟、夜空中的流星特别容易引起人的注意。

再次，刺激物之间显著的对比差异会影响无意注意。除了刺激强度的显著对比，刺激物之间在形状、大小、颜色、持续时间等方面的显著对比，容易使与众不同的刺激物成为注意的焦点。如“万绿丛中一点红”，“鹤立鸡群”，许多小孩中有一个大人。

最后，刺激物的新异性会影响无意注意。新异的刺激物比千篇一律、多次重复的陈旧刺激物更容易引起无意注意。如新奇的发型、服饰，奇怪的声音、气味，新老师、新开业的商店等，都容易引起注意。

无意注意还与人的主观状态有关。同样的刺激，由于感知它们的人本身的状态不同，有时能引起注意，有时不能引起注意；能引起这些人的注意，却不能引起那些人的注意。影响无意注意的主观状态方面的因素有以下两方面。

第一，需要与直接兴趣会影响无意注意。凡与人的需要相符的事物，容易成为无意注意的对象。饿的时候容易闻到饭菜的香味，有糖尿病的人容易注意与糖尿病有关的广告。直接兴趣（对事物本身感到需要而产生的兴趣）是引起无意注意的重要原因。如教师容易注意教学方面的事情，桥梁专家容易注意桥梁，追星族对明星的一举一动都很清楚。一般来说，凡与个人已有的知识经验、技能特长或性格特点相联系的事物，都容易引起无意注意。

第二，情绪和精神状态会影响无意注意。人在心情愉悦、精神饱满的时候，容易关心留意周围的事物；而在情绪烦闷、郁郁寡欢的时候，平时容易引起注意的事物，此时也会漠然视之。

3. 课堂教学中对无意注意规律的利用

在课堂教学中需要恰当地利用无意注意的积极作用，避免它的消极作用。教学中恰当地使用一个新的教具，生动形象的语言表达，声调的变化和手势等，都有助于引起注意。教师应该利用新异、多变化、有趣的因素，根据教学的需要和课堂情况，把学生的注意引到特定教学内容上，从而发挥无意注意的积极作用。教师如果能够很好地利用无意注意，教与学的效果好自不待言，学生的精力消耗也大量减少，使教与学变得积极、轻松而有效。无意注意也有消极的一面，它会干扰我们正在进行的教学。比如，教师新奇的服饰和发型会成为新异刺激物，吸引学生的注意；老师的口头禅会分散学生的注意，使学生的注意不在讲课的内容上，而在统计教师说了多少个口头禅。此外，教师的习惯动作、手势（如甩辫子、摇晃、摆动身体）、不正常的教学速度（过快或过慢）、音调的平淡，教具使用不当等，都会引起学生的无意注意，从而影响教学效果。

（二）有意注意

1. 有意注意的概念

有意注意也称随意注意，是指有预定目的，必要时还需要一定意志努力的主动注意。如上课时，学生需要要克服干扰，把注意力集中在听课学习上。

有意注意时人的心理活动对特定对象的指向与集中不是取决于对象本身的一些特点，而是取决于主体自觉提出的任务、自觉确定的目的。正因为有这种自觉的目的，才能产生排除一切干扰而使注意得以维持的意志力量。这种注意显示了人的心理活动的主动性、积极性，所以有的心理学家称之为积极的注意。它是高级形式的注意。

有意注意的缺点是维持有意注意耗费精力、容易疲倦，所以也容易受意外刺激的干扰。但是人的活动，无论是学习、工作，都不可避免其中不感兴趣而又不可不做的事情，有意注意对于完成任务、达到目标是必不可少的。

2. 影响有意注意的因素

有意注意的发生和维持，虽然也与主体的需要、兴趣、情感、知识经验有关，但这些主观因素的作用是间接地表现出来的。它们都受主体当时确定的活动目的的制约。与目的相关联的主观因素才能成为现实起作用的因素。

如果说无意注意产生和维持的决定因素是直接兴趣，那么有意注意产生和维持则以间接兴趣为决定性条件。间接兴趣是一种对目的和活动结果的兴趣。为了这种兴趣，尽管活动本身是枯燥乏味的，但有意注意仍能长时间地保持着，使人能够长久地从事某种活动，直到完成任务和达到目的为止。

小学阶段的儿童，有意注意逐步占据优势地位，但是此时的主动性、自觉性和调节控制能力并不完善，尚在发展过程之中。一般情况下，小学高年级学生只能集中注意约30分钟，初中生能集中注意约40分钟，高中生集中注意的时间一般已接近成人水平。

3. 引起和培养学生的有意注意

学习任务不可能总是学生感兴趣的，但感兴趣不感兴趣都需要学好，这就要求学生的学习必须以有意注意为主。教师要善于运用有意注意的规律来组织教学，调动学生的学习积极性。

一般而言，在教学和学习过程中应注意以下问题。

第一，学习目的、任务明确有助于引起和保持有意注意。教师应对学习的意义、特定知识的用途、教学的目标、任务或作业的具体要求等做出必要的说明。

第二，间接兴趣是有意注意的决定性条件。教师应注意揭示学习任务和学生兴趣爱好之间的关系。

第三，坚强的品质是有意注意维持的保障。意志努力的程度，除了取决于对目标的自觉认识之外，信心也是关键。信心的建立有赖于切实可行的行动计划方案。教师应引导学生用心于此，并在必要时提供帮助指导。

第四，智力活动的紧张性使有意注意高度集中。应注意学生学习时必须适度紧张，休息时就要放松，对此必须养成习惯。

第五，减少学习疲劳，使有意注意更集中。学习疲劳指生理上疲劳（如过多作业使大脑疲劳）和心理上疲劳（如对学习的厌倦）。学习一段时间就要休息放松，不打疲劳战。

在课堂教学中，教师还要善于利用学生的有意注意。比如，当学生不注意时，用提问来唤起学生的有意注意。提问必须先提问后指名，如果先指名后提问其他的学生就不注意了；提问也要防止简单的“是不是”“对不对”的方法，要有启发性和趣味性。又如，讲到关键的地方，指出该处是重点或难点，这是非常重要的，能引起学生的有意注意。再如，当个别学生注意分散时，教师可采用边讲边走的办法，走到这个学生身边暗示他注意听课，这样既纠正了个别学生注意分散的错误，又没有影响全班学生听课。

要上好一节课，既要利用学生的无意注意，又要利用其有意注意。因为要使学生的注意不分散是不容易的。学生每节课要自始至终维持注意是不可能的，大脑会产生保护性抑制。要使学生的注意能够长时间地维持在学习活动上，一节课之中也要有张有弛，这就需要合理地交替利用有意注意和无意注意。怎样交替使用要根据每堂课的具体情况而定，这里只讲一般情况。通常刚上课时应该引起有意注意，因为上课前学生在外边活动，刚进教室后心还没有收回来，有的学生在课间碰到了感兴趣的问题，他还在想这个问题；或者上一节课老师讲得非常生动，现在他还在想上一节课的内容。这时履行教学常规是常用也是最好的办法。教师进教室，全体学生起立，这既表示了师生的良好关系，又引起了学生的有意注意，表明现在开始上课了，要注意听讲。然后教师交代教学内容，说明学习的要求，这段时间不长，有助于有意注意的引起和维持。在随后的教学过程中通过生动的教学，让学生的注意轻松愉快地跟教师走，这样的注意不易转移，但注意的性质发生了变化，学生不用过于控制自己的注意，而把精力用在学习活动的内容上。一段时间以后，部分学生可能倦怠，此时教师可设计有趣的活动或话题，既使学生得到一定的放松，又可以重新集中其注意。当讲到难点和重点时，对学生的紧张度、注意的集中度有更高的要求，教师有必要强调、提醒注意，使学生加强有意注意。在高度集中注意后，应该允许有意注意有短暂的休息，或者代之以无意注意。在教学过程中，要适时变换方式，使用教具、提问、让学生讨论和练习等，这是对无意注意的利用。到了下课前，教师对讲的内容进行总结，布置作业，重新唤起学生的有意注意。这样一节课不断地变换注意的性质，学生的注意力没有转移到其他事情上去，既不感到疲倦，又能保持比较长时间的注意。

（三）有意后注意

有意后注意是一种特殊形式的注意，是由有意注意升华而来的更高级的注意。在有意注意条件下，主体的心理活动对一定客体的指向与集中是服从于主体自觉确定的目的的，主体要维持这种注意也需要做出一定的意志努力。这种注意是受间接兴趣制约的，但是随着活动的深化，人们不仅对活动的结果感兴趣，而且对活动本身也产生了兴趣，活动中的困难或被克服，或由于直接兴趣的产生，主体对困难的承受程度也随之提高，因而就不再感到困难了，维持这种注意也不再需要特别的意志努力了。这时的注意，虽然保持了有意注意的本质特点，但又不同于最初的有意注意，它已不再需要意志努力了。这种有自觉目的但又不再需要意志努力的注意，被多勃雷宁命名为有意后注意。人类最有效的活动，如熟练的操作技能、智慧技能，是与这种注意密切相关的。

五、多动与注意的改进

儿童和青少年中有6%～10%患有注意缺陷多动障碍，俗称多动症。这是指一种过量的、无法自控的活动。症状常常表现为精力分散、多动、注意集中时间短。患有多动症的儿童不能安静地坐在椅子上或放慢动作的节奏。真正的多动症是大脑神经的紊乱，可以由儿科医生来治疗。过度的紧张可以引发或加重儿童的多动症。

多动症的儿童除了多动之外，还会有其他问题。首先，由于受到同龄人的排斥，他会产生一些心理方面的问题。他的过分紧张和过剩的能量不但会惹恼成年人，而且也会使同龄朋友离开自己。他很快会觉得自己不如别人，很快就会失去自尊。其次，在校期间他很可能在学习方面存在问题。他的注意时间非常短，很难坐在座位上集中精力听课，这样他就会影响和干扰他人，甚至会给别的儿童带来伤害。

下面是一位专门研究儿童多动症的美国医生给父母的一些有用的建议。

第一，坚持执行始终如一的规章和纪律。

第二，保持自己的声音平静缓慢。孩子做了错事，你生气是正常的，但也是可以控制的。

第三，预料到孩子可能会出麻烦并做好准备，在麻烦到来时努力使自己的情绪保持冷静。

第四，对任何积极的行为给予承认并做出反应，哪怕是很小的行为；如果你不带成见，有意寻找孩子身上好的东西，你会找到一些的。

第五，避免经常使用表示否定态度的语言，如“不许”。

第六，把孩子的坏毛病同孩子本身区分开来，如可以和孩子说：“我喜欢你，但我不喜欢你不听话。”

第七，给孩子制定一个非常清楚的作息表，规定好起床、就餐、玩耍、看电视和就寝的时间。要遵守时间安排，但当孩子出现不遵守时间的现象时，也要灵活处理。过一段时间后，你的作息安排将成为孩子自己的习惯。

第八，当你教他新东西时，要有耐心，解释要简短、清楚，要常常重复你的要求。

第九，争取在房间内为孩子留出一块自己的空间，避免用鲜艳强烈的色调装饰，保持房间俭朴整洁。把书桌摆放在空空的墙下，使它远离干扰，这有利于孩子的注意力集中。

第十，让孩子承担一定的责任，这在他成长过程中是至关重要的。交给他的任务应该是他力所能及的。他一旦完成了任务，即使完成得不理想，也要给予承认和表扬。

第十一，切忌可怜、嘲讽或过分地放纵孩子，也不要被孩子吓倒。他最终是会学乖的。

第四节　意　志

意志是人类特有的心理现象。它是在人类认识世界和改造世界的需要中产生的，也是在人类不断深入地认识世界和更有效地改造世界的过程中得到发展的。意志是人的主观能动性最突出的表现。

一、意志的概念

人在反映客观世界的过程中，不仅接受内外环境刺激的作用产生认识和情绪、情感，而且还要采取行动反作用于客观世界。个体根据自己对客观事物的认识，先在头脑中确定未来行动的目的，然后根据这个目的支配自己的行动，并力求实现此目的，这种心理活动就是意志。例如，运动员为了取得好的成绩在参加竞赛前坚持不懈地训练。又如，大学生认识到外语是十分重要的工具学科，因而努力克服外在和内心的各种障碍，勤学苦练，最终通过了外语等级考试，这就是一种意志。

意志通过行为表现出来，受意志支配的行为叫意志行动。意志行动就是自觉地、有目的地战胜困难的行动。例如，人会走路，遇到悲伤时哭泣，这些都不是意志行动，而是人的本能和习惯性活动；而伤残后顽强练习走路，悲伤时努力控制情绪，这才是意志行动。一个行动只有同时具备以下三种特征时，才称得上是意志行动。

首先，意志行动自觉地确定行动的目的。自觉的目的是意志行动的前提，意志行动和自觉的目的分不开。人的认识、情感通常是有目的的、自觉的和随意的，但有些也不是这样。而人的意志行动则完全是有目的的、自觉的和随意的。意志行动是人类所特有的，是人和动物在本质上相区别的特点之一。动物没有意志行动，只能消极被动地顺应自然。人在行动之前，行动的结果已经作为行动的目的以观念的形式存在于人的头脑之中，并且以此目的来指导自己的行动。恩格斯说："一切动物的一切有计划的行动，都不能在自然界上打下它们的意志的印记。这一点只有人才能做到。"动物仅仅利用外部自然界，单纯地以自己的存在来使自然界改变，而人则通过他所做出的改变来使自然界为自己的目的服务，即支配自然界。这便是人同其他动物的最本质的区别。

其次，意志行动与克服困难相联系。人的意志行动总是与调动人的积极性去克服困难、排除行动中的各种障碍分不开。克服困难是意志行动的核心。平时轻而易举的事，如口渴顺手拿起水杯喝水，不是意志行动。而某一次考试失败后认真分析原因，勇于自我反思，坚持不懈地努力，最终克服困难提高成绩，这就是意志行动。一个人能克服的困难越大，表明这个人的意志越坚强；反之则表明其意志薄弱。

最后，意志行动以随意动作为基础。动作可分为不随意动作和随意动作两种。不随意动作是指不受意识支配的不由自主的运动，具有非条件反射的性质，如眨眼、打喷嚏、咳嗽、消化、循环等以及一些习惯性动作。随意动作是指受到意识调节和支配的具有一定目的性、方向性的动作，是通过有目的的练习而形成的条件反射，是意志行动的必要组成成分，如吃饭、写字、劳动等。意志是内部意识向外部动作或活动的主动转化，这种主动转化就表现为意志对人的活动的调节和支配。一方面，这种调节和支配是根据自觉的目的进行的；另一方面，只有通过这种对行动的调节、支配，自觉的目的才能得以实现。意志对行动的这种调节、支配作用表现为发动和制止两个方面。另外，意志还可以调节人的注意、观察和思维等心理活动；当人处在危险、紧急状况时，意志还可以使人保持情绪镇定，冷静应对。意志还可以控制人的生理活动。意志行动与自动化的习惯性动作之间既有区别又有联系。后者可能是不随意动作，而前者必定是随意动作。随意动作经由多次重复相当熟练后失去自觉性就可转化为自动化的习惯性动作，但自动化的习惯动作受阻后仍可转入意识状态，变为随意动作。

人的三种基本的主观心理活动（认知、情感与意志）分别反映了三种基本的客观事物（事实关系、价值关系和行为关系）。人为了生存和发展第一步要感知和了解各种事物的事实关系，第二步要掌握这些事物对于人的价值关系，第三步要掌握每个行为的价值关系并且判断、选择、组织和实施一个最佳的行动方案。第一步由认知活动来完成，第二步由情感活动来完成，第三步由意志活动来完成，因此从认知到情感，最后从情感到意志是一条基本的、不可分割的人类自控行为的流水线。认知、情感与意志相互依存、相互联系。没有事实关系则价值关系就成了无源之水，没有价值关系则行为关系也成了无源之水，因此认知是情感的源泉，情感是意志的源泉。事实关系以价值关系为导向，价值关系又以行为关系为导向，因此认知以情感为导向，情感以意志为导向。情感最初是从认知中逐渐分离出来的，它又反过来促进认知的发展；意志最初是从情感中逐渐分离出来的，它又反过来促进情感的发展。认知、情感与意志相互渗透、相互作用、互为前提、共同发展。

二、意志自由

行为主义者华生等人否认人的意识，否认意志自由，认为人的行为完全是由客观刺激所决定的。唯意志论者叔本华和尼采等人则认为人的意志行动不受任何约束，可以绝对自由，为所欲为。恩格斯指出：“自由不在于幻想中摆脱自然规律而独立，而在于认识这些规律，从而能够有计划地使自然规律为一定的目的服务。因此，意志自由只是借助于对事物的认识来做出决定的那种能力。”辩证唯物主义的科学心理观认为，意志是自由的，又是不自由的。说它是自由的，因为在一定条件下，人可以根据自己的意志自主地选择目的，发动或制止某种行动，按照某种方式、方法行动；说它是不自由的，因为人的一切愿望、一切行动都必须服从客观规律，否则就会在实践中碰壁。所谓的意志自由，只能是建立在对客观规律正确认识基础上的，是有条件的意志自由。

三、意志行动的心理过程

意志行动的心理过程是指意志行动的发生、发展和完成的历程。这一过程大致可以分为两个阶段：做出决定阶段和执行决定阶段。前者是意志行动的开始阶段，决定意志行动的方向，是意志行动的动因；后者是意志行动的完成阶段，使内心追求的目标、计划付诸实施，以达到目标。

（一）做出决定阶段

做出决定阶段一般包含选择目标、设定标准、制订计划、心理冲突和矛盾、做出决策等许多环节。

目标是人的行动所期望的结果。在行动中，个人追求的目标是多样的：有时是明确的，有时是模糊的；有时是眼前的，有时是较长远的。有时行动追求的目标只有一个，无选择余地，这时确定目标不会产生内心冲突；有时有好几个可供选择的目标，选择目标会产生心理冲突，需要做出意志努力。

做出决定阶段的心理冲突大致有四种。

第一，双趋冲突，即两个目标对个人具有相同的吸引力，并引起相同强度的动机，迫于情势二者必选其一，就形成难于取舍的矛盾心理状态。例如，有的病人既想住院治病，同时又放不下手中的工作。

第二，双避冲突，即两个事物同时对个人造成威胁或让人厌恶，引起同等强度的逃避动机，但迫于情势，必须接受一个，才能避免另一个。例如，“前怕狼，后怕虎”的左右为难、进退维谷的处境造成的心理紧张状态。

第三，趋避冲突，即对单一的事物同时产生两种动机，一方面是好而趋之，一方面又恶而避之。例如，一些术前病人既想通过手术解除病痛，又担心手术可能影响机体某些功能。

第四，多重趋避式冲突，即每种目标都具有吸引和排斥两方面的作用，导致主体难以选择。例如，大学生毕业时各个就业单位都有令人满意和不满意的地方，难以做出抉择。

目标确定之后，就要选择达到目标的行动方式方法，拟订出行动计划。对于行动的方式方法的选择，也有各种不同情况。有时只要一提出目标，行动的方式方法便可以确定，这无须意志的努力。在通常的情况下，对达到目标的方式方法也要进行选择，比较各种方式方法的优缺点及可能导致的结果。这时也可能产生内心犹豫不决，时而想采取这种方式方法，时而想采取那种方式方法，难以下决心拟订出行动计划，因而在确定行动计划时也会产生矛盾心理，也需要做出意志努力。

（二）执行决定阶段

在做出决定之后，便进入执行决定阶段。执行决定是意志行动的最重要环节。因为即使在做出决定时有决心和信心，如果不付诸行动，这种决心和信心依然是空的，意志行动也就不能完成。

从做出决定到执行决定在时间上往往因具体情况的不同而有所不同。有时在做出决定之后就立即进入执行决定阶段。这通常在下列情况下发生：行动的目标和行动的方式方法比较明确具体，完成行动的主客观条件多少已经具备，而行动又必须不失时机地去完成。例如，在战斗中，做出军事行动的决定后就必须立即执行。有时决定是比较长期的任务或是未来行动的纲领，这样的决定并不要求立即付诸行动，而仅是将来行动的企图。例如，我们准备在暑假里完成一篇论文，目标、计划都明确了，决心也下了，但并不立刻行动，因为条件还不完全具备。

在执行决定的过程中，已有的决心和信心也可能会发生动摇。这通常发生在下列情况下。

第一，执行决定时遇到的困难，要付出大的努力，而这与个体已形成的消极的人格特征（如懒惰、骄傲、保守、坏习惯等）或兴趣爱好发生矛盾，从而使决心和信心发生动摇。

第二，在做出决定时虽然选择了一种目标，但其他目标仍然很有吸引力。在执行决定的过程中，其他目标的吸引力加强，产生了新的心理冲突。

第三，在执行决定的过程中，还可能产生新期望、新意图和新方法，它们也会同预定的目标发生矛盾，令人踌躇，干扰行动的进程。

第四，有时在做出决定时没有充分考虑到各种主客观条件，没有预见到事物的发展变化，在执行决定时遇到新情况或出现新问题，而人又缺乏应付新情况、解决新问题的知识和技能，这也可能使人犹豫不决。

四、意志的品质

一般把意志的品质归纳为自觉性、果断性、自制性和坚持性四个方面。

（一）意志的自觉性

意志的自觉性是指一个人在行动中具有明确的目的性，认识到行动的社会意义，自觉调节行动的品质。意志的自觉性是以坚定的信念和科学的世界观为基础的。具有自觉性的个体不会轻易受外界的干扰和影响，能接受有益的意见，能克服困难去执行决定。与自觉性相反的品质是受暗示性和独断性。受暗示性是指一个人容易受别人的暗示或影响，经常轻易地改变或取消自己的决定而执行与自己观点不符合的决定，盲目地服从他人的意志行动。独断性是受暗示性的另一个极端。具有独断性的人似乎能独立地采取决定并执行决定。受暗示性和独断性都是意志的不良品质。

（二）意志的果断性

意志的果断性是指一个人善于明辨是非、适时而合理地做出决定并执行决定的品质。具有果断性的人，能全面、深刻地考虑行动的目的和方法，在动机斗争时能当机立断；在行动时，敢做敢为，毫不动摇；在不需要立即行动或情况发生变化时，能立即停止执行已经做出的决定。与果断性相反的是优柔寡断和草率决定。优柔寡断的人在做出决定时动摇不定，一直处于动机斗争状态；在执行决定时不能坚持执行，顾虑重重，常常要重新考虑已经做出的决定。草率决定的人不考虑主客观条件，也不考虑行动后果，仓促地做出决定，结果往往是以盲目行动开始，以后悔告终。优柔寡断和草率决定都是意志薄弱的表现。

（三）意志的自制性

意志的自制性是指一个人善于控制自己的情感、约束自己的言行的品质。自制性集中反映意志的抑制功能。自制性强的人，一方面善于控制自己或迫使自己去执行所做出的决定，自觉地调节自己的言论和行动；另一方面又善于控制自己的情绪冲动，保持情绪的稳定，表现出应有的忍耐性。与自制性相反的是任性和怯懦。任性的人不能约束自己，语言伤人，行为放纵。怯懦的人胆小怕事，遇困难就惊慌失措、畏缩不前。任性和怯懦同样是意志薄弱的表现。

（四）意志的坚持性

坚持性是指一个人在执行决定时，以充沛的精力和顽强的毅力百折不挠地克服重重困难、坚持到底的品质。具有坚持性品质的人经得起长期的磨练，做事情锲而不舍，不达目的誓不罢休。顽固执拗与坚持性不同。顽固执拗的人对自己的行动缺乏正确的估计，常常自以为是，肆意妄为，固执己见。此外，虎头蛇尾、见异思迁等也是与坚持性相反的品质。这些都是不良的意志品质。

第七章　个性差异——智力

学习要求

1. 概念识记：智力、能力、创造力。

2. 分析理解：二因素论、群因素论、三维结构论、智力形态论、遗传限、创造性人格。

3. 思考运用：根据智力类型差异的理论来解释陈景润等特殊人才的成就和智慧表现；根据智力与创造力之间的非线性关系分析应试教育的弊端，并说明培养学生创造力的重要性。

第一节　智力概述

人类的智力在知识经济时代具有特殊的意义。在知识经济时代，最重要的资源是知识，而知识的学习、运用和创新都离不开人的智力，智力水平是影响人类学习知识、运用知识和创新知识的质量和速度的关键因素。

人类历史上，曾经有无数人丧身虎口，然而今天老虎已经成为一种需要人类对其生存和延续进行保护的珍稀动物，否则，老虎将面临绝种的危险。在人类与老虎的较量中，充分体现了人类智力的巨大力量。人类之所以能够称为万物之灵，成为地球的主宰，就是因为人类具有地球上任何物种都不具备的智力与智能。而从体力与体能的角度来考量，人类绝对不是老虎、狮子等猛兽的对手。

从世界上200多个国家发展水平的角度来考察，一些发展水平较高的发达国家并不都是疆域辽阔、自然资源丰富的国家，而大多是国民受教育程度较高而自然资源相对匮乏的国家，如新加坡、瑞士、韩国、日本等，这些国家通过教育提高了国民的文化素质和智力水平，从而促进了国家发展和社会进步。

总之，无论是从知识经济时代的特点来分析，还是从人类自身发展和世界各个国家发展的角度来考察，人类的智力都具有十分重要的意义。

一、智力的概念、智力与能力的关系

（一）智力的概念

智力的含义在心理学史上是一个长期讨论并众说纷纭的问题。最早给智力下定义的是德国心理学家斯腾（Stern），他认为智力是指个体有意识地以思维活动来适应新情境的一

种潜力。在20世纪20年代，美国《教育心理学》杂志特辟专栏，要求心理学工作者各抒己见，探讨智力的性质和含义，希望得出比较综合的意见。这次讨论的结果，可归纳为三种意见。第一种意见认为智力指抽象思维能力，这种意见以斯坦福大学推孟（Terman）为代表。推孟认为，儿童应用抽象概念进行思维的能力便是他的智力。他还指出，儿童之间的智力差异，不应从感觉、知觉和记忆的能力来衡量，而应从形成概念的能力以及应用概念解释各种情境的能力来衡量。第二种意见认为智力是指学习的潜能，这种意见以杜尔邦、考尔菲为代表。杜尔邦是当时在这个领域享有盛誉的心理学家，他坚信智力就是学习的能力。第三种意见认为智力是适应新情境的能力，这种意见的代表人物是哥伦比亚大学的宾德纳。

中华人民共和国成立以来，我国的心理学在很长一个时期内没有对智力问题进行专门的探讨，同时受苏联心理学的影响，将智力测验打入冷宫。一直到改革开放之后，我国心理学界才开始关注智力问题，对智力的含义进行了探讨，提出了不同的观点。在20世纪80年代初，我国学者提出的各种智力含义可概括为四种。一是认为智力是一种适应环境的能力，重点表现为判断能力和创造能力。二是认为智力是对概念的理解力和利用语词、数目、空间等抽象符号的能力。三是认为智力是一种抽象的逻辑思维能力。四是提出智力有广、狭二义，从广义方面讲，智力是指人的感知、记忆和思维的能力；从狭义方面说，智力主要是指逻辑思维能力，包括创造性地独立解决问题的能力。

我国大型工具书《辞海》对智力做出了如下的界定：智力是指“人认识客观事物并运用知识解决实际问题的能力。集中表现在反映客观事物深刻、正确、完全的程度上和解决实际问题的速度和质量上，往往通过观察、记忆、想象、思考、判断等表现出来。它是在掌握人类知识经验和从事实践活动中发展的，但又不等同于知识和实践。它是先天素质、社会历史遗产和教育的影响以及个人努力三方面因素相互作用的结果”。这种智力定义内容比较丰富，它从智力归属的范畴、智力的表现、智力的发展等角度对智力作了一个比较全面的界定。

从以上各种关于智力的界定中可以看出，智力既是一个应用频率很高的概念，同时也是定义十分繁杂的概念。

（二）智力与能力的关系

我国的心理学文献在分析人的心理个性差异时，特别是阐述个性心理特征时，通常把能力、气质和性格作为个体的比较稳定的心理特征。在一些心理学教材中，在论及能力的分类时，大多把能力分为一般能力和特殊能力，并把智力界定为一般能力。在论及能力结构和能力测验时，实际上都是采用智力结构和智力测验的相关知识。近些年来，也有一些心理学著作和教材开始用智力取代能力，把智力作为个性差异的一种体现。

能力通俗地讲是完成一定活动的本领。在心理学教材中一般都提出能力是直接影响个体活动效率的稳定的心理特征。智力当然也会影响个体的活动效率，从前面关于智力各种含义的分析中可以看出，人们提出的各种不同的智力含义有一个共同点，即都是把智力归属于能力的范畴并作为智力的上位概念。智力是个体的一种精神力量和心理能力，而能力则包括个体的体力等非心理方面的力量。所以，在心理学教材中，把智力而不是能力作为个性心理差异的一种体现应该更加合理。

二、智力的结构

对智力结构的探讨是在智力含义探索基础上的更深入的研讨。由于对智力含义的界定没有取得统一的认识，西方一些心理学家开始从智力结构的角度来探索智力的本质，对智力结构进行了比较深入的探讨，并在研究的基础上提出了不同的智力结构理论。

（一）斯皮尔曼的二因素论

斯皮尔曼（Spearman）是英国的心理学家，同时还是一位统计学家。他在20世纪30年代提出了智力结构的二因素论，认为人的智力是由一般因素（General Factor）即G因素和特殊因素（Specific Factor）即S因素组成的。G因素主要得自于遗传，是人的全部认识机能共有的能力，在任何智力活动中都能发挥作用。S因素是关于特殊机能的能力，在不同类型的智力活动中发挥作用。任何一种智力活动，都是由G因素和S因素共同完成的。例如，某个中学生智力结构中的G因素发展水平很高，因此该生的数学、物理、外语等课程的学习都能取得较好的成绩。这个学生的各科学习成绩正相关，这是由于它们是由共同的G因素造成的，但各科学习成绩又不完全相关，这是因为每个科目的学习是由不同的、无联系的S因素完成的。假如学习数学需要S_e，学习英语需要S_f，该生S_e的发展水平高于S_f，所以该生的数学成绩比英语成绩更好。斯皮尔曼还把G因素的水平高低作为天才和白痴之间区别的标志，把S因素的差异作为不同个体的认识领域差异的表现。

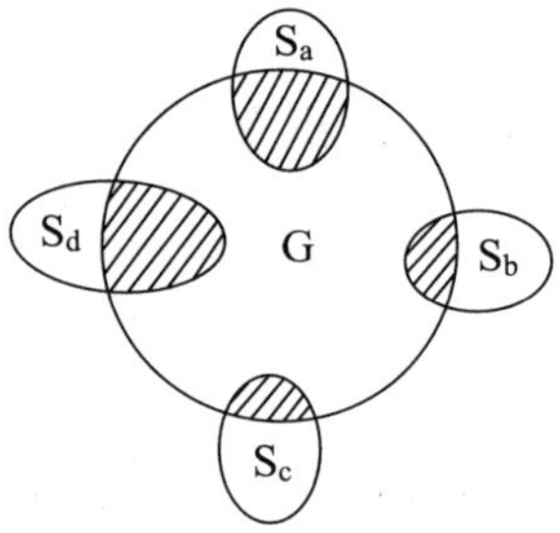

图7－1　斯皮尔曼的二因素论模型

斯皮尔曼的二因素论可以用图7－1来说明，图中大圆圈表示G因素，它在任何智慧活动中都发挥作用；S_a，S_b，S_c，S_d表示各种不同的S因素，而a，b，c，d表示不同类型的智力活动。这些智力活动的结果正相关是因为这些智力活动中都有共同的G因素在发挥作用，而智力活动类型a和智力活动类型d的相关程度高于智力活动类型b和智力活动类型c，这是G因素在智力活动a和智力活动d中比在智力活动b和智力活动c中发挥了更多的作用。

（二）塞斯顿的群因素论

塞斯顿（Thurstone）是美国的一位心理学家，他对斯皮尔曼提出的二因素论提出了质疑。塞斯顿在1934年采用16种智力测验方法对芝加哥大学的240名学生进行了测验，通过对测验分数的统计处理，没有发现斯皮尔曼所提出的G因素。

塞斯顿认为人的智力是七种因素组成的，他称之为七种基本心理能力。这七种构成人的智力的因素是：第一，数字运算，简称N因素，指迅速而正确地计算或处理数字的能力；第二，语词理解，简称V因素，是了解语言文字意义的能力；第三，语词流畅，简称W因素，指通畅快速地使用语言文字的能力，即各种表达能力；第四，空间关系，简称S因素，是认识各种几何图形或物体空间关系的能力；第五，知觉速度，简称P因素，指迅速辨别物体异同的能力；第六，联想记忆，简称M因素，也就是人的联想能力和记忆能力；第七，一般推理，简称R因素，指根据经验进行归纳和演绎推理的能力。塞斯顿为了考察这七种智力因素的独立性，设计了专门的“基本心理能力测验”，通过多年的测验和探索，他发现这些智力因素具有不同程度的正相关，这些智力因素结合成“智力群”，所以，塞斯顿的智力结构理论便称为群因素论。

（三）吉尔福特的智力三维结构论

美国心理学家吉尔福特（Guilford）在1967年提出了智力三维结构论，把自己在探索智力结构过程中所发现的智力因素分成三个方面即三个维度，并将这些智力因素所构成的智力结构模型画成一个具有长、宽、高的立方体。这个立方体如图7－2所示。

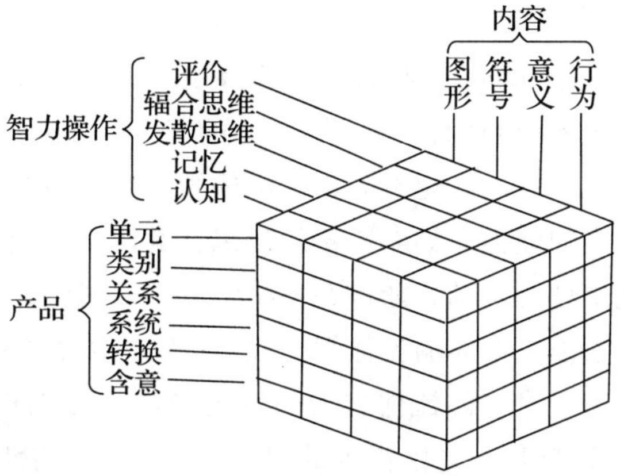

图7－2 吉尔福特的智力三维结构模型

智力三维结构模型中的第一个维度是智力操作，即智力活动的过程。智力活动过程分为五种智力活动，或者说五种智力操作方式，分别是认知、记忆、发散思维、辐合思维、评价。认知是发现或认识事物。记忆是保持已经认知的信息。发散思维是吉尔福特理论的一个创新，也是最富有特色的一个概念，它与创造力相关，发散意味着由一项给定的信息扩散成多项信息，以答案的多元化为特征。吉尔福特提出，发散思维是由给定信息而产生信息，从同一个起源产生结果的多样化，体现出迁移的作用。辐合思维是指在思想上将全部信息引向最合理的答案，它只能产生有限的结果；它实际上就是逻辑推理能力，以答案的一元化为特征。评价是根据一定的标准进行比较的思维过程。

智力三维结构模型中的第二个维度是智力活动的内容。智力活动内容分为四种，分别是图形、符号、意义和行为。图形是指通过感官看到的具体信息。符号主要指字母和数字等。意义是指言语含义或概念。行为是指与人交往的智力，它的含义与桑代克提出的“社会智力”相似。

智力三维结构模型中的第三个维度是智力活动的产品，即智力活动的结果。智力活动产品分为六种，分别是单元、类别、关系、系统、转换和含意。单元指字母、音节、单词、图案和概念等。类别指一类单元，如名词、物种等。关系指单元与单元之间的关系。系统指用逻辑方法组成的概念。转换指改变，包括对安排、组织和意义的修改。含意指从已知信息中观察某些结果。从单元到含意是从最简单的智力活动产物到最复杂的智力活动产物。

吉尔福特提出，在人的智力活动中，智力操作、智力活动的内容和智力活动的产品三个维度总是联系在一起的，每个维度的任何一项总是和另外两个维度中的任意两项结合，而每一种结合都形成一种智力因素。根据这三个维度相乘的结果，人的智力可以从理论上分出 $5\times4\times6=120$ 个因素，但实际上就连吉尔福特本人也只发现大概 80 个智力因素。

（四）卡特尔的智力形态论

美国心理学家卡特尔（Cattell）根据智力与先天禀赋和社会文化的联系来分析人的智力结构，提出把人的智力分为流体智力和晶体智力的智力形态论。

流体智力（Fluid Intelligence）也有人译为液体智力或液态智力，它是在信息处理和问题解决过程中表现出来的能力。如对关系的认识、类比、机械记忆能力、简单推理能力等。流体智力以神经生理为基础，随神经系统的成熟而成熟，相对不受社会文化的影响而决定于个人的遗传素质。个体的流体智力在 20 岁之后发展到顶峰，30 岁之后将随着年龄的增长而降低。由于个体的流体智力的发展受社会文化和教育经历的影响较少，所以心理学界在设计适用于不同文化背景的智力测验时，一般以流体智力作为测验的内容。

晶体智力（Crystallized Intelligence）是以掌握社会文化和经验为基础的智力，是长期学习的结果。如词汇语言的掌握和理解的能力、运用已有的知识和技能去获取新知识或解决问题的能力，都是晶体智力的体现。由于晶体智力不受神经系统的影响，所以晶体智力不会随着个体年龄的增长而降低，有些人因为知识的增长和经验的积累，其晶体智力还会出现随着年龄增长而提高的趋势。晶体能力的发展主要受社会文化的影响，取决于个体后天的实践与学习。

三、智力的发展

（一）影响智力发展的因素

人类个体在智力发展水平上存在着明显的差异。这种差异是什么原因造成的，影响人的智力发展有哪些因素，什么因素起关键作用，这些问题多年以来一直是心理学家高度关注的问题。

早期一些学者如高尔顿和高达德等人根据家谱研究和家族研究的结果，提出了遗传因素决定论，认为先天的遗传因素决定个体的智力发展。后来华生和德尼斯等人根据婴儿条件反射的实验研究和孤儿院儿童智力追踪研究的成果提出了环境决定论，认为个体的智力发展水平完全取决于后天的环境因素。在现代，越来越多的人认为遗传因素和环境因素对智力的发展都是重要的。正如一些学者所言："关于遗传和环境问题的争论大体经历了三个时期：20 世纪初叶，问题的提法是一种非此即彼的绝对二分法，即'是谁起决定作用'……20 世纪中叶人们开始注意到遗传和环境二者都是必不可少的条件，同时开始研究和分析各自的作用，即'各起多少作用'；发展到现代，遗传与环境科学研究的深入越来越显示出二者的复杂关系，因而这个问题就进入到探究二者是'如何起作用的'，分析二者的相互制约关系。"①

高尔顿等人提出的遗传决定论和华生等人提出的环境决定论可以作为"是谁起决定作用"时期的代表理论。斯腾提出的辐合论和美国心理学家盖赛尔（Gesell）提出的成熟论是"各起多少作用"时期的代表理论。斯腾认为，辐合是指个体内部机能和外部条件在儿童智力发展中同样起作用，遗传和环境问题同时参与智力的发展。盖赛尔认为，儿童智力发展的基本因素是成熟和学习，成熟是使智力和技能显露的时间表，是先天自然实现的，而学习仅仅对成熟起促进作用，不能改变成熟的时间和顺序。瑞士心理学家皮亚杰和苏联心理学家维果茨基和列昂捷夫则可视为第三个时期的代表，他们关注的是先天因素和后天因素在个体智力的发展中是"如何起作用的"。

（二）智力发展的趋势

智力发展的趋势所要阐明的是人的智力发展的速度和终点。在智力发展的速度上，心理学家一般者认为个体智力发展不是均速的，在婴儿期和幼儿期个体智力发展迅速，以后逐渐减速。

美国心理学家推孟认为，个体智力的发展在 10 岁之前呈直线上升态势，过了 10 岁之后儿童智力发展的速度开始变慢。1970 年，心理学家贝利（Bayley）采取纵向研究法来研究个体的智力发展。他采用了贝利婴儿智力量表、斯坦福—比奈智力量表和韦克斯勒成人

① 李丹：《儿童发展心理学》，45 页，上海，华东师范大学出版社，1987。

智力量表测量被试从出生到36岁不同年龄阶段的智力发展水平。测量结果表明，人的智力随年龄增长而逐渐增长，一直增长到26岁左右，以后保持水平状态，进入智力发展的高原期，36岁之后智力水平开始下降。

有些心理学家对个体智力结构中的不同因素的发展速度和终点进行了深入的研究。塞斯顿根据他的群因素论考察了七种智力因素的发展，发现数字运算、空间关系、联想记忆、一般推理、知觉速度等智力因素发展较早，而语词理解和语词流畅发展较迟。假设成年人某个智力因素的发展水平为100分，要达到80分的水平，知觉速度是在12岁，一般推理是在14岁，语词理解是在18岁，语词流畅是在20岁之后。韦克斯勒采用自己编制的韦克斯勒成人智力量表对2052个成人（年龄为16~75岁）的智力进行了测量。测量结果表明，言语方面和操作方面的智力都在25岁左右达到最高峰，随着年龄的增长两者都在下降，但言语方面的智力下降速度较慢，操作方面的智力下降速度较快。

（三）智力的稳定性与可变性

自古以来人们就关注智力能否改变这个问题。例如，我国的孔子在两千多年前就讲过“唯上智与下愚不移”，认为人的智力是不能改变的。

人的智力的稳定性和可变性实质上是一个与影响智力的因素密切相关的问题。一些遗传决定论者认为人的智力取决于先天的遗传基因，所以早期的遗传决定论者认为人的智力不具有可变性。但是，后来的一些遗传决定论者提出了遗传限的理念，用这种新的理念来解释遗传和环境两个因素在人的智力发展中的作用。根据遗传限理念，个体的智力水平由遗传因素决定，但遗传因素在决定个体智力水平时，并不是某个点，而是一段阈限。如果用智力测验的分数来解释，遗传因素决定了个体的智商并不是某个固定的分数，而是一个从低分到高分的区间。据一些心理学家的估计，如果用智商分数来表示，除极少数天才或白痴之外，一般人的遗传限大约在20至30之间。假设一个人的遗传素质是中等水平，如果此人生活在一般环境之中，他的智力发展水平就是100分左右；如果他生活在一个对智力发展非常有利的优越环境里，他的智力发展水平可能达到110至115之间；如果他生活在一个对智力发展非常不利的恶劣环境里，他的智力发展水平只能在85至90之间。这样，他的遗传限就在85~115之间或90~110之间。遗传限理论可以说是一种相对温和的遗传决定论，因为这种理论在一定程度上承认了后天环境在个体智力发展和变化中的作用。根据遗传限理论，个体生活的环境越好，其智力水平越接近遗传限的上限；反之，个体生活的环境越差，其智力水平越接近遗传限的下限。

虽然遗传限理论在一定程度上承认了环境对智力发展和变化的作用，但认为这种作用是十分有限的，再好的环境在个体智力发展和变化上也无法产生超越遗传限上限的作用，再坏的环境也不会导致个体智力发展低于遗传限的下限。总之，遗传决定论者都认为人的智力水平是稳定的，缺乏可变性；即使有变化，这种变化也在一定的阈限内。

多数心理学家认为，人的智力是相对稳定的，但并不是一成不变的。1948年，霍齐克

（Honzik）等人采用纵向研究的方法对252个儿童进行了14次智力测验，发现18岁前3/5的儿童智商改变了15分以上，1/10的儿童智商改变了30分以上。1973年，霍齐克概括了许多纵向研究的资料，发现智力测验分数在短期内有很高的可预见性，但测验时间间隔越长可预见性就越低，儿童第一次测验时年龄越小可预见性越低。

第二节　智力的差异

人与人之间在智力上的差异是显而易见的。在知识经济时代，在社会分工越来越复杂的现代社会，探讨人的智力差异十分重要，因为个体之间的智力差异会影响个体的教育、就业乃至终生的发展。

人与人之间在智力上的差异有多方面的表现，最常见是下面三种差异。

一、智力水平的差异

智力水平的差异（也可以称为智力的分配差异）是人与人之间在智力方面最明显的一种差异，引起人们关注的首先是一些智力十分低下的人，即人们常说的“白痴”，然后是那些智力超常的人，即人们常说的“天才”。在“天才”“上智”和“白痴”“下愚”之间，则为智力“中常”。在“上智”“中常”和“下愚”三个大的等级中，又可以分为若干个小的等级，如推孟就根据斯坦福—比奈量表测验的结果，把人的智力分为十个等级。①

智商	级别
140以上	类似天才或天才
120～140	最优秀的智力
110～120	优秀的智力
90～110	正常或普通智力
80～90	次正常智力
70～80	临界正常智力
60～70	轻度智力孱弱
50～60	深度智力孱弱
25～50	亚白痴
25以下	白痴

人与人之间在智力发展水平上从高到低是绵延不断的，把人的智力发展水平分为若干个等级，并人为地加以“天才”和“白痴”等名称，这样做的目的是为了便于表达和

① 武连江：《智力测验简介》，载《浙江教育》（小学版），1980（10）。

研究。

心理学家为了研究人的智力水平的差异，除了将人的智力水平分为不同的等级，还对不同智力水平等级的人在人口中占有多少比例做了估计。然而，由于不能对全世界人口进行普查性的智力测试，所以不同的学者划分的智力发展水平等级和各个等级的人口比例也不同。我国台湾心理学家张春兴提出，人类的平均智商为100，平均点上下的人数为各约占50%，智商90～110者称为中等智力，在人数上约占50%。智商110～120者称为聪慧，120～130者称为优秀，130以上者称为资赋优异，以上三类合计在人数上约占25%；而智商在130以上的资赋优异者，在全人口中占2%～3%。智商80～90者称为愚鲁，70～80称为临界智能不足，70以下者称为智能不足，这三类合计在人数上约占25%；而智商在70以下的智能不足者占全人口的2%～3%。① 我国大陆一些学者则指出，全人口的智力差异从低到高表现为不同层次，但在全人口中，智力分布基本上呈两头小、中间大的常态分配。智商在130以上的人属于智力超常，占全人口总数的1%；智商110～129的人属于智力偏高，占全人口总数的19%；智商90～109的人属于智力中常，占全人口总数的60%；智商70～89的人属于智力偏低，占全人口总数的19%；智商在70以下的人属于智力低常，占全人口总数的1%。②

虽然心理学家对智力超常和智力不足两个极端等级的人数所占比例的看法并不一致，但对这两个智力极端等级的儿童即超常儿童和低常儿童都高度关注，对两个群体的一些特点进行了探索。根据一些学者的研究，智力超常儿童具有以下一些共同的特点。

第一，具有强烈的求知欲和好奇心，认识兴趣十分浓厚。超常儿童从小就喜欢刨根问底，不满足于家长或教师对一些问题的简单解答。

第二，具有十分敏锐的观察力。超常儿童在对事物的感知过程中，比一般儿童更加细致、深刻，善于把握观察对象的主要特点，同时还会发现别人没有关注到的一些细节。

第三，具有高度集中而持久的注意力。超常儿童从小就能够聚精会神地关注某种事物，不论是看电视还是观察某种事物或活动，他们都能比同龄儿童保持更为持久的注意力。超常儿童从小就表现了良好的注意品质，他们注意的持久性、注意的稳定性、注意的分配和转移都要优于同龄儿童。

第四，具有非凡的记忆力。有些智力超常儿童具有过目不忘的超常记忆力，超常儿童的记忆效率可以超过年长其3～4岁的一般儿童。超常儿童都具有良好的记忆品质，他们在记忆活动中能做到记得快、记得牢、记得准、忆得快。

第五，具有敏捷灵活的思维力。超常儿童一般都喜欢独立思考，从小就具有很强的思维独立性。他们的阅读速度、理解问题的速度要明显快于同龄儿童，思维的敏捷性很高。

① 张春兴：《现代心理学》，418～420页，上海，上海人民出版社，1994。

② 叶奕乾、孔克勤：《个性心理学》，407页，上海，华东师范大学出版社，1993。

他们在解决问题的过程中，能够根据需要不断改变解决问题的策略，变换思路，具有较强的思维灵活性。超常儿童不仅在聚合思维的发展水平上要高于一般儿童，更重要的是他们在发散思维方面更优于一般儿童，超常儿童经常会提出一些“异想天开”或“标新立异”的问题。

第六，具有一定的创新意识和创造力。由于超常儿童的发散思维能力水平高于同龄儿童，而且具有一定的思维独立性，所以超常儿童一般都有一定的创新意识和创新能力。他们在解决问题的过程中愿意尝试采用新的方法。

低常儿童也称为低常儿童、弱智儿童、智障儿童，他们也是心理学界高度关注的一个社会群体。心理学家对智商130以上的超常儿童没有细分不同的等级，但是对智商70以下的低常儿童划分了不同的等级。1954年，世界卫生组织把智商在70以下的低常儿童分为三个等级：① 轻度智力不足，智商50～69；② 中度智力不足，智商20～49；③ 重度智力不足，智商20以下。在20世纪80年代，我国心理学界参照世界卫生组织和欧美一些国家的分类标准，将智力低常儿童分为以下四级。

第一，轻度智力落后，智商50～70。这种儿童社会适应能力低于一般人的水平，但有一定的社交能力和职业技能，能做到生活自理，还可以自食其力，能掌握与小学生相同水平的知识技能。智商低于70的智力落后者中，85%属于轻度智力落后，这些人在经过一定的特殊教育之后，能够独立生活，也可能结婚成家。但这些人要达到社会对正常成年人的要求还有许多困难。

第二，中度智力落后，智商35～50。这种儿童社会适应行为和生活实用技能不完全，生活能部分自理，能做简单的家务，具有初步的卫生知识和安全常识，但阅读和计算能力很差，只能掌握小学一年级或二年级的文化知识。

第三，重度智力落后，智商20～35。这种儿童社会适应行为差，即使经过训练也难以达到生活自理。随着年龄的增长，可以学会简单的交际，养成基本的卫生习惯。

第四，极度智力落后，智商在20以下。这种儿童面容明显呆滞，适应行为和运动功能、感觉功能都极差，终生需要他人照料，即便到了成年期运动能力和自理能力也只是略有提高。

智力超常和智力低常的儿童都需要采取特殊的教育措施。智力超常儿童是家族、民族和社会宝贵的智力资源，但这种智力资源需要家长、教师乃至整个社会采取科学的方法去开发。家长、教师要善于发现智力超常儿童，在发现之后要采取适合超常儿童心理特征和智力发展水平的教育措施，让智力超常儿童能够健康成长，成为高素质的人才，为民族复兴和社会发展产生重大的作用。对智力低常儿童也需要采取特殊的教育措施，大部分智力低常儿童经过特殊教育的培训可以成为自食其力的劳动者。所以，要对智力低常儿童采取有效的特殊教育，提高他们的自理能力和劳动能力，不要让他们成为家庭的累赘和社会的包袱。

二、智力类型的差异

研究智力水平的差异是从全人口这种社会大群体的角度来探讨个体之间的智力差异，从个体智力发展程度的视角来探讨智力的差异。在这种探讨过程中，那些智力发展程度较低或者说智力发展水平较低的个体和群体也是研究的对象。智力类型的差异是从具有正常智力水平的社会群体的角度来讨论个体之间的智力差异，从个体智力发展方向的视角来分析个体的智力差异。在这种探讨中，那些智力发展达到一定水平并具有一定发展方向的个体和群体作为研究对象，那些智力发展水平低下、没有任何智力发展方向的智能不足者则不作为研究对象。

假设在某所高中的某个班上有甲和乙两个学生，他们住在同一间学生宿舍里，在同一个教室上课，接受同一批老师的教育；这两个学生都具有明确的学习目的、积极的学习态度和强烈的学习动机。可见，这两个学生的学习条件和学习动力是相同的，但他们的学习成绩却有较大的区别，甲门门功课成绩优秀，而乙则门门功课刚刚及格。根据美国心理学家维纳（Weiner）等人提出的成败归因理论，在影响两位学生学业成败的三个维度的四种因素中，努力、任务和运气三种因素是相同的，导致两人学习成绩产生差异的因素是能力，可以断定甲和乙的学习能力存在显著的高低差别，而学习能力出现差别的根本原因是两人的智力发展水平有区别。甲的智力水平较高，而乙的智力水平偏低，尽管乙学习很刻苦，但成绩并不理想。甲和乙的学习成绩差异可以用智力水平差异来解释，但有些差异则不能用智力水平差异来解释。假设这个班上还有丙和丁两个学生，他们也是住在同一间学生宿舍里，在同一个教室上课，学习态度和学习动机也是相同的，但他们的学习成绩却有较大的区别：丙的语文、外语等科目的成绩优秀，而数学、物理等课程刚刚及格；丁的数学、物理成绩名列班级前茅，但语文、外语的成绩只有中等水平。在这种情境下，再不能用智力水平差异来解释两位学生学习能力存在着高低之分，而必须用智力类型的差异来解释他们学业成就的差异。

在现实生活中，有些人在某个领域中取得了显著的成就，表现出杰出的才智，可以称为“天才”，但在另一个领域中的表现却十分平庸，只是一个十分平常的“庸才”，还可能在某个领域的表现十分糟糕，被人们视为“蠢材”。这些现象是由于个体具有不同的智力类型，在符合其智力类型的活动中自然能取得优异的成就。

人的智力类型的差异是由于智力结构的差异所造成的。根据前述智力结构理论，人的智力是由不同的智力因素构成的，由于每个人在这些智力因素上的发展是不平衡的，所以人的智力便出现了不同的类型。例如，根据塞斯顿提出的群因素论，前面提到的丙这个学生，可能他的智力结构中语词理解和语词流畅等因素发展水平较高，所以语文、外语等课程取得了很好的成绩；而丁的智力结构中数字运算、一般推理等因素发展水平高，因而数学、物理等科目取得了好成绩。

了解和探索青少年学生的智力类型差异具有十分重要的意义。在知识经济时代，社会分工越来越细，新的专业和职业不断出现，而不同的专业和职业需要不同类型的智力。一个学生在选择自己的专业或职业时，家长、教师和学生本人都必须认真全面地考察和分析学生的智力结构，要让学生将来学习的专业或从事的职业与其智力类型相匹配，并在专业学习和职业生涯中能够充分发挥智力结构中强项的优势，避免智力结构中弱项的劣势。

三、智力表现早晚的差异

研究智力表现早晚差异的对象范围比研究智力水平差异和类型差异的对象范围都小，这种研究的对象既不是全体社会成员，也不是具有正常智力的社会个体，而是那些在智力发展水平和智力发展方向上都达到较高水平并取得了明显成就的社会个体。

在智力水平较高的一些有成就的人才中，就大多数人而言，一般是在年富力强的盛年期取得了比较辉煌的成就，但也有一些人才能表现得很早，在童年时期就在某些方面表现出了优异的才智，这种人一般称为才华早露的“神童”；与此相反，有些人的才能表现较晚，到了较大年纪的时候才取得了优异的成就，这种人称为“大器晚成者”。

在中外历史上出现过不少的“神童”。我国唐代诗人王勃 6 岁就善于言辞，14 岁写下了著名的《滕王阁序》，其中的“落霞与孤鹜齐飞，秋水共长天一色”成了千古流传的佳句。另一位唐代诗人白居易，1 岁就能识字，6 岁就能作诗，9 岁精通声韵。在国外也有不少的“神童”。高斯在很小的时候就能用首尾数目相加之和乘以数列 1/2 的个数的方法来计算等差数列之和，其具有重要意义的学术成就很多是在 14～17 岁完成的。德国大诗人歌德 9 岁时就能用德文、拉丁文和希腊文写诗。美国的维纳 3 岁就能阅读，14 岁从哈佛大学毕业，19 岁获博士学位，成为控制论的创始人。智力的早期表现在音乐和绘画等艺术领域中更为突出。奥地利古典音乐家莫扎特 5 岁就开始作曲，13 岁创作大型歌剧。个体智力的早期表现，首先以个体优异的遗传素质为基础，同时与个体良好的环境影响和熏陶、家庭重视早期教育和个体的学习和实践密切相关。

在有成就的人才中，有些人的才智表现比较晚，这些人属于大器晚成者。我国比较著名的大器晚成者有李时珍和齐白石等人。著名医学家和药学家李时珍在 61 岁时才完成巨著《本草纲目》。画家齐白石在 40 多岁时才开始显露自己的绘画才能，为了寻找更大的艺术舞台，他更是在 50 多岁从湖南到北京。在国外，摩尔根发表基因遗传理论时已经 60 岁了，达尔文在 50 岁才有了自己的研究成果并在此基础上出版了世界名著《物种起源》。个体智力表现较晚而成为大器晚成者的原因很多。从个人的角度看，有些研究可能需要很长的周期，也可能是一些大器晚成者年轻时没有刻苦学习，但到了后来才开始勤奋学习和努力工作。当然也有时代背景的原因，一些有才能的人由于时代的局限和社会的原因被妨碍了展示才能。

第三节　智力与创造力

一、创造力概述

（一）创造力的概念

在一些心理学文献中，创造力又称为创造性。在心理学界，对于创造力的含义历来是众说纷纭，莫衷一是，学者们从不同的角度对创造力做出了不同的界定。如美国学者吉尔福特认为创造力“是最能代表创造性人物的特征的各种能力”①。我国著名教育心理学家邵瑞珍认为，创造力是指个体产生独特性成品的能力或特性，而创造是指一种最终产生创造成品的活动或现象，有真创造和类创造之分。② 目前的心理学文献一般把创造力界定为根据一定目的和任务，运用已有的知识和信息，产生出某种新颖、独特、有社会价值或个人价值的新产品的能力或特性。这种定义中所讲的新产品，可以指以某种载体存在的人的思维活动成果，如一种新思想、新观念和新理论等，也可以是某种实践操作活动的成果，如一种新物品、新工艺、新技术和新方法等。这种定义主要根据创造活动的产品来界定创造力。首先，这种产品要有新颖性。从历史的角度纵向比较，这种产品必须是前所未有的，它不能墨守陈规，必须破旧立新。其次，这种产品必须具有独特性。从现实的角度横向比较，这种产品要做到不同凡响、别出心裁。最后，这种产品必须具有一定的社会价值和个人价值。创造性活动所产生的产品必须对社会发展或创造者个体自身的发展产生积极的作用，否则，就不能称为创造性活动和创造性产品。例如，精神病患者的胡思乱想也可以做到新颖和独特，但是没有任何价值，所以不能称为创造性产品。

（二）创造力的不同水平

在具有正常智力水平的社会群体中，可以说人人都有一定的创造力，但创造力的水平有高有低。美国人本主义心理学家马斯洛认为，每个人都有创造力，但创造力的实现是一个持续的过程，处于不同发展层次的创造力具有不同的发展水平。他把创造力分为两种：一种是“特殊才能的创造力”，另一种是“自我实现的创造力”。前一种创造力指的是科

① 吉尔福特：《创造性才能》，施良方译，6页，北京，人民教育出版社，1990。

② 伍新春：《高等教育心理学》，254页，北京，高等教育出版社，1999。

学家、发明家、作家、艺术家等杰出人物的创造力，这种创造力所产生出的新思想、新物体、新作品是整个人类社会前所未有的，是人类社会的宝贵财富。后一种创造力是开发自我潜能意义上的创造力，这种创造力产生的新思想、新观念和新事物对社会和他人而言不一定是新颖的，但对创造者个人而言是新颖而独特的，如学生在学习中表现出来的创造力多数是自我实现的创造力。

美国的一些心理学家提出，评价人的创造力水平可以有三种参照系：一是个人参照，二是同等群体参照，三是社会参照。因而，创造力相应地也有三种不同的水平：一是个人水平，二是同等群体水平，三是社会水平。个人水平的创造力是指某一行为或活动及其产品对于个体自己而言是新颖、独特和有价值的。同等群体水平的创造力是指某一行为或活动及其产品对于某个群体而言是新颖、独特和有价值的。社会水平的创造力是指某一行为或活动及其产品对于全人类和全社会是新颖、独特和有价值的。

（三）创造力的结构

对于创造力的结构，学界有不同的看法。有人提出："科学创造力的结构是由科学创造的过程、科学创造的品质和科学创造的产品相互联系、相互制约、相互协调构成的一个多侧面、多水平、多联系的三维立体结构。"① 也有人从系统论的角度来解释创造力的结构，提出创造力的构成因素是动力系统、操作系统和控制系统，而这三个系统又有各自的子系统。② 但是，多数学者认为，创造力是由创造性思维和创造性人格构成的心理特性。

创造性思维是创造力的核心因素，一个人能否向社会提供新颖、独特、有价值的产品，最终取决于个体的创造性思维的发展水平。创造性思维所要解决的是一个人"会不会创造""能不能创新"的问题。创造性思维是人类思维的高级形式，是多种思维的综合表现，它既是发散思维与辐合思维、直觉思维与逻辑思维、形象思维与抽象思维的结合，同时又与创造性想象密切相关。在创造性思维的构成因素中，发散思维与辐合思维是主要的心理因素，而发散思维具有更重要的地位。发散思维又称求异思维，它是一种寻求问题的多种答案的思维方式，是一种多方向、多角度、多层次展开的思维过程。发散思维的特点是大胆假设，不受现有知识的局限，不受传统观念的束缚，思维的结果是产生新答案，发现新事物，创建新理论，开拓新领域。根据第一个提出发散思维这个概念的心理学家吉尔福特的观点，发散思维有三个特性。一是流畅性。它是指思维活动畅通无阻，能在较短的时间内产生较多的观念，寻找较多的答案。评价个体发散思维流畅性的指标是发散的观念或答案的"个数"。二是变通性。它是指思维过程能随机应变，

---

① 胡卫平：《论科学创造力的结构》，载《教育科学研究》，2001（4）。

② 王守忠：《创造力的结构研究》，载《经济师》，2006（2）。

触类旁通，思路开阔。评价个体发散思维变通性的指标是发散的观念的“类别”。三是独特性。它是发散思维的精华，也是创造性思维在创造活动中最突出、最集中、最重要的功能。独特性是指思维活动能突破常规和经验的束缚，能用前所未有的新观点、新方法、新角度去认识事物和解决问题，提出超乎寻常的新观念。评价发散思维独特性以“新颖”和“稀缺”为标准。根据吉尔福特的观点，发散思维是求异思维，与之对应的是求同思维，也就是辐合思维，它是把问题所提供的信息集中起来，朝着同一个方向寻求一个正确答案的思维过程。在创造性思维过程中，发散思维与辐合思维是交替进行、协同活动的，是同一过程的两个方面，同一思维链条上的两个环节，创造性思维活动是两者的统一。如果不进行发散思维，则思路闭塞，难以产生众多的新观念、新思想和新方法；如果不进行辐合思维，则无法对发散的新观念、新思想和新方法进行评价和选择，从而得出最佳的创造性思维成果。所以，创造性思维是一种以发散思维为核心，以辐合思维为条件，二者有机结合的思维形式。

创造性人格是一个人在创造活动中对完成创造任务起促进作用和保证作用的稳定的心理特征。它所要解决的是一个人“愿不愿创造”“敢不敢创新”的问题。创造性人格的组成成分是多种多样的，其中既有显示个体差异的特征，也有体现共同点的相似特征。例如，卡特尔等人对美国杰出科学家采用卡特尔16种人格因素量表进行测试，得出了高智慧性、高好强性、高敢为性、高敏感性、低乐群性、低乐观性的创造性人格特征。有些心理学家对在创造性行为中产生积极作用的人格因素进行了探索，发现了创造性人格的一些特点。吉尔福特认为，创造性人格有八个特点：①有高度的自主性和独立性，不雷同；②有旺盛的求知欲和刻苦钻研精神；③有强烈的好奇心；④知识面广，善于观察，有较强的记忆力，但对日常琐事漫不经心；⑤在工作和学习中有条理、准确、严谨；⑥有丰富的想象与直观能力，善于抽象思维，智力活动广泛而强烈；⑦富有幽默感，爱好文艺；⑧面对疑难问题能够轻松自在地应付，并能排除一切外来干扰全神贯注于问题的解决。戴维斯（Davis）在第22届国际心理学大会上总结了前人的研究，提出了10个创造性人物共有的人格品质：①独立性强；②自信心强；③敢于冒风险；④具有好奇心；⑤有理想抱负；⑥不轻易听从他人意见；⑦对于复杂奇怪的事物会感到有一种魅力；⑧具有艺术上的审美观；⑨富有幽默感；⑩兴趣爱好既广泛又专一。

（四）创造力的测量

创造力的测量或者说创造力的测验与智力测验有显著的区别。创造力的测量着重于测量未知的、新颖的、独特的答案或解决问题的方式和方法，而智力测验着重于测量唯一的或最佳的、确定的答案或解决问题的方式。创造力是由创造性人格和创造性思维构成的，所以，有专门测量创造性人格的创造力测验，也有专门测量创造性思维的创造力测验，如美国明尼苏达大学托兰斯（Torrance）等人设计的创造性思维测验。由于创造性思维的主要心理成分是发散思维，吉尔福特等人设计了专门测验发散思维的创造力测验。① 由于创造力的测量内容和着重点与智力测验存在区别，所以测验的方法也存在区别。创造力测量可以采用智力测验一直使用的测验法，即采用标准化的题目、按规定的程序对被试进行测验，然后将测验的结果与常模进行比较，最后根据比较的结果来评价被试的创造力。由于设计测验的过程比较科学，测验的操作过程简便易行，因此在创造力测量中应用很普遍。创造力测量还可以采用实验法，这种方法一般不会应用于智力测验。这种方法是在实验室中给被试设置特定的问题情境，并控制和改变一些条件，要求被试做出反应，根据反应结果来测量被试的创造力。实验法对问题条件的要求和控制比较严格，对被试的评分标准不好把握，所以这种方法操作较难。

二、智力与创造力的区别

智力和创造力都是人类智慧的体现，但两者之间存在着如下区别。

首先，智力与创造力归属的范畴不同。智力属于能力的范畴，也就是说智力也是个体的一种稳定的心理特征。但创造力不能归属于能力的范畴，它也不是一种稳定的心理特征。正因为创造力不属于能力的范畴，所以有一些心理学文献将创造力称为创造性。从人的心理结构来分析，创造力既不是一种心理过程，也不是一种心理特征，更不是一种心理状态或心理动力。有人认为创造力所表现的行为是问题解决的最高形式，所以大多数的普通心理学教材中都没有创造力的相关内容，而在教育心理学教材有关问题解决的章节中都有关于创造力的内容。由此可见，创造力是人的一种综合性的心理品质，目前还只能视其为问题解决的最高形式。

其次，智力与创造力的心理成分不同。智力是个体有效地进行认知活动的那些稳定的心理特征，智力的主要心理成分是认知因素。在我国的一些心理学家看来，智力就是观察力、记忆力和思维力等认知能力的综合。创造力的心理成分要比智力复杂，在创造力的心理成分中，不仅有认知因素，如创造性思维，还有情感、意志和人格因素。由于二者的心理成分不一样，所以二者在功能上也有显著区别，智力的功能主要是使人们能够有效地进行认知活动，而创造力的功能是要向个体和社会提供新颖、独特、有价值的产品。

最后，智力与创造力的发展过程不同。智力的发展是一个相当稳定的过程，每个人的智力发展过程趋势是先快后慢，但创造力的发展过程没有智力发展过程那么稳定，其发展是波浪式的，存在着起伏。在个体创造力的发展过程中，有时会因为各种原因出现低潮，但智力发展不会出现这种现象。智力发展的巅峰时期一般为 20～30 岁，但创造

① 叶奕乾、孔克勤：《个性心理学》，513 页，上海，华东师范大学出版社，1993。

力发展的巅峰时期却没有一个固定的年龄段。在不同的专业、职业和学科领域中，创造力的巅峰时期是有差异的。但总的来看，创造力发展的巅峰年龄要晚于智力发展的巅峰年龄。

三、智力与创造力的关系

关于创造力与智力之间的关系，心理学界有不同的看法。有学者认为创造力和智力是一种包容关系，创造力是智力的构成因素；也有学者认为智力与创造力是两种完全不同的能力；但多数学者认为智力与创造力是两种不同但又密切相关的心理品质，智力与创造力之间是一种相对独立但在一定条件上又相关的非线性关系。这种非线性关系可以归纳为以下四点。

首先，低智力的人不可能具有较高的创造力。智力较低的人在自己活动的领域中，由于对客观事物的认知不全面、不深刻、不精确，所以不可能提出新思想和新观念。在解决问题的过程中，他们也总是墨守陈规，不可能采用新颖和独特的方法。

其次，在智力水平高的人中，有的人具有高水平的创造力，但有的人缺乏创造力。在现实生活中，有许多智力水平很高的人，知识经验丰富，在本行业中也取得了很大的成就，但是却没有什么创新和发明。当然，也有一些人不仅智商高，而且在自己从事的专业领域中经常会提出一些有价值的创意。

再次，在创造力低下的人中，有的人智商很高，认知能力很强，学习各种新知识和新经验的速度也很快，但是他们就是不能在自己掌握的知识经验的基础上提出一些新想法和新观点，在解决问题的过程中也不能根据自己掌握的经验来设计出新方法。但在低创造力的人当中，也有许多人的智力发展水平较低。

最后，具有较高创造力的人必须具有高于一般水平的智力。在现实生活中，那些向社会提供过新颖、独特、有价值的产品的创造者都不是智商较低的人。总之，根据智力与创造力的这种非线性关系，可以说智力是创造力的必要条件，但不是创造力的充分条件。

第八章　个性差异——人格

学习要求

1. 概念识记：人格、气质、性格、性格的结构。
2. 分析理解：气质的分类、性格类型的差异。
3. 思考运用：气质对生活实践的影响，人格发展影响因素，学生健全人格培养途径。

人格是什么？有人认为人格是一种德性；也有人认为人格是一种尊严；还有人认为人格是一种力量，可以吸引人、感化人、激励人……无论怎样认识，人格对人而言似乎是无所不包、无处不在的。人格影响着我们的行为，进而影响着我们的人生。

第一节　人格概述

一、人格的概念和特性

人格“personality”一词源于古希腊语 persona，原意是指古希腊罗马时代的喜剧演员在舞台上扮演角色所戴的假面具，它代表剧中人物的角色和身份，表现剧中人物的某种典型心理，如狡诈的人、忠厚老实的人等。心理学沿用其含义，把一个人在人生舞台上所扮演角色的种种行为及其心理活动都看作人格的表现。人格是人类心理的重要组成部分，它不仅使人们的行为和心理活动表现出不同的特点，而且还是人们各种行为和心理活动的动力源泉。

人格是有着多种含义的概念，有时指人品，与品格同义。在日常生活中，人们常常从伦理道德出发使用“人格”一词对人的行为进行评价，如说某人人格高尚，某人人格卑劣，某人缺乏人格。心理学意义上的人格是多侧面、多层次、复杂的心理现象的统一体。心理学家关于人格的定义有许多。据美国心理学家奥尔波特（Allport）1937 年统计，人格定义已达 50 多种，人格的现代定义也有 15 种之多。人格定义的不同，反映了心理学家们对人格研究的侧重点以及所采用的研究方法的不同。

（一）人格的独特性

人格的独特性是指每个人的心理和行为是各不相同的，正如世界上找不到两片完全相同的树叶，我们也找不到两个人格完全相同的人。每个人都有自己的人格，每个人的人格都有自己的独特性，正所谓“人心不同，各如其面”。例如，有的人表面和蔼可亲，但内心暴躁；有的人乐观开朗，待人真诚友好，做事踏实，但缺乏开创精神；有的人多愁善感，优柔寡断，缺乏自信；有的人沉着镇定，有主见，不人云亦云等。

当然，我们强调人格的独特性，并不是排除人格的共同性。事实上，人格是独特性与共同性的统一。人格的共同性是指某一群体、某个阶层或某一民族，在一定的群体环境、生活环境、自然环境中形成的共同的典型的心理特点。对民族特征的研究表明，各民族有自己的整体特点，如美国人随和开朗，喜欢冒险开拓；德国人谨慎多思；法国人浪漫而富有艺术气质；中国人勤劳勇敢，情感含蓄，善于克制自己等。这是由本民族的文化传统、生活方式所决定的。

（二）人格的稳定性

人格的稳定性是指一个人的人格具有跨时间、跨情境的一致性。人格是一个人在成长过程中受家庭、社会潜移默化的影响，受学校教育的熏陶，以及个人长时间实践逐渐塑造而成的。它一经形成就显得比较稳定，正所谓“江山易改，本性难移”。比如，我们说某人做事谨慎，说明他平时都循规蹈矩、做事稳重，而偶尔表现出的冒失、轻率等行为，则并不是他的人格特征。

人格具有稳定性，并不是说人格是一成不变的，人格具有可变性和可塑性。由于人格的特征是在生活实践中逐渐形成的，所以随着社会生活条件的改变，人格也会有所变化。生活中的重大事件，如丧失配偶、迁居异地等，往往会使一个人的人格发生突变。意志坚强的人通过自我教育也可能改善自己的人格。

（三）人格的整体性

人格的整体性是指构成人格的各种心理成分不是相互独立的，也不是机械地联合在一起，而是错综复杂地相互联系、交互作用，构成个体整个心理面貌的完整的功能系统。人格对人的心理活动和行为的调节是由人格系统的整体起作用的。

首先，人格的整体性表现为各种心理成分的一致性。一个正常的人总是能及时地、正确地认识和评价自己，及时地调整内部心理世界中的各种矛盾，调整人格中的各种心理冲突，使人的心理和行为经常保持和谐一致。如果没有这种一致性，人就会长期处于对立的动机、价值观、信念的斗争中，人的心理活动就会出现无序的状态。这就是人格分裂，也称“二重人格”或“多重人格”。

其次，人格的整体性表现在人格是由各个紧密联系的成分构成的多层次、多侧面、多水平的统一整体。构成个体人格的各种成分中，有的是主要的，起主导作用；有的是次要的，起辅助作用。起主导作用的成分决定个体人格的基本特征。

最后，人格的整体性还表现在只有从整体出发，在和其他人格特征联系中，才能认识个别人格，使其具有确定的意义。如沉默寡言使人显得孤独这一特征，在不同人的身上有不同的意义。甲可能由于怕羞，不愿出头露面，这是怯懦的表现；乙可能是不想暴露自己的真实面貌，这是虚伪的表现；丙可能是想靠别人的努力来满足自己的需求，这是懒惰的表现。

（四）人格的社会性

人既是一个自然实体，又是一个社会实体。因此，人格的形成既受生物学规律的制约，又受社会因素的制约，可以说是一个人由生物实体向社会实体转化的过程，即个体社会化的过程。所谓社会化，是个人在与他人交往中逐步掌握社会经验和行为规范，获得自我的过程。每个人的人格都打上了他所处的时代的烙印，不同社会的政治、经济、文化对个体有不同的影响，使其人格带有明显的社会性。

二、人格的结构

人格是受一定个性倾向性制约的心理特征组合而成的一个复杂的结构系统，其中包含着许多成分。

第一，知—情—意系统。认知过程，情绪、情感过程和意志过程是人们都具有的共同心理现象，但是每个人在这三方面都表现得千差万别，这种个体差异现象就属于人格结构的成分。

第二，心理状态系统。心理状态是指在某一时刻或某段时间内相对稳定的心理活动背景，包括意识状态、注意、情绪状态等。这些心理状态直接影响心理活动的差异性。

第三，人格动力系统。这是人格中最活跃的成分，是个体心理活动的动力，也是制约并决定人的心理活动的进行、方向、强度和稳定水平的结构，包括需要、动机、兴趣、价值观和世界现等。例如，不同的价值观决定了人们选择不同的生活目标和人生方向，决定着人们不同的追求与待人处事的方式。价值观形成后就具有相当的稳定性，对人格系统起着控制作用。在人格动力系统中，需要是最基本的成分，是形成其他心理倾向的基础。

第四，心理特征系统。心理特征是指个体经常地、稳定地表现出来的心理特点，这一系统包括能力、气质和性格三种成分。心理特征系统是人格中最稳定的成分，但又是可变的。心理特征是在心理过程中形成的，并且表现在一定的心理过程中，对个体的心理活动起重要的调节作用。

第五，自我调控系统。这是以自我意识为核心的人格调控系统，包括自我认识、自我体验、自我控制三个子系统。自我调控系统的主要作用是对人格的各个成分进行调控，保证人格的完整、统一、和谐。自我认识是对自己的洞察和理解，包括自我观察和自我评价，其中自我评价是自我调节的重要条件。自我体验是自我意识在情感上的表现，是伴随自我认识而产生的内心体验。自我控制是自我意识在行为上的表现，是实现自我意识调节的最终环节。

人格的五个系统之间并非完全独立，而是相互之间有重合，这种重合使人格的各成分之间具有相互影响、相互制约的关系，也使人格构成一个整体。这五个系统成分的独特结合就构成了每个人的独特人格。

三、气质

心理学中所说的气质，并非日常生活中所指的一个人的风度或仪表，而是俗称的“脾气”。每个人都有各自不同的性情脾气，如有的人活泼好动、反应机敏；有的人安静沉稳、反应迟缓；有的人情绪容易激动、一触即发；有的人则情绪柔弱、不露声色等。这都是人的气质表现，它体现了人与人个性差异的另一个侧面。

（一）气质的概念

气质是指主要是与生俱来的心理和行为特征，也就是由遗传和生理决定的心理和行为特征。气质实际上是指人格中最稳定的、在早年就表现出来的、受遗传和生理影响较大而受文化和教养影响较小的那些层面。

1. 气质是心理活动的动力特征

所谓动力特征是指心理活动的速度、强度、灵活性和倾向性方面的特点。在现实生活中可以观察到，有的人性情急躁，易发脾气，遇事不能三思而后行；有的人则冷静沉着，不易发火，遇事总要三思，虽然内心不快但也不立即表露出来；有的人行动缓慢，言语乏力；有的人则动作敏捷，言语有力。这些心理的动力特征给个体的全部心理活动染上了一层个人色彩，体现出不同的气质特征。

2. 气质的先天性

气质特征在出生不久的婴儿身上就有所表现，具有明显的天赋性。从婴儿身上可以发现，有的好吵闹、好动、不认生；有的则比较沉稳、安静。这些差异基本是由神经系统的先天特征造成的。

气质特征和遗传有关系。研究表明，同卵双生子要比异卵双生子在气质上更加相似，即使把同卵双生子分别放在两种不同的生活环境和教育下培养，他们仍然表现出相似的气质特点，差异不大。

如果说性格主要依赖于个体后天生活的条件，特别是社会生活条件，那么对气质来说，个体的某些先天的生物学特性就起更大的作用。

3. 气质的稳定性和可变性

气质的稳定性首先表现在它不依赖于人的活动的具体目的、动机和内容。在不同性质的活动中，一个人的气质特征往往表现出相对稳定的特点。例如，一个情绪爱激动的学生，上课时可能爱举手发言，考试前容易心神不定，参加体育比赛时也显得沉不住气。

气质的稳定性还表现为在不同年龄段，个体的气质特点是相对稳定的。研究表明，儿童在内向和外向方面所表现出来的气质特点，在生命的最初几年内就表现出来了。这些特点在他们后来的生活中也很少改变，如友好的婴儿倾向于成长为友好的少年，而不友好的婴儿成长为不友好的少年的可能性更大一些。

气质的稳定性并不意味着它完全不能变化。在生活环境和教育条件的影响下，气质可以被掩盖，也可以得到一定程度的改造。例如，在集体生活的影响下，有些情绪易于激动的人可能变得比较能够克制自己，有些动作缓慢的人可能变得行动迅速起来。

（二）气质类型及其特征

1. 气质的类型

（1）希波克拉底划分的气质类型

古希腊医生希波克拉底认为，人体有血液、黏液、黄胆汁、黑胆汁四种体液。希波克拉底根据哪一种体液在人体中占优势，把气质分为多血质、黏液质、胆汁质和抑郁质。多血质的人体内血液占优势，黏液质的人体内黏液占优势，胆汁质的人体内黄胆汁占优势，抑郁质的人体内黑胆汁占优势。希波克拉底用体液多少来解释气质的类型，虽然缺乏科学根据，但人们在日常生活中确实能观察到这四种气质类型的典型代表。所以，这四种气质类型的分类为许多学者所采用。

（2）巴甫洛夫划分的高级神经活动类型

巴甫洛夫认为，人的气质是由人的高级神经活动类型决定的。巴甫洛夫用条件反射方法研究动物高级神经活动时发现，大脑皮层神经活动的兴奋与抑制过程具有三个基本特征。首先，神经过程的强度，即神经细胞和神经系统的兴奋与抑制的工作能力和耐力。兴奋与抑制能力强，其神经活动就是强型；兴奋与抑制能力弱，其神经活动就是弱型。其次，神经过程的平衡性，即兴奋与抑制在强度方面的相对均势或优势。兴奋与抑制的能力基本接近就是平衡型，兴奋能力明显高于抑制能力就是不平衡型。最后，神经过程的灵活性，即兴奋与抑制过程相互转化的速度。抑制与兴奋转换迅速的为灵活型，抑制与兴奋转换缓慢的为不灵活型。

巴甫洛夫根据神经系统的三个基本特性相互组合的特点，把高级神经系统活动划分为四种基本类型：强、不平衡型（不可遏制型），强、平衡、灵活型（活泼型），强、平衡、不灵活型（安静型）和弱型（抑制型）。

巴甫洛夫高级神经活动类型的学说和传统的气质类型相对应，不可遏制型相当于胆汁质，活泼型相当于多血质，安静型相当于黏液质，弱型相当于抑郁质。巴甫洛夫划分的高级神经活动类型如表 8－1 所示。

表 8－1　巴甫洛夫划分的高级神经活动类型

高级神经活动类型	强　度	平衡性	灵活性	行为特点	气质类型
不可遏制型	强	不平衡	—	攻击性强，易兴奋，不可抑制	胆汁质
活泼型	强	平衡	灵活	活泼好动，反应灵活，好交际	多血质
安静型	强	平衡	不灵活	安静、坚定、迟缓，有节制，不好交际	黏液质
抑制型	弱	—	—	胆小畏缩，消极防御反应强	抑郁质

2. 气质的类型特征

（1）胆汁质

在情绪方面，无论是高兴还是忧愁体验都非常强烈和迅速，而在情绪宣泄之后很快又平息下来。智力活动具有极大灵活性，但理解问题有粗枝大叶、不求甚解的倾向。行动上生气勃勃，工作表现得顽强有力。精力旺盛，刚强，易感情用事，整个心理活动有着迅速而突发的色彩。

（2）多血质

情绪易表露也易变化，很敏感，遇到不如意的事就会痛哭，只要稍加安慰或者有高兴的事，马上就能破涕为笑。思维灵活，反应迅速，但往往比较浮躁，对工作有热情但不能长期保持热情。对环境易适应，乐于交往。有朝气，活泼好动，动作敏捷。

（3）黏液质

情绪兴奋性比较微弱，心情比较平稳，变化缓慢，不容易产生强烈的不安感或激情。在进行任何工作之前都进行细致的考虑，能坚定地执行已做出的决定，不慌不忙地去完成工作。往往对习惯的工作表现出一定的热情，但不容易习惯于新工作。稳重但灵活性不足，踏实但有些刻板，沉着冷静但缺乏生气。

（4）抑郁质

情感生活并不丰富，且很少外露，但对生活中遇到的波折体验却很强烈，如果没有做好工作，会感到很大的痛苦，且经久不息。对事物反应有较高的敏感性，能体察到一般人所觉察不出来的事件。很少表现自己，尽量摆脱出头露面的活动。动作显得缓慢、单调、深沉，不爱与人交往。看上去敏锐、稳重、温柔、怯懦、孤独。

在现实生活中，单纯的四种气质类型的人是极少数的，中间型或混合型的人占绝大多数。

（三）气质对生活实践的影响

1. 气质本身无好坏之分

在评定人的气质类型时，不能把某一类型评定为消极的而把另一种类型评定为积极的。

每种气质类型都有其积极的方面和消极的方面。例如，胆汁质的人，精力充沛，耐受力强，但易怒急躁，难以自制；多血质的人，灵活机敏，反应迅速，容易适应新的环境又有较强的耐受力，但注意不稳定，兴趣容易转移，对事物的认识不深入，容易浅尝辄止；黏液质的人，相对来讲，反应迟缓，行动缓慢，但有耐心、恒心，考虑问题细致周到；抑郁质的人信心不足，野心不大，耐受力差，容易疲劳，但精力集中，情感细腻，谨慎细心。

气质的双重性还表现在一种气质类型在影响人的心理过程的进行和个性品质的形成上，都存在向好和向坏两个方面发展的可能性，在一种情况下可能具有积极的意义，而在另一种情况下可能具有消极的意义。例如，胆汁质气质类型的人，兴奋性强，易冲动，当别人处于困难境地时，常常见义勇为，拔刀相助。但在人们闹纠纷时常常不由自主地加入到纠纷之中，由旁观者变成参与者。

气质的价值会随着人的个性的其他品质而转移，特别是与性格的道德特征、动机、信念有密切的关系。例如，胆汁质的人，如果受到积极的教育会形成热情开朗、忠诚耿直、果断坚强、朝气蓬勃、有进取心的心理品质；如果受到消极的影响就可能形成任性、暴躁、易怒、感情用事、毫无自制的心理品质。

2. 气质不能决定一个人的社会价值与成就的高低

在任何一个领域内的杰出人物中都可以找出不同气质类型的人。例如，俄国著名文学家普希金属于胆汁质，赫尔岑属于多血质，克雷洛夫属于黏液质，果戈理属于抑郁质。他们虽属不同的气质类型，但都在文艺领域内取得了杰出的成就。所以，当自己的气质类型与某项工作不匹配时，不要妄自菲薄、悲观失望，应积极进行自我分析与观察，选择切实可行的方法进行改进，直到取得最后的成功。

3. 气质对人的活动适应性和活动效率有影响

气质虽然在人的实践活动中不起决定的作用，不能决定一个人的成就大小，但是对人在不同性质的活动中的适应性，甚至活动的效率却有一定的影响。例如，要求做事灵活、反应迅速的工作对多血质和胆汁质的人较为合适，黏液质与抑郁质的人则较难适应；反之，要求持久、细致的工作对黏液质和抑郁质的人较为合适，而胆汁质和多血质的人较难适应。不同气质类型的人在从事上述工作时，工作效率就会有差异，即使取得相同的工作效率，其个人的努力程度也会不同。因此，在选拔和培训某些特殊专业工作人员时应特别注意其气质特征，要进行气质类型的鉴定。

（四）气质在教育和管理工作中的意义

教育和管理工作者掌握气质方面的知识有助于对工作对象的了解，进而有效地组织教育教学工作和管理工作。

教育和管理工作者要善于区分和正确对待工作对象的气质类型特征，发展其积极品质，克服其消极品质。例如，胆汁质的人，容易形成热情、开朗、刚强、勇敢、坦率等品质，但也容易出现暴躁、任性、感情用事等缺点；多血质的人，容易形成有朝气、热情、活泼、爱交际、有同情心、思想灵活等品质，但也容易出现变化无常、粗枝大叶、浮躁、缺乏一贯性的缺点；黏液质的人，容易形成自制、镇静、踏实等品质，但也容易出现冷淡、迟缓、固执等缺点；抑郁质的人，容易形成思想敏锐、细心、想象力丰富、情感深刻等品质，但也容易出现多疑、孤僻、忧郁、怯懦等缺点。教育与管理工作者掌握了这些特点，就可以有针对性地做好教育与管理工作。

我们要针对学生的气质特点，进行因人而异的教育与管理。气质并不是一朝一夕可以改变的，因此，教育与管理工作要根据人的气质特点，采取适合学生气质类型的教育方法和管理方法，使工作收到良好的效果。例如，对胆汁质的学生应避免“顶牛”，遇事采用冷处理、耐心说服的方法效果为佳；对多血质的学生要求他们克服粗枝大叶和变化无常等缺点，引导他们保持热情、活泼、富有同情心和高效率等品质；对黏液质的学生要留给他们充分的时间余地，激发他们对学习和对他人的热情，多给予他们在班组集体活动中锻炼的机会；对于抑郁质的学生要给予更多的体贴和照顾，避免在公开场合指责。

要引导学生认识自己的气质特点，只要有意识地控制自己气质中的消极方面，发扬积极方面，善于支配自己的行为，那么任何一种气质类型都有发展成良好个性的可能。

当然，人的行为不取决于气质，而是取决于在特定社会环境和教育影响下形成的动机和态度，但气质在人的实际活动中也具有一定意义，是人个性中的一个重要侧面，因此必须对其予以重视。

四、性格

（一）性格的概念

性格是指个人的品行道德和风尚，它是人格结构的一个重要组成部分，是个人有关社会规范、伦理道德方面的各种习性的总称。在国外的心理学文献中，“性格”一词源于希腊语，意为雕刻的痕迹或戳记的痕迹。这个概念强调个人的典型行为表现和由外部条件决定的行为。我国心理学界倾向于把性格定义为个人对现实的稳定的态度以及与之相适应的习惯化的行为方式。

在我国的心理学文献中，性格与人格是两个不同的概念：性格包含于人格之中，是人格结构的一个主要成分。但在日常生活中，人们常常把人格和性格混同起来，如说“他天生是个懦夫和坏蛋”，或说“阴险刻薄是他的天性”。有的人格特征（如气质）是与生俱来的，但性格却是后天形成的。因此，我们有必要把性格和人格这两个概念区别开来。

作为个人鲜明而稳定的心理特征，性格是由多方面的特征有机地结合而成的，不同的人有不同的性格。这种不同一方面表现为性格特征的不同，另一方面表现为性格类型的不同。

（二）性格的结构

1. 表现在个人对现实的态度方面的特征

个人对现实的态度是多种多样的，这类性格特征有三方面：第一，对社会、对集体、对他人的态度，如热爱祖国，热爱人民，具有高度的社会责任感，关心社会进步和人民幸福；第二，对劳动、对工作、对学习的态度，如勤劳、有责任心、认真，或懒惰、不负责任、粗心大意；第三，对待自己的态度，如自尊自强、谦逊谨慎，或自暴自弃、妄自尊大等。

2. 表现在意志方面的特征

性格的坚强或懦弱常常受意志的影响，不同的意志品质反映到一个人的性格中就构成个人性格的意志特征。属于这类特征的有自觉性、果断、坚强、勇敢，或相反的如盲目、优柔、冲动、怯懦等。对于人的性格的意志特征，只有和道德品质、活动的社会意义结合起来考虑才能给予正确的评价。

3. 表现在情绪方面的特征

每个人都有自己独特的情绪生活。当人的情绪对生活产生影响或人对情绪的控制具有某种稳定的、经常表现的特点时，这些特点就构成性格的情绪特征。它主要表现在情绪反应的强弱和快慢、起伏的程度、保持时间的长短和主导心境的性质等方面。比如，有的人在情绪发生时体验强烈，一切活动都受情绪支配；有的人则不容易动情，情绪体验较微弱。有的人情绪波动大，喜怒无常；有的人情绪较稳定。有的人喜怒哀乐形于色，有的人外热内冷等。

4. 表现在理智方面的特征

性格的理智特征是指个体在认识事物过程中表现出来的一些差异，主要反映在人的观察活动、思维活动、想象活动和记忆活动等方面，如观察仔细、敏锐或粗略、迟钝，善于独立思考或爱搬用现成答案，想象丰富或缺乏想象力等。知觉方面有被动感知型和主动观察型、详细罗列型和概括型、快速型和精确型、记录型和解释型的差别。

上述各项性格特征往往互相联系、互相制约，构成统一的整体而存在于一个人的身上。所以，我们可以依据某人的某些性格特征来推测其他方面的特征。比如，一个人对工作的责任心比较强，那么这个人一定比较热情，有恒心、有毅力，能自我控制。由于人的性格特征十分丰富，而其具体表现和结合方式更是复杂多样，通过将某一类人身上具有的性格特征的独特结合划分为一定的性格类型，就成了把握不同人性格的便捷而准确的方法。

（三）性格类型的差异

性格类型是指在一类人身上所共有的性格特征的独特结合，人的性格因此表现出差异性。性格的极端复杂性给性格类型的划分带来了很大的困难，下面简要介绍几种不同的分类。

1. 根据心理机能划分

19 世纪，英国学者培根等根据智力、情感和意志三种心理机能在性格结构中何者占优势，把人的性格区分为理智型、情绪型和意志型。理智型的人通常以理智衡量周围的事物和支配自己的行为，他们的智力相对于情感和意志更具优势。情绪型的人行动易受情绪的左右，他们的心理机能以情感占优势。意志型的人具有明确的行动目的和较强的自制能力，他们的意志明显地比智力和情绪占优势。

根据心理机能划分性格类型简单易行、清晰明了。但是，它忽略了人对现实的态度体系以及相应的行为方式是构成性格的基础。这种态度是不能用心理机能的相对优势来说明的。另外，人的心理机能是一个互相联系、互相制约的完整体系，一个人的情绪和意志不可能与他的智力活动分开。因此，要想人为地确定某种心理机能的相对优势是比较困难的。

2. 根据文化生活的形式划分

德国心理学家斯普兰格（E. Spranger）提出，人类文化生活有六种形式，即经济的、理论的、审美的、权力的、社会的、宗教的，并进而把人的性格划分成相应的经济型、理论型、审美型、权力型、社会型、宗教型六种类型。

经济型的人以经济的观点看待一切事物，从实际效果来判断事物的价值。具有这种性格类型的人以获得财产、追求利润为生活目的。理论型的人冷静而客观地观察事物，根据自己的知识体系来判断事物的价值，但遇到实际问题时无法处理。理论型的人以追求真理为生活目的。审美型的人不大关心实际生活，从美的角度来判断事物的价值。艺术家多属审美型。权力型的人重视权力，并努力去获得权力，总想指挥别人或命令别人。这种类型的人常常是为做官而工作，不是为工作而做官。社会型的人重视爱，以爱他人为其最高的价值，有志于增进他人或社会的福利。宗教型的人相信宗教，坚信永存的绝对生命。

斯普兰格相信，纯粹属于某种性格类型的人很少，多数人是各种类型的混合型。斯普兰格按人们的生活方式来划分人的性格类型，强调社会生活条件在性格形成中的作用，在人格问题的理论研究上较前人前进了一步。在他列举的各类性格的典型特征中，较多地注意到人对现实的不同态度，如经济型的人以经济的观点看待一切事物；权力型的人重视权力，有很强的控制欲等。这些描述都涉及性格较核心的内容，因而比将性格的研究仅仅停留在心理机能的水平上有所进步。但是，斯普兰格对性格类型的典型特征的描述比较笼统，难以通过测验来具体测定。

3. 根据心理活动的倾向划分

瑞士心理学家荣格提出，根据个人心理活动的倾向可以将性格划分为内倾（向）型和外倾（向）型。内倾型的人心理活动倾向于内部，安静、爱幻想、好沉思、喜内省，并且抵制外部的影响，对与事物比与人打交道更感兴趣。这种人在同别人和外界接触中缺乏自信，而且比较倾向于孤僻和害羞，但擅长自我分析和自我评价。有人把内倾看成自我封闭、冷淡、孤立的代名词，其实内倾的人同样具有强烈的交往需要，只是缺乏主动性，期望别人主动亲近自己，在感情上包容接纳自己。外倾型的人心理活动倾向于外部，活泼开朗，容易适应环境的变化，不拘小节，活动能力强，但不愿冥思苦想，易轻率。他们善于在活动和群体交往中表达自己的情绪和情感，易交朋友。

内倾或外倾是相对而言的。并不是说内倾的人就不可能有时更开朗些，或者外倾的人就不能停下来思考一会儿。一个人只是或多或少地属于内倾或外倾，表现程度不同而已。

4. 根据个体的独立性划分

威特金依据场的理论，把人分成场依存型和场独立型两种性格类型。场依存型的人倾向于以外在参照系统作为信息加工的依据，易受外来因素的干扰。场独立型的人则倾向于利用内在参照独立地对事物做出判断，不易受外来因素的干扰。

许多研究表明，场依存型的人社会敏感性较高，较容易使用外在的社会参照框架，更关心别人提供的社会线索，对他人感兴趣，善与人相处；但他们也经常不加批判地接受别人的意见，应激能力差。场独立型的人在人际关系上比较自主，具有把握社会环境的能力，在困难中不惊慌失措，能发挥自己的力量，更自信、自尊；但他们对社会的敏感性差，喜欢一意孤行。

（四）性格与气质的关系

在生活中性格与气质的概念常混用，但实际上性格和气质是既有区别又相互影响的两个概念。

1. 性格与气质的区别

从性质上讲，性格的社会制约性强，在人的性格结构中道德品质、人生观、世界观有重要的作用。因此，在不同的社会生活条件下，人们的性格有着明显的差别。而气质是表现在人的心理过程和行为中的动力特点，如心理活动的速度、稳定性、灵活性、倾向性等，它由人的神经系统和某些生物学特点，特别是脑的特性所决定。

在个体的心理发展过程中，气质形成得早，表现在先，并且不易变化；性格形成得晚，表现在后，它虽然也具有一定的稳定性，但在社会生活条件的影响下比气质更容易变化。

2. 性格与气质的相互影响

性格对气质有显著的影响，在一定的条件下，性格可以掩蔽和改造气质，使它服从生活实践的要求。例如，一个在严格的生活环境中养成了高度自制力的人，会善于控制自己暴躁而易于冲动的气质特点；一个在集体生活中养成了关心集体、关心他人的品质的人，会加强自己与他人的交往，使自己内倾的气质得到改造。

气质对性格的影响表现在两个方面。第一，气质影响一个人对事物的态度和行为方式，因而使性格染上某种气质的色彩。例如，两个人都具有热爱劳动的性格特征，但由于气质不同，胆汁质的人表现为热情奔放，干活时雷厉风行；黏液质的人善于思考，工作安排周密，行动从容不迫，效率稳定而持久。又如，两个人都很善良，多血质的人表现得和蔼可亲，黏液质的人则表现得沉静而富有同情心。第二，气质影响到性格的形成和发展。例如，胆汁质与多血质混合的气质比黏液质更容易培养勇敢、果断、主动等性格品质，而黏液质比胆汁质有利于发展忍耐、自制等性格品质。

第二节　人格发展的影响因素

人格是如何形成的？这是人格心理学家探讨的另一个重要主题。当代心理学家的共识是：人格是在遗传与环境的交互作用下逐渐形成的。影响人格形成和发展的因素包括主体的生物遗传、自我调控和客观的社会文化、家庭环境、自然物理、学校教育等因素。

一、遗传的作用

艾森克不仅致力于人格结构的分析，而且试图寻求人格形成的原因。艾森克认为，人格的个体差异主要是遗传造成的，他的主要根据包括三个方面。第一，人格的三种基本特质在一个人的一生中保持相当的稳定性。一项研究表明，被试在45年内的内外向性保持在一定水平上。第二，跨文化的研究表明，在不同国家、不同文化背景中，不同的研究者运用不同的方法都发现了人格的三种基本特质，即内外向、神经质和精神质。如果不是生物因素起主导作用，就不能解释这样的跨文化一致性，因为不同的国家、不同的文化背景意味着显著的环境和教育差异。第三，对人格的三个基本特质都可以进行生理学的解释。就内外向性而言，外向的人喜欢社交和刺激较强的活动，内向的人不爱交往并喜欢安静的环境，这是因为大脑皮层的生理唤醒水平不同。外向的人皮层唤醒水平比内向的人低，所以他们要去寻求较强烈的刺激，缺少刺激对他们而言意味着枯燥、沉闷和无聊。内向的人皮层唤醒水平较高，微弱的刺激就足以维持他们的兴奋，所以较强的刺激很快就会使他们感到疲劳。因此，外向的人喜欢热闹的聚会，而内向的人却喜欢安静的环境。还有一些研究者（Stelmack，1990）从生理对刺激的敏感性来解释这种现象：内向者比外向者对刺激更敏感，所以当他们津津有味地欣赏舒缓的音乐时，那些外向者很快就厌倦了。研究者（Geen，1984）让内向的人和外向的人一边听耳机里的噪声，一边完成词语记忆任务。如果让被试自己控制耳机音量，内向的被试会把耳机音量调得比外向的被试的小一些。如果让内向的被试听音量大的噪声，让外向的被试听音量小的噪声，两组被试的词语记忆成绩都会下降。这就可以解释为什么有的学生要听着音乐看书，而有的学生要找特别安静的地方看书。当然，即使外向的人也有需要安静的时候，只是对于内向的人来说，这一刻会来得更早；即使内向的人也有需要刺激和活动的时候，只是对于外向的人来说，长时间的安静和孤独会令其觉得难以忍受（Burger，2000）。

心理学家通常用双生子研究法来研究遗传对于人格的影响。双生子有同卵双生和异卵双生之分，前者来自同一受精卵，一定是同性别，遗传基因相同；后者来自两个受精卵，可能同性别也可能不同性别，遗传基因不同（与普通兄弟姐妹一样）。研究者选择同性别的异卵双生子和同卵双生子进行比较，这两种双生子同年龄、同性别、双双生活在同一家庭环境中。如果研究结果表明同卵双生子比异卵双生子更相像，就可以将其归结为遗传的作用。研究者选取了139对四岁半的同卵和异卵同性双生子，就情绪稳定性、活动性（爱动或好静）、社会性（活泼或羞怯）三种人格特质进行了评定。研究结果（见表8－2）显示，在这三种人格特质上，同卵双生子之间的相关均显著高于异卵双生子之间的相关（Buss&Plomin，1975）。

表8－2　双生子之间人格特质的相似度

人格特质	男孩间的相关系数		女孩间的相关系数	
	同卵双生	异卵双生	同卵双生	异卵双生
情绪稳定性	0.68	0.00	0.06	0.05
活动性	0.73	0.18	0.50	0.00
社会性	0.63	0.20	0.58	0.60

但对这一结果也有不同的解释，即同卵双生子比异卵双生子的人格更相似，还可能是

因为同卵双生子比异卵双生子受到父母更为相同的对待。为此，有心理学家研究了那些出生后被分开抚养的同卵双生子。他们研究了 44 对平均十个星期大的时候就被分开而一直在不同的家庭中长大的双生子，并将研究结果与过去研究的共同抚养的双生子进行了比较：在分开抚养和共同抚养条件下，同卵双生子人格特质的平均相关系数分别为 0.49 和 0.52，异卵双生子的平均相关系数则分别是 0.21 和 0.23。这说明无论在分开抚养还是共同抚养的条件下，同卵双生子的人格特点都比异卵双生子的人格特点更为接近，进一步证实了遗传对人格形成的作用（Atkinson，1994）。

链接材料 8－1

明尼苏达大学关于分开抚养的双生子的研究

在明尼苏达大学关于分开抚养的双生子的研究中，研究者对参与研究的双生子进行了能力测验和人格测验。此外，还对这些双生子做了长期的访谈，并得到他们对有关童年的经验、恐惧、嗜好、音乐兴趣、社会态度和性兴趣等问题的回答。结果发现了一些惊人的相似性。

成长背景最不同的双生子要属奥斯卡·斯托尔和杰克·伊弗。他们出生在特里尼达和多巴哥，父亲是犹太人，母亲是德国人。他们刚出生时就被分开。母亲把奥斯卡带到德国，由信奉天主教和纳粹主义的外婆抚养。杰克由犹太人父亲抚养，他的青年时期大部分时光是在以色列的一个集体农场度过的。居住在两地的这一家人从未通过信，兄弟俩过着截然不同的生活。

20 多年未曾见过面的兄弟俩竟然表现出显著的相似性：都穿着蓝色、双排扣、带肩章的衬衫，都留有短鬓并戴金丝边眼镜，都喜欢吃辣的食物、喝甜酒，喜欢把涂了黄油的吐司放在咖啡里，都习惯在便前先冲洗厕所，甚至乘电梯时都会打喷嚏，如此等等，令人难以置信。

（资料来源：R. L. Atkinson. 心理学导论. 车文博，孙名之，等译. 台北：台湾晓园出版社，1994.）

二、环境的作用

影响人格形成的环境因素主要有以下几个方面。

（一）产前环境和出生过程

环境对一个人的影响不是从其出生才开始的，而是从受精卵形成的那一刻就开始了。子宫是影响个人成长的最早的环境。母亲的身体健康状况，接触烟酒、毒品及其他药物的情况，母亲的年龄和胎次，母亲的情绪状态以及分娩状况（如早产或难产）等都可能对个体的发展产生不同的影响，从而直接或间接地影响人格的发展。

（二）家庭

家庭是社会的细胞，是儿童最早接触的社会环境。家庭的各种因素如家庭的气氛、父母的教育态度和教养方式、儿童在家庭中的地位和作用等都对儿童人格的形成起着重要的作用。

就家庭气氛来说，如果家境不好，父母忧伤的言语与苦恼的表情就容易使生长在这样家庭中的孩子变得沉默寡言，消极悲观，甚至有点玩世不恭；也可能被锻炼得比较坚强、懂事和早熟。从这个意义上讲，家庭是制造人格的工厂。

研究人格的家庭因素的重点是探讨父母的教育态度和教养方式对人格发展和人格差异的影响。研究结果表明，在父母不同的教育态度与教养方式下成长的儿童，其人格特点有明显的差异。日本心理学家诧摩武俊对这方面的研究成果做了概括（见表8－3）。

表8－3　父母的教育态度与教养方式对子女人格特点的影响

父母的教育态度与教养方式	子女的人格特点
支配性的	依赖、服从、消极，缺乏独立性
溺爱的	任性、骄傲、自私，缺乏独立精神，情绪不稳定
过于保护的	缺乏社会性，任性、依赖、被动、胆怯、沉默
过于严厉的（经常打骂）	顽固、冷酷、残忍、独立，或缺乏自信心、自尊心，盲从、怯懦、不诚实
民主的	独立、亲切、天真、直率、大胆、机灵，有毅力和创造精神，善于协作和社交
忽视的	妒忌，情绪不安，创造力差，甚至有厌世轻生的情绪
父母意见分歧的	易生气，警惕性高；或两面讨好，好说谎，投机取巧

儿童在家庭中地位和作用的不同对儿童性格发展的影响也是不同的。科瓦列夫对一对孪生女大学生四年的观察发现，虽然她们在同一家庭、同一小学和大学的历史系中接受教育，但性格有明显差异：姐姐比妹妹好交际，善谈吐，也比较果断、勇敢和主动；在谈话和回答问题时总是姐姐先回答，妹妹只表示同意或做些补充。造成姐妹俩在性格上的差异原因之一，是她们的祖母从她们小时候就要求姐姐照管妹妹，对她的行为负责，做她的榜样，首先执行长辈委派的任务。这样，姐姐就较早地形成了独立、主动、善交际、果断等特点，而妹妹则养成了追随姐姐、听从姐姐的习惯。

（三）学校

学校教育在儿童人格形成中有着特别重要的作用。儿童进入学校，接受系统的教育，人格形成就进入了一个十分重要的时期。教师、集体、同伴群体等都是学校教育的元素。其中，教师对学生人格的发展具有指导定向的作用。

首先，每个教师都有自己独特的风格，这种风格为学生设定了一个“气氛区”，在教师的不同气氛区中，学生会有不同的行为表现。洛奇（Lodge）在一项教育研究中发现，在性情冷酷、刻板、专横的老师所管理的班集体中，学生的欺骗行为增多；在友好、民主的教师气氛区中，学生欺骗行为减少。其次，教师的言传身教对学生也有影响。有威信的教师，学生言听计从；教师的高尚品格如思想进步、强烈的责任心、富于同情心、谦虚朴素等，会对学生产生深刻的影响。再次，教师的公平公正性对学生有较大影响。一项有关教师公正性对中学生学业与品德发展的研究结果表明，学生极为看重教师对他们是否公平公正，教师的不公平和不公正表现会导致学生的学业成绩和道德品质降低。皮格马利翁效应就说明了每个学生都需要教师的关爱，在教师的关注下他们会朝着教师期望的方向发展。

集体对人格的形成有特殊意义。学生参加集体活动，受到集体舆论的影响，这对培养学生的责任感、义务感以及关心集体、关心他人的品质，增强学生的自信心，都起着至关重要的作用。日本心理学家长岛真夫曾经在一个五年级的班级进行实验。他挑选了班上地位较低的 8 名学生，让他们担任班级委员，具体指导他们完成各种工作任务。一个学期后，长岛真夫发现他们在班级中的地位有很大变化。第二学期，他们中间的 6 名学生又被选为班级委员。观察表明，6 名学生的性格表现出自尊、安定、明朗、协调、诚实、有责任心等特点。许多优秀班主任在后进学生的转化工作中都特别重视班集体的作用。

同伴群体也是一个结构分明的集体，群体内有具有上下级关系的统领者和服从者，有平行关系的合作者和互助者。离开父母或被父母拒绝是幼童焦虑的最大根源，而中小学生的焦虑则来自于同伴群体的拒绝。

（四）社会文化

社会文化因素包括文化背景、经济地位等，它对儿童的人格形成和发展会产生深刻的影响。社会文化具有塑造人格的功能，这反映在不同文化的民族有其固有的民族性格，不同的地域有着不同的文化传统，不同的文化发展时期有着不同的文化认同。

就一般的文化背景而言，世界上有 200 多个国家，我国有 50 多个民族，这些国家和民族的风俗习惯、文化发展水平等方面都存在很大的差异，这些差异从小就影响儿童的行为举止与道德规范，自然会影响儿童人格的形成与发展。例如，人们一般认为东方人顺从、随和、温文尔雅，但趋向于保守，大多数人性格内向；西方人激情满怀、豪放不羁、富于创新、敢于冒险，大多数人性格外向。

例如，米德（M. Mead）等人研究了新几内亚的三个民族的人格特征，结果表明，来自于同一祖先的不同民族各具特色，鲜明地体现了社会文化对个体的影响。居住在山丘地带的阿拉比修族崇尚男女平等的生活原则，成员之间互相友爱、团结协作，没有恃强凌弱，没有争强好胜，呈现一派亲和景象。居住在河川地带的孟都古姆族，生活以狩猎为主，男女间有权力与地位之争，对孩子处罚严厉。这个民族的成员表现出攻击性强、冷酷无情、忌妒心强、妄自尊大、争强好胜等人格特征。居住在湖泊地带的张布里族，男女角色差异明显。女性是这个社会的主体，她们每日操作劳动，掌握着经济实权；男性则处于从属地位，主要从事艺术、工艺与祭祀活动，并承担孩子的养育责任。这种社会分工使女人表现出刚毅、自主与快活的性格，男人则有明显的自卑感。

当今时代，社会文化因素对人格的影响主要是通过社会风尚、大众传媒，如网络、电视、电影、报纸、杂志等实现的。其中，网络和电视对儿童人格的影响相对更为显著。

（五）社会实践

人的社会实践是指社会活动、生产劳动、科学实验、文学艺术等活动。社会实践最终决定人的性格的形成。人在社会实践中，会根据客观现实的要求改变自己的性格，并且会形成不同的人格特征。例如，解放军战士的团结、紧张、严肃、活泼等性格特点，是在部队中长期生活、训练而逐渐形成的。同样，教师的机智、冷静、敏感、条理化，科研人员的实事求是、严谨、客观，财务人员的细心与精确，矿工的坚韧与顽强等，都是实践活动的结果。

劳动特别是社会公益劳动对塑造学生的人格有重要意义。学校应教育学生从小参加力所能及的自我服务劳动、家务劳动、公益劳动，这有利于培养学生勤劳、朴素、爱护劳动果实、遵守劳动纪律等优秀人格。

（六）自我调控

自我调控因素是良好人格形成与发展的内在动力。人与动物最本质的区别就是人有主观能动性，有自我调控能力，因此每个人都可以通过自我教育塑造自己良好的人格。俄国伟大的教育家乌申斯基认为，人的自我教育是人格形成的基本条件之一，因为一切外来的影响都要通过自我调节而起作用。从这个意义上讲，每个人都在塑造自己的人格。

在儿童成长的过程中，自我意识明显影响着人格的形成。儿童把自己从客观环境中区分出来是人格形成的开始。从此，儿童就开始了自己教育自己、自己塑造自己的努力（当然这种努力是在成人的指导、帮助下实现的）。随着儿童自我意识的发展，这种自我教育、自我塑造的力量越来越强，儿童在其人格形成过程中也就从被控者变为自我控制者，而且能产生一种“自我锻炼”的独特动机。因此，教育者要鼓励和指导儿童自我意识的发展，创造各种机会，加强他们自身人格的锻炼与修养。

综上所述，人格是先天和后天的合成，是遗传与环境交互作用的结果。在人格的形成过程中，各个因素对人格的形成和发展起着不同的作用。遗传决定人格发展的可能性，环境决定人格发展的现实性（其中教育起着关键性作用），自我调控系统是人格发展的内部决定因素。

第三节　健全人格及其培养

自20世纪50年代后期以来，心理学界对健全人格、健康心理研究方面给予了越来越多的关注，并取得了一系列的研究成果。进入21世纪，我国推行的第八次基础教育课程改革要求广大教育工作者在注重知识技能传授的同时，要更关注学生健康和谐人格的培养。因此，了解关于学生健全人格方面的知识显得尤为重要。

一、健全人格的研究简介与健全人格的特点

（一）健全人格的研究简介

一些心理学家根据临床经验，运用心理测验、会晤等方法，对被认为具有高健康人格水平的人进行了研究，从各方面描述了健全人格的特征。

奥尔波特认为，具有健全人格的人是成熟的人。成熟的人有七条标准，分别是：专注于某些活动，在这些活动中是一个真正的参与者；对父母、朋友等具有显示爱的能力；有安全感；能够客观地看待世界；能够胜任自己所承担的工作；客观地认识自己；有坚定的价值观和道德心。

罗杰斯认为，具有健全人格的人是充分起作用的人。充分起作用的人有五个具体的特征，分别是：情感和态度上是无拘无束的、开放性的，没有任何东西需要防备；对新的经验有很强的适应性，能够自由地分享这些经验；信任自己的感觉；有自由感；具有高度的创造力。

弗洛姆认为，具有健全人格的人是创造性的人。除了生理需要外还有各样的心理需要，这是人与动物的重要区别。具有健全人格的人以创造性的方式来满足自己的心理需要。

马斯洛研究了他所认为的自我实现的人，发现他们有下列人格特征：接受自己和他人，自然不做作；有独处和保留隐私的需要，独立且能自我满足；与少数几个人有深入而亲密的人际关系；坚持特有的价值观和伦理现，有创造性；重视个别性，不随便服从他人；有能力容忍生活中的不确定性，真挚关怀他人，遵从内心指引；对生活有开放和好奇的态度。

我国心理学工作者认为，学生所应具有的健全人格是：能比较客观地认识自我和外部世界；对学习和其他活动有胜任感，能充分发挥潜能；对父母、朋友有显示爱的能力；有安全感，喜欢创造；有能力管理自己的生活，有自由感。

（二）健全人格的特点

健全人格是各种人格特征的完备结合。根据国内外的研究，可以从三个方面概括健全人格的特点。

首先，内部心理和谐发展。人格健全者的需要和动机、兴趣和爱好、智慧和才能、人生观和价值观、理想和信念、性格和气质都向着健康的方向发展。他们的内心协调一致，言行统一，能正确认识和评价自己的所作所为是否符合客观需求和社会道德准则，能及时

调整个体与外部世界的关系。一个人如果失去其人格的内在统一性，就会出现认识扭曲、情绪变态、行为失控等问题。

其次，能够正确处理人际关系，发展友谊。人格健全者在人际交往中显示出自尊和他尊、理解和信任、同情和人道等优良品质。友谊使人开朗、热情和坦诚。缺乏友谊的人在情绪上往往有很大困扰，轻则会有焦虑、孤独，重则产生多疑、忌妒、敌对、攻击的心态和行为。很难想象忌妒心强的人能在互惠的基础上与人合作，傲慢自大的人也绝不会虚心地倾听别人的意见。人格健全者在日常交往中既不随波逐流也不孤芳自赏，能够使自己的行为与朋友、同事或同学协调一致。

最后，能够把自己的智慧和能力有效地运用到能获得成功的工作和事业上。人格健全者在学习和工作中具有强烈的创造动机和热情，并能和能力有效地结合起来，从而使他们勇于创造、善于创造，经常有所发现，有所建树。成功往往又为他们带来满足和愉悦并形成新的兴趣和动机，从而使他们的生活内容更加充实。

二、学生健全人格培养的途径

（一）家庭方面

培养学生健全的人格，首先必须从家庭开始。家庭要做到以下几点：①要更新人才观、教育观，走出只重视智能培养的误区，关注孩子健全人格的形成；②要营造良好的家庭气氛，培养孩子积极的情绪；③要改善教养方式，培养孩子独立自主、热情开朗的人格特征；④父母要不断提高自身的心理素质，以健康的心态和良好的心理素质教育和影响孩子。

（二）学校方面

学校可以通过以下途径培养学生健全的人格。

1. 课堂教育

在课堂教育中可以开设人格培养的课程。这种课程的目的是培养学生良好的人格品质和矫正学生不良的人格特征，一般由具有教育与心理学专业知识技能的教师来承担。同时，学科学习是学生的主导活动，在学科教学中进行学生健全人格的培养很重要。在学科教学中，教师可以挖掘蕴含在教材中的人格教育因素，有意识地培养学生的健全人格。

2. 课外活动

要有意识地将健全人格的培养渗透进班级和团队活动中。通过开展高质量、系列性的课外活动，如社会实践活动、文学艺术活动、体育锻炼活动等来培养学生的科学探究精神、团队合作精神以及坚韧不拔的毅力等。

3. 教师的人格榜样

教师是人类灵魂的工程师，也是学生人格的塑造者。教师的人格本身就具有教育力量，对学生的人格发展和人格塑造会产生潜移默化的影响。因此，充分发挥教师的人格魅力是培养学生健全人格十分重要的途径，每个教师都应该认识到健全自身人格的重要性，实现自身人格的提升，以自身高尚的人格去塑造学生健全的人格。

（三）社会方面

社会是青少年人格形成的大环境，是人格形成的背景。社会的道德状况、人文精神以及人的精神风貌等因素综合作用于青少年的人格，因此，社会应努力创造一个良好的大环境，使学生在其中健康地发展。

（四）自我方面

人是一个不断实现自我完善的自调节系统，一切外来的影响都要通过自身调节而起作用。在培养学生健全人格的过程中，应该引导学生自觉地对自己的人格特征进行自我分析、自我评价，并拟定自我教育计划，对自己的行为进行自我监控，从而有意识地培养自身的健全人格。

三、学生健全人格培养的方法

（一）榜样示范法

榜样示范法是以别人的优良心理品质和模范行为对学生进行健全人格教育的方法。榜样把良好的心理品质和行为规范具体化、生活化，形象而生动，具有极大的感染力和吸引力。学生善于模仿，爱效仿父母、师长，尤其崇拜伟人和英雄。在良好的环境中，榜样的力量是无穷的，它能给学生指引正确方向，并给学生带来巨大的精神力量，促使他们的人格健康发展；反之，在不良的环境中，榜样的作用将受到局限。

（二）行为塑造法

行为塑造法是从行为入手，使个体某种行为不断得到巩固而形成习惯，从而转化为人格特征的方法。行为训练可以采用不同的方法，其中实施奖惩和提供行为塑造机会是最主要的方法。

（三）环境熏陶法

环境熏陶法是指通过创设良好的情境，潜移默化地培养学生健全人格的方法。环境熏陶法的特点在于，它既不向学生传授系统的心理健康知识，也不对他们提出明确的要求，而是寓教育于情境之中，通过按教育要求预先设置的情境来感化与熏陶学生。它既无强制学生的措施，也无立竿见影的效果，然而，它确实对学生有潜移默化的效果，能给学生带来终生的影响。

具体来说，可以通过对学生进行人格感化、环境陶冶和艺术陶冶的方式来培养学生的健全人格。

人格感化是指教师以自身的心理素质为情境对学生进行的陶冶。在这种情况下，教师不是通过说理和要求教育学生，而是以自己的良好心理素质、对学生的深切期望和真诚的热爱来触动和感化学生。乌申斯基曾经指出："任何章程、任何纲领、任何人为的机构，不论设计得如何巧妙，都不能在教育上代替人格的作用……只有人格能够影响人格的形成和发展，只有性格能够形成性格。"

环境陶冶是指为学生创设良好的环境，这既包括社会、学校、家庭中的良好物质环境，也包括良好的社会风气、校风、班风、家风等文化心理环境。

艺术陶冶是指组织学生阅读文学作品，聆听音乐，欣赏画展，观看影视作品，或引导他们去创作、表演，使其从中获得启示，受到陶冶与教育。作为人类智慧的结晶，艺术作品来自生活又高于生活，形象概括，寓意深远，感人至深，不仅能给学生以美的享受，而且能感染他们的心灵。

（四）说理教育法

说理教育法是通过摆事实、讲道理使学生端正对健全人格的认识并形成正确观点的方法。古语说："知之愈明，则行之愈笃；行之愈笃，则知之益明。"要使学生自觉地开展健全人格的自我教育，首先要提高其思想认识，调动其自觉性和积极性，这就需要用说服的方法来讲清道理，使学生明白应当怎样做，为什么要这样做。

（五）心理训练法

心理训练法是有目的地组织学生进行一定的实际活动，以培养他们健全人格的方法。学生健全人格的培养离不开训练，并且只有在社会生活和实践的过程中才能发展和完善。我国古代学者十分重视通过艰苦磨炼来培育人才。例如，孟子曾说："天将降大任于斯人也，必先苦其心志，劳其筋骨，饿其体肤，空乏其身，行拂乱其所为，所以动心忍性，增益其所不能。"从心理健康教育的观点来看，这实际上是一种耐挫能力的训练。这种"艰难困苦，玉汝于成"的心理训练传统在今天仍应发扬光大。

（六）自我修养法

自我修养是在教师引导下，学生为形成健全人格，增进心理健康，开发心理潜能，自觉地进行学习、自我反思和自我行为调控的过程。其实质是学生进行自我心理教育，即通过有目的、有意识地调控自己的心理活动，达到自我心理的完善。

学生可以通过以下方式来进行自我教育，改变一些人格缺点。

第一，保持最佳心理状态，如通过对成功的想象使自己的身心保持思维活跃、情绪稳定、坚定果断、自尊自强的人格特征。

第二，自我激励，即以模范人物或崇敬的成功者为榜样，不断地鞭策自己。

第三，自我暗示，即自我提醒、自我督促、自我激励。

第四，习惯成自然。习惯的力量有时比一些理论的力量更大，所以人格塑造的关键在于努力培养自己良好的生活习惯和工作习惯。从培养习惯来改变人格，要能够针对暴露出来的人格弱点，有意识地培养与之相反的习惯，通过这种新的习惯来克服和改变原有的人格弱点。

第九章　学习心理

学习要求

1. 概念识记：学习及其分类、学习迁移、学习策略、元认知。

2. 分析理解：行为主义学习理论、认知学习理论、建构主义学习理论、人本主义学习理论。

3. 思考运用：如何实现“为迁移而教”的教学目标？如何帮助学生获得和改进学习策略从而“学会学习”？

学习是人类生活的永恒主题。学习是人之所以为人的根本，是人的生命的本性。古人云：“学而时习之，不亦说乎？”“玉不琢，不成器，人不学，不知道。”我们正处在从学历社会向学习社会转化的时代，学习将成为贯穿人们一生的首要活动。

第一节　学习心理概述

一、学习的概念

“活到老，学到老”，学习是我们最为熟悉、用得最多的概念。在学生的眼里，学习就是看书、听课、做作业，而这在心理学家看来只是狭义的学习，而且只是人类学习的一种特殊形式。学习活动和学习能力是人类和动物共有的需要，马戏团里猴子会算数，狮子会滚绣球，狗熊会骑自行车，都是由于学习的结果。所以，广义的学习包括人类与动物的学习，狭义的学习则专指学生的学习。

当前较为普遍接受的一种学习定义认为，“学习是指学习者（人和动物）在生活中，因经验而引起的行为或行为潜能的相对持久的变化”。对学习的这种广义定义，可以理解为学习是学习者在后天生活中因经验而导致的变化。“经验”一词在这里是指个体后天在生活环境中的活动及主观感受，所以因遗传而得的先天本能行为以及因生理成熟、药物、疲劳、伤病等导致的行为变化都不属于学习。学习者从不知到知，从不懂到懂，从不会到会，就是通过获得经验而导致变化的过程。这种变化可以是知识、技能、能力的获得，也可以是兴趣、信仰、价值观的形成，还可以是情感、态度、人格的养成。

学习所导致的是学习者行为或行为潜能的变化。学习最明显的效果是引起了学习者行为的变化，当个体从不会骑自行车到能够独自骑自行车穿过繁华的大街时，当个体能够用外语同外国游客交流时，学习就已经发生了。尽管早期的行为主义者认为，学习除了引起外显行为的改变外没有其他变化，但当前更多的心理学家则意识到，学习最本质的并不是行为的改变，而是学习者内部的变化，行为改变仅仅是内部变化的一种外在表现而已。当一位学生背诵一篇文章两遍之后，还是无法背诵出一个完整的句子，即没有外显行为变化证明学习的发生，但学习已导致了他的内部变化——他对这篇文章已经不陌生了，以后可以花更少的时间就能达到完全背诵。另外，对艺术的鉴赏和对哲学思想的领悟等，也很难直接从个体的行为变化中表现出来，但它们确实影响着个体对事物的态度和价值观。这种个体已经产生学习（脑内发生了变化）而暂时未能从外显的行为中表现出来的情况叫作行为潜能的变化。

学习所导致的变化是相对持久的。学习发生之后，通常行为或行为潜能在一段较长的时间内得以保持。已经学会骑自行车的人在正常情况下，在以后很长的岁月里都能熟练骑车。有关记忆的研究发现，一些程序性的动作技能在学习后保持的时间较为持久，而一些陈述性的知识在学习后保持的时间就可能较短，如一个人学会背诵一篇文章后如果不复习，即便十天半月后还能完整地背诵出来，但一两年后也很难再完整地背诵出来了。

更为重要的是，学习是学习者适应环境的生命活动。常言道："刀不磨，要生锈；人不学，要落后。"人如果不学习就会被时代所淘汰，这里所表达的就是学习与适应的关系。人和动物只有通过学习产生积极的变化，才能适应不断变化的客观世界，实现与环境的动态平衡。

当然，人类的学习具有社会意义，与动物的学习有着本质的区别：人类的学习是指个人在社会生活实践中，通过社会交往，以语言为中介，自觉地、积极主动地掌握社会的和个体的经验的过程；动物的学习以消极适应环境为基本特征，而人类学习的根本特征则在于改造现实环境；人类的学习内容比动物的学习内容更丰富、更广泛。

狭义的学习专指学生的学习，它是人类学习的一种特殊形式，是在教师指导下，有目的、有计划、有组织、有系统地进行的；它以接受间接经验（书本知识）为主，不仅掌握知识技能，还要发展智能，培养良好行为习惯以及促进人格健全发展；学生的学习中主动性与被动性并存。

二、学习的意义

如果有哪句话可以高度地概括学习的意义，那就是"学习与生命并存"。学习是个体生存与发展的必要手段，也是促进人类社会进步的重要动力源泉。人和动物的行为有两类：一类是本能行为，另一类是习得行为。本能行为是通过遗传获得的种族经验，是不学而能的，如蜘蛛织网、鸟儿筑巢。习得行为是人和动物在后天环境中通过学习获得的个体经验。本能行为较为刻板，依靠它只能适应有限的环境，当环境急剧变化时，这种行为就会失去效用。而习得行为由于总是因现实环境及条件的改变而引起的，所以它能帮助个体迅速、灵活地适应环境的改变。在所有的生命形式中，人类的生存环境是最为复杂的。单靠本能的行为人类根本无法应对复杂多变的世界。所以，人类的大部分行为都是后天学习的结果，人类的学习能力也是所有生物中最强的。

学习是人的发展需要，是人的生命本性的需要。庄子云："吾生也有涯，学也无涯。"终身学习通过一个不断的支持过程来发挥人类的潜能，它激励并使人们有权利去获得他们终身所需要的全部知识、价值、技能与理解，并在任何任务、情况和环境中有信心、有创造性地应用它们。一个人从出生到老死是在不断的自身发展过程中去适应不断变化的现实，只有不断地学习才能不断地获得新的发展，才能满足生产和生活对新知识的需要。不学习是对生命根本的自我否定和浪费。

学习是教育的基本模式，教育是通过学习来完成的。终身学习的理念决定了教育应是终身的。终身教育把人生各个阶段的学习活动视为一个整体，把社会所有的教育活动都整合在一个统一的、相互衔接的教育体系中。联合国教科文组织在《学会生存——教育世界的今天和明天》中明确指出：教育是贯穿于人一生的不断积累知识的长期、连续过程；终身教育是现代化社会的基石，唯有全面的终身教育才能培养完善的人；我们需要终身学习去建立一个不断演进的知识体系——"学会生存"；要使教育更好地为社会发展服务，必须积极发展终身教育的思想；只有终身教育的思想才能使教育变成有效的、公正的、人道的事业。

三、学习的分类

为了对不同类型的学习进行有效的指导，心理学家们依据不同的标准对学习进行了分类。

（一）依据学习水平和结果分类

美国教育心理学家加涅依据学习情境或学习材料的复杂程度，按由简到繁、由低到高的原则，把全部学习活动分成学习水平顺次排列的五个层级：①连锁学习；②辨别学习；③具体概念和定义概念的学习；④规则的学习；⑤解决问题的学习。

后来，加涅将学习活动又按学习内容（结果）分为五类：①言语信息（即知识）的学习；②智慧技能（即能力）的学习；③认知策略的学习；④态度（即品行）的学习；⑤动作技能（即技能）的学习。

（二）依据学习方式分类和依据学习材料及其与学习者原有知识结构的关系分类

美国心理学家奥苏伯尔认为，对学习现象可以从两个不同的维度进行分类：一个维度是根据学习进行的方式将学习分为接受学习与发现学习；另一个维度是根据学习材料及其与学习者原有知识结构的关系将学习分为意义学习与机械学习。

接受学习是指传授者将学习内容以某种定论或确定的形式传授给学习者，学习者无须自己去发现这些内容，而只是接受它们，并将其内化为自己的知识。与之相反的是，发现学习需要学习者自己去发现学习的内容，并将其内化为自己的知识。这两种学习中，前者是学习者被动接受，后者是学习者主动发现。

意义学习就是要让符号代表的新知识和学习者头脑中已有的知识结构之间建立起联系，从而使学习者理解新知识所代表的意义。而机械学习是指学习者在没有理解新知识的真正含义，或者学习材料（如 26 个英文字母）本身没有可理解的意义的情况下，单凭死记硬背进行的学习。

这两个维度的分类是彼此独立的，并不存在某种对应关系。每一维度上的两种学习不是绝对的，而是处在两个极端的连续体的某一点上（见图 9－1）。

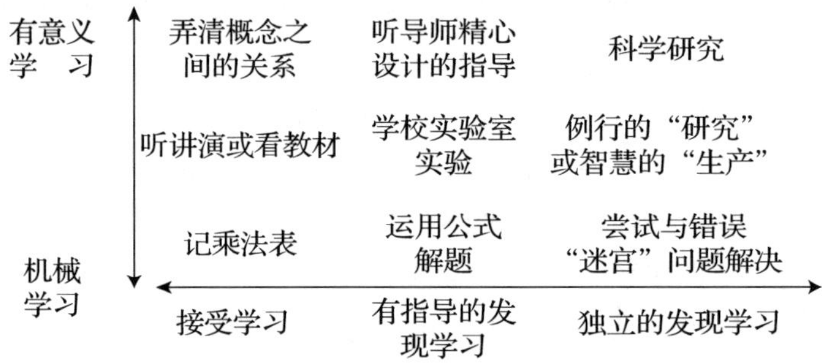

图 9－1　学习的二维分类及其示例

（三）依据学习内容分类

我国学者一般根据教育工作的实际需要，将学习分为知识的学习、动作技能的学习、智力技能的学习、社会行为规范的学习。

第二节　学习理论及其应用

学习理论是对学习的实质及其形成机制、条件和规律的系统阐述，其根本目的是要为人们提供学习的基本理念，从而为形成自己的教育、教学观奠定较为科学的基础。

在 20 世纪，人们对学习的观点发生了几次重大的变化，每一次变化都对教学实践产生了重大的影响。在 20 世纪上半叶，行为主义的学习理论占据主导地位，行为主义学习理论把学习看作刺激与反应之间联结的建立，是尝试错误的过程（试误）。其代表人物是桑代克和斯金纳。60 年代后，认知主义逐渐取代了行为主义，认知主义学习理论认为学习是对情境的理解或顿悟，是认知结构的变化。从 20 世纪 60 年代末以来，两大理论体系有接近的趋势。例如，加涅的累积学习论和班杜拉的社会学习论被认为是对两大理论的兼容并蓄。而到了 20 世纪末，建构主义和人本主义成为学习理论发展的新方向。

一、行为主义学习理论

行为主义学习理论诞生于 20 世纪初，是在反对结构主义心理学的基础上发展起来的，其代表人物有巴甫洛夫、桑代克、斯金纳、班杜拉等。行为主义的学习理论可以用S—R来表示，其中S表示来自于外界的刺激，R表示个体接受刺激后的行为反应。行为主义学习理论认为个体在不断接受特定的外界刺激后，就可能形成与这种刺激相适应的行为表现，这个过程被称为S—R联结的学习行为，即学习就是刺激与反应建立了联系。行为主义学习理论“重视与有机体生存有关的行为的研究，注意有机体在环境中的适应行为，重视环境的作用”。

（一）巴甫洛夫的经典条件反射

俄国著名的生理学家巴甫洛夫通过用狗作为实验对象提出了广为人知的经典条件反射。

1. 保持与消退

巴甫洛夫发现，在狗建立条件反射后继续让铃声与食物同时呈现，狗的条件反射行为（唾液分泌）会持续地保持下去。但当多次伴随条件刺激物（铃声）的出现而没有相应的食物时，则狗的唾液分泌量会随着实验次数的增加而自行减少，这便是反应的消退。教学中，有时教师及时的表扬会促进学生暂时形成某一良好的行为，但如果过了一些时候，当学生在日常生活中表现出良好的行为习惯而没有再得到教师的表扬时，这一行为很有可能会随着时间的推移而逐渐消退。

2. 分化与泛化

在一定的条件反射形成之后，有机体对与条件反射物相类似的其他刺激也做出一定的反应的现象叫作泛化。比如，刚开始学汉字的孩子不能很好地区分“未”跟“末”或“日”跟“曰”。而分化则是有机体对条件刺激物的反应进一步精确化，即对目标刺激物加强保持，而对非条件刺激物进行消退。比如，在体育教学中，教师帮助学生辨别动作到位和不到位时的肌肉感觉，从而使动作流畅、有力。

（二）桑代克的联结学说

美国实证主义心理学家桑代克用科学实验的方式来研究学习的规律，提出了著名的联结学说。

桑代克的实验对象是一只可以自由活动的饿猫。他把猫放入笼子，然后在笼子外面放上猫可以看见的鱼、肉等食物，笼子中有一个特殊的装置，猫只要一踏笼中的踏板，就可以打开笼子的门闩出来吃到食物。一开始猫被放到笼子里以后，在里面上蹿下跳，无意中触动了机关，于是它就非常自然地出来吃到了食物。桑代克记录下猫逃出笼子所花的时间，然后把它放进去，进行又一次尝试。桑代克认真地记录猫每一次从笼子里逃出来所花的时间，他发现随着实验次数的增多，猫从笼子里逃出来所花的时间在不断减少。到最后，猫几乎是一被放进笼子就去启动机关，即猫学会了开门闩这个动作。

通过这个实验，桑代克认为学习就是动物（包括人）通过不断尝试形成刺激—反应联结，从而不断减少错误的过程。他把自己的观点称为试误说。桑代克根据自己的实验研究得出了三条主要的学习定律。

1. 准备律

在进入某种学习活动之前，如果学习者做好了与相应的学习活动相关的预备性反应（包括生理和心理方面），学习者就能比较自如地掌握学习的内容。

2. 练习律

对于学习者已形成的某种联结，在实践中正确地重复该反应会有效地增强这种联结。因此，对小学教师而言，重视小学生练习中必要的重复是很有必要的。另外，桑代克也非常重视练习中的反馈，认为简单机械的重复不会使学习进步，告诉学习者练习是正确或错误，有利于学习者在学习中不断纠正错误的学习内容。

3. 效果律

学习者在学习过程中所得到的各种正面或负面的反馈意见，会加强或减弱学习者在头脑中已经形成的某种联结。效果律是最重要的学习定律。桑代克认为，学习者学习某种知识以后，即在一定的结果和反应之间建立了联结，如果学习者遇到一种使他心情愉悦的刺激或事件，那么这种联结会增强，反之会减弱。他指出，教师尽量使学生获得感到满意的学习结果显得尤为重要。

（三）斯金纳的强化学说

继桑代克之后，美国又一位著名的行为主义心理学家斯金纳用白鼠作为实验对象，进一步发展了桑代克的刺激—反应学说，提出了著名的操作条件反射。

与桑代克相类似的是斯金纳也专门为实验设计了一个学习装置——“斯金纳箱”，箱子内部有一个操纵杆，只要动饥饿的小白鼠按动操纵杆，它就可以吃到一颗食丸。开始的时候小白鼠是在无意中按动了操纵杆，吃到了食丸，但经过几次尝试以后，小白鼠“发现”了按动操纵杆与吃到食丸之间的关系，于是它会不断地按动操纵杆，直到吃饱为止。

斯金纳把小白鼠的这种行为称为操作性条件反射或工具性条件反射。斯金纳与桑代克的主要区别在于，桑代克侧重于研究学习的刺激—反应联结，而斯金纳则在桑代克研究的基础上进一步探讨小白鼠乐此不疲地按动操纵杆的原因——小白鼠每次按动操纵杆都会吃到食丸，斯金纳把这种会进一步激发有机体采取某种行为的程序或过程称为强化，增强有机体反应行为的事件或刺激叫作强化物，导致行为发生的概率下降的刺激物叫作惩罚。

斯金纳通过实验观察发现，不同的强化方式会引发小白鼠不同的行为反应。其中，连续强化引发小白鼠按动操纵杆的行为最易形成，但这种强化形成的行为反应也容易消退。间隔强化比连续强化具有更持久的反应率和更低的消退率。斯金纳在对动物研究的基础上，把有关成果推广运用到人类的学习活动中，主张在操作性条件反射和积极强化原理的基础上设计程序化教学，“把教材内容细分成很多的小单元，并按照这些单元的逻辑关系顺序排列起来，构成由易到难的许多层次或小步子，让学生循序渐进，依次进行学习”。在教学过程中，教师要积极应对学生做出的每一个反应，并对学生做出的正确反应予以正确的强化。

斯金纳按照强化实施以后学习者的行为反应，将强化分为正强化和负强化两种方式。正强化是指学习者受到强化刺激以后，加大了某种学习行为发生的概率。例如，由于教师表扬学生做出的正确行为而使学生能在以后经常保持这种行为。负强化是指教师消除学习者讨厌的某种刺激以后，学习者的某种正确行为发生的概率增加。例如，教师取消全程监控的方式以后良好的学习习惯能够保持。

（四）班杜拉的社会学习理论

美国心理学家班杜拉在反思行为主义所强调的刺激—反应的简单学习模式的基础上，接受了认知学习理论的有关成果，提出学习理论必须要研究学习者头脑中发生的反应过程的观点，形成了综合行为主义和认知心理学有关理论的认知—行为主义的模式，并提出了“人在社会中学习”的基本观点。

班杜拉建构的社会学习理论也以一个实验作为载体，只不过他所采用的实验对象从动物变为了人类自身。他的实验过程分成两个阶段。第一阶段是让 A、B、C 三个不同班级的学生看三段录像，录像中的一部分内容是相同的，都是一个大孩子在一间屋子里击打一只充气玩具。接着，屋子里出现了一个成人，三个班级的学生随后所看录像的内容就不一样了：A 班学生看到的是成人不满地在孩子的脑袋上拍打了几下，以示对孩子这种行为的惩罚；B 班学生则看到进来的成人亲昵地摸了摸孩子的头，似乎是对孩子这种行为的赞许；C 班学生看到成人进屋以后，既没有对孩子表示惩戒，也没有对孩子表示赞赏，只是若无其事地招呼孩子离开那间屋子。第二阶段是学生看完录像以后，实验者让三个班级的学生分别待在不同的教室里，里面都放有一只充气的玩具，实验者则在教室外观察学生的行为反应，结果看到 B 班学生主动击打玩具的次数最多，C 班次之，A 班最少。

班杜拉通过这个实验得出了著名的社会学习理论。他认为儿童社会行为的习得主要是通过观察、模仿现实生活中重要人物的行为来完成的，强调任何有机体观察学习的过程都是在个体、环境和行为三者相互作用下发生的，行为和环境是可以通过特定的组织而加以改变的，三者对于儿童行为产生的影响取决于当时的环境和行为的性质。

班杜拉把儿童的观察学习过程分成四个阶段。

首先，注意阶段。有机体通过观察他所处环境的特征，注意到那些可以为他所知觉的线索。一般而言，儿童往往更倾向于选择那些与自身条件相类似的或者被他认为优秀的、权威的、被得到肯定的对象作为知觉的对象。

其次，保持阶段。有机体通过表象和言语两种表征系统来记住他在注意阶段已经观察到的榜样的行为，并用言语编码的方式存储于自身的信息加工系统中。

再次，复制阶段。有机体从自身的信息加工系统中提取从榜样情景中习得的有关行为，在特定的环境中模仿。这是有机体对习得的不完整的、片段的行为通过自行练习而进行弥补的过程，最终使一项被模仿的行为通过此过程而成为有机体自身熟练的技能。

最后，动机阶段。有机体通过前面三个阶段已经基本上掌握了榜样的有关行为，但在现实生活中，个体却并不一定在任何情景中都会按照榜样的行为去反应，班杜拉认为这主要由于机会或条件不成熟，而机会或条件的成熟与否则主要取决于外界对此行为的强化程度。

按照班杜拉的理解，对于有机体行为的强化方式有三种。一是直接强化，即对学习者做出的行为反应当场予以正或负的刺激。二是替代强化，指学习者通过观察其他人实施这种行为后所得到的结果来决定自己的行为指向，如实验中的B班学生由于看到录像中小孩对充气玩具击打后受到成人的表扬，从而决定实施与录像中小孩相同的行为来对待生活中碰到的类似事情。三是自我强化，指儿童根据社会向他所传递的行为判断标准，结合个人自己的理解对自己的行为表现进行正或负的强化。自我强化参照的是自己的期望和目标。例如，在一次跳绳比赛中一个学生由于自己跳了150次而欣喜不已，而另外一个同样成绩的学生却懊丧不已。

二、认知学习理论

20世纪60年代以后，随着认知心理学的诞生，学习理论开始重视研究学习者处理环境刺激的内部过程和机制，用S—O—R（O即学习的大脑加工过程）模式来取代简单的没有大脑参与的S—R联结，强调有机体的学习是在大脑中完成的对于人类经验重新组织的过程，主张人类的学习模式不应该简单地观察实施刺激以后的有机体的反应方式，而应该重视学习者自身的建构和知识的重组，应该强调不同类型的学习有不同类型的建构模式，主张在教学中要加强学习者有意义学习的比例，运用同化与顺应的方法有效地促成学习者知识结构的建立。

认知学习理论的主要代表人物有布鲁纳、奥苏伯尔、加涅等。

（一）布鲁纳的认知结构学习理论

布鲁纳主要研究有机体在知觉与思维方面的认知学习，他把认知结构称为有机体感知和概括外部世界的一般方式。布鲁纳始终认为，学校教育与实验室研究猫、狗、小白鼠受刺激后的行为反应是截然不同的两回事，他强调学校教学的主要任务就是要主动地把学习者旧的认知结构置换成新的认知结构，促成个体能够用新的认知方式来感知周围世界。

布鲁纳的认知结构学习理论包括以下几方面的观点。

1. 重视学科基本结构的掌握

布鲁纳强调“不论我们选教什么学科，务必使学生理解该学科的基本结构”。所谓“基本”，就是“具有既广泛而又有强有力的适用性”。学科的基本结构包括基本概念、基本原理和基本规律，每科教学要着重教给学生这“三基”。

布鲁纳的认知结构学习理论深受皮亚杰发生认识论的影响，认为认知结构是通过同化和顺应及其相互间的平衡而形成的。但他也不完全同意皮亚杰的观点，皮亚杰认为认知结构是在其他外界作用下形成发展起来的，而布鲁纳则反复强调认知结构对外的张力，认为认知结构是个体拿来认识周围世界的工具，它可以在不断的使用中自发地完善起来，学校的教学工作主要是帮助学生掌握基础学科的知识，并以此为同化点来完成对知识结构的更新，促使学生运用新的认知结构来完成对周围世界的感知，这就是有机体智慧增长的过程。因此，布鲁纳主张学生掌握学科的基本结构，主要是让学生掌握概括性程度更高的概念或一般原理，以有利于后继新知识的同化和顺应。

2．提倡有效学习方法的形成

在布鲁纳看来，人类具有对于不同事物进行分类的能力，人的学习其实就是按照知识的不同类别，把刚学习的内容纳入到以前学习所形成的心理框架（或现实的模式）中，有效地形成学习者知识体系的过程。布鲁纳认为，人类的知觉过程也就是对客观事物不断进行归类的过程，所以他提倡教师在帮助学生学习的过程中，不仅要提供必要的信息，而且要教会学生掌握并综合运用对客观事物归类的方法。他认为，学习者的探究实际上并不是发现对世界上各种事物分类的方式，而是创建分类的方式，而在具体的学习过程中，这些相关的类别就构成了编码系统。编码系统是人们对所学知识加以分组和组合的方式，它在人类不断的学习中进行着持续的变化和重组。

在布鲁纳看来，知识迁移实际上就是学习者将已经掌握的编码系统应用于其他新的信息，从而有效地掌握新信息的过程。因此，教育工作者在教授新知识时，客观地了解学习者已有的编码系统是非常重要的。

3．强调基础学科的早期教学

布鲁纳有句名言："任何学科的基础知识都可以用某种形式教给任何年龄的任何人。"他主张将基础知识下放到较低的年级教学，认为任何学科的最基本的观念都是既简单又强有力的，教师如果能够对各门学科的基本概念按照学生能够接受的方式开展教学的话，就能够帮助学生缩小初级知识和高级知识之间的距离，有效地促进知识之间的迁移，引导学生早期智慧的开发。他认为，加强基础学科的早期教学，让学生理解基础学科的原理，为学生提供具有挑战性但是适合的机会使其步步向前，有助于学生在学习的早期就形成以后进一步学习更高级知识的同化点。布鲁纳列举了物理学和数学学习中的例子来进一步说明，如果学生能早一点儿懂得学科学习的基本原理的话，就能更容易地完成学科知识的学习。他把这种对学科基本原理的领会和掌握称为通向"训练迁移"的大道，其意义在于不仅能够帮助学生理解当前学习所指向的特定事物，而且"能促使他们理解可能遇见的其他类似的事物"。

4．主张学生的发现学习

发现是指学习者独自遵循他自己特有的认识程序亲自获取知识的一切方式。布鲁纳反复强调教学是要促进学生智慧或认知的增长，认为"教育工作者的任务是要把知识转换成一种适应正在发展着的学生的形式，以表征系统发展的顺序作为教学设计的模式"。由此，他提倡教师在教学中要使用发现学习的方法。

使用发现法应遵循六个步骤：①提出和明确学生感兴趣的问题；②使学生体验到对问题的某种程度的不确定性；③提供解决问题的多种可能假设；④协助学生收集可供下断语的资料；⑤组织学生审查有关资料，得出应有的结论；⑥引导学生用分析思维去证实结论。

布鲁纳之所以强调在教学中要重视学生的发现学习，原因在于他通过比较研究发现学习和接受学习，看到发现学习有以下几个比较明显的优点。

第一，发现学习不仅强调对学习结果的存储，而且还重视学习者在学习中以有意义的方式组织知识，因而学习者对知识掌握的牢固程度要高。

第二，发现学习强调学习者内部学习动机的激发，要求学习者根据教师所提供的教学信息自己探索解决问题的模型，所以实践表明发现学习更加容易激发学习者的智慧潜能。

第三，发现学习强调培养学习者的直觉思维能力，注重让学习者在学习的过程中运用假设去推测关系，应用自己的能力去解决问题或发现新事物，因而发现学习在一定程度上可以有效提升学习者发现问题、解决问题的能力。

第四，在发现学习的过程中，教师与学生处于合作状态，此时的学生就不再是静坐的听众或观众了，他们主动合作，投入教与学的互动中，在不断探究中获得新的信息，从而大大提高学习的主动性。

（二）奥苏伯尔的认知同化理论

奥苏伯尔是美国的认知心理学家，他对教育心理学的杰出贡献集中体现在他对有意义学习理论的表述中。他在批判行为主义简单地将动物心理等同于人类心理的基础上，创造性地吸收了皮亚杰、布鲁纳等同时代心理学家的认知同化理论思想，提出了有意义学习、知识的同化等概念和学习的原则与策略，并将学习论与教学论两者有机地统一起来。

1. 有意义学习

奥苏伯尔学习理论的核心是有意义学习。他指出："有意义学习过程的实质就是符号所代表的新知识与学习者认知结构中已有的适当观念之间建立非人为的和实质性的联系。"在他看来。要想让学习者的学习变得有价值，应该尽可能地有意义。奥苏伯尔将学习分为接受学习和发现学习、机械学习和有意义学习，并明确了每一种学习的含义及其相互之间的关系。奥苏伯尔提出了有意义学习的两条标准：① 学习者新学习的符号或观念与其原有知识结构中的表象、有意义的符号、概念或命题等建立联系，如学习者在了解哺乳动物的基本特征后，对照这些特征知道鲸也属于哺乳动物家族中的一员；② 新知识与原有认知结构之间的联结是建立在非人为的、合乎逻辑的基础上的，如四边形的概念与儿童原有知识体系中正方形的概念的关系并不是人为强加的，它符合一般与特殊的关系。

另外，奥苏伯尔在提出有意义学习标准的基础上进一步指出了有意义学习的两大条件：① 学习者表现出有意义学习的态度倾向，即学习者表现出积极地寻求把新学习的知识与本人认知结构中原有知识联系起来的行为倾向性（内部条件）；② 所要学习的材料本身要符合逻辑规律，能与学习者本人的认知结构、认知特点相吻合，在学习者的认知视野之内（外部条件）。

奥苏伯尔提出了人类存在的三种主要的有意义学习的类型。

首先，表征学习，主要指词汇学习，即学习单个符号或一组符号代表的是什么意思。

比如，“cat”这个单词对于刚刚接触英语的孩子来说是无意义的，但老师多次指着猫对孩子说这就是“cat”，最后孩子自己看见猫的时候也会说这就是“cat”，这时候我们就能说孩子对“cat”这个符号已经获得了意义。

其次，概念学习，主要指学习者掌握同类事物的共同的关键特征。比如，学习者学习了“鸟”的概念，知道了鸟的共同的关键特征是体温恒定、全身有羽毛后，指出鸡也应该属于鸟类，这个时候我们就能说学习者已经掌握了“鸟”这个概念了。

最后，命题学习，主要是指学习若干概念之间的关系或把握两个（或两个以上）特殊事物之间关系的活动，这是一种最高级别的学习类型，必须建立在概念学习的基础上。学习若干概念之间的关系称为概括性命题学习，比如学习长方形的面积等于长×宽，这里的面积、长和宽可以代表任意长方形的面积、长和宽，而这里的乘积表示的是任意长与宽之间的联系。把握两个（或两个以上）特殊事物之间关系的学习称为非概括性命题学习，这种学习只是一种陈述学习，比如掌握“无锡是中国最具经济活力的城市之一”，这里“无锡”表示的是一个特殊对象即一个城市，“中国最具经济活力的城市”表示的也是一个特殊对象，两者结合在一起就陈述了一个具体的事实。

2. 知识的同化

奥苏伯尔学习理论的基础是同化。他认为学习者学习新知识的过程实际上是新旧材料之间相互作用的过程，学习者必须积极寻找存在于自身原有知识结构中的能够同化新知识的停靠点。这里同化主要指的就是学习者把新知识纳入到已有的图式中去，从而引起图式量的变化的活动。奥苏伯尔指出，学习者在学习中能否获得新知识，主要取决于学习者个体的认知结构中是否已有了有关的概念（即是否具备了同化点），教师必须在教授有关新知识以前了解学习者已经知道了什么，并据此开展教学活动。

奥苏伯尔按照新旧知识的概括水平及其相互间的不同关系，提出了三种同化方式：下位学习、上位学习和并列结合学习。

下位学习（又称类属学习）主要是指学习者将概括程度处在较低水平的概念或命题，纳入自身原有认知结构中概括程度处于较高水平的概念或命题之中，从而掌握新学习的有关概念或命题。按照新知识对原有知识产生影响的大小，下位学习又可以分为两种。一种是派生类属学习，即新学习的知识仅仅是学习者已有概念或命题的一个例证或是一种派生物。例如，学习者掌握了个性心理的基本特征后，就不难理解个性心理中具有代表性的性格特征了，这种学习不仅使新知识获得了意义，而且使原有知识获得了证实或扩充。另一种是当学习者获得一定的类属于原有概念或命题的新知识以后，使自身原有的概念或命题进一步精确化，使其受到限制、修饰或扩展，这种学习称为相关类属学习。例如，学习者已经熟悉了“氯在点燃状态下可以与铁发生化学反应”的命题，现在学习新的命题“溴在点燃状态下也可以与铁发生化学反应”，后一命题与前一命题之间只是相关关系，后者不可以从前者中派生出来。

上位学习（又称为总括学习）是指学习者在已经掌握几个概念或命题的基础上，进一步学习一个概括或包容水平更高的概念或命题。例如，学习者在熟悉了“感知”“记忆”“思维”这些下属概念之后，在学习“心理过程”这个概括水平更高的新概念时，这个新概念主要通过归纳原有下位概念的属性而获得意义。

当新学习的概念和命题不能与原有知识结构中的概念和命题产生下位关系或上位关系，而是产生了并列关系时，这时的学习便只能采用并列结合学习。例如，学生在学习了心理过程的基本知识以后，再学习个性心理的有关知识，这时的学习就是并列结合学习。

3. 学习的原则与策略

奥苏伯尔还在有意义学习和同化理论的基础上提出了学习的原则与策略。

一是逐渐分化原则。这条原则主要适用于下位学习。奥苏伯尔认为学习者在学习新知识时，用演绎法从已知的较一般的整体中分化细节，要比用归纳法从已知的具体细节中概括整体容易一些，因而教师在传授新知识时应该先传授最一般的、概括性最强的、包摄性最广的概念或原理，然后再根据具体细节逐渐加以分化。

二是综合贯通原则。这条原则主要适用于上位学习和并列结合学习。奥苏伯尔主张教师在用演绎法渐进分化出新知识的同时，还要注意知识之间的横向贯通，要及时向学习者指出新旧知识间的区别和联系，防止由于表面说法的不同而造成的知识间人为的割裂，促进新旧知识的协调和整合。

三是序列巩固原则。这条原则主要针对并列结合学习。奥苏伯尔指出，对于非上位、非下位关系的新旧知识可以使其序列化或程序化，使知识内容由浅入深、由易到难。同时，奥苏伯尔也指出，对于这类知识的学习，教师还应该要求学习者及时采取纠正、反馈等方法复习回忆，保证促进认知结构中原有观念的稳定性以及对新知识掌握的牢固性。

为了有效地贯彻这三条原则，奥苏伯尔提出了具体的先行组织者策略。先行组织者是指在呈现新的学习任务之前，由教师安排学生学习一些与新知识有一定关系的概括性和综合性较强、较清晰的引导材料，来帮助学生建立学习新知识的同化点，以有效促进学生的下位学习。根据所要学习的新知识的性质，奥苏伯尔列出了两种不同类型的先行组织者。对于完全陌生的新知识，他主张采用说明性组织者（或陈述性组织者），利用更抽象和概括的观念为下一步的学习提供一个可资利用的固定观念。对于不完全陌生的新知识，他主张采用比较性组织者，帮助学生分清新旧知识间的共同点和不同点，为学生获得精确的知识奠定基础。

（三）加涅的信息加工理论

1974 年，加涅利用计算机模拟的思想，用当代认知心理学的信息加工的观点来解释学习过程，展示了学习过程中的信息流程。图 9 - 2 是加涅所阐述的学习和记忆的信息加工模型。

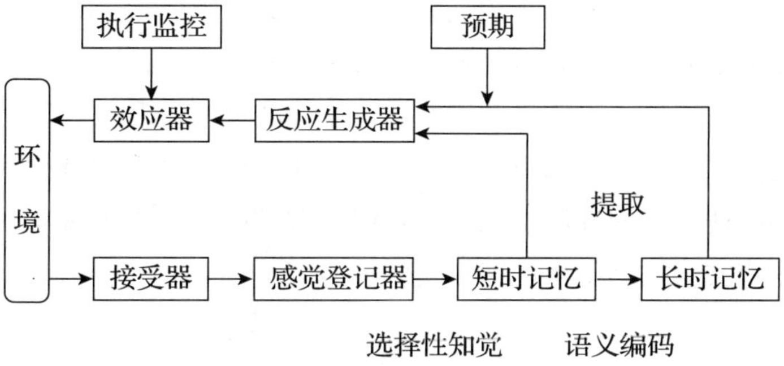

图 9 - 2 学习和记忆的信息加工模型

加涅认为，任何一个教学传播系统都是由信源发布消息，编码处理后通过信道进行传递，再经过译码处理还原为消息，被信宿接收。学习和记忆的信息加工模型呈现了人类学习的内部结构及每一结构所完成的加工过程，是对影响学习效果的资源重新合理配置、调整的一种序列化结构。在这个信息流程中，加涅主要强调了以下几点。

首先，学习是学习者摄取信息的一种程式。学习者从环境中接受刺激从而激活感受器，这是学习的第一步。斯珀林等通过实验研究证明，来自个体各种感觉器官的感觉信息表征成分必须成为注意的对象才能持续地对人的神经系统发生影响。经过注意，外界信息被转化成刺激信号而被人选择性感知，并会在人的感觉登记器中保持0. 25 ~ 2秒，被转换的信息紧接着以声音或形状的方式进入短时记忆。从学习者的角度看，信息最为关键的变化发生在进入短时记忆后的编码过程中，经过编码，原先以声音或形状储存的信息马上可能转化为能被人理解的、有语义特征的言语单元或更为综合性的句子、段落的图式。但信息在短时记忆中保留的时间也是非常短暂的，一般为 2. 5 ~ 20 秒，如果学习者加以复述，最长也不会超过一分钟。这些信息经过学习者的不断复述而进入人的长时记忆系统，被永久保存下来。以后在人为地提供一定的外在线索后，这些被长久保存起来的信息经过反应发生器和效应器而被提取出来反作用于外在环境。

其次，学习者自发的控制和积极的预期是制约课堂教学有效性的决定因素。执行控制和预期虽然没有呈现在信息的流变程式中，但它们与信息流动同步，直接参与了完整信息加工的每一步，事实上这两个学习者内部加工的机制能影响所有的信息流阶段。因此，为了高效率地学习，学习者必须对一些刺激做出反应，这意味着在学习初期学习者的感觉器官就应该朝向刺激源，做好接受刺激的心理准备。另外，选择性知觉会直接影响感觉登记器中的内容进入短时记忆的特征及编码方式的选择，它作为一种特殊因素在学习一开始就决定了学习者概括和解决问题的能力及学习者思维质量的高低。还有，作为一种定向性的执行过程，预期的内容能使学习者产生一种连续的学习定势，使他们的心向在指向目标完成的过程中选择每一加工阶段的信息输出，完成对学习者“头脑中已有”目标的应答。

最后，反馈是检验教学效果的手段。教学是一个封闭的环形流程，有起点也有终点。这里的起点和终点都指向与学习者紧密相关的课堂情境（环境），在这样一种情境中需要对教学效果做出一定的评价，以效果检测的评定性标准作为提升教学质量的中介，使教学过程在一种动态的流程中不断地创新和超越。反馈就是通过对学习者行为的效果进行结果性评定，来检测和描述学习的性能、意义。在课堂教学中，学生可观察的活动模式是陈述一堂课质量好坏的直接依据，学生在课堂上的参与度、反应度、行为表现等都是反映课堂教学效果的原始性指标。

加涅在对学习活动进一步分析的基础上，又把与上述学习过程有关的教学划分为以下八个阶段。

第一，动机阶段。加涅认为要使有效学习行为发生，学生必须要有学习心向，所以学习的准备工作就是由教师以引起学生兴趣的方法去激发学生的学习动机。

第二，领会阶段。在这个阶段，教学的措施要引起学生的注意，提供选择性的知觉，主要的目的在于促使学生将学习的注意力指向与学习目标有关的各种刺激。

第三，习得阶段。教师在此阶段的任务是支持学生把了解到的信息转入短时记忆系统，也就是对信息进行必要的编码和储存。教师可向学生提示编码过程，帮助学生采用较好的编码策略来学习知识，以有利于信息的获得。

第四，保持阶段。这个阶段主要是让学生把获得阶段所得到的信息有效地放到长时记忆的记忆存储器中去。存储信息的内部过程到底在多大程度上受教学方式的影响，现在还没有完全研究清楚。但是，加涅认为为使学习有效应适当地安排条件，如同时呈现不同的刺激来代替相似刺激，这样由于相互间干扰的减少就可以间接地影响信息的保持。

第五，回忆阶段。也就是信息的检索阶段，在此阶段为使所学的知识能以一种作业的形式表现出来，线索是必不可少的，因而加涅主张教学可以采取提供线索以引起记忆恢复的形式，或者采取控制记忆恢复过程的形式，以保证学生可以找到适当的恢复策略加以运用。另外，他认为教学还可以采用包括“有间隔的复习”等方式，使信息恢复有发生的机会。

第六，概括阶段。在此阶段，教师提供情境，使学生学到的知识和技能以新颖的方式迁移；教师还要提供线索，以应用于以前不曾遇到的情境。

第七，作业阶段。在此阶段，教学的大部分时间是提供应用知识的时机，使学生显示出学习的效果，并为下阶段的反馈做好准备。

第八，反馈阶段。在此阶段，学生关心的是他的作业达到或接近他的预期标准的程度。如果学生能够得到达到预期标准的反馈信息，对强化学习过程将有很大的影响。

图 9－3 所示为学习与教学的八阶段模型。

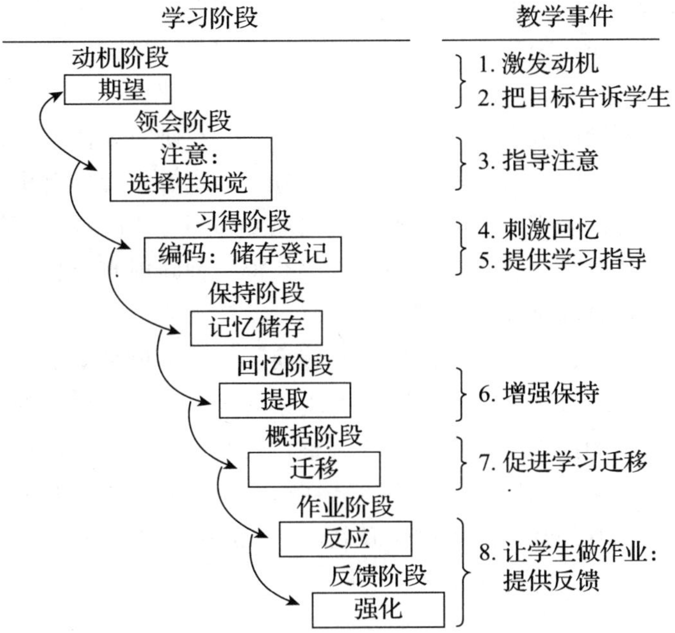

图 9－3　学习与教学的八阶段模型

三、建构主义学习理论

近 20 年以来，随着计算机和 Internet 网络教育应用的飞速发展，在教育心理学中正在发生着一场革命，人们对其称谓各异，但更多地把它称为建构主义学习理论（Slavin，1994）。客观地说，到目前为止建构主义学习理论还处在发展过程中，尚未成熟，因此我们只能试着对它的主要观点做一些简要的梳理和概括。

（一）学生观

建构主义强调学习者是以自己的经验为基础来建构现实，或者至少说是在解释现实。维特罗克（Wittrock）认为："学习过程不是先从感觉经验本身开始的，它是从对该感觉经验的选择性注意开始的。任何学科的学习和理解总是涉及学习者原有的认知结构，学习者总是以其自身的经验，包括正规学习前的非正规学习和科学概念学习前的日常概念，来理解和建构新的知识或信息。建构一方面是对新信息的意义的建构，同时又包含对原有经验的改造和重组。"因此，建构主义更关注如何以原有的经验、心理结构和信念为基础建构知识，更强调学习的主动性、社会性和情境性。

建构主义强调，应当把学习者原有的知识经验作为新知识的生长点，引导学习者从原有的知识经验中生长新的知识经验。他们认为学习者并不是空着脑袋走进教室的，他们在各种形式的学习中，凭借自己的头脑积累了丰富的经验。当学习问题一旦呈现在他们面前时，学习者会基于以往的经验，依靠他们的认知能力，形成对问题的解释。由于学习者的经验以及对经验的信念不同，所以学习者对外部世界的理解也是不同的。因而，著名的心理学家 G. A. 凯利（G. A. Kelley）指出："第一，个人建构是不断发展、变化和完善的，可推陈出新，不断提高；第二，个人建构因人而异，现实是每个人所理解和知觉到的现实，面对同一现实，不同的人会有不同的反应；第三，在研究人格整体结构的同时，不能将其组成部分弃于一端，而应努力做到整体与部分、形式与内容的有机统一；第四，当人们总用已有的建构去预期未来事件时，不可避免地要遇到一些困难和麻烦，新的信息和元素需要加入到原有的建构之中；第五，一个人要获得一种同现实十分一致的建构体系绝非易事，要经过大量的探索和试误过程。"

教学不是知识的传递，而是知识的处理和转换。教师不单是知识的呈现者，也不是知识权威的象征。教师应该重视学生自己对各种现象的理解，倾听他们的看法，思考他们这些想法的由来，并以此为据引导学生丰富或调整自己的解释。因此，教师与学生、学生与学生之间需要共同针对某些问题进行探索，并在探索的过程中相互交流和质疑，了解彼此的想法，引导学生从原有的知识经验中生长新的知识经验。学生要努力通过自己的活动建构形成自身智力的基本概念和思维形式。

（二）教师观

教师的角色应该是学生建构知识的忠实支持者、学生学习的高级伙伴或合作者。建构主义虽然非常重视个体的自我发展，但是它并不否认教师的外在影响作用，认为教师应该给学生提供复杂的真实问题，不仅必须开发或发现这些问题，而且必须认识到复杂问题有多种答案，鼓励学生对问题解决提出多种观点。教师必须向学生提供元认知工具和心理测量工具，培养学生评判性的认知加工策略以及自己建构知识和理解的心理模式，帮助他们掌握应对各种挑战所需要的知识、技能和策略，养成独立自主和控制自己学习的习惯，让学生能够成为独立的思考者和独立解决问题者。在具体教学中，教师应清楚地认识教学目标，理解教学是逐步减少外部控制、增加学生自我控制学习的过程。

教师必须关心学习的实质以及学生学习什么、如何学习和学习效率如何等问题，必须明白要求学生获得什么学习效果。建构主义教学比传统教学要求教师承担更多的教学责任，教师应当重视维果茨基提出的最近发展区，并为学生提供一定的辅导。教师不是知识的简单呈现者，而是不断促使学生丰富和调整自己理解的引导者。为此，教师在教学实践中必须创设一种良好的学习环境，学生在这种环境中可以通过实验、独立探究、合作学习等方式来展开学习。

教师要成为学生建构知识的积极帮助者和引导者。在建构意义的过程中，教师应要求学生主动去收集和分析有关的信息资料，对所学的问题提出各种假设并努力加以验证。教师要善于使学生把当前学习内容尽量与自己已有的知识经验联系起来，并对这种联系加以认真思考。为了使意义建构更有效，教师应在可能的条件下组织协作学习，提出适当的问题，以引起学生的思考和讨论，在讨论中设法把问题一步步引向深入，以加深学生对所学内容的理解。教师要启发诱导学生自己去发现规律以及纠正和补充错误的或片面的认识，并对协作学习过程进行引导，使学生朝有利于意义建构的方向发展。教师要通过创设符合教学内容要求的情境和提供新旧知识之间联系的线索来激发学生的学习兴趣，引发和保持学生的学习动机。

四、人本主义学习理论

人本主义是20世纪50年代末和60年代初在美国出现的一种重要的教育思潮，主要的代表人物是马斯洛、罗杰斯、凯利等。这些心理学家反对把对白鼠、鸽子、猫和猴子的研究结果应用于人类学习，主张采用个案研究方法。人本主义心理学的主要观点是：①心理学研究的对象是“健康的人”；②生长与发展是人的本能；③人具有主动地、创造性地做出选择的权利；④人的本性中情感体验是非常重要的内容。建立在现代人本主义心理学基础上的人本主义学习理论包括以下两个观点。

（一）以人性为本位的教学目的观

人本主义认为，人性本质是善的，人生而具有善根，只要后天环境适当，就会自然地成长；人所表现的任何行为不是由外在刺激引起或决定的，而是发自内在、出于当事人自己的情感与意愿所做出的自主性与综合性的选择；人的学习是个人潜能的充分发展，是人格的发展。马斯洛指出学习的本质是发展人的潜能，尤其是那种成为一个真正的人的潜能；学习要在满足人最基本的需要的基础上，强调学习者自我实现需要的发展；人的社会化过程与个性化的过程是完全统一的。因而，许多人本主义教育家认为，教育的根本目标是帮助发展人的个体性，帮助学生认识到他们自己是独特的人类并最终帮助学生实现其潜能。人本主义者强调学校教师在教学中应重点帮助学生明确学习的目标和学习的内容，创设能促进学生学习的良好的心理氛围，保证学生在充满安全感、满足感的情境中通过教师安排的合适的学习活动发现学习内容的价值、意义，使学生成为充分发展的人。

（二）彰显主体的教学过程观

人本主义认为，在教学过程中应以“学生为中心”，让学生成为学习的真正主体，这是其“自我实现”的教育目的的必然产物。马斯洛认为，健康的儿童是乐于发展和前进、乐于提高技术与能力、乐于增强力量的。人本主义强调在教育教学过程中应重视学生的认知、情感、兴趣、动机、潜能等内心世界的研究，尊重每个学生的独立人格，保护学生的自尊心，帮助每个学生充分挖掘自身潜能、发展个性和实现自身的价值，并力图证明：“外部的学习要求与每个人具有的生长趋势是一致的，学习可以带来即时的娱乐和兴奋的源泉，而不是作为与别人竞争或保证一个人在未来社会中的地位的工具，学习的手段和目的应该是统一的。每个人具有先天性的友爱、求知和创造等潜能，这些潜能必须发挥出来，人的自我实现则是人的潜能不断得到发挥的一种动态的、形成的过程。教育的主要功能是创造最好的条件促使每个人达到他所能及的最佳状态，帮助个体发现与他真正的自我更相协调的学习内容和方法，提供一种良好的促进学习和成长的气氛。”因而，教师在教学过程中尤其要重视学生的情感体验，设身处地地从学生的角度去理解学习的过程和学习的内容，帮助学生了解学习的意义并建立学习内容与学生个人之间的联系，指导学生在一定的范围内自行选择学习的材料，激发学生从自我的倾向性中产生学习倾向，培养学生自发、自觉的学习习惯，使学生实现真正意义上的有意义学习。

第三节　学习迁移

任何一种学习都要受到学习者已有知识经验、技能、态度等的影响，只要有学习就会有迁移。迁移是学习的继续和巩固，又是提高和深化学习的条件，学习与迁移不可分割。

一、学习迁移概述

（一）学习迁移的概念

学习迁移即一种学习对另一种学习的影响，是用已获得的知识、技能、学习方法或学习态度对学习新知识、新技能和解决新问题所产生的一种影响。这种影响可以是积极的，也可以是消极的；可以是先前的学习对后继的学习，也可以是后继的学习对先前的学习。学习迁移广泛地存在于知识、技能、态度和行为规范的学习中，“举一反三”“闻一知十”“触类旁通”“一通百通”“爱屋及乌”等皆是如此。

由于学习既包括知识、技能、能力的学习，也包括情感、态度、行为方式的学习，因此，迁移广泛存在于各种知识、技能、行为规范与态度的学习中。比如，学生利用所学加减法以及四则运算的知识去学习代数或解决实际生活中的运算问题，学习了数学的基础知识有助于对物理学和化学中的一些数量关系和方程式的理解，学会拉二胡的人学拉小提琴就比较容易，棒球选手打高尔夫球也会打出高水平，在家爱好劳动的学生在学校里也比较勤快，在学习中养成了爱整洁的习惯有助于在生活中形成爱整洁的习惯，因为喜欢某位老师而喜欢上这位老师所教授的学科等，这些都属于学习中的迁移现象。

（二）学习迁移的分类

迁移在学习中是普遍存在的，学习迁移的表现形式是多种多样的，根据不同的标准可以对迁移进行多种分类。

1. 正迁移与负迁移

根据迁移的影响效果，把迁移分为正迁移与负迁移。

正迁移指一种学习对另一种学习起到积极的促进作用，通常表现为一种学习使另一种学习具有了良好的心理准备状态，活动所需的时间或练习次数减少；或使另一种学习的深度增加，单位时间内的学习量增加；或已经具有的知识经验使学习者顺利地解决了面临的问题等。正迁移常常在两种学习内容相似、过程相同或使用同一原理时发生。比如，方程式知识的学习有助于不等式知识的学习，小学数学的学习保证了中学代数的学习，数学知识的学习保证了物理中有关计算问题的解决，阅读技能的掌握有助于写作技能的形成，学习素描会对以后学习油画产生积极影响等都是正迁移。

负迁移一般是指一种学习对另一种学习起干扰或抑制作用。负迁移通常表现为一种学习使另一种学习所需的学习时间或所需的练习次数增加，或阻碍另一种学习的顺利进行以及知识的正确掌握。负迁移的产生常在两种学习又相似又不相似的情境下，因学生认知混淆而产生。发生这种迁移，会使另一种学习更加困难，错误增加。例如，学会汉语拼音对学习英文国际音标发生干扰，语文学习不能区分一字多义、一字多音，在数学负数运算时错误使用正数的规则，学会骑三轮车会对学习骑自行车产生消极影响。

2. 水平迁移与垂直迁移

根据迁移发生的概括水平，美国心理学家加涅把学习迁移分为水平迁移与垂直迁移。

水平迁移也称横向迁移，是指处于同一概括水平的经验之间的相互影响。学习内容之间的逻辑关系是并列的，如学习“哺乳动物”概念后，把这一概念用于对不熟悉的鲸或海豚的识别；阅读报纸时能看懂在课堂上学习过的新词汇；学习了乘法交换律即 $A\times B=B\times A$ 后应用于 $3\times5=5\times3$ 的情境中等。

处于不同概括水平的经验之间的相互影响叫作垂直迁移或纵向迁移。它是指具有较高概括水平的上位经验与具有较低概括水平的下位经验之间的相互影响。垂直迁移包括自下而上和自上而下的两种迁移。例如，在概念学习中，学生原有知识经验中的“番茄”“土豆”“萝卜”“芹菜”等会有助于上位概念“蔬菜”的学习，这种自下而上的迁移也常见于归纳式的学习中；如果理解了“三角形”的意义有助于理解“等腰三角形”“等边三角形”“直角三角形”，这属于自上而下的迁移。

3. 一般迁移与具体迁移

根据迁移的内容，布鲁纳把迁移区分为一般迁移和具体迁移。

一般迁移也称普遍迁移或非特殊迁移，是将一种学习中习得的一般原理、规则、方法、策略和态度等迁移到另一种学习中去。布鲁纳认为一般迁移是十分重要的，因为基本的原理、规则、方法、策略和态度具有广泛迁移的可能性。例如，对一种外语的语法结构、构词规则及学习方法的掌握，将有助于掌握另一种属于同一语系的外语。

把从一种学习中习得的具体的、特殊的经验直接迁移到另一种学习中去叫作具体迁移或特殊迁移。例如，理解了什么是“电子邮件”后，再理解“电子信箱”“电子阅览室”等概念时就会发生特殊迁移。英语学习中，当学完单词 basket（篮子）后，再学习 basketball（篮球）时，即可以产生特殊迁移。具体迁移的范围往往不如一般迁移广，仅适用于非常有限的情境中，但它对于系统掌握某一领域的知识来说是非常必要的。

4. 同化性迁移、顺应性迁移与重组性迁移

根据迁移的内在心理机制，迁移可分为同化性迁移、顺应性迁移与重组性迁移。内在

心理机制主要指学习者原有的认知结构、认知经验与认知系统。

同化性迁移是指在学习的过程中，学习者的原有认知结构没有发生改变，直接将原有的认知经验应用到本质特征相同的一类事物中去。在同化性迁移过程中，原有认知结构不发生实质性的改变，只是得到某种充实，平时我们所讲的“举一反三”“闻一知十”等都属于同化性迁移。

顺应性迁移是指在学习的过程中，学习者需调整原有的经验或对新旧经验加以概括，形成一种能包容新旧经验的更高一级的认知结构，才能适应外界的变化。顺应性迁移既包含顺向迁移也包含逆向迁移。比如，我们在日常生活中形成了“报纸”“书刊”“广播”“电视”等概念，当这些概念不能解释“计算机网络”这个概念时，就要在我们原有的经验系统中建立一个概括性更高的科学概念“媒体”来标志这一事物。可见，新的科学概念的建立过程也是一种顺应的过程。

重组性迁移是指在学习的过程中，学习者需要重新组合原有认知系统中某些构成要素或成分，调整各成分间的关系或建立新的联系，从而应用于新情境。在重组过程中，基本经验成分不变，但各成分间的结合关系发生了变化。例如，对一些原有舞蹈或体操的动作进行调整或重新组合后编排出新的舞蹈或体操动作，对“网络”“战争”“游戏”等概念进行重新组合就会形成“网络战争游戏”的新概念。对知识和技能的重新组合能产生出新的知识和技能，如把蜂鸣器和水壶组合在一起成为蜂鸣器报警水壶，把眼镜片放入眼睛中形成新产品即隐形眼镜。可以看出，重组性迁移不仅扩大了基本经验的适用范围，还包含有创造性的成分。

5. 顺向迁移与逆向迁移

根据迁移的影响方向，迁移分为顺向迁移与逆向迁移。先前学习对后继学习的影响称为顺向迁移。后继学习对先前学习产生的影响称为逆向迁移。无论是顺向迁移还是逆向迁移，其影响都有量的大小之分以及正、负迁移之别。

由于在学校教学中，我们总是期望以前的学习能给后继的学习带来帮助和促进，因此，研究者对顺向迁移考虑得较多。逆向迁移通常发生在学习者学习新知识或解决新问题时，需对原有的知识进行补充、改组或修正从而使原有的知识结构发生一定的变化。

（三）学习迁移的作用

在知识与技能的学习中，常常有这样的情况：加强听、说训练，就能更快地提高读、写能力；掌握的外语词汇越丰富越能促进外语阅读技能的提高，而阅读技能的提高反过来又可以促进掌握更多的外语词汇。这种知识、技能与能力之间存在的相互迁移现象，说明迁移不仅存在于某种经验内部，而且也存在于不同的经验之间。通过迁移，各种经验得以沟通，经验结构得以整合。可以说，正是由于迁移的作用使几乎所有的习得经验都以各种方式相互联系起来。

学习迁移的作用主要有以下三方面。

首先，迁移是一种重要的学习能力。能不能发生迁移和迁移的效果如何直接影响着学习的进程与效率。如果某人在某一学科中获得的某种知识、技能或态度，能够运用于其他的学科或校外生活的情境之中，那么这些他已经获得的知识、技能或态度就能举一反三地再造或创造出新的经验或成果，学习过程就会加快。从这个意义上来说，迁移是一种重要的学习能力。

其次，迁移是能力形成的重要环节，对于提高解决问题的能力具有促进作用。能力总是通过对所掌握的知识加以概括，然后通过广泛地迁移并进一步系统化和概括化而形成的。迁移是由知识的掌握过渡到能力形成的重要环节。对于学习者来说，学习的最终目的是把从学习中积累起来的方法和知识迁移到对新知识的理解和应用上来，把学到的知识运用到各种不同的实际情境中，解决现实中的各种问题，从而形成解决问题的能力。能否准确、有效地提取有关经验来理解新知识和解决新问题，这实际上就是一个迁移的问题。在学校情境中，大部分的问题解决是通过迁移来实现的，迁移是学生进行问题解决的一种具体体现。要将校内所学的知识技能用于解决校外的现实问题，这同样也依赖于迁移。要培养和提高解决问题的能力，就必须从迁移能力的培养入手，否则问题解决也就成为空谈。

最后，迁移对于学生学习和教师教学具有重要作用。从某种意义上说，能否形成多种学习间的积极迁移决定学生在校学习的效率，甚至学习成败。只有通过积极迁移，学生才能使已有知识和技能得到进一步检验、充实与熟练，才能在已有知识、技能概括的基础上形成能力。应用有效的迁移原则，学生可以在有限的时间内学得更快、更好，并在适当的情境中主动、准确地产生迁移。那些学习成绩优良的学生总是善于将学习得到的经验迁移到新的情境和新的学习中去。例如，学习了“和倍题”的解法之后，依靠迁移，就能独自发现“差倍题”的解法，学习效率当然比一般人要高。对教师来说，掌握迁移规律可以提高教育教学工作的效率。在教学中，教师不仅要教给学生各种知识，更重要的是教会学生各种学习方法，提高学习能力，将学到的知识迁移到对校外的广泛知识的学习中去。同时，教师还要自觉利用迁移规律进行教学设计，改进教学方法，合理组织与安排教学活动，以促进学习的迁移。

二、促进学习迁移的教学

（一）学习迁移的影响因素

学习迁移的影响因素包括以下四个方面。

1. 知识、技能的相同因素

各种知识和技能的相同因素成为它们之间沟通的桥梁，一旦为学习者所掌握，就能够通过迁移获得新的知识、技能。这些相同因素主要表现为：已学的知识与新学的知识有共同的本质联系，易于新旧知识沟通；已学的知识与新学的知识有共同的基本原理，基本原理由再生能力极强的基本法则、基本理论组成，是实现普遍迁移的基础；已学的知识与新学的知识有共同的构成部分。

2. 学习者的概括能力

学习迁移不是自然而然实现的，需要学习者具有一定的分析和概括能力。苏联心理学家鲁宾斯基主张，迁移的基础在于概括。学习的迁移过程，主要是要求学习者依据已有的经验去辨认当前的新问题，把当前的课题纳入已有经验的系统中去，实现知识和技能的同化或顺应，从而实现迁移。这是一个分析综合、抽象概括的过程。教学实践表明，学业成绩优异的学生往往学习能力强，基础知识全面而扎实，能自觉进行学习迁移，顺利地将知识技能运用到新的情境中解决实际问题。

3. 学习者具有积极的心向

从主体方面看，学习者要顺利实现学习迁移，还必须克服干扰，充分发挥主观能动性，提高把新旧知识联系起来的积极性。

4. 指导的作用和定势的干扰

学习迁移的影响有两种表现形式。一种表现形式是已经掌握的知识、技能、态度、方法等对新学习的知识、技能、态度、方法等发生积极的作用和影响，即促进新知识、新技能的形成。此时教师的直接指导有利于学生发现并掌握更有效的解题思路、方法，以促进正迁移的产生。另一种表现形式是过去已经掌握的知识、技能、态度和方法等在学习新的知识、技能时起消极的干扰作用，使后续的学习产生困难。对此，教师要通过学习方法指导、帮助学生克服学习定势的干扰，尽早地使学生把具体的知识上升到一般原理，然后通过学习迁移去理解各种现象，解决新问题。

此外，学习者的年龄、动机水平、意志和情感状态不同，也会影响学习迁移。年龄较大者，学习动机明确，意志坚强，学习迁移的可能性就大；反之则小。

总之，学习迁移是学习过程客观存在的重要规律。它在学习过程中具有客观性、普遍性和重复有效性。

（二）促进学习迁移的教学策略

积极有效的学习迁移对学生的学习至关重要，“为学习迁移而教”已成为当今教育追求的重要目标之一。要通过教学来促进学生学习的积极迁移，就必须根据迁移的规律和原理有效地组织教学。

1. 改善学生的心智功能

根据形式训练说，如果能找到可以改善学生心智的新的教学材料，就能提高学生的迁移能力。一些学者提出了一种新的教学措施，即通过学习诸如 LOGO 这样的计算机语言，来促进学生一般认知能力的发展：当儿童通过发现学习，知道如何用 LOGO 语言来给计算机下命令时，“他们的智慧能力也就得到了有效的发展”。虽然这项研究并没有取得满意的结果，但仍不失为一个有益的尝试。

2. 传授基本知识

按照共同要素说，应该把教学内容的重点放在基本知识的传授上。要把那些具有广泛迁移价值的学习材料作为教学的基本内容，而每一门学科中的基本知识（包括基本概念、基本原理、基本技能等）具有广泛的适应性，有很大的迁移价值。同时，在教授基本知识时应配有典型代表性事例，不能脱离事实材料来空谈概念和原理。

3. 有效的思维指导

根据迁移的经验类化（概括）原理，教师应有意识地引导学生去寻找不同知识之间的共同要素，培养学生的辨别能力，启发学生对知识进行概括，从而提高学生的学习迁移能力。

4. 提高学习迁移的意识性

迁移的关系转换学说指出，意识到学习材料之间的关系是迁移的关键。因此，可以运用发现学习的方法，指导学生发现规则和原理及各种学习之间的相互关系。同时，为使学生能正确理解知识之间的关系，应注意帮助学生形成良好的心理准备状态，防止消极心态形成消极迁移。

5. 合理安排教学内容

认知结构的迁移观认为，在已有学习基础上形成的知识结构的特征是影响新学习的关键。教学中就要充分利用教学材料中的内在联系，教学内容的组织要注意各种要素之间具有科学的、合理的逻辑联系，能体现事物的各种内在关系（如上下、并列、交叉等关系），使已有的知识能很好地同化新知识。对缺乏内在联系的教学内容，可以用先行组织者策略使学生在新知识与原有知识之间建立联系而获得意义。

6. 设计情境性教学

建构主义迁移观认为，迁移即应用，促进迁移的关键就在于发展学生灵活的知识应用能力。为此，教学应使学习在与现实情境相类似的情境中进行，着眼于解决生活中的现实问题，通过知识的应用而实现学习迁移。

第四节 学习策略

一、学习策略的概念和分类

“学会学习”，使学生成为一个聪明的学习者，已成为重要的教育目标。教育应该较少地致力于传递和储存知识，而努力寻求获得知识的方法（学会怎样学习）。现代心理学认为，学会学习的关键是学习策略的获得和改进，学生只有掌握了有效的学习策略，才真正找到了学习的金钥匙，才是一个“会学”的学习者。

（一）学习策略的概念

作为一个完整的概念，学习策略是布鲁纳 1965 年提出认知策略以后出现的，时至今日学习策略仍然没有一个公认的定义。根据已有研究学习策略可归纳为三种观点：①学习策略是学习的程序、方法及规则；②学习策略是学习的信息加工活动过程；③学习策略是学习监控和学习方法的结合。综合上述观点，我们认为学习策略是指学习者为了提高学习的质量和效率，用以调节个人学习行为和认知活动的一种抽象的、一般的方法。

学习策略的基本含义包括以下几方面。

第一，凡是有助于提高学习质量和效率的程序、规则、方法、技巧及调控方式都属于学习策略范畴。

第二，许多学习策略具有高度的概括性，是学习方法的选择、组织和加工。学习策略不等于具体的学习方法，但学习策略又不能与具体的学习方法截然分开，要借助具体的学习方法表现出来。

第三，学习策略是衡量个体学习能力的重要尺度，是制约学习效果的重要因素之一，因此也是会不会学习的标志。

第四，学习策略可以通过教学来发展。虽然学习策略一般由学习者自己制定和使用，但通过教师有意识地教学，学习者的学习策略是可以形成和改善的。

第五，学习策略既有内隐、外显之分，又有水平、层次之别。

学习策略具有以下特征。

1. 主动性

一般学习者采用学习策略都是有意识的心理过程。学习时，学习者先要分析学习任务和自己的特点，然后根据这些条件制订适当的学习计划。对于较新的学习任务，学习者总是在有意识、有目的地思考着学习过程的计划。只有对于反复使用的策略才能达到自动运用的水平。

2. 有效性

所谓策略，实际上是相对效果和效率而言的。一个人在做某件事时，使用最原始的方法，最终也可能达到目的，但效果不好，效率也不会高。比如，记忆一列英语单词，如果一遍又一遍地朗读，只要有足够的时间，最终也会记住，但是可能保持时间不会长，记得也不是很牢固；如果采用分散复习或尝试背诵的方法，记忆的效果和效率会有很大的提高。

3. 过程性

学习策略是有关学习过程的策略。它规定学习时做什么不做什么、先做什么后做什么、用什么方式做、做到什么程度等诸多方面的问题。

4. 程序性

学习策略是学习者制订的学习计划，由规则和技能构成。每一次学习都有相应的计划，每一次学习的学习策略也不同。但是，同一种类型的学习存在着基本相同的计划，这些基本相同的计划就是我们常见的一些学习策略。

（二）学习策略的分类

了解学习策略的类型，有助于帮助学生更好地掌握和运用学习策略。目前，具有代表性的学习策略分类观点主要有以下几种。

1．单瑟洛的二分法

单瑟洛（Dansereau，1985）把学习策略分为基本策略和支持策略。基本策略是指用来直接操作学习材料的各种学习策略，主要包括信息获得、贮存、检索和应用的策略，如记忆、组织、回忆等策略。支持策略主要用来帮助学习者维持良好的学习心态，主要包括计划和时间安排、注意的集中和自我监控。

2．迈克卡等人的三分法

迈克卡等人（Mckeachie et al，1990）将学习策略概括为认知策略、元认知策略、资源管理策略，每种策略包括的具体成分见图9－4。

- 学习策略
  - 认知策略
    - 复述策略（如重复、抄写、画线等）
    - 精加工策略（如想象、口述、总结、做笔记、类比、答疑等）
    - 组织策略（如组块、选择要点、列提纲、画地图等）
  - 元认知策略
    - 计划策略（如设置目标、浏览、设疑等）
    - 监视策略（如自我测查、集中注意、监视领会等）
    - 调节策略（如调整阅读速度、重新阅读、复查、使用应试策略等）
  - 资源管理策略
    - 时间监督（如建立时间表、设置目标等）
    - 学习环境管理（如寻找固定地方、安静地方等）
    - 努力管理（如归因于努力、调整心境、自我谈话等）
    - 其他人的支持（如寻求教师或伙伴帮助、小组学习等）

图9－4　迈克卡的学习策略分类图

3．温斯坦的四分法

温斯坦（Weinstein，1985）认为学习策略包括认知信息加工策略（如精加工策略）、积极学习策略（如应试策略）、辅助性策略（如处理焦虑）、元认知策略（如监控新信息的获得）。她与同事们所编制的学习策略量表包括十个分量表：信息加工、选择要点、应试策略、态度、动机、时间管理、专心、焦虑、学习辅助手段和自我测查。

二、认知策略

认知策略即基本学习策略，是指学习者对学习材料进行认知加工的策略，可分为陈述性知识的认知策略和程序性知识的认知策略，后者也称为思维与解决问题的策略。加涅认为："认知策略是内部组织化的技能，其功能是调节和控制概念与规则的应用。"认知策略与学习策略的关系是包含与被包含的关系，学习策略比认知策略所包含的范围更广。认知策略在学习策略中起着核心作用，认知策略的改进是学习策略改进的原因。

根据作用于信息加工过程的阶段不同，认知策略主要包括复述策略、精加工策略和组织策略。复述策略作用于认知过程的初始阶段，即选择、获得阶段。精加工策略主要作用于复述策略与组织策略之间的过渡阶段。组织策略作用于构建、综合阶段，即认知过程的深加工阶段。

（一）复述策略

复述策略是为了在工作记忆中保持信息而对信息进行反复识记的策略。复述策略是对具体复述方法的选择、运用和调整，可根据遗忘曲线规律来组织复述，使新学材料保持在长时记忆中。复述策略最常用的就是逐字逐句地重复，还可以使用下画线、做记号等方式。

（二）精加工策略

精加工策略是学习者为了更好地记住所学内容，利用表象、意义联系或人为联想等方法对学习材料做充实意义性的添加和构建。小学教师告诉学生："'人'（单人旁）累了，就靠在'树'（木）上'休息'。"对"休息"的"休"字的处理，就是采用了精加工策略。

精加工策略的本质是把所学的新知识与学习者已有的知识更好地联系起来，以增加新信息的意义，即应用已有知识使新知识（新信息）合理化，促进新知识在长时记忆中的保持，从而有效地提高记忆效果，扩大原有知识的容量，并提高知识的可利用性。

辨别是否是精加工策略有两个标准：一是精加工必须是学生自己产生的；二是精加工必须与教学内容相关联。为了更清楚地说明这一点，我们根据加涅等人（1984）设计的要求对精加工与非精加工进行辨别的练习中的几个例子来分析讨论。

例 1：一个学生读到"哥伦布 1492 年发现美洲"时，他认为应该记住，就在心里一遍又一遍地重复"哥伦布 1492 年发现美洲"。

分析：这不是精加工。因为他只是进行了简单的复述。

例 2：小明读到"哥伦布是西班牙人，1492 年航海到了美洲"，他想记住此事，于是便想："哥伦布很可能是由东向西到美洲的，因为这是从西班牙到美洲的最短航线。"

分析：这是精加工。这是由学生自己产生的，并将其原有的地理知识与这一新知识联系起来了。

例 3：小斌读到"哥伦布 1492 年发现美洲，他是西班牙人"，而后想到："哥伦布平时喜欢吃什么呢?"

分析：这显然不是精加工。尽管它是由学生自己产生的，但与教学内容毫无关联。

例 4：小红听见数学老师讲："做分数除法，先颠倒除数的分子和分母，然后再相乘。"然后又听老师说："记住，除数就是用来除的那个数。"

分析：这不是小红的精加工，而是老师的精加工。

例5：小强听见数学老师说："做分数除法，先颠倒除数的分子和分母，然后再相乘。"他想："这又是一个做分数运算题的法则，在分数乘法里，不颠倒乘数，相乘就行了。"

分析：这是精加工。它不仅与教学内容有关，而且学生应用已有的分数乘法知识来学习分数除法的内容。

例6：一个学生听见物理老师说："分子在气体中比在液体中相隔更远，所以气体比液体轻。"该学生就想到："这好像编织疏松毛织物要比用同样毛线编织的密实的衣物要轻。"

分析：这是精加工。它与教学内容有关，并且该学生把自己已有的生活经验与这一教学内容联系起来了。

（三）组织策略

组织策略是指对学习材料进行组织，按照材料的特征或类别进行整理、归类或编码，以利于理解掌握的一种基本学习策略。组织策略的目的在于建构新知识点之间的内在联系，是将分散的、孤立的知识集合成一个整体并表示出它们之间关系的方法。常用的组织策略有提纲法、网络法、地图法等。其中，网络法是指以树状式连线方式来表示材料种属关系的一种组织方法。例如，对一篇名为《绿》的短文，可编制出如图9-5所示的网络。

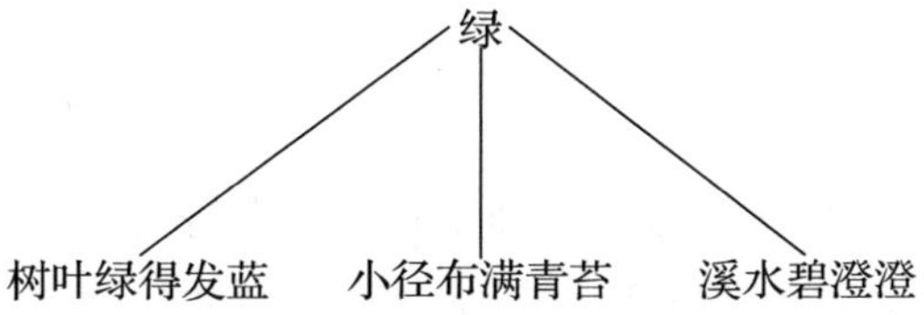

图9-5 网络法组织图举例

三、元认知策略

元认知是弗拉维尔（Flavell）在1976年提出来的。元认知以认知过程本身的活动为对象，是对认知的认知，即个体对自己的认知过程和结果的意识与控制。近年来人们越来越关注元认知在学习活动中的作用，如何培养和发展学生的元认知能力已成为学习策略研究和应用的重要内容。

（一）元认知结构

根据弗拉维尔的观点，元认知由三种成分所组成，即元认知知识、元认知体验和元认知监控。

元认知知识是个体通过经验积累起来的关于认知的一般性知识，就是一个人对有效完成任务所需的知识、技能、策略及其来源的意识，是一个人在从事认知以前的一种认识。元认知知识主要包括：①知人方面的知识，指对自己和他人认知能力与特征的认识，即所谓“知己知彼”，是对自己的智力、兴趣、记忆特点及他人长处与不足的认识；②知事方面的知识，指关于不同的认知材料和任务目标不同特点的认识，如对不同课程内容的性质以及对学习材料的结构、逻辑性及呈现方式的知识；③知法方面的知识，指关于认知策略及其使用方面的认识，即对各种学习策略的优点及其不足、应用条件和情景、效力等的认识。

元认知体验是指伴随着认知活动主体所产生的认知体验和情感体验，它可能被主体清晰地意识到，也可能是处于下意识的状态；在内容上可简单，也可复杂；可发生在认知活动开始之前，也可发生在认知过程中或认知活动结束之后。例如，预感考试失败后产生的焦虑或成功后产生的愉悦等。

元认知监控指在进行认知的全过程中，将自己正在进行的认知活动作为意识对象，运用自我监控的机制，不断地对认知过程进行积极自觉的监视控制、调节。元认知监控是元认知的关键，其过程包括制订认知计划、监视计划的执行以及对认知过程的调整和修改。

在学习过程中，元认知对整个学习活动起着控制和协调的作用，监视和指导着策略的选择和使用。对一个学习者来说，如果只拥有众多的策略性知识，而缺乏元认知策略来帮助自己决定在何种情境下使用何种策略或改变策略，那么他就不可能成为一个成功的学习者。元认知水平高的学习者善于选择策略，从而表现出目的明确、计划性好、自控能力强、灵活性高的良好的学习能力。

（二）元认知能力

元认知理论的提出使人们意识到，教师不但要了解学生在学习中学到什么和怎样学，而且更要了解学生是如何控制和调节自己的学习的，即元认知能力问题。

1. 元认知能力的实质

元认知能力的实质是自我监控。自我监控是指学生对其所从事的学习活动进行自我调节与控制的能力，包括学习过程中确定目标、制订计划、选择方法、管理时间、调节努力程度、执行计划、反馈与分析效果、采取补救措施等能力，是学生学习能力的一个重要方面。

2. 元认知能力的提高

关于促进学生元认知能力提高的教学措施，我国一些学者结合国外的研究提出以下几点。

第一，让学生每天记学习日记，包括列出当日学习的主要及重要内容，列出有关知识点及各知识点之间的联系，列出自己反复思考仍不清楚的问题，将一些容易混淆的概念列表对照、鉴别。

第二，增强学生对他人及自己认识过程的意识。教师可通过语言将自己对某问题的思维过程展现给学生，也可促使学生注意到别的同学对他自己的思维过程的认知和评价。

第三，指导学生进行自我质疑。要求学生自我质疑的做法能使学生逐步形成自我控制、自我检查的能力，如要求学生经常自我提问："我知道做些什么吗?""我对作业的要求清楚吗?""这样做是否正确？我有把握吗？能否稳操胜券?"

第四，指导学生监控、评估自己的理解能力。教师可用列表的形式提供对某一问题理解程度的判断标准，从而使学生能对照检查自己的理解能力。

第五，向学生提供练习与反馈的机会。

第六，要求学生意识到与学习效果有关的四个因素：所学材料的性质特点；学生自己当前的知识与技能水平；学生自己当前的心态；检验学习效果的标准与形式。

第七，指导学生按以下步骤进行反思。

等一等：我对现在所学的内容是否理解并记住了？我能向他人清楚地描述这一问题吗?

想一想：产生这一问题大致是由什么原因引起的？是不是自己对有关知识没有掌握？是否自己缺乏想象力或缺乏解决这一问题的技能技巧？

找一找：解决这一问题可采用哪些方法？可寻找、阅读哪些相关材料？可否向别人请教？可否做难度略低的练习？

看一看：检查一下，采取相应的解决措施后，原来的问题是否得到部分解决或完全解决？

做一做：记录解决问题的经过并决定以后怎样做。

四、学习策略的教学训练

（一）训练的原则

托马斯和罗瓦（Thomas&Rohwer，1986）提出了适用于具体学习方法的有效学习原则。

首先，特定性原则。特定性是指学习策略一定要与学习目标和学生的类型相适应，即通常所说的具体问题具体分析。例如，研究者发现，同样一个策略，年长的和年幼的学习者或成绩好的和成绩差的学习者，用起来效果就不一样，如阅读时写提要对于成人来说可能是一种有效的学习方法，但对小学生则可能相当困难。

其次，生成性原则。生成性是有效使用学习策略最重要的原则之一，是指在学习过程中要利用学习策略对学习材料进行重新加工，产生某种新的东西。生成性程度高的学习策略有写内容提要、提问、列提纲、图解要点之间的关系、向同伴讲授课的内容要求等。生成性程度低的学习策略有不加区分地划线，不抓要点地记录，不抓重要信息地提要等。

再次，有效监控原则。教学生何时何地与如何使用学习策略非常重要，因为如果交代清楚何时何地与如何使用一个策略，那么学生就更有可能记住和应用它。

最后，个人效能感原则。成绩和态度之间的关系表明，那些能有效使用策略的人相信使用策略会提高他们的成绩。教师一定要给学生一些机会使他们感觉到策略的效力，树立对策略学习的个人效能感。

（二）训练的方法

1. 感受—自控训练法

布朗（Brown，1983）等人认为，学习策略可有三种训练方法。

首先，盲目训练法，即只教学生使用策略，但不帮他们理解这种策略为什么有用和何时运用最恰当。

其次，感受训练法，即帮助学生理解（感受）为何、何时使用获得的策略。

最后，感受—自控训练法，即在感受训练法的基础上，让学生练习这些策略，给他们提供掌握这些策略的机会。

研究表明，第一种方法常常是无效的，而后两种训练方法不但能增进学生对策略有效性的认识，提高其应用策略进行学习的自觉性，而且能明显地改善他们的学习。

2. “控制 + 监视”的教学技术

教师不仅要教给学生具体的学习策略，而且还应培养他们自我监控学习策略使用的能力以及善于检查、评定或修正其策略的能力。

曾有学者分析了四种教学技术：①“自我管理”教学，即仅让学生学习运用具体的学习方法（如怎样列提纲）；②“规则”教学，即明确地告诉学生如何使用具体的策略并示范；③“规则 + 自我管理”教学，即把前两种技术结合起来的教学；④“控制 + 监视”教学，即使学生获得学习的控制和监视的知识，懂得何时和如何检查与评定学习策略的使用情况。研究表明，第四种教学效果最好，使学生能有意识地去发现和总结策略，从而生成适合自己的新策略，提高了学生在未来的学习中选择使用更有效的学习策略的能力。

3. 讲解与示范结合、练习与反馈结合的基本教学操作

首先，讲解与示范要结合。教师不但要向学生解释说明，而且要反复向学生示范策略的使用方法。准确的讲解和示范为学生获得策略提供了重要信息。其次，练习与反馈要结合。教师让学生在广泛的情境中练习使用策略、获得亲身体验的同时，还应重视为其提供清晰的反馈，因为准确的反馈是学生策略获得和改进的关键。

链接材料 9 - 1

防范网络成瘾家庭关心最关键

近日，北京军区总医院公布了国内首个《家庭预防网瘾指南》。

《家庭预防网瘾指南》的制定历时四年，调研了近千个家庭的案例。北京军区总医院成瘾医学科主任、中国青少年心理成长基地主任陶然介绍说，虽然网络成瘾的形成因素包括家庭、学校、社会和个体因素，但最关键的因素还是家庭是否和谐。他认为，家长参照相关原则去做，能够有效防治孩子的网瘾。

据了解，《家庭预防网瘾指南》针对父母在孩子成长中的过失，概括出了十大基本原

则：建立良好的夫妻关系，让孩子获得心理上的安全感；营造轻松、愉悦的家庭氛围，避免刻板、教条的家庭规则；建立平等、信任的家庭关系，尊重孩子，避免严厉惩罚；营造理解、温暖的家庭环境，倾听孩子的心声，避免忽视与冷漠；了解孩子的心理需求，做孩子的支持者，给孩子成长空间，避免控制与指责；帮助孩子建立良好的伙伴关系；设立适合孩子发展的期望值和目标，让孩子获得成就感和满足感；以有效的沟通方式及时解决孩子内心的成长困惑；在孩子教育中父亲应多参与，避免因父爱缺失而溺爱孩子；掌握科学教养知识和电脑及网络使用技能，与孩子共同学习和成长。

"许多父母都为自己的孩子染上网瘾而焦急万分，苦苦寻找救治的良方，殊不知，欲救治孩子，首先应救治孩子的父母，他们应给孩子一个和谐的家庭。"陶然介绍说，新疆有一对夫妻关系不和，经常当着孩子的面吵嘴打架，最后闹到分室而居，谁也不理谁。上初中的孩子得不到家庭关爱就出去上网，久而久之患上网瘾，经常偷家里的钱逃学去上网，甚至发展到对父母扬言：再管得宽，就找人来收拾你们。无奈之下，父母只好请人将孩子绑起来，送到北京军区总医院成瘾医学科戒网瘾。

陶然表示，有不少家长往往是孩子成瘾后，就将孩子往戒除网瘾的医疗机构一送了事。正确的做法，是从日常生活的细微处入手，治好小毛病，这样就不会出现大问题。

针对孩子沉迷网络应如何有效地进行干预，《家庭预防网瘾指南》给出了12条具体措施：寻找孩子迷恋网络的原因（如性格内向、成绩不如意、人际关系冲突等）；将"因迷恋上网而失去的重要人和事"列表，认识事情的严重后果；逐渐减少并限定上网时间；错开原来上网时间，打乱原有的心理秩序，避免网络成瘾；在孩子上网前和下网时进行心理暗示；规定每天与家人、朋友交流1小时；让孩子身上携带积极提示卡，及时记录其变化和进步，哪怕是微小的进步也要给予积极鼓励；帮助孩子通过各种渠道了解网瘾的危害；帮助孩子寻求网络之外的替代性爱好（如运动、音乐、舞蹈、绘画等）；把电脑放在客厅而不放在卧室，以利于家长监控；了解孩子青春期的心理特征和网络知识，并主动与孩子一起使用网络；一旦孩子过度使用网络，寻求专业机构的干预。

（资料来源：百度文库）

第十章　社会心理

学习要求

1. 概念识记：自我、社会知觉、印象管理、人际关系、社会助长、社会惰化、从众、服从、去个性化、群体极化。

2. 分析理解：自我的心理作用；社会知觉的影响因素；印象形成中信息整合的模式；印象形成中的效应；良好人际关系的建立及人际关系的恶化。

3. 思考运用：如何认识自我？如何培养积极的自我？印象管理的策略有哪些？师生关系和同伴关系的影响因素有哪些？如何完善师生关系和同伴关系？

人是社会中的人，人类最显著的特征之一是集群性。每一个个体，从出生到成年，都离不开群体，离不开群体中人的影响。每个人都在与社会中的他人发生关系，建立心理上的联系，这是人类与生俱来的本能和基本需求。

关注人的社会心理，探讨人类的集群性和人类社会中的种种人际关系，是社会心理学家关心的问题。了解人的社会心理，也就是了解社会情境中人的个体心理和群体心理。在学校情境中，了解学生个体心理的发展及学生如何受到来自学生群体的影响，对于做好学校教育、教学和管理工作有着重要的意义。本章将阐释人们在社会中如何感知和理解周围的世界、如何认识自己、如何与他人互动和交流以及个体如何受到群体影响。

第一节　自　我

人在社会中生活，首先必须弄清楚什么是自我，也就是“我是谁”的问题。要认识自我并非一件容易的事情，从一个初入社会的小孩到成年直至老年，个体都在不断地追寻和探索着。自我是个性的一个组成部分，是衡量个性成熟水平的标志。在教育和教学中，如何帮助学生正确地认识自我，积极地接纳自我，调动他们的潜能，这关系到每个学生的成长和发展，是每一个教育者关注都要和思考的问题。

一、自我概述

我是谁？我是一个受人欢迎的人吗？我在老师的眼中是一个聪明的学生吗？我在同学的眼中是怎样的？我的优点是什么？我的缺点是什么？我可以胜任什么样的工作？……这些关于自我的问题不断地推动着个体向前发展。

在心理学中，自我、自我意识、自我概念在意义上比较接近。自我最早是由美国心理学家詹姆斯提出的。他认为，自我包括“主观我”和“客观我”两个部分。主观我用“I”表示，是指个体进行知觉、想象、选择、记忆和计划的主体；客体我用“me”表示，是指个人可以称为属于他的全部东西，包括个体的身体、衣物、能力、人格特征、社会性等。

我们认为自我是指对自己及自己与周围环境关系的认识，包括对自己存在的认识，以及对个体身体、心理、社会特征等方面的认识。它包括三部分：生理自我，即个体对自身生物属性的认识，对自己的身高、体重、性别、外貌的认识；社会自我，即个体对自身社会性要素的认识，如认识到与他人相处关系怎样，在班上有什么样的地位和作用；心理自我，即个体对自身心理状况的认识，如认识到自己的性格特征，自己的情感、意志等。

自我是一个复杂的综合体，它与个体认知能力的增强是密切联系在一起的，同时，自我在与人的社会交往中得到不断深化和发展。自我意识的形成遵循生理自我—社会自我—心理自我的发展过程。从8个月左右至3岁左右，生理自我基本成熟，个体形成对自己躯体的认识，包括占有感、支配感等。从4岁至13或14岁，个体能了解社会对他的期待，并根据社会期待调整自己的行动，社会自我形成。从14岁或15岁至成年，个体能知觉和调节自己的心理活动和状态，根据社会需要和自身发展的要求控制自己的心理与行为，心理自我形成。

自我包括三个心理成分：认知成分、情感成分、意志成分。认知成分主要是指对自己生理特征、心理特征、社会性等的了解和评价。情感成分主要是指在认知基础上产生的自信、自尊、自豪、自傲、自卑、自暴自弃等体验。意志成分是指自我的调节和控制，如自我奋斗、积极进取、自我监督、自我检查等。依据自我的三个心理成分，我们将自我从结构上分为三部分：自我认知、自我体验和自我调控。自我认知是指对自己各种身心状况、人—我关系的认识，如“我身体很高，长得结实，性格活泼，喜欢与人交往”等。自我体验是伴随着自我认知而产生的情感体验，如“我很漂亮，很受老师、同学欢迎，我很自豪”等。自我调控是指伴随着自我认知、自我体验而产生的各种思想倾向和行为倾向，如“我是一个性格内向的女孩，我不敢和别人主动交往，我不喜欢这样，因此我想改变自己，让自己也能成为一个受人喜欢的人”。

二、自我的心理作用

自我是一个连续体，它包括个体的过去、现在和将来：过去的我是一个怎样的人，有哪些成败的经验；现在的我能胜任什么，有哪些社会关系，取得了哪些成就；将来的我会向哪个方向发展，未来的期望等。自我一旦形成，将会对个体产生特有的功能。伯恩斯在《自我概念发展与教育》（1982年）一书中，系统论述了自我的心理作用表现在三个方面：保持内在的一致性与行为的一贯性、决定个体对经验的解释和影响个体的期望水平。

（一）保持内在的一致性与行为的一贯性

人都有保持自我一致性的需要，人的心理和人的行为保持着某种意义上的一致和协调。在现实生活中，我们会对自我或周围的事物产生很多想法和认识，做出一些行为，如果这些想法和认识之间不一致，想法、认识与行为不一致，个体就会不舒服。例如，个体认为自己是一个很聪明的学生，某次考试应该取得高分，但考试成绩出来后他看到自己并未得高分，这样他内心就会很痛苦。此时，若改变对自我的认知，认识到聪明的学生不一定每次考试都能取得高分，考不好并不意味着自己不聪明了，他的内心就会平衡一致，痛苦也就会减轻或消失。个体学习成绩不好，认为老师不喜欢成绩不好的学生，于是没有学习的积极性，不努力、不付出，学习成绩就会越来越糟糕，从而形成一种恶性循环。要打破这个怪圈，就需要学生和老师的共同努力。老师要关注学生，相信和帮助学生解决学习中的困难，学生要调整对自我的认识，通过努力获取进步。在新的认知和评价下，学生和老师的行为都会朝着双方期望的方向变化。

（二）决定个体对经验的解释

个体在学习、生活中会积累丰富的经验，这些经验对个体有怎样的意义是由个人的自我决定的。每一个经验对每一个个体的意义都是特定的。不同的人可能会获取相同的经验，但是他们的解释可能会迥异。例如，两个学生考试都得了70分，对于一个自认为学习很差、平时考试总难及格的学生来说，这个分数就是一个极大的成功，因而非常欣喜。而对于一个自认为非常聪明，学习成绩很好，应该考高分的学生来说，这个分数就是一个极大的失败，他会非常难过。由于学生会按照与自己的自我相一致的方式来解释自己的行为，所以在这个过程中，自我就会产生积极的或消极的影响。如果个体的自我是积极的，每一个经验都可能被赋予积极的解释；如果个体的自我是消极的，每一个经验都可能被赋予消极的解释。因此，在教学中，要培养学生形成积极的自我，正确地认识和评价自己，接纳自己，发挥个体的优势并取得进步。

（三）影响个体的期望水平

自我不仅影响着个体现实的行为方式和个体对过去经验的解释，还影响着个体对未来的期望。个体对未来的憧憬是建立在自我的基础之上的。一个成绩不好的学生，缺乏成就感，会产生消极的自我，对未来的期望也会比较消极，有种“破罐子破摔”的心理，这样紧随其后的便是落后的成绩。他们对落后的成绩早有了思想准备，也不会渴望付出更多的努力而取得进步了。在这种意义上，一个人如何看待自己比他真正的是怎样的一个人显得更重要，很多自卑的学生就是因为看不到自己身上的闪光点而否认自己，对自己的期望偏低，从而影响成绩的。

三、认识自我的方法

自我是在个体认知能力的提升以及与他人交往的增多过程中逐步发展的。一方面，通过自我的观察、反思认识自我；另一方面，通过社会中他人的评价、反馈，与社会中的人进行比较而认识自我。一个个体，只有正确地认识自我，才能够很好地发展和实现自我。认识自我的方法主要有自我评价法、心理测验法、橱窗分析法等。

（一）自我评价法

个体随着其认知能力的提升和社会经验的增多，对自我的认知和评价也会越来越全面和客观。“我是谁”“我想干什么”“我能做什么”“我的优势和劣势是什么”“我的目标是什么”“我的理想是什么”……这些问题不断地推动着个体思考和反省。自我评价法就是通过对这些自我相关问题的回答而获得的对自我的认识。

（二）心理测验法

常用的了解自我的心理测验是“认识自我的20问法”，它分两步走。第一步问你自己20次“我是谁?”，把你头脑里浮现出来的答案一一填写出来，如“我叫某某”“我喜欢唱歌”等。回答每次提问的时间要控制在20秒内，回答不出来可以跳过。第二步，对自己回答的问题进行分析。分析的内容可以从三个方面来评价：答案的数量和质量（总共写出了多少个答案，从哪些方面写出的答案）、回答内容的表现方式（符合客观情况的或主观评价的，好的或不好的等）和回答的内容是否涉及自己的未来。

（三）橱窗分析法

心理学家鲁夫特与英格汉提出“周哈里窗（Johari Window）”模式，其中“窗”是指一个人的心就像一扇窗。周哈里窗展示了关于自我认知、行为举止和他人对自己的认知之间在有意识或无意识的前提下形成的差异，依据自己和别人、知道和不知道两个维度分割为四个范畴：一是面对公众的自我塑造范畴，二是自我有意识在公众面前保留的范畴，三是公众及自我两者无意识范畴，四是被公众获知但自我无意识范畴。因此人的内在可以分成四个部分：公开我、隐私我、潜在我、背脊我。周哈里窗如图10－1所示。

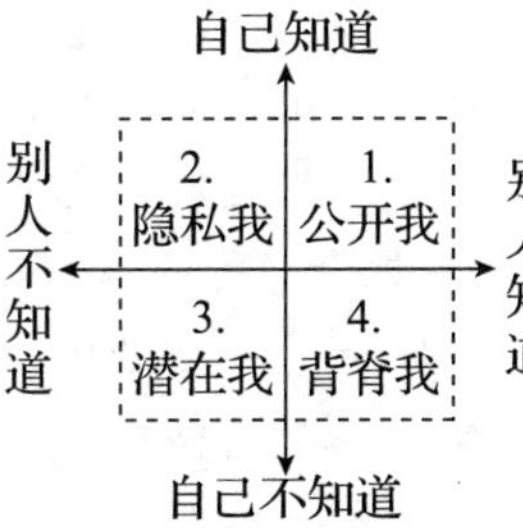

图10－1 周哈里窗

四、完善自我，培养积极的自我

研究结果表明，自我与个体的心理健康是密切相关的。一个个体拥有积极的自我，意味着他能正确地认识和评价自己，积极地接纳自己，能以良好的心态面对生活中的挫折和挑战，能保持一种积极向上的心态，从而增进自身的心理健康水平。反之，则会影响个体的心理健康水平，不能正确认识和接纳自己，自卑、自暴自弃、消极悲观，一旦遭遇挫折则退缩或一蹶不振等。要让学生完善自我和培养积极的自我，需要教师和学生共同努力，有意识地采取有效的措施，提高学生的自信，维护其自尊，开发其自我潜能。

（一）正确认识自己，培养自信

自信是个体对自己能力的充分肯定，深信自己一定能够实现所追求的目标，是个人对自己正确而积极的认识和评价。要培养学生的自信，教师可以从以下三个方面着手。

首先，注意自己的言语和行为，积极评价学生。这就要求教师平时要尊重学生，注意自己的言行，不要轻易地否定，不能单纯地强调考试成绩，要全面地评价学生。

其次，因材施教，创设机会，提升自信心。教师要根据学生自身的优势，考虑到个体的差异性，有针对性地对学生进行教育。教师和家长要创设机会，激发学生的潜能，让其感受到更多的成功体验，如有的学生擅长表演，可以给他提供表演的舞台；有的学生喜欢英语，可以让他参加英语竞赛……这样就能够提升学生的自信心。

最后，积极开展自我竞赛，培养自信。教师要引导学生给自己设置目标，学会分析自身的优势和不足，进行自我竞赛，提升自信，而非一味地和别人比较。

（二）积极接纳自己，维护自尊

自尊是指个人尊重自己的人格、荣誉，维护自我尊严的自我情绪体验。一个有自尊心的人，对自己基本持积极的或肯定的态度，表现为积极向上、不断进取。缺乏自尊心的人，则对自己基本持消极或否定的态度，表现缺乏上进心、不思进取。由此可见，培养学生的自尊心有助于培养积极的自我意识。教师可以从以下几方面着手培养学生的自尊心。

首先，注意自己的语言，积极评价学生。在日常的教学和生活中，教师应该注意自己的语言，如有的教师喜欢说“你真笨”“你真傻”，这容易打击学生的自信心，伤害学生的自尊心。因此，教师要多使用一些正面的、肯定的语言，如“你这次表现得真不错”“你真棒”等，这样容易使学生对自己充满信心，提升自尊心。

其次，教会学生自尊、自重。要学会自尊、自重，就需要正确地认识自己，积极地接纳自己。作为教师，一方面要引导学生全面客观地认识和评价自己，认识自己的优缺点；另一方面要教育学生积极地接纳自己，不骄不躁，不卑不亢。

最后，引导学生进行积极的自我暗示。教师要引导学生学会用一些积极的、正向的语言暗示自己，这种暗示有可能使人朝预期的方向发展，这就是心理学中的期望效应。例如，学生可以对自己说“我很棒”“我能行”“我会成功”等，这样会激励自己不断努力，从而实现自己的期望。

链接材料 10－1

罗森伯格的自尊量表

自尊量表由罗森伯格于1965年编制，用来评定青少年关于自我价值和自我接纳的总体感受，目前是我国心理学界使用最多的自尊测量工具。

该量表由五个正向计分和五个反向计分的条目组成，采用四点计分方法，分别是：非常同意，同意，不同意，非常不同意。量表设计中充分考虑了测定的方便，被试直接报告这些描述是否符合自己的情况。

1. 我认为自己是个有价值的人，至少与别人不相上下。

2. 我觉得我有许多优点。

3. 总的来说，我倾向于认为自己是一个失败者。

4. 我做事可以做得和大多数人一样好。

5. 我觉得自己没有什么值得自豪的地方。

6. 我对自己持有一种肯定的态度。

7. 整体而言，我对自己觉得很满意。

8. 我要是能更看得起自己就好了。

9. 有时我的确感到自己很没用。

10. 有时我觉得自己一无是处。

量表分四级评分，“非常同意”计4分，“同意”计3分，“不同意”计2分，“非常不同意”计1分，1、2、4、6、7正向记分，3、5、8、9、10反向记分，总分范围是10~40分，分值越高，自尊程度越高。

（资料来源：汪向东，王希林，马宏．心理卫生评定量表手册．中国心理卫生杂志，1999（12）.）

（三）努力开发自己，培养自我效能

自我效能是指个体对自己在组织、执行行动以及达到目标的过程中的能力判断和信念。自我效能高的人，会在潜意识中相信自己是个有能力的人，当面临困难时也能够积极应对。因此，自我效能对学生的自我意识有着极大的影响，作为教师应该从以下方面着手培养学生的自我效能。

首先，相信学生是有能力的。每一个学生都是优秀的，教师应该相信他们，积极地促进他们的成长，提升他们的能力，“没有教不会、教不好的学生，只有不会教、教不好的老师”。

其次，帮助学生获得成功体验。成功体验是自我效能的重要来源。一个人经常体验失败是不可能形成高自我效能的。作为教师，应该依据学生的个体差异，创设机会让学生体会到成功感。

最后，注重过程，在过程中体会成功。不论是在学习还是人际交往中，都应该引导学生从过程中体会到付出的回报和满足，学会尊重自己的努力，体会到成功的满足。

第二节 社会知觉、印象形成与印象管理

个体在与他人交往时，一方面要认识、把握对方的心理状态及特点，以便做出准确的判断；另一方面也要关注自己的心理特质、动机、态度和情感等，使自己给人留下好的印象，提升自己的人际魅力。

一、社会知觉

（一）社会知觉的概念

知觉是人脑对客观事物的整体反映，是人将感觉获得的信息进行选择、组合、加工和解释，形成完整印象的过程。作用于个体的信息有两类：一类是自然信息，自然界中的机械、物理、化学和生物等方面的信息即属于此类；一类是社会信息，社会中担任各种社会角色的人、人际关系和群体、各种社会结构和社会事件即属于此类。由各种自然信息所形成的知觉是物知觉，由各种社会信息所形成的知觉是社会知觉。

社会知觉是指人对各种社会性的人或事物形成的直接的整体印象。社会知觉包括个体对他人、群体以及对自己的知觉。对他人和群体的知觉是人际知觉，包括对他人情绪、情感的认知，对他人人格的判断，对他人人际关系的把握等。对自己的知觉是自我知觉，包括对自己身体的知觉、对自己态度的知觉、对自己情绪的知觉、对自己人格特征的知觉等（自我知觉的相关内容可参考本章第一节）。此外，对行为原因的知觉也属于社会知觉的范围。社会知觉是一种基本的社会心理活动，人的社会化过程、社会动机、态度、社会行为的发生都是以社会知觉为基础的。

（二）社会知觉的影响因素

影响社会知觉的因素大致可以分为两类：知觉主体（认知者）因素和知觉客体（知觉对象）因素。

1. 知觉主体（认知者）因素

（1）认知者的经验

个体已有的经验对认知过程产生着特殊的影响。个体在社会生活中积累了丰富的关于人和事的原型，这些原型使其对于人和事的认知判断更为简洁明了。

现代社会心理学用“图式”这一概念来解释我们脑海中储存的大量原型。图式是指人脑中已有的知识经验的网络。图式一般有个人图式、角色或群体图式、事件图式。个人图式既可以是关于一个特殊人物的图式，如关于卓别林的图式，也可以是关于某一特殊类型的人的图式，如外倾的人的图式是热情、活泼、喜欢与他人交往等。角色或群体图式是关于人们所承担的社会角色或群体的图式，如老师的图式是戴着眼镜、文质彬彬等，恋人的图式是相互关心、甜甜蜜蜜、浪漫的伴侣等。事件图式又称脚本，是指某一时间内行为发生的标准序列，如约会这一事件图式是开始会见—到餐馆吃饭—看电影—送女方回家—道晚安等。

个体已有的图式会影响对知觉对象信息的选择、加工和解释，主要体现在四个方面。第一，影响对注意对象的选择。新异独特的、个体熟悉和感兴趣的事物容易成为个体的图式并容易被个体选择、关注。第二，影响记忆。对知觉对象形成图式化表征后，当知觉对象特征鲜明、一致时，比较容易形成图式并记忆深刻，如周星驰所扮演的无厘头的形象。当知觉对象与自己的图式信息一致时，比较容易被提取，如一个人行为夸张、语言讽刺且自嘲，我们就说他无厘头。第三，影响自我知觉。个体会根据已有的自我图式，加工有关自己的信息。自我图式就是个体在以往经验基础上形成的对自己概括性的认识。第四，影响个体对他人的知觉。个体知觉他人，看到的往往是他想看到的东西，即个体倾向于用图式解释知觉对象。

（2）认知者的动机与兴趣

由于动机和兴趣不同，个体选择认知对象会有所不同。例如，那些与自己有着相似的兴趣、爱好的人，往往比较容易成为知觉的对象，容易产生好的印象。

（3）认知者的情绪

情绪会影响人的认知。处于积极情绪状态下的认知者倾向于用积极的眼光知觉他人，反之则用消极的眼光去知觉他人。“春风得意马蹄疾，一日看尽长安花”“丈母娘看女婿，越看越顺眼”，这些都是好心情影响人的认知的写照。

（4）知觉效应

在认知过程中，个体的一些知觉效应（如首因效应和近因效应、刻板效应等）会影响认知的准确性，使认知发生偏差。这些知觉效应在许多情况下又是难以克服的，因此我们要了解一些常见的知觉效应，以便在知觉他人时尽量避免其不利的影响。关于社会知觉效应将在本章第二节详细论述。

2. 知觉客体（知觉对象）因素

（1）外表特征和人格特征

在知觉过程中，知觉对象本身的外表特征和人格特征会对知觉产生影响。那些有魅力的人容易成为我们的知觉对象，被给予积极的评价。那些具有优良品质（如热情、真诚、正直、友好等）的人，我们更倾向于对其做出积极、肯定的判断。

（2）知名度

知觉对象的知名度大小也直接影响着认知者的社会认知。在一个人有一定知名度的情况下，人们通过各种媒体和周围其他人传递的有关信息，实际上已经开始了对他的认知。一般来说，知名度高、社会评价积极的人，人们一般先入为主地把他看成有吸引力的人。

（3）知觉对象的复杂程度

知觉对象的复杂程度也对人们的社会知觉造成影响。简单的事物容易知觉，复杂的事物则给认知者带来困难。那些思想简单的人，容易被我们知觉；而那些思想复杂的、行为捉摸不定的人，要知觉他们则要困难得多。

二、印象形成

（一）印象形成的概念

印象是指个体（认知主体）头脑中有关知觉客体的形象。个体接触新的社会情境时，总是按照以往经验，将情境中的人或事进行归类，明确它对自己的意义，使自己的行为获得明确定向，这一过程称为印象形成。

在印象形成的过程中，个体第一次与对方接触时，根据对方的身体相貌及外显行为所得出的综合性和评鉴性的判断称为第一印象。好恶评价是第一印象形成中最重要的维度。第一印象会影响个体对知觉客体后来的评价：当形成好的第一印象时，以后也倾向于好的评价；反之，当第一印象不好时，以后的评价也可能不好。

（二）印象形成中信息整合的模式

在印象形成中，个体所获得的信息总是知觉对象的各种具体特征，但个体最终形成的印象并不停留在各种具体特征上面，而是在把各种具体信息综合后，按照保持逻辑一致性和情感一致性的原则，形成一个总体印象。个体对信息的整合主要有四种模式，分别是：叠加模式、平均模式、加权平均模式和中心品质模式。

1. 叠加模式

叠加模式是指人们形成印象时是将各个独立的信息叠加在一起形成总体的印象。例如，在生活中，我们了解某个人的优点越多，那么对他的印象就会越好；相反，如果了解某个人的缺点越多，则会对他的印象越差。

2. 平均模式

印象形成并非信息的简单相加，即并非简单地把他人的多种特征的评价分值累加，而是将各个特征的评价分值加以平均，然后根据平均值的高低来形成对他人的好或不好的总体印象。例如，在生活中，当了解到他人具有许多积极品质时就会形成对他的好印象，一旦发现他具有某些消极品质时就会降低对他的好感。

印象形成的两种不同代数模式如表 10 - 1 所示。

表 10 - 1　印象形成的两种不同代数模式

	甲	乙
模　式	机智（+4） 学识渊博（+4） 沉着（+2） 自信（+3）	机智（+4） 学识渊博（+4） 沉着（+2） 自信（+3） 坦率（+3） 不讲究衣着（-2）
叠加模式	+13	+14
平均模式	+3.25	+2.33

3. 加权平均模式

许多人形成对他人的总体印象时，不仅考虑积极特征与消极特征的数量与强度，而且从逻辑上判断各种特征的重要性。对他人的总体印象不是根据简单的平均结果，而是根据重要性确定出各种特征的权重，然后将权重与每种特征的强度相乘，最后加以平均。也就是说，人们根据平均法则去形成印象，但对极端品质予以加权。例如，当公司招聘高技术开发人员时，招聘者更注重应聘者的智慧品质而不看其是否具有魅力；当招聘的是公关人员时，则会注重应聘者的魅力。

4. 中心品质模式

在个体身上，那些与其他若干特征联系密切、对印象形成具有重大影响力的品质，称为中心品质。在印象形成过程中，人们往往忽略一些次要的、对个体意义不大的特征，仅仅根据几个重要、对个体意义大的中心品质来形成总体印象。例如，阿希（1946 年）所做的有关的热情—冷淡、文雅—粗鲁的实验表明，热情—冷淡是人印象形成中的一组中心品质。虽然个体都有聪明、灵巧、勤奋、果断、真诚、谨慎的品质，但增加一个热情和增加一个冷淡品质后，个体对其形成的印象和评价差异很大。在现实生活中，中心品质模式更接近于大多数人印象形成的实际情况。

（三）印象形成过程中的效应

1. 首因效应与近因效应

在印象形成过程中，信息出现的顺序对印象形成有重要影响。最初获得信息的影响比后来获得信息的影响更大的现象，称为首因效应。最新获得信息的影响比原来获得信息的影响更大的现象，称为近因效应。

首因效应是第一印象作用的机制。第一印象一经建立，对其后的信息的组织、理解有较强的定向作用，个体对后续信息的解释往往是根据第一印象来完成的。一般来说，熟悉的人特别是亲密的人之间容易出现近因效应，而不熟悉或者少见的人之间容易出现首因效应。

2. 晕轮效应

当认知者对一个人的某种特征形成好或坏的印象后，他还倾向于据此推断该人其他方面的特征，这就是晕轮效应。好恶评价是印象形成中最重要的方面，在知觉他人时，人们往往根据少量的信息将人分为好或坏两种，如果认为某人“好”，他就被一种好的光环所笼罩，被赋予一切好的品质；如果认为某人“坏”，他就被一种坏的光环所笼罩，被赋予一切坏的品质 。后者是消极品质的晕轮效应，也称扫帚星效应。晕轮效应是一种以偏概全的评价倾向，严重者可以达到爱屋及乌的程度，即只要认为某人不错，便认为他所使用的东西、跟他要好的朋友、他的家人都不错。晕轮效应往往是在人们没有意识到的情况下发生作用的。

链接材料 10－2

卢钦斯的实验

1957 年，卢钦斯（A. S. Luchins）通过实验验证了首因效应和近因效应的存在。他设计了两段描写一个叫吉姆的孩子一天活动的文字。其中一段（简称 E）描写了吉姆与朋友们一起去上学、在阳光下取暖，在商店与熟人聊天，与前几天刚认识的女孩打招呼。这一段文字将吉姆描写成一个活泼外向的男孩。而另一段（简称 I）则将其描写成一个沉默内向的男孩，如吉姆放学后独自一人回家，走在街道阴凉的一边，在商店里静静地等候买东西，见到前几天刚认识的女孩不打招呼。研究者对两段文字分别进行E－I、I－E、只有E和只有I四种排列，让被试看完后评价吉姆是一个什么样的人。四种情况下被试认为吉姆友好外向的百分比分别为78%、18%、95%、3%。这一结果证明了首因效应的存在，即前面一段信息对被试印象的形成起了很大作用。

后来，卢钦斯改变了实验条件。其一是提醒被试不要受第一印象的误导，要全面地进行评价。其二是将E、I两段描述隔开呈献给被试，即看完一段后花5分钟时间让被试做无关的工作，如做数学题、听故事等，然后再将另一段描述呈现给被试。在这种条件下，大部分被试根据后一段的描述去评价吉姆的特征，这证明了近因效应在起作用。

（资料来源：章志光，金盛华．社会心理学．2版．北京：人民教育出版社，2008.）

3．刻板印象

刻板印象是指人们对某一特定人群形成的概括而固定的看法。由于相同的地域或相同的职业（角色）或在相同的社会文化背景下，人们确实会表现出某些共同的特征，个体在与他们的交往中，就会对他们的特征进行概括，从而形成刻板印象。例如，北方人豪爽，南方人精明；教师都是知识渊博、道德高尚的；商人则是无商不奸，满身铜臭的。刻板印象具有社会适应的意义，使人的社会知觉过程简化。但在有限经验上形成的刻板印象往往具有消极的性质，会使人对某些群体的成员产生偏见甚至歧视。

4．投射效应

在知觉他人时，知觉者以为他人也具备与自己相似的特性，这种把自己的特点归因到他人身上的倾向称为投射效应。投射效应就是人们常说的推己及人的情形。尤其是当对方的某些特征如年龄、职业、籍贯、性别、社会地位等与自己相同时，投射效应更容易发生。例如，一个好人总认为世界上尽是好人，一个坏人总认为世界上尽是坏人，这便是投射效应的表现。

投射效应使人们倾向于按照自己的特征去知觉对象，而不是知觉对象的真实情况，它能使知觉失真，导致主观臆断并陷入到偏见之中。

三、印象管理

（一）印象管理的概念

个体在与他人交往时，都希望自己能在他人心目中留下一个好的、恰当的印象，此时，个体就会运用一定的印象管理策略，控制别人对自己形成某种印象。印象管理，亦称印象整饰，是指个体进行自我形象的控制，通过一定的方法去影响别人对自己的印象形成，使他人对自己的印象符合自我的期待。

印象管理与印象形成的区别是：印象形成对认知者来说是信息输入，是形成对他人的印象；而印象管理是信息输出，是对他人的印象形成过程施加影响。

（二）印象管理的作用

恰当的印象管理是人际交往的润滑剂，可以使交往顺畅地继续下去。比如，每个人在求职时都尽力在衣着打扮、言谈举止上表现出自己的最佳形象，而且他还会去猜测招聘者的偏好，使自己的形象符合其偏好，这样才有可能得到应聘的工作。个人既希望自己的行为举止优雅自如，也希望别人文雅礼貌，不顾忌社会习惯和规范的行为总会引起他人的鄙视。因此，恰当的印象管理不是虚伪，而是人类文明的标志和个人修养的体现。

（三）常用的印象管理策略

印象管理是一种社交技巧。常见的印象策略有以下几类。

1. 保持形象的一致性

反复无常的人会让他人捉摸不定，无法控制与他的交往，因此，保持一致的形象是给人以良好印象的前提。

（1）“登门槛”效应

当个体先接受一个小的要求后，为保持形象的一致，他有可能接受一项重大却不合意的要求，这叫作“登门槛”效应，又称“得寸进尺”效应。

“登门槛”效应在现实生活中普遍存在。例如，当顾客选购衣服时，精明的售货员为打消顾客的疑虑，“慷慨”地让顾客试一试，当顾客将衣服穿在身上时，售货员会称赞顾客穿该衣服很合适，并周到地为顾客服务。在这种情况下，当售货员劝顾客买下衣服时，很多顾客难以拒绝。又如，有经验的教师在做学生工作时也是这样，总是先让学生承诺完成一件比较容易的任务，待到任务完成后，再接着提出更高的要求。

（2）“门面”效应

如果对某人提出一个很大的要求而被他拒绝后，接着向他提出一个小一点的要求，那么他接受这个小要求的可能性比直接向他提出这个小要求的可能性大得多，这种现象被称为“门面”效应。

“门面”效应在现实生活中也比较普遍，许多人正是利用这种策略去影响他人。在提出真正想让对方办的事之前，他往往提出一大堆对方根本不可能做到的要求，待对方拒绝且怀有一定的歉意后，他才亮出自己真正要让对方办的事。由于前面拒绝了太多，对方往往为留些面子会尽力接受最后这项要求。

2. 讨好与自我提升

社会心理学家琼斯（E. E. Jones）等对人们特殊的印象管理策略进行了总结，指出讨好和自我提升是其中最为常见的。

（1）讨好

讨好是一种使别人喜欢自己的策略。卡耐基（Carnegie）在其《如何赢得朋友及影响他人》一书中提出了六条让别人喜欢的方法：① 真诚地对别人感兴趣；② 微笑；③ 记住名字是一个人所有语言中最美、最重要的声音；④ 做一个好的聆听者、鼓励别人谈论他们自己；⑤ 谈论别人感兴趣的事；⑥ 真诚地使别人觉得他是重要的。这些方法就是一套印象管理策略。

琼斯提出了以下四项赢得他人喜欢的讨好策略。

首先，恭维或抬举他人。人们很难不喜欢那些高看他们的人，所以恭维是必要的。但恭维要真诚、自然，要抓住时机，等对方需要恭维时抬举他最为有效。

其次，在意见、判断和行为上遵从别人。人们喜欢那些在意见、判断和行为方面与其相似的人，因此遵从他人往往会给其留下好印象。但遵从不能过于勉强，要使人觉得可信。其中一个方法就是在小的方面表示不同意见，而在关键问题上遵从他人。

再次，自我表现。个体要有一种令人喜欢、受人赞许的形象。但自我表现不能过火，适当的谦虚很有必要。因为过分的自我表现很容易使人感到压力和威胁。

最后，给予好处（施惠）。互利互惠性原则是人类社会生活的重要法则，“投之以桃，报之以李”，人们喜欢那些给予其礼物或为其办好事的人。施惠的目的是要使他人产生一种由礼物激发起来的好感，但不能使人产生负债感，否则就会适得其反。

当然，了解讨好的策略并不是鼓励人们为达到私利的目的去采取虚情假意的办法，而是为了帮助人们更好地识别社会上种种怀有不良图谋者的讨好手段，以防落入圈套。

（2） 自我提升

自我提升是通过一个人的行为或讲述自己的积极事件来使别人相信自己能力的一种策略。自我提升和讨好不同，琼斯等人曾指出这两种策略反映了不同的目的：前者是使自己看起来更聪明、更有能力，而后者则是希望自己能让别人喜欢。

其实，我们每个人都希望自己既讨人喜欢又聪明能干，但是很多情况下却是“鱼和熊掌不可兼得”。比如，谦虚是讨好的一种有效方式，但有时候却常常给人没有能力的感觉；陈述自己的优点和成就会让别人认为你很有能力，但是也会让人觉得你在吹嘘炫耀，自以为是。因此，我们必须在讨好和自我提升之间找到一个平衡点，让我们的表现在展现自身能力的同时又深受别人喜欢。

3. 恰当的自我表露

自我表露指个体与他人交往时自愿地在他人面前真实地展示自己的行为、倾诉自己的思想。

现实生活中，人的自我分为公开自我和私下自我两部分，前者是人们在工作场合或在一般社会情境中的形象，而后者则是个人的真实形象，二者往往不一致。例如，人们从工作单位回家就相当于演员从前台退到了后台。在这个后台夫妻可以表现出真实的私下自我，吵嘴撒气都是正常的。但如果客人来了，这个后台又成了前台，夫妻又得和和气气地将公开自我展示给客人。印象管理的目的是要给人一种积极的公开自我，不让别人看到自己的私下自我。

自我表露要遵循对等原则。要让别人对你展示真实的自我，你自己也要做适当的自我表露。一般来说，人们往往根据他人的自我表露来判断自己该做出什么样的表露。别人表露得较多，自己表露得太少，别人就会怀疑你交往的诚意；而别人表露得较少，自己表露太多，别人又会感到不自在。自我表露的对等原则反映了人们互相之间建立信任的机制。人际交往开始于低水平的自我表露和低水平的信任，当一个人开始表露自己的心声时，信任的纽带便开始建立。对方会以同样亲密的自我表露作为接受信任的信号。自我表露在双方间不断交换，直到形成了恰当的亲密关系。

4. SLOER 模式

社会心理学家 G. 艾根（G. Egan）提出了在别人心目中建立良好第一印象的 SOLER 模式。SOLER 是由五个英文单词的首字母拼写起来的专用术语。S（sit）表示坐时要面对别人，O（open）表示姿势要自然开放，L（lean）表示身体要微微前倾，E（eyes）表示目光接触，R（relax）表示放松。

心理学家们发现，有意识地在社交场合运用 SOLER 模式，可以帮助人们改变不恰当的自我表现习惯，有效地增加别人对自己的好感和接纳程度。

第三节　人际关系

人是社会中的人，必然会与他人建立某种关系，例如亲子关系、师生关系、同伴关系、同事关系等。良好的人际关系是个体心理健康的重要指标之一，有助于个体自我价值的确立，提升个体的幸福感，让个体在与人交往中获得愉快和幸福等。有人因为人际关系问题受到困扰，因而无法处理与别人的冲突、矛盾，或缺乏人际交往的技巧等，导致人际关系的恶化，感到烦恼和不幸。

一、人际关系概述

（一）人际关系的概念

人际关系是指人与人之间通过直接的交往（包括语言沟通或其他各种形式的交流）过程而建立起来的较为稳定的倾向性的情感联系。信息与情感的交流和沟通是人与人之间发生联系的重要形式，人际关系就是人与人之间通过沟通与相互影响而建立和发展起来的。人际关系涉及一个人与他人情感的接纳和排斥，包括喜欢、爱、满意和愉悦等积极的情感，也包括憎恨、厌恶、不满、敌对、仇视、拒绝等消极的情感。在本质上，人际关系就是人与人在交往中情感的积淀，是人与人之间的情感纽带。因此，良好的人际关系对于个人的各个方面都有重要影响，直接成为心理健康、工作成功和生活幸福的重要条件之一。

人际关系是多种心理因素构成的复合体，其基本的结构主要是认知成分、情感成分和行为成分。其中，人际关系中的认知主要是指交往双方对彼此的感知和理解，是人际关系形成、发展和改变的基础；情感是指交往双方在认知的基础上所产生的心理上的相互依存关系，表现为彼此喜欢与否；行为是指交往双方彼此相互影响的各种活动方式。认知、情感、行为三种心理成分是相互联系、不可分割的，它们存在于一切人际关系中，其中情感成分是人际关系中的主要特征。

（二）人际关系的意义

亚里士多德曾经说过："能独自生活的人，不是野兽，就是上帝。"我们既不是野兽，也不是上帝，因此，我们在社会中生活，必然会和他人打交道，会产生人际关系。人际关系是人与人之间心理上的关系，表现为人与人之间的心理距离，反映着人们寻求满足需要的心理状态。它的建立、发展和维持满足了人身心发展的需要。具体来说，培养良好的人际关系的意义体现在以下三个方面。

首先，良好的人际关系有助于个体性格良性发展。俗话说："物以类聚，人以群分。"在培养良好的人际关系过程中，我们可以学会分享和合作，学会互助和关怀、见贤思齐、取长补短等，从而使个性得到发展。有研究表明，良好的人际关系会造成一个和谐、信任、友爱、团结、理解、互相关心的客观环境，在这种环境中人处在一种舒畅、欣慰、乐观的精神状态中，人的道德情操、心理环境得到净化，思想境界得到升华；相反，不良人际关系容易使人猜疑、忌妒、冷漠，造成苦闷、困惑和萎靡的精神状态，不利于人生的幸福和快乐。

其次，良好的人际关系有助于个体的心理健康。国际心理卫生大会在界定心理健康时，曾提出四个标准：身体、智力、情绪十分协调；适应环境，在人际交往中能彼此谦让；有幸福感；在工作和职业中能充分发挥自己的能力，过有效率的生活。可见，心理健康的人应该有良好的人际关系。针对大学生心理健康的调查也显示，人际关系良好的大学生心理健康的水平也比较高，他们知道如何与人相处和化解矛盾，能够保持良好的情绪状态；而人际关系不良的大学生则心理健康水平偏低，存在着各种心理问题，如情绪低落、孤独无助、性格敏感、难于合作等。

最后，良好的人际关系有助于个体的成才和成功。古人云："独学而无友，则孤陋而寡闻。"人际交往中的信息交流有利于启迪思想，开发智能。卡耐基曾说："一个人的成功75%取决于他的人际交往水平，而专业知识仅占25%。"

二、人际关系建立和发展的过程

人际关系的建立与发展过程实际上是一个情感卷入和交往由浅入深的过程。人际关系的建立和发展过程既包括正向的发展（人际关系的优化），又包括负向的发展（人际关系的恶化）。

（一）良好人际关系的建立和发展过程

从人际交往由浅入深的发展历程来看，良好人际关系是随着人与人之间情感联系的加强、共同心理领域的拓宽、双方相互作用水平的提升而建立和发展起来的。良好人际关系的建立和发展过程可以分为注意阶段、接触阶段和融合阶段。

1. 注意阶段

注意阶段即由零接触过渡到单向注意或双向注意的定向阶段。注意阶段包含着对交往对象的注意、选择识记等多方面的认知心理活动。在此阶段，由开始时的彼此无关，即零接触状态，逐渐实现选择性注意，从而把对方纳入自己的知觉对象或交往对象的范围。如果交往双方互相注意时，说明双方进行了互相选择，处于一致性互动状态中，这为人际关系的建立打下了良好的心理基础。

2. 接触阶段

接触阶段即由注意逐渐向情感探索、情感沟通的轻度心理卷入阶段转变，开始建立初步的心理关系。接触阶段包含着角色性接触、情感沟通等心理活动。在此阶段，双方仍未进入对方的私密性领域或隐秘敏感区，自我暴露也不涉及自己的根本方面。在交往中，双方严格遵守交往法则，注意个体自我形象，有意无意地运用一些印象管理的策略，交往的正式性色彩浓厚，属普通的人际关系阶段。

3. 融合阶段

融合阶段即由接触而导致情感联系不断加强，心理卷入程度不断扩大，进入稳定交往阶段。融合阶段包含着对事物的认识、评价趋于一致，情感产生共鸣等心理活动。在此阶段，双方的安全感已经确定，表现出情感联系越来越密切，自我暴露的广度和深度大大扩展，彼此已成为知己好友，双方关系的性质出现实质性的变化。在实际交往过程中，人际关系的融合阶段有一个逐渐深化的过程。在其低水平层次上，表现为交往双方的适应与合作，即求同存异；在其高水平层次上，表现为知交和融合，即心心相印。当然，人际关系发展到稳定交往时，也要注意保护对方的隐私。

（二）人际关系的恶化过程

人与人之间由于矛盾、纠纷、冲突等会产生一系列的人际问题，如若处理不当，就会影响彼此之间的情感联系，加剧彼此之间的隔阂，导致双方情感上的冷漠、分离，最终导致双方人际关系的破裂。人际关系的恶化过程是人与人之间情感上的疏远和相互作用水平弱化的过程。人际关系的恶化可以分为冷漠阶段、疏远阶段和终止阶段。

1. 冷漠阶段

冷漠阶段即交往的一方把交往视为一种负担，在心理上形成一种压力，并伴随交往活动而产生一种痛苦的情绪体验。人际关系的恶化始于冷漠，当双方出现矛盾、冲突而不及时解决时，不仅会互相产生一种漠不关心的冷漠态度，还会互相产生否定性的评价和行为。

2. 疏远阶段

疏远阶段即交往者在痛苦体验的基础上产生的一种对人际关系的厌恶反感情绪。人际关系的恶化从冷漠开始，以疏远表现出来，并渗透到人际交往的各个方面。在这个阶段，双方互相不理睬对方，对对方表现出回避的态度，即使不得不寒暄，也会是冷嘲热讽，或者极不自然。此时交往双方的隔阂越来越大，人际关系很难维持和发展。

3．终止阶段

终止阶段即交往双方在冷漠、疏远的基础上结束令彼此难受的人际关系，双方处于完全失去联系的状态。在这个阶段，交往双方不仅把彼此的相互接触视为一种负担，感到烦恼和痛苦，而且把这种对交往的厌恶情绪转化为现实的行为——终止人际关系。

人际关系的恶化过程，有些是由于一些不可避免的因素，如时间、空间距离、重大变故的影响等自然形成的，但更多的人际关系的恶化则是人为原因造成的。只有尽量消除彼此之间的矛盾，建设性地解决人际关系中的冲突，积极努力地维持建立的人际关系，才能让人际关系之树常青。

三、班级人际关系

班级人际关系是指班级群体成员在相互接触和交往中所形成的心理上的关系。在班级情境中，相互交往的对象是教师和学生，因此，班级人际关系主要包括师生关系和同伴关系。

（一）班级人际关系中的师生关系

师生关系是教育教学过程中最基础的人与人之间的关系。师生关系的建立和发展，不仅影响着师生之间的相互认知和态度，而且直接影响教学效果。师生关系形式比较复杂，有正式的也有非正式的。一般来说，师生之间的交往主要以口头语言进行，其交往形式有单向、双向和多向三种，如图 10－2 所示。

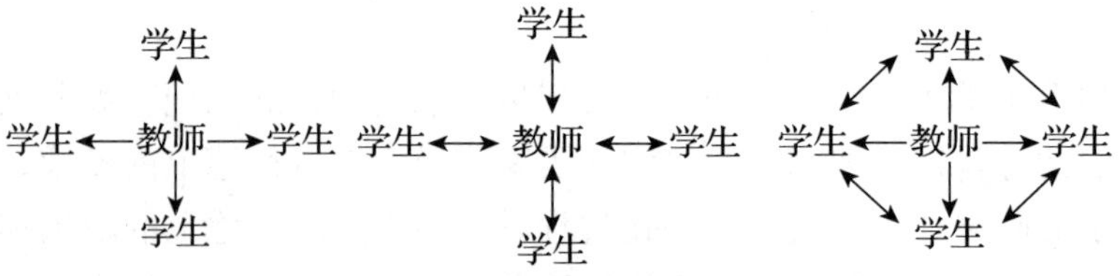

图 10－2　师生交往形式

1．师生关系的类型

依据教师的教学管理、态度与行为特征，可以将师生关系划分为三种：民主型的师生关系、专制型的师生关系和放任型的师生关系。不同类型的师生关系都会对学生产生深远的影响。

（1）民主型的师生关系

民主型的师生关系的主要特征是开放、平等、互相理解。在这种师生关系中，教师对学生严格要求，热情、和蔼、公正，尊重学生，发扬教学民主；学生尊敬老师，接受指导，主动自觉进行学习。在这种师生关系下，师生情感关系和谐，课堂气氛活跃，教学效果良好。

（2）专制型的师生关系

专制型的师生关系的主要特征是命令、权威、服从。在这种师生关系中，教师对工作是负责的，但往往把自己看成是学生绝对的“领导者”，而对学生不够热爱和尊重，对学生的要求一概否定，主观、专断、粗暴；学生则因惧怕而对教师服从，受压抑较多，往往对教师回避、疏远、厌恶甚至憎恨、反抗。在这种师生关系下，师生情感关系处于一种疏远、紧张和对立状态，教学效果不好。

（3）放任型的师生关系

放任型的师生关系的主要特征是无序、随意、放纵。在这种师生关系中，教师对学生没有严格要求，放松指导，缺乏负责任的态度，对学生存在的问题不闻不问，听之任之；学生则对学习采取随意的态度，部分学生放纵、任性。在这种师生关系下，师生之间的情感关系比较淡漠，教学效果不好。

2. 师生关系的影响因素

良好的师生关系涉及各方面的因素。既有主观的方面（如师生的认知、情感、态度等），也有客观的方面（如学校环境、课堂环境等）；既有直接的因素，也有间接的因素。从心理学的角度看，影响师生关系的因素主要是认知因素、情感因素以及师生双方的人格因素。

（1）认知因素对师生关系的影响

这里讲的认知因素主要是指社会认知，是指个体对他人、对他人的社会行为及其规律的认识。影响师生关系的认知因素包括三个方面：师生双方对各自自我角色的认知、教师对学生的认知和学生对教师的认知。

师生双方对各自自我角色的认知，主要是指教师要正确认识自己所扮演的社会角色。教师既是知识的传播者、学生的引路人、能力的培养者，又是班级的组织者、教育的管理者；既是学生的师长，也是学生的朋友；既是社会的代言人，又是家长的代理人。尤其随着知识经济和信息社会的到来，教师和书本作为学生主要知识源的时代将成为历史。“有知不在年高”，教师也需要对自己的角色进行新的定位。当然，除了教师要认知自我角色，学生自我角色的认知对建立师生关系也很重要。学生既是受教育者、学习者、探索者，也是班级规章制度的执行者、良好班级的构建者。师生双方对自我角色的认知，有助于双方之间情感上的相容和行为上的协调，利于建立良好的师生关系。

教师对学生的认知，主要是指教师要认识到学生是受教育者、被管理者，他们是不成熟的、处于发展中的个体，需要得到教师的指导和帮助；同时，学生又是具有独立学习能力、独立个性和发展潜能的人，需要教师的尊重和引导，促进其更好地发展。教师只有正确地认识学生、评价学生、引导学生，才可能建立良好的师生关系。

学生对教师的认知，主要是指学生对教师角色的认知。学生对教师的理解和尊重以及肯定和认可有助于建立良好的师生关系。反之，学生就疏远教师，甚至与教师对立，则不利于建立良好的师生关系。

（2）情感因素对师生关系的影响

人们在交往中建立的情感联系是人际关系的核心。如果人与人之间彼此接纳、尊重、信任和理解，就容易建立肯定性、亲近性的情感，如喜欢等；反之，则容易建立消极、敌对的情感，如冷淡、厌恶、憎恨等。师生之间通过知识技能的授受、思想的交流而建立良好的师生关系，教师获得教育的成功，得到学生的赞赏和尊重，学生得到教师的关爱和信任，学到知识和技能，学会做人。

（3）人格因素对师生关系的影响

人格是影响人际关系的一个重要因素。社会心理学的研究表明，真诚、热情、有能力、负责任是人与人之间相互吸引的几个重要人格品质。有研究表明，我国学生喜欢的教师人格品质有以下三个方面：在性格方面，喜欢真诚、热情、开朗、活泼、耐心、幽默、有多方面兴趣的教师，学生把这样的教师看作朋友；在品德和工作态度方面，喜欢公正、民主、大公无私、负责任、守信用、认真而不感情用事的教师，他们要求教师的人格高尚，学生把这样的教师当作崇拜者；在学识和能力方面，喜欢有智慧、有能力、聪明、知识广博、教学有趣味、教学方法好、教学效果优良的教师，学生把这样的教师视为智慧的传播者。也有研究表明，学生不喜欢的教师有常常训人、要求过严、情绪不稳定、不耐心、缺乏同情心、过分严肃、说话刻薄、服装不整齐、不和同学在一起、偏心、教学方法不好等特点。

（二）班级人际关系中的同伴关系

同伴关系是学生的最基本的人际关系。同伴关系是指同学之间在进行交往和相互作用的基础上建立起来的心理关系。同伴关系对学生的影响受到越来越多教育者和学者的关注和重视。

在同伴关系中，不同类型的学生受到同伴的接纳和喜欢程度是有差异的。根据学生在同伴中的角色地位，可以将学生分为三种类型：人缘型、嫌弃型和孤立型。人缘型的学生容易受到同伴的欢迎，他们一般组织能力强，学习成绩好，乐于助人，有良好的品德，受人信任和尊重。嫌弃型的学生容易受到同伴的排斥，他们被排斥的原因往往有品德不良，纪律涣散，学习不用功，学业不良，交往缺乏热情等。孤立型的学生容易受到同伴的忽视，他们往往性格孤僻、不善交际，对同伴活动不感兴趣。

1. 同伴关系的重要性

同伴关系是建立在平等和尊重的基础上的，对学生的成长和发展具有重要的影响，主要体现在以下三个方面。

首先，同伴关系会影响学生的社会性发展。社会性是指个体为了适应社会所应具备和表现出来的包括情感、知识、能力、技能、态度等方面的综合社会特征。同伴因其相似的认知发展、兴趣爱好而更容易彼此影响、同化和学习。

其次，同伴关系会影响学生的学习。同伴之间联系的重要桥梁之一是学习，不论是学习理论知识，还是学习实践技能，同伴之间的相互交流、见贤思齐、彼此同化都起到重要的作用。

最后，同伴关系会影响学生的心理健康。人都有归属感的需要，都希望被别人接纳和喜欢，良好的同伴关系的建立，可以满足这些方面的需求；同时，良好的同伴关系还有助于个体更好地认知自我，在同伴比较中发现自己的长处，弥补自己的不足。在学生群体中，同伴关系良好的人，其心理健康水平也是比较高的。

2. 同伴关系的影响因素

影响同伴关系的因素是多方面的，既有学生自身的因素（如人格特质、才能、外貌特征、兴趣爱好等），也有家庭、学校的因素（如父母的教养方式、教师对交往技能的指导等）。下面将结合人际吸引（人与人之间的相互接纳和喜欢）的规律，具体探讨影响学生同伴关系的因素。

（1）个人特质因素

影响同伴关系的个人特质因素主要表现在外貌特征、才能和个性品质方面。

外貌特征是人际吸引的一个重要的因素，相貌和衣着打扮等都会对同伴产生影响。人是趋美的，爱美是人的天性，不论在哪种文化背景下美貌都是一种财富。沃尔斯特（Walster，1966）等人组织男女大学生各332名（一男一女组成一对）举行了两个半小时的舞会，舞会结束时，询问学生是否希望再次同对方进行约会，结果表明，与希望再次约会的回答有关系的因素只有对方的容貌。戴恩（Dion，1972）和她的同事给被试看三个大学生的照片：第一个花容月貌，第二个相貌平平，第三个则相貌丑陋。然后，要求被试估计他们三人未来是否幸福，结果最美满的预言都在外貌富有吸引力的人身上。他们还对儿童进行了类似的研究，结果表明儿童对外貌的吸引力有反应。当然，个体对美的欣赏能力、审美标准是有差异的，对不同性别、处于不同交往阶段的人，外貌的影响力也是有差异的。因此，我们应该理智地看待外貌的吸引力，一个人不仅要有外在美，更重要的是要有内在美，这样，才能更持久地吸引别人。

在其他条件相同的情况下，聪明的人容易受到人们的喜欢。一般来说，一个人越有能力人们就越喜欢他，因为人们与有才能的人在一起可以获得启迪，减少错误，见贤思齐，不断成长。然而，才能对人的吸引力是较为复杂的，有研究表明，在一个解决问题的小组中，那些被认为最有能力的人并不是最讨人喜欢的。此种情境可能是别人的超凡才能成为自己的一种压力，从而敬而远之了。

良好的个性品质对于人来说有无与伦比的吸引力，而且这种吸引力非常持久、稳定和深刻。安德森（Anderson，1958）所进行的一项研究中，将555个描绘个性品质的形容词列成表格，让大学生被试按喜欢程度由高到低排成序列，最后形成有代表性的三类个性品质，分别是最喜欢、积极的个性品质，最不喜欢、消极的个性品质以及介于二者之间的中间品质。影响人际关系的主要个性品质如表 10－2 所示。

表 10－2　影响人际关系的主要个性品质

最积极的个性品质	中间品质	最消极的个性品质
真　诚	固　执	古　怪
诚　实	刻　板	不友好
理　解	大　胆	敌　意
忠　诚	谨　慎	饶　舌
可　信	文　静	粗　鲁
智　慧	冲　动	自　负
可信赖	好　斗	贪　婪
有思想	腼　腆	不真诚
体　贴	易动情	不善良
热　情	羞　怯	不可信
善　良	天　真	恶　毒
友　好	不明朗	虚　假
快　乐	好　动	令人讨厌
不自私	空　想	不老实
幽　默	追求物质	冷　酷
负　责	反　叛	邪　恶
开　朗	孤　独	装　假
信　任	依赖别人	说　谎

（2）情境因素

人际之间的交往都是在一定的情境中进行的，人际交往的空间距离、交往频率等都会影响彼此之间的接纳和喜欢。

地理位置的邻近性容易促使人际间的交往。因为距离近，彼此之间交流的机会便会增多；由于经常接触，互相了解，便容易产生积极肯定的情感联系。当然，邻近性并不能完全保证人们之间一定会彼此喜欢。

交往频率是指人们互相接触次数的多少。一般来说，交往频率的增多容易形成共同的经验，增加彼此之间熟悉的程度，使双方成为交往或合作的伙伴，如在生活中有“日久生情”（当然也不排除“一见钟情”）。

（3）相似性和互补性

同伴关系也受到交往双方相似性和互补性的影响。

“物以类聚，人以群分”。在生活中，人们喜欢与那些与自己有相似性特征的人交往。相似性吸引包括很多方面，态度、信念、兴趣、爱好、价值观等的相似是一个方面，同年龄、同性别、同学历、同经历、同种族、同出生地等也是一个方面。社会心理学家纽科姆曾以大学新生为对象进行过一项实验。实验为参加研究的大学新生免费提供普通学生公寓住房，交换条件是他们接受调查和参加研究工作必需的面谈（并非真实研究目的）。纽科姆根据测验和问卷获得的结果，分配一部分特征相似的学生住在一起，而分配另一部分特征相异的学生住在一起。此后，研究不再干扰这些被试的正常生活。结果，一起居住的特征相似的学生倾向于彼此相互接受和喜欢并成为好友，而一起居住但特征相异的学生虽然同样朝夕相处，还是倾向于难以相互喜欢并建立友谊。出现这种结果可能的原因是：相似性的特征具有一种增强的作用，它能够作为自己判断的基准，同时在某些方面验证自身的能力等。

互补性是指双方在交往过程中获得互相满足的心理状态。研究表明，当交往双方的需要和满足途径正好成为互补关系时，双方之间的喜爱程度也会增加。例如，一个支配性格的人容易和一个被动性格的人建立友谊，独断专横的人和优柔寡断的人会成为好朋友，活泼健谈的人和沉默寡言的人会结成亲密的伙伴。这是因为彼此之间的取长补短，互相满足了对方的要求。互补的另一种情况是他人的某一特点符合本人的理想，从而增加了对这个人喜欢的程度。这种情况不是严格意义的互补，而更是补偿作用。例如，一个人看重学历而自己又失去获得高学历的机会，因而尤其看重高学历的朋友，就属于这种情况。

第四节　社会影响

个体在社会中生活，在与他人的互动中成长，其态度和行为也必然会受社会中他人、群体的影响，同时个体又会影响群体中的他人。社会影响是指个体的行为与态度由于社会的压力或作用而朝向社会占优势的方向变化的过程。本质上，一个人不断适应社会的过程正是社会影响的过程。

一、群体的概念、群体与个体的关系

（一）群体的概念

群体又称团体，是指为了一定的共同目标，以一定的方式相结合，彼此之间存在相互作用，心理上存在共同感和相互认同的两人以上的人群。人无一不是在群体中生活，他们在接受群体和群体中的他人对自己的影响的同时也在影响着群体和群体中的他人。个体正是通过在群体中的不断交互作用实现自我的发展和完善的。

在生活中，并非所有的由于时间、空间等因素偶然聚在一起的人都可以成为群体。一般来说，群体的形成应该具备以下特征。

首先，群体拥有共同的目标和利益。群体的共同目标和利益是群体活动的方向和动力，也是群体建立和维持的基础条件。

其次，群体具有一定的组织结构。群体中的每一个成员都在群体中占据一定位置，扮演一定的角色，有一定的权利和义务，形成群体中的人际关系网络。

再次，群体成员具有心理上的依存关系和共同感。群体成员之间有一定的心理联系，他们相互影响，相互依赖，并能彼此相容。

最后，群体成员有共同遵守的群体价值和规范。长期存在的群体拥有自己特定的亚文化，有自己的价值观、态度倾向和行为方式，群体共同的价值和规范协调着群体成员的共同活动。

（二）群体与个体的关系

个体亦即个人，是相对于群体而言的，指具有人的普遍的自然属性和社会属性，并以独特的方式行动的单个的人。个体与群体是相互依存的，它与个体既有联系又有区别。

一方面，群体是由个体组成的，没有个体就没有群体。但是群体又不是一定数量的个体的简单总和，它有其独特的特征，在群体中所出现的群体氛围、群体凝聚力、群体极化、群体思维等都是个体所不具有的现象。另一方面，个体总是存在于一定的群体之中，群体是个体与大社会联系的节点。个体不能离群索居，个体离开了群体其心理活动和行为就会失去直接参照，就不能获得不断的社会支持和社会比较反馈，个体就会丧失其社会性甚至无法生存。

二、群体心理的概念及与个体心理的关系

（一）群体心理的概念

群体心理是指群体成员共同的心理现象，是通过群体共同或主导的心理倾向表现出来的特点，如群体凝聚力、群体心理氛围、群体态度等。群体心理是一种十分复杂的心理现象，它具有以下特征。

1. 群体心理的共有性

群体心理是群体成员共有的价值、态度和行为方式的总和。群体成员一旦投身于群体活动之中，就会在群体的制约和感染下，产生诸如模仿、从众、随俗、互动、情绪感染等现象，从而产生共同的价值取向、行为倾向和心理状态。

2. 群体心理的界限性

群体心理通常是指某一群体的心理。不同的群体心理应群体需要而生，因群体结构而异。因此，群体心理有自己固有的界限，表现为既是群体内共有的，又是与其他群体有别的。群体心理的界限性在一切竞争的场合表现得尤为明显。

3. 群体心理的动态性

群体心理形成于群体的共同活动之中，是群体成员在群体共同参与的活动中相互联系、相互制约从而形成的大家共有的心理。群体心理一旦形成后就有相对的稳定性。然而，群体心理的稳定性并不与它具有动态性相斥。群体成员的变化、目标的调整、领导人物的更迭、群体业绩的升降、外部环境要求的变化等，都会使业已形成的群体心理发生变化。因此，群体心理既稳定又经常处于变化之中。

（二）群体心理与个体心理的关系

个体心理是指在个体身上表现出来的一切心理现象和心理特点。群体心理与个体心理既有联系又有区别。群体心理不是个体心理的简单相加，而是个体心理的有机综合。一方面，每一个群体成员都带着自己的个体心理加入到群体中，并受群体的影响，形成群体心理。例如，一个情绪低落的人，一旦进入一个充满欢乐和笑声的群体，他可能就会在群体气氛的感染下，慢慢地摆脱低落情绪的困扰而开心起来。另一方面，个体心理也能影响群体心理，尤其是群体中关键人物的心理能对群体心理产生很大的影响。

三、社会影响的表现

（一）社会助长与社会惰化

1. 社会助长与社会惰化的概念

社会助长亦称社会促进，是指有他人在场或与他人一起活动时，可以提高个体活动（工作、学习等）的效率，出现增量或增质。社会助长包括结伴效应和观众效应两种。结伴效应是指在结伴活动中，个体会感到某种社会比较的压力，从而提高活动效率。例如，在以考研究生为纽带聚集在一起的寝室，大家结伴学习，互相支持、鼓励和帮助，学习效果比单独一个人时要好，这就是结伴效应。群体对个体的社会助长作用还出现在不同性别的相互作用之中。金盛华在 1989 年提出了性别助长的概念，也就是俗话说的“男女搭配，干活儿不累”。在性意识发展达到成熟的个体身上，异性的存在会使个体产生特殊的行为效率的增加，但对于性意识尚未发展的儿童，则不存在这种性别助长现象。观众效应是指当个体从事活动时，是否有观众在场，观众多少以及观众的表现对其活动效率有明显的影响。例如，在运动场上因为有拉拉队的助阵和观众的喝彩，运动员会更有激情和斗志，表现会更好，这就是观众效应。

社会惰化是指有他人在场或与他人一起活动时，不如个体单独活动的效果好，即出现减量或减质。俗语“一个和尚挑水吃，两个和尚抬水吃，三个和尚没水吃”正是这种群体心理现象的具体体现。在日常生活实践中，共同完成一项任务时，群体人数越多个人出力越少的现象，如“吃大锅饭”等，就属于社会惰化现象。

2. 社会助长与社会惰化的条件

在群体背景中，群体对个体的社会助长或社会惰化作用主要受制于两个因素。一是与个体从事活动的难易复杂程度有关。若个体从事的活动是简单的、机械的操作，他人在场可能提高个人的活动效率。若个体从事的活动是需要负责推理判断的思维活动，他人在场可能降低个人的活动效率。二是与个体所表现的是否是优势行为有关。若个体表现的是其优势行为，他人在场可能促进个体的活动效率。例如，一个钢琴演奏家在观众的瞩目下比一个人练习时能演奏出更优美的乐曲，震撼全场。若个体表现的是其劣势行为，他人在场可能降低个人的活动效率。例如，让一个不擅长演讲的同学在全班同学面前演讲，他可能表现得会比单独练习时更糟糕。

在群体背景中会出现社会助长或社会惰化作用主要是因为在群体背景中，人们的竞争和被评价意识被唤醒，从而引起个体行为内驱力的增加。个体的动机水平提高，其优势反应表现就会增强。个体的优势反应在其熟练的工作上会起到促进作用，而对其不熟练的工作则可能激发过高的焦虑水平，使精神难以集中，从而使正常的思维活动受到干扰，影响活动效率。

在群体成员相信他们个人对于群体的贡献无法被识别时，或群体成员缺乏对群体的认同感时，或个人在群体中的被评价焦虑减弱从而行为责任意识下降时，都比较容易发生社会惰化现象。社会惰化现象会带来资源的浪费和不良风气的形成，因此我们要预防或减少社会惰化的出现，可以从以下方面着手：首先，加强群体成员之间的关系和团队精神建设；其次，群体中成员的工作明确化，各司其责；再次，加强奖励机制的引导作用，既有整体成功的奖励，亦有个体表现的肯定；最后，工作任务本身是有挑战性的，成员相信自己在工作中的作用是无可替代的。

（二）从众与服从

1. 从众

从众是指个人的观念与行为由于受到群体的引导或压力，而向与大多数人相一致的方向变化的现象，也就是“随大流”。从众现象在日常生活中屡见不鲜，也是学校中常见的群体心理现象。例如，在街上，你看到一群人停下来在看某个人，你会不会也看那个人一眼呢？在生活中，你看到大家都在使用某品牌手机，你是不是也想自己拥有一部这种品牌的手机呢？在学校里，当你看到同学们都在图书馆认真学习，你会不会走进图书馆去学习呢？当早上室友都起床去晨读了，你还会睡懒觉吗？在这些情景下，个体很可能会受到他人的影响，而表现出从众的心理现象。此外，我们常讲的“随波逐流”“人云亦云”等，也都属从众心理现象。

从众心理现象对个体和整个社会而言，都具有重要的影响。任何一个社会，无论是社会功能的执行，还是社会文化的延续，多数人在观念和行为上保持一致都是必要的。一个社会需要共同的语言、共同的价值观与行为方式，这也是在大家在相互交往中，共同遵从才能实现的。对于个体来说，个体只有在更多的方面与社会的主导倾向一致，才能够适应社会，否则他将困难重重。同时，任何一个个体在社会中生存，都有他难以应对的情境，这时就需要参照他人的行为。当然，如果我们遵从的是正确的舆论、积极的价值观、合理的行为规范等，对于形成良好的社会规范、文明的传递都是有积极意义的；反之，盲目的从众则容易引起社会的动荡、价值导向的偏离、社会资源的浪费等，不利于社会的安定和发展，容易导致社会的不良风气。

从众的原因主要有三个方面。首先，个体行为定向的需要。在许多不确定的情境下，当个体缺乏适当行为的知识又不愿在判断和行为上出现错误时，就需要参照他人的行为，此时遵从大多数人的行为就成为个体的最佳选择。

其次，对偏离的恐惧。“枪打出头鸟”，“木秀于林，风必摧之”，这都警醒我们，个体对群体的偏离会带来强大的压力乃至严厉的制裁。研究证明，任何群体都有维持群体一致性的显著倾向和执行机制，个体在社会中也慢慢形成了一种尽可能不偏离群体的习惯。

最后，与群体融合的需要。每个个体都有归属感的需要，都渴望被群体接纳。同时，群体对从众的行为也有很多的奖励，个体也会获益。因此，我们会看到群体对个体的影响以及不同的个体融入不同的群体。

从众的影响因素很多，主要有四个方面。

首先，群体因素。群体一致性是构成群体压力的重要因素之一。群体的一致性越高从众越明显。只要群体中出现了不一致，即使持不同意见的人没有任何权威，都会使从众的比率大大下降。群体的凝聚力越强，个体对群体的认同感越强，表现的从众行为越会增加。

其次，个体因素。个性特征会影响从众，很多研究表明，自我评价高、自信心强、行事果断的人，一般不倾向于从众。个体的自我卷入水平也会影响从众。当个体意见当众表达时，个体为了维护自我形象，不从众的倾向会增加。年龄也是影响从众的一个因素。一般青少年更容易从众，主要是受其认知水平、道德发展和经验阅历等影响。

再次，情境因素。在判断涉及的事物客观标准比较明确的情况下，个体自我判断的肯定程度增高，从众率会降低。而随着问题模糊性的增加，个体的判断会失去明确的参照，从众率增高。

最后，文化因素。地域政治特点、文化传统、民族性格等文化上的差异会影响个体的从众。

链接材料 10－3

阿希的从众实验

如果你发现周围的人都犯了错误，你敢跳出来坚持真理吗？所罗门·阿希设计的从众实验会告诉你，很可能你也会随大流地将错就错了。

阿希在校园中招聘志愿者，号称这是一个关于视觉感知的心理实验。实验在一间房间内进行，形式非常简单，就是给被试呈现两张纸，一张纸上印着一条线段，被试需要在另一张印有几条线段的纸上找出与该条线段长度相同的。实验需要测试多组不同的被试，7~9 人一组，每组要做 18 次测试。

当志愿者来到实验房间时会发现，屋子里的 7 个座位上已经坐了 6 个人，只有倒数第二把椅子空着。他会以为别人都来得比他早，但是他肯定没想到那 6 个人其实都是阿希的助手，来当托儿的。测试的答案都是极其简单的，只要是智商正常、没有喝醉的人都不太可能答错。在回答问题的过程中，被试们是按座位顺序一个接一个回答问题的，这样志愿者每次总是倒数第二个回答。在 18 次测试中，实验助手有 12 次故意出错，当然他们是一起给出相同的错误答案。

结果，这项测试志愿者们的最终正确率为 63.2%，而没有干扰单独测试的对照组正确率是 99%。而且，75% 的人至少有一次从众行为，也就是选择了跟助手们相同的错误答案。有5%的人甚至从头到尾跟随着大部队一错到底。只有25%的人可以一直坚持自己的观点，同时也是正确的观点。

阿希认为，人们从众的行为应该还和人群数量有关，所以他又进一步改进了实验，分别将志愿者同一名到多名实验助手组成小组。当只有志愿者和实验助手组成的两人小组进行测试时，助手故意回答错误，志愿者的最终成绩几乎和单独回答时一样好；但当助手增加到两人时，志愿者的错误率上升到13.6%；当助手增加到3个人时，志愿者的错误率就到了31.8%；再继续增加助手数量时对志愿者的错误率已经没有显著改变。

（资料来源：章志光，金盛华．社会心理学．2版．北京：人民教育出版社，2008.）

2．服从

服从是个体按照社会要求、群体规范或别人的意志而产生的与之相符合的心理和行为反应现象。服从与从众形式上看有共同点，两者的心理和行为反应都是属于符合群体要求的，但实质上还有区别。服从具有被迫性质，即对行政命令、群体规范的服从，是无条件的服从；而从众具有自觉主动的性质，是对群体舆论和群体规范的压力的随从。生活里处处都有服从现象，如服从集体、服从教师、服从领导、服从权威等。

个体会服从的主要原因有两方面。首先，合法权利。社会赋予卷入社会角色关系的一方更多的权利，从而使另一方认为自己有服从的义务。例如，交通警察要司机停车接受检查时司机就必须要停车接受检查，军官下达命令时士兵就必须服从，老师要学生回答问题时学生就有应答的义务。其次，责任转移。个体服从他人的指令做出相应的行为，在某种意义上，不论行为结果如何，下达命令者都要承担相应的责任，个体身上所担负的责任就会发生转移。

除了上述两大原因外，米尔格莱姆的研究结果还表明，产生服从的原因还有以下几个方面。

首先，权威者的权威性。权威性主要来自人格的力量、职位权力等，还有年龄、资历、体力等对人也会产生一定影响。权威性越高的人越容易使人服从。

其次，权威者与服从者的空间距离。在面对面的情况下，对权威者下达的命令个体容易服从。在权威者在场的情况下，服从者的责任较之权威者不在场时的责任在归因上会有所差异，权威者不在场时容易将行为责任归因为自己。

再次，他人或社会的支持。他人或社会对服从者的支持会提高反抗权威者的意识与程度，从而降低服从权威者的命令的程度。

最后，服从者的个人特点。研究表明，个体道德的发展水平会影响个体的行为。道德发展水平越高，个体越倾向于按自己的独立价值观行事，越会拒绝服从权威。还有研究表明，具有以下特点者容易服从权威：善于压抑个人内心的情绪体验而不内省者；思想方法简单，对事物做绝对性思考和评价者；好追求权力地位者；习惯于服从上级者等。

链接材料 10－4

米尔格莱姆的权威—服从实验

美国心理学家米尔格莱姆的权威—服从实验开创了社会心理学领域关于服从的实验研究先河，并使服从研究成为社会心理学中一个备受关注的课题。

米尔格莱姆的权威—服从实验是在美国的耶鲁大学进行的。这一研究的40名被试都是用登广告的办法招募来的志愿者，被试的详细情况如下表所示。

米尔格莱姆的权威—服从实验的被试介绍

职业 \ 年龄	20～29岁	30～39岁	40～50岁	人数合计
熟练与不熟练工人	4	5	6	15
推销员与商人	3	6	7	16
专　家	1	5	3	9
人数合计	8	16	16	40

由于米尔格莱姆的被试群体来自于从社会招募的普通人群，被试不像许多的心理学实验一样只是由大学生构成的，因此研究结果具有更为广泛的推广价值。

（一）实验程序

实验开始后，实验者告诉被试，他们作为教师主要是教学生学习词语配对，并即时检查其学习效果。检查的方式是教师读出刺激词，学生从四个选项中选择一个，如果学生回答错误，教师就要用电击器给予学生电击惩罚。随着学生的错误的增加，惩罚电压会被要求不断加大。

然后，假扮成学生的实验助手被带到另外一个房间，并让被试看到“学生”被带子固定到椅子上，并在其手腕上绑上电极。“学生”的手旁有一个键盘，上有四个按键，供其在学习过程中回答问题使用。在教师的房间中，教师可以通过操作机器即时看到“学生”的相应回答。

安排好“学生”后，实验者带着被试回到教师操作的房间，让他们操作一台有30个电键的电击控制器。每个电键上都注明了电压的伏特数，电压从15 V到450 V不等，并有显示相应电压正在工作的指示灯。同时，设备上按每四个编号一组，标明了电击的严重程度，从“轻微电击”（编号1—4，电压15～60 V）一直到“危险：严重电击”（编号25—28，电压375～450 V）。最后的两个电键则用“X X X”做了明显标记。

在实验中，如“学生”的回答是错误的，实验者就让被试打开电键，给予“学生”电击，并逐渐增加电击强度。如果被试犹豫，实验者就告诉被试：由于实验需要，你必须继续。

（二）预测结果与实际结果的差距

米尔格莱姆原先预测，在实验的情境中，作为教师的被试在被要求施加电击惩罚时，电压高到一定程度就会选择拒绝。实验前，他邀请精神病专家、大学生和一般的白领阶层共110人来预测结果，三个群体预测的平均电压为135 V，都认为电压超过135 V时，被试就会停止服从了。并且，40 名精神病专家预计，在这种情境中，被试对“学生”施以最强的 450 V 电击的可能性只有 0.1%。

实验的实际结果大大超出了人们的预测。虽然实验电压加强到 300 V 时，特别设定了“学生”受电击挣扎、蹬踏墙壁的声音，但在 40 名被试中只有 5 人到 300 V 后拒绝提高电压。有 4 名到 315 V 时开始不服从实验者的指示；在 330 V 停下的有 2 人，345 V、360 V、375 V 停下的各 1 人。总共有 14 名被试最终拒绝执行实验者继续增加电压的命令，占总人数的 35%。更多的被试一直服从实验者的指示，将实验一直进行到最后，直到电压加至最高的 450 V。这类被试的人数达 26 人，占总人数的 65%。

实验的非数据性描述结果也非常重要。多数被试虽然继续服从实验者指示进行实验，但他们是在极度紧张的情况下继续合作的，内心冲突非常强烈。当达到 450 V 的终点时，实验者终于叫停，被试发出了放松的叹息，擦去额上的汗水，紧张地乱掏香烟，或是用手指在额头上乱挠。有些被试还发抖、口吃、咬嘴唇。只有几个被试从头至尾没有明显的紧张表现。

（资料来源：金盛华．社会心理学．北京：高等教育出版社，2005.）

（三）去个性化和群体极化

1. 去个性化

去个性化是指个体在群体影响下丧失对自我的控制，失去个体感，产生一些与群体一致行为的现象。去个性化现象是现实生活中常见的现象，如起哄、球迷闹事、聚众斗殴中都存在去个性化现象。一旦个体处于去个性化状态，会表现出无自知性，行为与内在目标不一致，自制力降低，从而产生一些个人单独活动时不会出现的重复的、冲动的、情绪化的有时甚至是破坏性的行为。例如，在很难找出行为者是谁的情况下，集体宿舍楼出现的乱倒污水、乱扔垃圾等，都属于去个性化现象。心理学研究表明，群体处于激励性、充满令人心情紊乱的刺激的状态下，尤其是群体中的成员不易被识别的情形下，易使个体成员产生去个性化现象。

去个性化产生的原因，主要有以下几个方面。

首先，匿名因素。匿名是产生去个性化的诱因。在匿名的情况下，个体的行为不易被人发觉，制约因素减少，个体容易为所欲为。

其次，责任分散因素。在群体中，当个体的行为不能被识别时，个体的责任容易分散到群体。

最后，自我意识因素。在群体情境中，当个体的自我意识水平很高，很清楚自己的角色，意识到个人对自己、对他人、对社会的责任时，就能选择正确的行为方式，去个性化就会降低。

2. 群体极化

群体极化是指个体在参与群体讨论时，由于受群体气氛的影响，个体成员中原已存在的观点和态度从原来的群体平均水平加强到成为具有支配性地位的现象。群体决策关系到群体活动的成败。大量事实表明，群体决策在绩效上要优于个体决策。因此，为了实现群体目标，人们总是希望凡事应大家共同讨论，做出一致性的决策。正如中国俗话所说："三个臭皮匠，顶个诸葛亮。"群体极化现象研究表明，个体参与群体决策时，往往比单独决策时具有更大的冒险倾向，而较少有谨慎保守的倾向。

会导致群体极化现象的原因有以下两种。

首先，社会比较促进极化。当一个群体被成员认同时，群体的价值就会成为每个成员自身价值的一部分。在群体中，成员为了表明自身的价值，每个人都会试图比群体平均水平高一些，当自己的意见受到重视时，就表示自己比其他成员高明一些。

其次，争论与说服互动推动极化。在讨论过程中，当有人坚持不同意见时，群体中就会出现争论，说服也会随之而来。随着争论和说服的加剧，越来越多的成员会支持大多数成员的意见，也就加强了对原本还可能被怀疑的意见的支持。最后，成员会认为只有坚持这个意见才是正确的，于是推动了群体极化现象的产生。

第十一章　心理健康与心理咨询

学习要求

1. 概念识记：心理健康、心理咨询。

2. 分析理解：健康与心理健康的联系；心理健康的标准；心理问题的区分；心理咨询与心理治疗的联系与区别；心理咨询与思想政治教育之间的联系与区别；心理咨询的原则。

3. 思考运用：联系自己的实际谈谈影响心理健康的因素及保持心理健康的方法。

第一节　心理健康

一、心理健康的概念和标准

（一）健康的概念

在不同的历史时期，人类对健康的理解不尽相同。“健康就是没病”，这是人们对健康的最初认识，但这种认识并不全面。实际上，健康和疾病是一个人生命过程中的两种不同状态，健康与疾病是同一条线段上的两个端点，每个人都能在这条线段上找到自己的位置。

世界卫生组织提出了健康的新概念：不但没有身体的缺陷和疾病，还要有完整的生理、心理状态和社会适应能力。它指出健康是一种生理、心理和社会适应都臻于完整的生理、心理状态，而不仅是没有疾病和摆脱虚弱的状态。世界卫生组织还进一步指出 10 条具体的健康标准：一是精力充沛，能从容不迫地工作和生活而不感到疲劳和紧张；二是积极乐观，心胸开阔，勇于承担责任；三是情绪稳定，精神饱满，善于休息，睡眠良好；四是自我控制能力强，善于排除干扰；五是应变能力强，能适应外界环境的各种变化；六是体重得当，身材匀称；七是牙齿清洁，无空洞，无痛感，无出血现象；八是头发有光泽，无头屑；九是反应敏锐，眼睛明亮有神；十是肌肉和皮肤富有弹性，步伐轻松自如。

（二）心理健康的概念

心理健康是完整健康概念的重要组成部分，人们不仅要关心自己的身体健康，还应关注自己的心理健康及自己与社会相融合的程度。那么，一个人的心理怎样才算是健康，以什么作为心理健康的标准呢？这是一个非常复杂的问题，国内外很多学者从不同的角度探讨过心理健康的概念和标准，并提出了各种各样的观点，但如今在心理学界尚未形成统一的意见。这是因为心理健康的判断并不像生理健康那样具体、精确、绝对，心理健康与否不是直观可以确认的，它的度量也很难有一个清晰而明确的界限。

1946 年第三届国际心理卫生大会曾为心理健康下过这样一个定义：身体、智力、情绪十分调和；适应环境，人际关系中能彼此谦让；有幸福感；在工作和职业中能发挥自己的能力，过着有效率的生活。

心理学家英格里斯给心理健康下的定义是：心理健康是一种持续的心理状态，当事者在那种情况下，能进行良好的适应，具有生命的活力，并能充分发展其身心的潜能，这是一种积极的、丰富的情况，而不仅仅是免于心理疾病。

美国心理学家奥尔波特提出了心理健康的六条标准：① 力争自我的成长；② 客观地看待自己；③ 统一的人生观；④ 良好的人际关系；⑤ 具备人生所需的能力、知识、技能，并专注于工作；⑥ 具有同情心，对生命充满关爱。

根据以上心理健康的概念和标准，我们可以从广义和狭义两种角度来理解心理健康。从广义上讲，心理健康是指一种高效而满意的、持续的心理状态，在这种状态下人的生命具有活力，潜能能够得到开发，价值能够得到实现；从狭义上讲，心理健康是指人的基本心理活动的过程内容完整，协调一致，即认识、情感、意志、行为、人格完整和协调，能顺应社会，与社会保持同步。

综上所述，心理健康是指在身体、智能以及情感上与他人的心理健康不相矛盾的范围内，将个人心境发展成最佳状态。它是知、情、意、行的统一，是人格完善协调、社会适应良好的状态。简言之，心理健康是一种持续高效而满意的心理状态。

链接材料 11－1

心理健康的认知误区

误区一：身体健康就是心理健康

此为对心理健康的典型误解之一。世界卫生组织早在 1981 年就指出，健康不仅指身体健康，还包括心理健康和良好的社会适应能力。所以仅仅身体健康不等于健康，也不等于心理健康。身体健康与心理健康是相互独立又相互依赖的。只有两者都具备，一个人才能算作健康。

误区二：心理不变态就算心理健康

心理不健康有许多种形式，心理变态只是其极端形式而已。根据状态，人的心理可用三区来表示：白色区、灰色区和黑色区。人处于心理白色区就是心理健康，处于黑色区则是心理变态，而处于灰色区则介于上述两者之间。它们之间是可以相互转换的，灰色心理调节得当就会恢复为白色心理，不当则会发展为黑色心理。所以仅仅心理不变态的人不一定心理健康。

误区三：有心理问题就是有精神病

许多人对心理问题十分敏感又不屑一顾，认为有心理问题的人是十分可笑和可耻的，认为有心理问题就是有精神病。这是一种很伤害人的误解。人经常会有心理困惑，调解不当就会形成心理问题，长久得不到解决就会发展为心理疾病。几乎每个人都会有一般的心理问题，但不会都发展为精神病，所以一般心理问题与精神病没有必然的、内在的联系。

误区四：心理健康与心理问题是静态的、不可变化的

许多人认为，心理健康就永远不会有问题，心理有问题就永远心理健康不了。这是一个误区。其实心理健康与心理问题是相对而言的，两者是动态的、可逆的、有变化的。

误区五：心理问题只发生在少数人身上

其实，在人一生中的不同时期都可能产生心理问题。几乎人人都有心理问题，只是程度有轻有重，或是自己没有意识到。

误区六：纪律、道德、思想问题与心理健康问题毫无关系

实际上，两者之间是有密切联系的。例如，学生一到上课时就咳嗽不止或喜欢东张西望，老师往往以为这是纪律或品德问题。事实上，这也可能是过重的学业负担产生的心理压力引起的躯体反应或心理逆反。

误区七：心理问题只能出现后再进行治疗

心理问题是能被早期发现、早期调适的，对心理问题同样应贯彻预防为主的原则。

误区八：去看心理医生是丢人的事情

很多人觉得去看心理医生是很难为情的事情，认为看心理医生的人都心理变态。这是很大的误区。人们对心理咨询了解还不够，这可能是造成这种误区的原因之一。另外，许多人对心理咨询不信任，认为是骗人的东西。这也是误解。其实，正如哈佛大学博士岳晓东所言："心理咨询是一种享受而不是痛苦，是明智的选择而不是愚蠢的做法。"

误区九：心理上有"病"不用去看

长期以来只重视身体健康而忽视心理健康的宣传，致使人们身体有病大大方方地去看医生，但心理有问题却不好意思去看心理医生，小问题也逐渐成了大问题。

误区十：一次心理咨询就可以解决问题

对心理咨询的不了解也导致了人们过高的期望值，认为通过一次两次的心理咨询就可以解决所有心理问题。其实，心理问题和身体疾病一样，"冰冻三尺，非一日之寒"，不可期望很快就能痊愈。而且，不同于身体疾病，心理问题的治疗需要患者和心理医生双方互动交流。这自然也不是一次可以完成的。

（资料来源：www. docin. com）

（三）心理健康的标准

心理健康是一个包含多种特征的复合概念。要判别一个人的心理是否健康，必须从多方面去考虑。专家们对心理健康的标准有不同的看法，其中影响比较大的是马斯洛与米特尔曼提出的十条标准：①有充分的适应力；②充分了解自己，并对自己的能力做恰当的估计；③生活目标能切合实际；④与现实环境保持接触；⑤能保持人格的完整与和谐；⑥具有从经验中学习的能力；⑦能保持良好的人际关系；⑧适度的情绪发泄与控制；⑨在不违背集体意志的前提下，能做有限度的个性发挥；⑩在不违背社会规范的情况下，个人的基本需求能恰当满足。

综合国内外学者的观点，目前绝大部分学者比较认可的心理健康标准包括以下几个方面。

第一，智力正常。包括分布在智力正态分布曲线之内者以及能对日常生活做出正常反应的智力超常者。

第二，情绪良好。能够经常保持愉快、开朗、自信的心情，善于从生活中寻求乐趣，对生活充满希望。一旦有了负性情绪，善于调整，具有情绪的稳定性。

第三，人际和谐。乐于与人交往，既有稳定而广泛的人际关系，又有知心的朋友；在交往中保持独立而完整的人格，有自知之明，不卑不亢；能客观评价他人，取人之长、补己之短，宽以待人，乐于助人。

第四，适应环境。有积极的处世态度，与社会广泛接触，对社会现状有比较清晰、正确的认识，心理行为能顺应社会变化和进步趋势，勇于改造现实环境，达到自我实现与社会奉献的协调统一。

第五，人格完整。心理健康的最终目标是培养健全的人格和保持人格的完整，包括人格的各个构成要素不存在明显的缺陷与偏差；具有清醒的自我意识，不产生自我同一性混乱；以积极进取的人生观作为人格的核心，有相对完整的心理特征等。

链接材料 11－2

如何识别异常心理

心理活动的正常与异常之间没有严格的界线。判断一个人的心理是否异常的唯一办法，是将其心理状态和行为表现放在当时的客观环境、社会文化背景中加以考察，并与大家都认可的正常行为进行比较，还应与其本人的惯常表现及个性特征进行对比。变态心理学认为，判断一个人心理是否正常，一般从以下四方面进行考察。

一、个人经验标准

第一，纵向标准：与个体以往的心理状态相比；

第二，横向标准：与周围大多数人的言行相比；

第三，具体情况具体分析：需要透过现象看本质，分析心理问题产生的背景和原因后再做定论。

具体来讲，可以从病人的主观体验与观察者的观察两个方面来判断。

病人的主观体验：病人自己觉得有焦虑、抑郁或说不出明显原因的不舒适感，觉得不能适当地控制自己的行为，等等。

观察者的观察：观察者根据自己的经验对被观察对象的心理正常与否做出判断。这种判断方法具有很强的主观性，判断的标准和结果因观察者不同而不同。如果观察者接受过统一的专业训练，对同一行为也能形成大致相近的看法，对许多心理障碍的判断可取得共识。

二、统计学标准

普通人群心理特征的测量显示为正态分布。在正态曲线上，居中的大多数人属于心理正常，远离中间的两端则被视为异常。以心理特征偏离平均值的程度来判定，偏离平均值程度越大，则心理越不正常。

以统计数据来确定正常与异常的界限，在实际应用中多以心理测验法为工具。此方法的优点是比较客观，便于比较，操作简便易行；缺陷在于智力超常或有非凡创造力的人在人群中极少，因此也有可能被认为是病态。另外，并非所有的心理现象都是正态分布，心理测量工具本身受到社会文化的制约。

三、医学标准

这种判断标准是将心理障碍当作躯体疾病来看待。心理现象或行为有相应的病理生理变化，是划分正常与异常的可靠根据。

心理异常表现为疾病的症状，心理异常产生的原因为脑功能失调。将心理障碍纳入医学范畴，判断心理异常与否较为客观。此标准重视物理、化学检查和心理生理测定，其局限在于近90%以上的心理问题并不伴有特异性的病理生理变化。

四、社会适应标准

心理现象正常与否主要是与社会一般人群比较而言，看当事人能否根据社会生活的需要适应环境或改造环境，是否符合社会准则或社会常模（根据社会要求和道德规范行事）。心理异常者不能按照社会认可的方式行事，行为后果使本人或社会产生不适应现象。

以上四个标准需要相互结合使用，综合进行评判，根据单个标准得出的结论是偏颇的、不可靠的。不能仅仅根据个体情绪或躯体的某些表现，就轻易做出判断，尤其不能简单地“对号入座”。因为人们在遇到挫折时，会出现情绪反应和躯体不适症状，这属于正常现象。可是，有些人却盲目给自己“诊断”为存在某种心理障碍，如焦虑症、抑郁症、强迫症等，这对降低紧张情绪和缓解心理痛苦是很不利的。这种消极的暗示作用有时还会使情绪和躯体的反应进一步加重，反而给身心调整带来更大障碍。

（资料来源：web. scau. edu. cn）

二、心理问题

心理问题是指各种心理及行为异常的情形。情绪消沉、心情不好、焦虑、恐惧、人格障碍、变态心理等消极的和不良的心理状况都是心理问题。

心理问题与生理疾病不同，它是由人的内在精神因素，准确地说，是大脑中枢神经控制系统所引发的一系列适应性改变所致，会间接地改变人的性格、世界观及情绪等。正常心理与异常心理之间没有绝对的分界线，而是相互依存并能够相互转变的连续谱。例如，从正常的担心到过度的担心、焦虑不安，从正常的情绪低落到患抑郁症，就是从正常心理到异常心理的转变。

心理问题可以分为以下几类。

（一）一般心理问题

一般心理问题（又称心理困惑）是指界于心理健康与心理疾病之间的状态，也就是我们通常说的正常人群中常见的心理亚健康状态。适应问题、人际关系问题、性格与情绪问题、学习问题、恋爱与性心理问题等，都属于一般心理问题。它是由个人心理素质（如过于好胜、孤僻、敏感）、生活事件（如工作压力大，晋升失败，被上司批评，婚恋受挫）、身体不适（如过度劳累或身体疾病）等因素引起的。一般心理问题的特点包括以下几个方面。

第一，持续的时间短暂。一般在一周以内能自行缓解。

第二，损害轻微。处于此类状态的人一般都能进行日常工作、学习和生活，只是痛苦感多于愉快感，“很累”“没劲”“不高兴”“应付”是他们常说的词汇。

第三，能自己调整。处于此类状态的人大部分能够通过自我调整，如休息、聊天、运动、钓鱼、旅游等放松方式，使自己的心理状态得到改善。小部分人若长时间不能自我调整，则可能形成一种相对固定的异常心理状态，这些人应该去寻求心理医生的帮助。

（二）心理障碍

心理障碍是个体由于受到自身及外界因素的影响，心理状态的某一方面或某几方面发展超前、停滞、延迟、退缩或偏离。

1. 心理障碍的特点

心理障碍的特点包括以下几个方面。

第一，不协调性。个体心理活动的外在表现与其生理年龄不相称，或反应方式与常人不同。例如，成人表现出幼稚状态（心理发展停滞、延迟、退缩），儿童出现成人行为（心理不均衡地超前发展），对外界刺激的反应方式异常（缺失、过度敏感、偏离），等等。

第二，针对性。处于此类状态的人往往对引起障碍的对象（如敏感的事、物及环境等）产生强烈的心理反应（包括思维、情绪及行为等方面的反应），而对其他对象可能表现得很正常。

第三，损害较大。此状态可能使当事人难以按常人的标准完成某项或某几项社会活动。例如，社交焦虑（又称社交恐惧）者不能完成正常的社交活动，锐器恐怖症患者不敢使用刀、剪等尖锐物，性心理障碍者难以与异性正常交往等。

第四，需向心理医生求助。处于此状态的大部分人无法通过自我调整和非专业人员的帮助从根本上解决问题，因此心理医生的指导是必需的。

2. 心理障碍的类型

心理障碍主要有以下两种类型。

（1）神经症

神经症主要表现为持久的心理冲突，内心感受到痛苦；起病与心理和社会因素有关；病前多有一定的素质和人格基础；出现的症状多为功能性的，没有发生器质性病变；对自己的精神状态有清楚的认识；社会功能一般受损不明显；病程大多持续迁延。

第一，神经衰弱。神经衰弱主要表现为精神易兴奋和脑力易疲乏；常伴有情绪烦恼、易激动、睡眠障碍以及头痛等多种躯体不适症状；病程迁延，症状时轻时重；病情波动常与心理和社会因素有关。

第二，焦虑症。焦虑症又称焦虑性神经症，以广泛性焦虑症（慢性焦虑症）和发作性惊恐状态（急性焦虑症）为主要临床表现；常伴有头晕、胸闷、心悸、呼吸困难、口干、尿频、尿急、出汗、震额和运动性不安等症状；焦虑并非由实际威胁所引发，或其紧张、惊恐程度与现实情况很不相称。焦虑症与正常的焦虑情绪不同。首先，它是无缘无故的、没有明确对象和内容的焦急、紧张和恐惧；其次，它指向未来，似乎某种威胁或危险即将来临，但是病人自己又说不出究竟是何种威胁或危险；再次，它的持续时间很长，如不进行积极有效的治疗，几周、几个月甚至数年都迁延难愈；最后，焦虑症除了表现出持续性或发作性惊恐状态外，同时伴有多种躯体症状。

第三，强迫症。强迫症源于有意识的自我强迫与自我反强迫同时存在，两者的强烈冲突使病人感到焦虑和痛苦；病人体验到这种冲突源于自我并违反自己的意愿，虽然极力抵抗，却无法控制；病人也意识到强迫症状的异常性，但无法摆脱。强迫症临床上表现为强迫观念、强迫意向和强迫行为。

第四，恐惧症。恐惧症主要表现为不合常理地、过分地惧怕外界某种客观事物或情境。病人明知这种恐惧反应是过分的或不合理的，但在相同场合下仍反复出现，难以控制；恐惧发作时常伴有心跳加快、面色苍白或潮红、尿频、口干、出汗、震颤和运动性不安等症状；病人极力回避恐惧的客观事物或情境，或是带有畏惧去忍受，因而影响到正常生活。常见的恐惧症包括社交恐惧症、单一恐惧症、场所恐惧症等。

第五，疑病症。疑病症是指个体对自己的健康状况或身体某部分的功能过分关注，怀疑患了某种躯体或精神上的疾患，但是这种想法与实际健康状况不符合。虽然医生做出了无病的诊断或虽经客观检查显示正常，但仍不足以消除其固有的成见。

（2）人格障碍

人格障碍特征为：人格特征显著偏离正常；具有根深蒂固且持久存在的特殊行为方式，对环境适应不良，明显影响个体的社会行为；个体自己感到精神痛苦或使他人痛苦。常见的人格障碍有偏执型人格障碍、分裂型人格障碍、冲动型人格障碍、强迫型人格障碍、表演型人格障碍、悖德型人格障碍（反社会型人格障碍）、自恋型人格障碍和依赖型人格障碍等。

（三）心理疾病

心理疾病是由于个人及外界因素引起个体强烈的心理反应（思维、情感、动作行为、意志）并伴有明显的躯体不适感，是大脑功能失调的外在表现。

1. 心理疾病的特点

心理疾病的特点包括以下几个方面。

第一，强烈的心理反应。个体可出现思维和判断上的失误、思维敏捷性下降、记忆力和注意力减退、头脑的黏滞感和空白感、强烈的自卑感和痛苦感、缺乏精力、情绪低落、紧张焦虑、意志减退、行为失常（如重复动作、怪异动作、动作减少、退缩行为）等症状。

第二，明显的躯体不适感。由于中枢神经系统功能失调，可引起机体其他系统功能的失调。例如，心理病症影响消化系统，可出现食欲不振、腹部胀满感、便秘或腹泻（或便秘与腹泻交替）等症状；影响心血管系统，可出现心慌、胸闷、头晕等症状；影响内分泌系统，可出现女性月经周期改变、男性性功能障碍。

第三，损害大。处于此状态的个体不能或只能勉强完成社会活动，缺乏轻松、愉快的体验，痛苦感极为强烈，“哪里都不舒服”“活着不如死了好”是他们真实的内心体验。还有部分病情严重者可能没有明显的痛苦体验，但对自己的精神状态无法认知。

第四，需要心理医生的治疗。处于此状态的个体一般不能通过自身调整以及非心理科专业医生的治疗而康复。心理医生对此类患者的治疗，一般采用心理治疗和药物治疗相结合的综合治疗手段。治疗早期通过情绪调节药物快速调整患者的情绪，中后期结合心理治疗解除其心理障碍，并通过心理训练恢复其社会功能，使其心理状态提高到健康水平。

2. 心理疾病的类型

常见的心理疾病有以下两种。

精神分裂症是原因未明的一组精神障碍。其主要表现为感知、思维、情感、行为的障碍；意识清晰、智能完好；以精神活动的不协调或脱离现实为特征；多起病于青壮年，发病高峰年龄在15～25岁，近年有提早趋势；缓慢起病，病程迁延，有慢性化倾向和衰退的可能，部分病人可治愈。

心境障碍是以明显而持久的心境高涨或低落为主要表现的一组精神障碍，并有相应的认知和行为改变，严重者可有幻觉、妄想等精神病性症状。大多数患者有反复发作的倾向，经治疗缓解后或在发作的间歇期精神状态基本正常，但部分患者有残留症状或转为慢性。躁狂症、抑郁症、躁郁症、恶劣心境等都属于心境障碍。

三、影响心理健康的因素

影响心理健康的因素是复杂多样的，既有个体自身的心理特质的影响，也有外界环境因素的影响，归纳起来是生理、心理和社会三方面因素综合起作用的结果。

（一）生理因素

许多研究表明，一个人的心理健康水平受遗传、生物化学物质及大脑发育、年龄、性别、神经系统的类型等生理因素的影响。经临床证实，有些心理疾病是受先天遗传影响的，如智力落后或者智力障碍、神经官能症、精神分裂症、抑郁症等。神经系统的生物化学物质及大脑发育也是影响心理健康的重要原因。例如，缺铁会导致脑神经系统异常，表现为疲倦及记忆力和学习能力降低；不同部位的脑组织损伤后，会引起脑组织相应部位功能的失调等。由于年龄和性别的不同，机体的发育、生理和心理机能也有明显的差异。例如，青春期易发生神经衰弱、癔症和精神分裂等；女性由于感情丰富，敏感多疑，所以患功能性精神病、神经症、焦虑症、抑郁症等的概率明显高于男性。此外，神经系统的类型对个体的心理健康也有影响，如气质类型为胆汁质的个体易发生冲动性、激惹性方面的心理障碍，气质类型为抑郁质的个体则容易发生孤独、自卑等方面的心理障碍。

（二）心理因素

影响心理健康的心理因素很多也很复杂，其中影响较大的因素有人格特征、情绪和认知因素、心理冲突等。

1. 人格特征

每个人都有自己独特的人格特征，它对人的心理健康有非常明显的影响。人们总是因为不同的人格特征对致病因素做出不同反应，因此，特殊的人格特征常常成为导致某种心理障碍的内在因素之一。同样的致病因素作用于不同人格特征的人，可以出现非常不同的结果。研究表明，各种心理障碍往往都有相应的特殊人格特征为其发病的基础。例如，精神分裂症被认为与孤僻离群、敏感多疑、性格内向、好幻想等人格特征密切相关，焦虑水平高的个体在应激时容易表现焦虑方面的问题。

2. 情绪和认知因素

情绪是一个有机体生存和社会适应的内在动力，是维持身心健康的重要因素。一般来讲，稳定而积极的正性情绪状态使人心境愉快、安定，精力充沛，身体舒适；相反，经常波动而消极的负性情绪状态则往往使人心境压抑、焦虑，精力涣散，身体衰弱。例如，无助和失望的情绪会降低一个人的免疫力。情绪异常往往是心理疾病的先兆。认知因素在很大程度上是通过信念或思维方式影响一个人的心理健康。不合理的信念或错误的思维方式可能导致错误的决定和行为，还可能导致不良的情绪反应。例如，有些人以悲观的角度来看待世界，在遇到困难和挫折时，解决问题的方式是被动消极的，长期不能有效地解决问题，因而加重自己的心理负担。

3. 心理冲突

心理冲突是人们面对难以抉择的处境而产生的心理矛盾状态。例如，一个人对他人很不满，但又不想得罪对方，不能表达自己的情绪，这时就处于一种心理冲突状态。心理冲突带来的是一种心理压力，这种压力往往会增大个体适应环境的困难，因而在多数情况下都会对个体的身心健康和生活工作产生不良的影响。如果冲突长期得不到缓解，便会产生紧张和焦虑的情绪，严重的还可能导致心理疾病。虽然心理冲突并不一定全是坏事，但剧烈而持久的心理冲突会有损于身心健康。

（三）社会因素

1. 早期教育与家庭环境

早期教育和家庭环境是影响心理健康的重要因素之一，如儿童与父母的关系、父母的教养态度、父母本身的心理行为、家庭氛围等都会对个体的心理健康产生影响。早期与父母建立和保持良好关系，得到父母充分的爱，受到支持、鼓励，容易使个体产生安全感和信任感，并对成年后的人格发展、人际交往、社会适应等方面有着积极的促进作用。因早期父母照顾不够而缺乏信任感和安全感的个体会形成孤僻离群的性格，难以与人相处，因而容易产生心理异常，出现人际交往方面的障碍。在父母对子女的教育态度方面，对子女过分保护或过分严厉会影响他们的独立性和自信心的发展，对心理健康产生不良的影响。

2. 生活事件与环境变迁

生活中遇到的各种各样的变化，尤其是一些突发事件常常是导致心理失常或精神疾病的原因，比如家人亡故、失恋、疾病等。由于个体每经历一次生活事件，都会给其带来压力，都要付出精力去调整、适应，因此，如果在一段时间内发生的不幸事件太多或事件较严重、突然，个体的身心健康就很容易受到影响。巨大的环境变迁也会使个体产生心理应激，如很多刚入学的大学生，尤其是来自农村和边远地区的学生，由于入学前后生活和学习环境发生了巨大变化，在适应新环境时容易出现各种困难。

当前，我国正处于快速变革和发展之中，深刻的社会变迁和快节奏的生活方式，无时不影响着人们的思想观念和行为方式。新旧环境的快速更迭、新旧生活习惯和思想观念的矛盾冲突，使人们的内心深处产生困惑，致使一部分对社会变迁适应不良的人群产生焦虑、抑郁等心理障碍。特别是重要人际关系丧失、荣誉丧失等，也会在一定程度上影响到人们的心理健康，严重时则导致心理障碍。此外，社会变革中的一些负效应，如不良社会风尚、不健康的思想意识、不良的社会设施、不文明的大众传播等，也对人们的心理健康带来了不可忽视的消极影响。

四、保持心理健康的方式

每个人都要树立科学的健康观，充分认识心理健康在全面提高自身素质和发挥自身潜能的过程中的作用，自觉维护和增进自身的心理健康。保持心理健康要把握以下三个原则。

（一）勤于自助

1. 自觉学习心理健康知识

心理健康知识是增进自我了解和进行自我调适的重要理论武器。每个人都应当加强心理卫生意识，自觉主动地学习心理健康知识，通过学习心理健康的理论课程，聆听心理健康讲座，阅读心理健康书刊，积极参加心理健康教育机构开展的各类培训活动，了解自己心理活动的规律和特点，认识心理健康的意义和标准，掌握心理调节的方法。

2. 培养良好的生活习惯

良好的生活习惯是一个人身心健康的重要保障。一般来说，一个拥有良好生活习惯的人，其心理健康水平一定很高。世界卫生组织认为有害健康的不良生活习惯主要有吸烟、过量饮酒、不恰当的服药、体育运动不够或突然运动量过大，饮食热量过高和多盐，饮食没有节制，不接受合理的医疗处理，信巫不信医，对社会压力产生适应不良的反应，过破坏身体生物节奏和精神节奏的生活等。

3. 正确认识自己，培养自我悦纳的态度

心理学研究表明，凡对自己的认识和评价与本人实际情况越接近，就表明个体的防御越少，社会适应能力越强。相反，那些全盘否定自己或者盲目夸大自己的人，不仅常常会体验到焦虑紧张情绪，而且还会出现过于歪曲自我和现实的危险，从而导致适应障碍。因此，在日常生活中，我们可以通过与他人的横向比较、与过去的自我的纵向比较来认清自己；同时不苛求自己，不为自己存在的缺点和不足而沮丧，不以己之长比人之短，也不以己之短来比人之长。制订的行为目标应尽量符合自己目前的实际情况，目标过高难以实现，会倍感挫折和压力；目标过低轻易取胜，易滋生自负心理。因此，客观地自我评价、接纳自我的态度对于促进心理健康至关重要。

4. 保持健康的情绪

人在生活中难免会心情不好，遇到挫折和失败时有各种各样的不良情绪反应，这很正常。但关键在于不能让不良的情绪控制自己，影响到身心健康、学习和生活。为此，需要采用适当的方法保持健康的情绪。

首先，正确归因。心理学研究表明，决定情绪的是个体的认知方式。因此，要学会运用理性的认知方式，对问题进行正确归因。一个习惯于将失败和过错归因于自己的人，容易产生自卑、抑郁、自责等不良情绪。一个人如果总是把过错归因于别人，就会变得牢骚满腹，怨天尤人。因此，找到问题的症结所在，正确地归因，是消除不良情绪的重要前提。

其次，合理宣泄。从心理卫生的角度讲，过分压抑情绪，只会使情绪困扰加重，不利于心理健康。适度的宣泄可以把不愉快的情绪释放出来，从而使紧张的心理得到放松。宣泄情绪的方式很多，譬如，可以向朋友倾诉心中的烦恼，可以去参加体育活动或跳舞，甚至大哭一场都可以。当然，要注意方式、时间、场合，尽量不要影响他人，否则只会带来新的情绪困扰。

再次，积极进行自我暗示。积极的自我暗示对情绪和行为有着奇妙的影响和调节作用。情绪激动时，暗示自己："冷静些，不要发火。"情绪悲观时，暗示自己："车到山前必有路，船到桥头自然直。"烦恼时，暗示自己："一切都会过去的。"

最后，不自寻烦恼。怎样才能不自寻烦恼呢？美国心理治疗专家利特尔这样告诫大家：① 不要滚雪球似地扩大事态，当问题第一次出现时就正视它；② 不要把别人的问题揽到自己身上，不要无故引咎自责；③ 不要总盯着事物的消极面；④ 不要把目标定得高不可攀；⑤ 不要贬低自己的价值；⑥ 不要小题大做，鸡蛋里挑骨头；⑦ 不要总觉得自己在受苦受难。

链接材料 11－3

自我放松术

现代社会的一个突出特点就是工作竞争激烈和生活节奏加快，致使许多人或多或少地存在着各种各样的心理问题，要想做到心理完全健康是很不容易的。作为一个现代人必须学会放松，没有事情要放松，有了事情更要放松。那么，怎样才能使自己的精神放松下来呢？下面向大家介绍和推荐实践中有显著成效的“三三”自我放松术。

一、学做三件事

1. 学会关门

即学会关紧昨天和明天这两扇门，过好每一个今天。每一个今天过得好，就是一辈子过得好。

2. 学会计算

即学会计算自己的幸福和计算自己做对的事情。计算幸福会使自己越计算越幸福，计算做对的事情会使自己越计算对自己越有信心。

3. 学会放弃

特别推荐汉语中一个非常好的词，这就是“舍得”。记住，是“舍”在先，“得”在后。世界上的事情总是有“舍”才有“得”，或者说是“舍”了一定会“得”，而“一点都不肯舍”或“样样都想得到”，必将事与愿违或一事无成。

二、学说三句话

1.“算了!”

即指对待一个无法改变的事实的最好办法就是接受这个事实。

2.“不要紧!”

即不管发生什么事情，哪怕是天大的事情，也要对自己说“不要紧!”记住，积极乐观的态度是解决任何问题和战胜任何困难的第一步。

3.“会过去的!”

不管雨下得多么大，连续下了多少天也不停，你都要对天会放晴充满信心，因为天不会总是阴的。自然界是这样，生活也是这样。

三、学会“三乐”“三不要”

1.“三乐”

“三乐”即助人为乐、知足常乐和自得其乐。进一步说，就是在自己好的时候要多助人为乐，在自己过得一般的时候要知足常乐，而当自己处于逆境中时则要学会自得其乐。

2.“三不要”

一不要拿别人的错误来惩罚自己。现实生活中有许多人一不怕苦，二不怕死，再重的担子都压不垮他，再大的困难也吓不倒他，但是他受不起委曲和冤枉。其实，委屈和冤枉就是别人犯错误，你没犯错误。而受不起委屈和冤枉就是拿别人的错误来惩罚自己。懂了这个道理，再遇到这种情况，对付它的最好办法就是一笑了之，不把它当一回事。

二不要拿自己的错误来惩罚别人。当自己受到冤枉或不公正待遇后，切勿也冤枉别人或不公正地对待别人。事实上，当你伤害别人时，自己会再次受到伤害。

三不要拿自己的错误来惩罚自己。“何谓好人？我们认为，如果交给他做 10 件事，他能做对七八件，他就是好人。”显然，这句话隐藏着另外一层含意：好人也会做错事，好人也会犯错误。所以，好人做错了事一点都不要紧，犯了再大的错误也不要紧，只要认真地找出原因，认真地吸取教训，改了就好。

（资料来源：葛炜．健康时报，2002-09-19）

5．建立良好的人际关系

建立良好而真诚的人际关系是非常重要的心理保健途径。和谐的人际关系可以增加自信和人与人相互间的理解，减少心理上的不适感，实现心理平衡。

6．学会自娱自乐

一个人如果能注意培养和发展自己的业余爱好，进行多方面的自我娱乐活动，就可能在寂寞孤独、烦闷忧郁时，通过自我娱乐来缓解心理压抑，这对心理健康是极有好处的。

（二）乐于助人

著名精神医学家阿尔弗雷德·阿德勒发现，长寿者中，95% 以上都有甘于奉献、乐于助人的精神。他常对那些孤独者和忧郁病患者说：“只要你按照我这个处方去做，14 天内你的孤独忧郁症一定可以痊愈。这个处方就是每天都想一想，怎样才能帮助别人，使他们快乐。”

（三）善于求助

在维护心理健康方面最重要的是自我调节，在个人的力量不够时，要恰当地寻求心理咨询方面的帮助。心理咨询是保持和维护心理健康的一项非常重要的措施。提及心理咨询，人们对它的理解可能存在一定的差异性。有人可能认为它只不过是类似朋友之间的聊天，有人可能觉得它是一种变相的思想政治工作，还有的人可能认为只有有病的人才需要咨询。其实，心理咨询是由受过专门训练的专业人员提供心理学帮助的过程。每一个正常人都有可能遇到困难，产生苦闷或烦恼。当他们感到仅仅依靠自己的力量不能摆脱心理困境的时候，想去寻求帮助是很自然的。心理咨询提供了一种专业的帮助。接受心理咨询的过程是一个学习和发展的过程。心理咨询可以纠正人们的某些错误观念，帮助人们更加全面客观地认识自己和外部世界，并采取积极有效的方式去解决所面对的问题，还可以帮助人们深化对自身的认识，引导他们发现真实的自我，增加心理自由度。

第二节　心理咨询

一、心理咨询概述

（一）心理咨询的概念

在现代社会中，“咨询”一词出现的频率越来越高，各种大众传媒每天都在向人们传送这样的信息：如果你遇到难题，请向有关人士或机构咨询。

那么，什么是咨询？何为心理咨询？在我国，“咨询”一词最早载于《书·舜典》中，其中，“咨”是商量之意，“询”是询问之意，与现代咨询的含义接近。现代的“咨询”一词来源于拉丁语的consulatio，其含义为商讨、协商。在现代英文中，表达这一意思的有两个词，一个是consultation，另一个是counseling。前者多指解答疑难，回答问题；而后者多指通过心理学的方法帮助人们渡过困境，并在心理状态方面有所改善。在现代汉语中，counseling有两种叫法：一种叫咨询，一种叫辅导。按照国内的惯例，对于学生往往叫辅导，而对于一般人则称为咨询。其实二者在本质上区别不大。

关于心理咨询，国内外许多学者从不同角度给出了不同的定义。

罗杰斯（Rogers，1942）认为，心理咨询是通过与个体持续、直接地接触，向其提供心理援助并力图使他的行为、态度改变的过程。

里斯曼（D. R. Riesman）认为，心理咨询乃是通过人际关系而达到的一种帮助过程、教育过程和增长过程。

钱铭怡（1994）认为，心理咨询是通过人际关系，运用心理学方法，帮助来访者自强自立的过程。

马建青（1992）认为，心理咨询是运用有关心理科学的理论和方法，通过解决咨询对象的心理问题来维护和增进心理健康，促进个性发展和潜能开发的过程。

综观中外学者给心理咨询下的定义，尽管表面看来众说纷纭，各有千秋，而实质上他们强调的心理咨询的特点却是共同的：①心理咨询是一种构建人际关系的过程；②心理咨询是一个运用有关理论和方法促使个体的心理和行为有所改变的过程；③心理咨询是一个助人的过程。

因此，我们认为，心理咨询是指经过专门训练的咨询者运用有关心理学的知识、理论和技术，针对正常个体及轻度心理障碍者的各种适应和发展问题，通过与其进行协商、交谈和指导，帮助其更好地认识自我和接纳自我，克服各种心理困扰，促进其人格向健康协调的方向发展，达到开发潜力和提高生活质量的目的。

心理咨询是一个助人自助的过程，先由“他助”（咨询对象求助咨询者），经过“互助”（咨询者与咨询对象之间相互了解、理解和谅解），最后达到咨询对象“自助”（自己改变认知和行为）。咨询对象并不为学习某种一般意义上的知识和技能，也不为寻求道德上的教诲。咨询者给予咨询对象的是一种特殊帮助，即通过咨询过程来使咨询对象有新的体验，用新的思维方式和角度思考问题，用新的方式去体验和表达思想感情，采取新的行为方式适应环境，并和外界建立和谐的关系。

（二）心理咨询与心理安慰

当一个人心理上遇到难以排解的困苦时，他可以找个亲朋好友倾诉或者痛哭一场，这样可以听到许多宽心话，得到不少精神安慰。一般来说，安慰具有情绪宣泄和暂时恢复心理平衡的功能。但心理咨询不同于一般的安慰，因为它不仅要使人开心，更要促使人成长。一般人在相互安慰时，总是会劝说对方尽快尽早地忘却不快的经历。“过去的事情就让它过去吧”，这大概是人们平时相互劝慰时的共同准则。但心理咨询者不会这样简单地劝说人们忘却过去，而是竭力使人积极地看待个人所经受的挫折与磨难，将不愉快的经历当作自我成长的良机。另外，心理咨询要避免使咨询对象依赖他人，要促进其独立性与自立性，这也与一般安慰不同。虽然心理咨询不同于一般的安慰，但它并不排斥使用安慰的方式。

（三）心理咨询与心理治疗

心理咨询与心理治疗的区别主要表现在两个方面。首先，从工作对象上看，心理咨询主要针对正常人或轻微心理障碍者，心理治疗则针对人格障碍者、心理异常者及严重心理障碍者。其次，从工作内容上看，心理咨询着重处理的是常人遇到的各种问题，如人际、情感、家庭、环境适应、职业选择、生涯规划等问题，帮助人们学习新技能，解决适应与发展问题；心理治疗则帮助人们消除症状、改变病态行为和重建人格等。

尽管心理咨询与心理治疗是有区别的，但心理咨询与心理治疗在很多方面又是密切联系的。它们所采用的理论方法常常是一致的，工作目标常常是相似的，都注重咨询者与咨询对象建立相互信赖的工作关系。

（四）心理咨询与思想政治工作

思想政治工作和心理咨询是两个不同的概念。心理咨询往往具有思想政治工作所不具备的优势，它按心理学的系统理论、专门的方法和技巧进行工作，掌握判断心理危机的实质，解除心理负荷，提高心理健康水平。在咨询过程中有时需要选用各种心理测试工具并辅以药物治疗，这是思想政治工作不能取代的。两者的具体区别有三个方面。

首先，思想政治工作的着眼点往往直接指向人们的世界观、人生观和价值观以及理想信念等，注重人们思想政治素质的提高和良好品德行为的养成；而心理咨询的着眼点则是咨询对象的心理健康状况，防止并消除可能出现的各种心理健康问题，注重培养其良好的自我意识，强化其自助、自控、自律能力，重在塑造其健全的人格，使其心理得到健康成长，潜能得以充分发挥。其次，思想政治工作以马列主义、毛泽东思想以及邓小平理论等作为理论基础，工作中始终突出思想和政治素质的提升；心理咨询则是建立在心理学、教育学和医学等科学理论基础之上，咨询心理学、教育心理学和治疗心理学等是其主要的理论基础。最后，思想政治工作主要是从人的社会性出发，多采取批评、劝导、灌输、教诲等方法；而心理咨询需要对咨询对象的社会、生理及心理等各方面给予全方位关注，多采取倾听、理解、支持、讨论等方法，必要时还需要运用心理测量、角色扮演等科学严谨的方法，使咨询对象很好地倾诉烦恼，认清问题，树立正确的观念。

二、心理咨询的类型

（一）按形式分类

根据咨询形式的不同，心理咨询可以分为门诊咨询、电话咨询、信件咨询和网络咨询。

1. 门诊咨询

门诊咨询是指在心理门诊进行的面对面的咨询，也称为面对面咨询或面询。在综合性医院、精神卫生中心、学校和心理学相关的科研机构以及社会上的心理服务机构，通常会设有心理门诊或心理咨询和治疗中心，受过专业训练的专业人员也可以开设私人心理门诊。门诊咨询的好处是咨询双方进行面对面的交谈，有利于双方观察言语和非言语的行为，有利于咨询者掌握来访者的全面情况，是心理咨询中最主要和最有效的形式。这里特别要强调，评估一个人的心理状况不能仅仅依赖言语信息或书面信息，还要加上咨询者知觉到的其他信息进行综合判断，如一个人的精神面貌、穿着打扮、动作姿势等都提供了很丰富的信息，因而为了提高咨询效果通常提倡门诊咨询。

2. 电话咨询

利用电话进行咨询不受距离和地理位置的限制，是较为方便而又快捷的心理咨询方式。电话咨询最常见的是咨询热线的形式，主要用于处理心理危机、突发事件等，也用于提供有关心理方面的知识、信息等，还有的机构通过电话进行持续性、规律性的心理咨询。

3. 信件咨询

信件咨询是指咨询对象通过书信将问题呈现给咨询者，由咨询者根据所描述的情况进行答疑解惑和心理指导。由于双方不能直接交流，不利于咨询者全面深入地了解情况，通常这类咨询更多是普及性的知识讲解，很难进行具体指导，只能根据一般性原则提出指导性的意见。

4. 网络咨询

网络咨询是通过互联网为咨询对象提供有效帮助的一种形式。与电话咨询的效果相似，网络咨询有较好的保密性和隐蔽性。在网上咨询还可以对心理咨询的过程进行全程记录。

（二）按人数分类

根据咨询人数的不同，可以将心理咨询分为个别咨询、伴侣咨询、家庭咨询和团体咨询。

1. 个别咨询

个别咨询的咨询对象是一个人，咨询者和咨询对象呈一对一的关系，针对咨询对象个人的心理问题进行咨询，是心理咨询的基本的和主要的形式。其优点是针对性和保密性好，咨询效果明显，缺点是咨询的成本较高，需要双方投入较多的时间和精力。

2. 伴侣咨询

伴侣咨询的咨询对象为配偶、恋人、同居伙伴等亲密关系的双方。伴侣咨询主要用于解决他们之间的关系问题。

3. 家庭咨询

家庭咨询的咨询对象为整个家庭。家庭咨询常用来解决那些与家庭关系有关的心理问题，尤其是青少年的心理问题。

4. 团体咨询

团体咨询的咨询对象为一组人，是在团体情境中提供心理帮助的一种咨询形式。团体咨询通过团体内的人际交互作用，促使个体在交往中观察、体验和学习，认识自我，调整和改善与他人的关系，学习新的行为模式，发展良好的社会适应能力。团体咨询比较适合发展性心理问题的咨询，但是常难以兼顾每个个体的特殊性。

三、心理咨询的原则

心理咨询原则是咨询工作中咨询者应遵循的基本原理，也是对心理咨询工作的一般要求，具有概括性和指导性。

（一）保密原则

保密原则是指未经咨询对象同意，咨询者不能以任何方式向任何人或机构透露咨询对象的一切咨询秘密（咨询对象有自杀和伤害他人倾向的除外）。保密原则是心理咨询中最重要的原则，被称为心理咨询的生命原则。它既是咨询双方建立相互信任的咨询关系的前提，也是咨询活动顺利开展的基础。

为更好地在实践中遵从这一原则，咨询师必须注意：① 咨询过程中所获得的咨询对象的一切个人信息均属于保密范畴；② 咨询者不得将咨询档案带出咨询室，无关人员不得接触或查阅咨询档案；③ 不能将咨询对象的信息当作茶余饭后的谈话资料；④ 在课堂教学、科研论文、案例研讨中引用咨询案例资料，必须进行保密处理；⑤ 在学校心理咨询工作中，咨询者要审慎处理为学生保密及与校方和家长配合之间的关系，首先考虑来访学生的利益，做到对学生负责。

（二）自愿原则

原则上讲，心理咨询是以咨询对象愿意使自己有所改变为前提的，咨询者不能以任何形式强迫咨询对象接受或维持心理咨询。无论是咨询关系的建立，还是咨询的进行以及咨访关系的中止或结束，都不应该存在任何意义上的强制。自愿原则既是咨询的自助目标所决定的，也是咨询的人际互动性质所决定的。自助的前提必须是咨询对象能意识到自己的困惑或问题，有自我改变的意愿和动机，并主动寻求咨询者的帮助。从这个意义上来说，咨询者的主动和好心都是没有必要的，也应尽量避免。另外，缺乏咨询对象的意愿与合作，咨询双方也难以建立良好的人际关系，而良好的人际关系恰恰又是咨询得以开展和维持的前提。

咨询需要遵循自愿原则，但以下两种情况咨询者不能拒绝：① 迫于父母、老师、上司的压力进行咨询的咨询对象；② 代替他人（孩子、学生、父母、爱人等）进行咨询的咨询对象。

（三）价值中立原则

价值中立原则是指在咨询过程中，咨询者要尊重咨询对象的价值观念体系，不要以自己的价值观念为准则对咨询对象的行为任意进行价值评判。咨询者不能以任何方式向咨询对象灌输某一价值观念，或强迫咨询对象接受自己的观点、态度。

心理咨询的定义、性质、目标等都决定了咨询者在咨询工作中要充分尊重咨询对象，置咨询对象于平等的地位，而不能以专家或助人者的身份强迫咨询对象服从自己。对咨询对象的与心理咨询无关的价值观体系，比如个人喜好、审美观、生活方式等，咨询者可以不欣赏、不赞同，但没有必要妄加评判和指点，更不要好为人师，要求咨询对象一一改变。

当然，价值中立原则不是不要价值准则，更不是要咨询者去赞同和迎合咨询对象的价值观念。相反，咨询者必须有非常明确的价值观念，只有如此才能在实践中对自己的价值观念体系给咨询对象施加的影响有足够的预见性，并在咨询对象自愿的前提下有意地对其施加影响。

（四）时间限定原则

心理咨询必须遵守一定的时间限制。咨询时间一般规定每次 1 小时左右，原则上不能随意延长咨询时间或间隔时间。

在时间上予以限制的原因在于：① 事先对咨询时间予以限定，可以使咨询对象充分珍惜并有效利用这一时间；② 一般情况下，咨询次数为一周一次或两次，这样可以使咨询对象在间隔期间充分回味咨询时的体验；③ 分离是一种痛苦的体验，同时也是一种成长和成熟的体验。因此，间隔一定的时间让咨询对象感受一次分离带来的复杂体验，可以促进咨询对象的心理健康。

（五）感情限定原则

咨询关系的确立是咨询工作顺利开展的关键，是咨询者和咨询对象心理的沟通和接近。但双方接触过频繁会阻碍咨询对象的自我表现，也可能干扰咨询者客观、公正地判断事物的能力。因此，感情限定原则禁止咨询双方进行咨询室之外的任何接触和交往，也不能将自己的情绪带进咨询过程。

在心理咨询中，咨询对象对咨询者产生特殊的好感，做出某些情不自禁的表示，是咨询者迟早要面临的考验。经过专业训练的咨询者，待人诚恳，善解人意，这对于心灵受伤的咨询对象来说是很有吸引力的。特别是咨询对象为异性且年龄相仿时，更易对咨询者产生种种浪漫幻想。

为此，咨询者要做到：① 保持头脑清醒，心情平静，引导咨询对象冷却移情体验，并把这种对咨询者的感情依恋内化成为对自身自我成长的激励；② 尽量不向咨询对象讲述个人的生活经历及现状，这是因为咨询双方毕竟不是一般场合下的朋友关系，而是正式场合下的咨询关系；③ 保持心理咨询中的“距离美”，才能使咨询者与咨询对象减少产生感情依恋的机会。

（六）开发潜力原则

这一点常被人们忽视，却很重要。咨询者是否相信人都是有发展潜力的，这其实涉及对人性的基本看法，而对人性不同的基本看法会导致不同的对人的基本态度。这种基本看法和基本态度会影响咨询的目标、途径、方式、效果和评价等，因而对于咨询者至关重要。立足于开发潜力的目的，咨询者会更多地启发、调动咨询对象自身的积极性、创造性，会更多地把注意投向人的发展。这是心理咨询中极其重要的思想，尤其对发展咨询而言。

（七）综合性原则

这里的综合性原则有多重含义。

1. 心身的综合

心理和生理是相互作用、互为因果的，因此，咨询应立足于这二者的结合。中国人常把心理问题躯体化，即心理上的困扰、不适被感知为或表述为各种躯体问题。这有多方面的原因：第一，许多人没意识到心理问题的存在，或者更容易感觉到躯体问题；第二，许多人即使感觉到了心理上的困扰，但觉得这是自己可以调整的，而躯体不适是需要他人治疗的；第三，许多人习惯于躯体有病的观念，而对于心理上的问题却既无辨识能力，更无描述能力；第四，很多人忌讳自己心理有病，认为这是难为情、羞于启齿的，而有了躯体疾病则可以堂而皇之地去求医。这是中国文化背景下的普遍心态，也是影响中国心理咨询发展的不利因素之一。有时候，则是生理状况影响心理状态并呈现为心理问题。比如，躯体疾病带来心理上的焦虑不安、情绪抑郁，或者生理上的某些不足（如身材矮小、肢体有残疾等）引起自卑、苦恼。这就需要咨询者善于分辨，同时能站在辩证统一的高度来分析和对待，而不能孤立地看问题。

2. 原因的综合

引起咨询对象心理困扰的原因是生理、心理、社会诸因素交互作用的结果，一因多果，一果多因，互为因果，错综复杂。原因不仅有横向的交叉，而且有纵向的联系。这就要求咨询者能够透过现象看本质。分析发现，对某一个体的问题而言，其原因往往是一个立方体结构，既有横向诸因素的作用（即共时态原因），又有纵向诸因素的作用（即历时态原因），并且这两者是互相交错在一起的。咨询者重要而且非常关键的一步是找到核心原因。

3. 问题的综合

人的某种心理活动往往是与整个心理活动联系在一起的，牵一发而动全身。思维、情感、行为三者是互相联系的，很难将三者割裂开来。一般来说，其中的一方面有问题，另外的两方面也多少或迟早要有相应的改变。咨询对象的问题往往不是单一的，情绪障碍常常同时涉及学习、工作、家庭、人际交往等方面。咨询者要抓住主要矛盾，寻找最合适的突破口。

4. 方法的综合

在咨询实践中，有针对性的综合方法常常比单一的方法更有效。当然，这些方法应是相互配合、相互促进的。综合的方法往往针对人心理的各个方面，针对人不同层面的心理需求，比如领悟根源、调整认知、矫正行为、模仿学习等。调查表明，当今从事心理咨询的人，大多数采用的是综合方法，或称为方法任选心理咨询，真正只坚持一种方法的人已相当少见了。方法的综合有时还包括适当配合使用生物学方法，比如对于抑郁症咨询对象而言，及时而适当地使用抗抑郁药可以有效地控制症状，使咨询更容易进行。

总之，上述七条原则互相独立又互相联系，它们共同统一于为咨询对象负责这一总的原则。而对咨询对象负责则应建立在咨询终极目标的基础上。因此，凡有助于咨询对象心理健康和发展的咨询，就是有效的咨询；反之就是无效的咨询。

四、主要心理疗法简介

自 19 世纪末以来，心理咨询已发展出多种疗法，其中精神分析疗法、行为疗法、个人中心疗法和合理情绪疗法最具代表性。

（一）精神分析疗法

精神分析疗法的理论与技术产生于 19 世纪末，创始人是著名的奥地利心理学家弗洛伊德，其代表作有《梦的解析》《图腾与禁忌》《自我与本我》《超越快乐原则》等。在所有心理咨询理论中，精神分析疗法是历史最悠久、影响最深远的一个学派。其理论要点及技术特征如下。

第一，人的心理活动分为意识、前意识和潜意识三个部分。其中，意识是觉知到的经验，前意识是平时感觉不到却可以经回忆而觉知到的经验。许多心理障碍是由于那些被压抑在潜意识中的本能欲望没有得到释放的结果。

第二，弗洛伊德对性的阐述涵盖面极广，它既包含性行为本身，也包括许多追求快乐的行为和情感活动，几乎涉及人的所有心理活动。弗洛伊德将包括性在内的本能的驱力称为力比多。他认为，性是与生俱来的，人的一切行为、动机都与性有一定的联系，都与力比多有关并受其驱使。人的心理发展要经过与性有关的五个阶段，弗洛伊德断定，性本能尤其是幼儿期的性心理活动，在神经症的致病原因中起着一种“不平凡的巨大作用”。心理分析就是要挖掘出隐藏在人的内心深处的性发展障碍，这样人的不正常的神经质行为才会消失。

第三，人格由本我、自我和超我三个部分组成。本我是个人最原始、最本能的冲动，依照快乐原则行事。自我是个人在与环境接触中由本我衍生而来的，它依照现实原则行事并调节本我的冲动，采取社会所允许的方式行事。超我是道德化的我，依照道德原则行事，是良知与负疚感形成的基础。本我、自我、超我之间的矛盾冲突及协调构成一个人的人格基础。个体的心理健康源于三者的协调一致。

第四，人消除焦虑与维护心理健康时，常采用自我防卫机制，如解脱、补偿、合理化、投射、转移、升华及理想化等方式。这些心理防卫都是潜意识的，但若过分使用则可能造成心理疾病和人格扭曲。

第五，治疗心理疾病的主要方法是梦的解析、自由联想、面质与澄清和移情技术。其特点是强调通过对以前经验的再分析来解除压抑，使潜意识化为意识并在情绪上有所领悟。

弗洛伊德的精神分析疗法为心理咨询开辟了一条新途径，他所创立的谈话疗法是心理咨询方法的主流，在今天还在普遍地应用着。其最独特也是最具价值的特点，就是在移情关系的基础上培养咨询对象的自主性和自我控制能力。精神分析疗法理论中的泛性观点具有严重的生物化倾向，片面夸大了人的生物性。精神分析疗法的局限性使咨询往往要花费很长的时间、很多的精力和经费，让很多人望而却步。

（二）行为疗法

行为主义理论研究早在19世纪末就开始了，但行为疗法的发展却是20世纪50年代末60年代初的事情。不过在较短的时间内，行为疗法已发展成为当今世界上最重要的心理咨询方法之一。

行为疗法的创始人为华生，代表人物有巴甫洛夫、斯金纳、班杜拉。行为疗法强调通过对环境的控制来改变人的行为表现，其理论基础是条件作用学习理论。该疗法的理论要点及技术特征如下。

首先，人的所有行为都是通过条件作用而习得的习惯性反应。正强化该行为便巩固，负强化该行为则消退。

其次，心理咨询的目的在于，利用强化使咨询对象模仿或消除某一特定的行为习惯，建立新的行为方式。因此心理治疗的目标要明确和具体，主张对咨询对象的问题采取就事论事的处理方法，而不必追究诸如个人潜意识和本能欲望等心理原因对偏差行为的作用。

最后，行为疗法的常用技术包括放松训练、系统脱敏、满灌疗法、厌恶疗法、代币制、生物反馈等，其核心是控制环境和实施强化使咨询对象习得良好行为，矫正不良行为。

行为主义运用于临床心理咨询中，形成了比较完整的理论和许多技术方法。在理论上，它强调外部环境因素对个体行为的影响，强调通过对这些影响因素的控制来使各种行为发生符合预期要求的各种改变。在技术和方法上，它重视改变行为过程的程序性和操作性，故相对于其他流派，它具有操作性强而可予以评定、耗时较短、见效较快的特点。行为治疗现应用于恐怖症、强迫症、精神活性物质依赖及性功能障碍等，并获得了较好的效果。行为治疗对精神分裂症患者的康复也有一定作用。

当然，行为疗法过于注重人的环境因素和外显行为，忽视人的动机、意识和主体作用，受其影响的心理咨询就可能过分注重症状的外在表现，忽略引起症状的内在心理因素。对此，在认识上和实践中应予以注意。

（三）个人中心疗法

个人中心疗法又称来访者中心疗法，是由美国心理学家罗杰斯创立的一种心理咨询方法，目前已成为心理咨询领域中的主要流派之一。它的基本假设是：只要给咨询对象提供适当的心理环境和气氛，使他们能够自我理解，改变对自己和对他人的看法，产生自我导向的行为，最终他们就能达到心理健康的水平。个人中心疗法的代表人物是马斯洛。该疗法的要点如下。

首先，人性都是积极向上的，且都有能力发现自己的缺陷和不足并加以改进。心理咨询的目的，不在于操纵一个被动的人格，而是协助咨询对象自省自悟，充分发挥其潜能，以达到自我实现的目的。

其次，“自我概念”是罗杰斯的理论中最重要的概念。罗杰斯认为，心理病态是在不理想的人际交往中产生的，所以，消除心理病态的重要途径应是建立理想的人际关系。理想的人际关系应该是人与人之间无条件地相互关心、相互尊重、相互理解、彼此以诚相待。只有在这样的心理氛围中，人的心理才能保持健康，并能利用全部的潜能去达到自我实现的目的。罗杰斯的这个理论就是他所创造的个人中心疗法的理论基础。

最后，咨询者要以真诚的交流、设身处地的理解和无条件的积极关注来接待咨询对象，重视咨询对象现实面临的问题，而避免对其进行诊断。在心理咨询的过程中，咨询对象及咨询者都能够对问题有充分的理解和洞察。咨询者与咨询对象充分地就以后的咨询方法、方向及解决问题的手段等问题进行磋商，咨询对象据此做出决定。整个咨询过程中咨询者只从侧面向咨询对象提供心理援助。由于这种方法不向咨询对象做出指示或具体指导，因此又被称为非指导的心理咨询。

罗杰斯的以人为中心的心理咨询方法使传统的以咨询者为中心的咨询体制受到了巨大的挑战，开创了心理咨询的新纪元。个人中心疗法的缺点是咨询者的个人认同感容易受咨询对象影响，容易被咨询对象操纵，并且可能不适用于有严重心理异常及有智力缺陷的咨询对象。

（四）合理情绪疗法

合理情绪疗法是由美国心理学家阿尔伯特·艾利斯（Albert Ellis）于20世纪50年代创立的，属于认知疗法中的一种主要疗法。因为它也采用行为疗法的一些技术，故又被称为认知—行为疗法。该方法属于指导式的心理咨询方法。

合理情绪疗法通过纯理性分析和逻辑思辨的途径来改变咨询对象的非理性观念，以帮助其解决情绪和行为上的问题。合理情绪疗法的适应症为抑郁性神经症、焦虑症、恐怖症、情绪不良等。其理论要点及技术特征如下。

首先，人既是理性的，又是非理性的。人的精神烦恼和情绪困扰大多来自于其思维中的非理性信念，它使人逃避现实，自怨自艾，不敢面对现实中的挑战。当人们长期坚持某些不合理的信念时，便会导致不良的情绪体验；当人们接受更加理性与合理的信念时，其焦虑及其他不良情绪就会得到缓解。

其次，人的不合理信念主要有三个特征：绝对化要求、过分概括化、糟糕透顶。凡此种种都易使人对挫折与精神困扰产生自暴自弃、自怨自艾的反应。

最后，“ABC理论”：A指发生的与自己有关的事件，B指个人对该事件所持的认知信念，C指个人对事件的情绪反应后果。不论情绪反应是适当的或是不适当的，都不是事件本身所引起的，而是由于个人对既成事件所产生的信念B所引起的。因此，心理治疗就是要帮助咨询对象对治疗一事负起责任，咨询者的职责只是从旁指导和劝说以纠正咨询对象对事件本身所产生的错误信念，从而达到心理治疗的目的。

在合理情绪疗法中，咨询对象本身的理性思维能力或潜力是很重要的，咨询者应充分认识和估计到这一点。因为合理情绪疗法的重点是帮助咨询对象以合理的思维方式代替不合理的思维方式，以合理的信念代替不合理的信念，尽力减少或消除不合理信念给情绪和行为带来的不良影响，所以无论咨询者如何努力，但最终还是需要咨询对象自身的观念改变。由于合理情绪疗法偏重于认知，因而对于年纪较轻、智力和文化水平较高的人更为有效。

链接材料11－4

留守学生不良心理的教育矫正原则和策略

目前，留守学生现象在我国已相当普遍，我国农村留守儿童人数已经接近5 800万人。对一所有着700多名学生的学校调查显示，留守学生占学生数的49.1%。在调查中我们发现，留守学生们要么生活在单亲抚养的“类单亲家庭”里，要么被托付给爷爷奶奶、外公外婆、叔婶、姑舅或父母要好的朋友，更有甚者干脆就让孩子自己管自己。这些临时监护人大多局限于对孩子吃饱穿暖之类的浅层关注，很少或根本不关注他们的心理、思想、道德、社会交往等方面的需求。由于长期缺乏家庭温暖，缺少父母呵护，留守学生中的多数人已产生出了一些不良心理，并且这些不健康心理与学生家庭教育缺失的程度正相关。

一、留守学生的几种不良心理

（一）亲情饥渴

调查资料显示，由于长时间不与父母一起生活，缺乏父爱母爱，缺少与父母的交流，使得留守学生们存在着严重的亲情饥渴。在问卷中，有79.1%的学生希望“爸爸妈妈都在家”，认同“一个出去一个在家”的只占13%，认为“无所谓”的学生占7.9%，另有相当一部分的留守学生表示“与在外打工归来的父母相处时感到生疏”。在对留守学生进行父母外出态度调查时，有一个女生在回答“最想对外出父母说的一句话”时这样写道：“爸爸妈妈，你们是我最亲近的陌生人！”这句话正是留守学生们对亲情渴盼的内心写照。

（二）孤僻

孤僻是在留守学生身上表现出来的最为突出的不良心理之一。问卷调查显示，有55.6%的留守学生具有这种不良心理。他们在行为上常表现为办事独来独往，与别人格格不入，很难与他人交往，人际关系极差，即便是与教师交往也显得生疏，对教师的关怀不易接受，甚至抱怀疑态度；很少和同学一起玩耍、游戏。

（三）自私

在留守学生中狭隘自私心理十分普遍。在研究中，发现为数不少的留守学生都表现出眼界狭小，心胸狭窄，注重自身利益，对个人得失，哪怕是很小的一点得失都会斤斤计较，耿耿于怀。具有这种不良心理的学生在言行上往往表现为凡事以我为中心，人人为我，我却不为人，听到一句不顺耳的话或遇到一件不顺心的事就会发火，轻者唇枪舌剑，重者拳脚相加。

（四）早恋

早恋心理和行为多年以来都是青少年具有的问题之一。从年龄上看，多数中学生都处于青春期，生理发育的超前和明辨是非能力的滞后以及好奇心的驱使，促使了他们对早恋的尝试。但在对留守学生的早恋问题进行研究时却发现，留守学生早恋心理的产生并非像其他学生一样单纯，因为他们缺少了家庭温暖，心灵在感受亲情上已受到创伤，在一定程度上，他们是在用早恋来体味家庭温暖，弥补亲情缺失，以取得心理上的某种平衡。所以，认为性成熟所带来的好奇探究以及家庭教育缺失所造成的寻求“家”的感受和“亲情”补偿，是造成留守学生早恋心理产生的两大根本原因。

（六）厌学

从对留守学生的学习情况调查来看，留守学生的学习情况不容乐观。他们中只有2%的成绩优秀和10%的成绩中等偏上，成绩中等或中等偏下水平和相当差的却占到了88%！问卷中，有高达57%的留守学生明确表示“自己有过逃学、逃课的行为发生”，有49%的认为“读书没有意思”。可见，厌学心理在留守学生身上表现得较为普遍。他们往往表现出对学习毫无兴趣，缺乏上进心，经常迟到、缺席甚至旷课，即便在教室内，也是“身在曹营，心在汉”，更有甚者影响其他学生学习或与教师作对，扰乱课堂纪律。

（七）逆反

逆反心理在当今中小学生中普遍存在，但在留守学生身上却表现得更加突出。一方面，留守学生由于缺少父母的关爱体验，总是把教师的劝说、批评、告诫看成是“管、卡、压”，看成是对自己自尊心的伤害，因而经常把自己放在教师的对立面上，反其道而行之。另一方面，身心发展与客观环境之间的矛盾也是造成留守学生逆反心理严重的重要因素。处于青少年时期的他们与有正常家庭教育的学生一样，也有许多成长需要，诸如交往需要、理解需要、成就需要、审美需要等。但由于家庭教育缺失，他们这些需要的实现与其他学生相比，常常不会是一帆风顺，因而使他们产生难以自解的挫折感。当他们调节不了自己的情绪，没有能力把心理冲突平息下来时，他们就有可能走向另一个极端——逆反。

（八）攻击性

心理学研究表明，在儿童的人格发育过程中，早期的环境和家庭教育非常重要，在一定程度上，这种因素直接关系到孩子心理的健康发展。首先，留守学生由于父母常年在外，他们与父母之间的关系相对疏远，导致亲子关系发生消极变化，进而导致家庭关系失调。长期生活在这种已经淡化了的亲子关系中，他们往往对人很冷淡，缺乏安全感。其次，由于留守学生的特殊性，他们往往会遇到一些不公正的待遇，比如认为他们缺乏家教，受一些孩子的恶意歧视，教师的冷落等，这些不利于他们身心健康成长的因素长时间淤积于心，就会使他们表现出易冲动、行为粗暴、爱挑衅、敌对、具有强烈的攻击性等反社会的心理和行为，这也是近年来我国青少年暴力犯罪率不断攀升的重要原因之一。

当然，以上这些不良心理也绝非留守学生独有，但可以肯定地说，相对于有正常家庭教育的学生而言，这些不良心理在留守学生身上表现得尤其突出，并且有这些不良心理的学生人数比例更大。

如何使留守学生们有一个健康的心理？经过四年多的实践，探索出了一些对留守学生进行心理健康教育的原则和策略。

二、留守学生不良心理的教育矫正原则

（一）以尊重为前提的关爱原则

有位教育家曾经说过，没有爱就没有教育，这是教育的基础，也是教育的出发点。能得到老师的关爱，是每个学生最基本的心理要求。留守学生在这方面的要求更为强烈，这是因为他们缺少父母的关爱，迫切需要用师爱来弥补亲情的缺损。因此，教师在对留守学生进行教育的过程中必须用真挚的爱对待他们，在教育实践中切不可用“笨”“坏”等字眼去刺伤他们的自尊心。这是教育转化他们的根本原则。

（二）以主体为重点的主导原则

教育是双边活动的过程，心理教育更不例外。在留守学生的心理教育过程提出本原则是基于教育活动中学生的主体能动性发挥对教育效果的积极作用而言，也是要求教师在教育活动中必须以适应留守学生为前提，没有他们的主体选择和他们内在的对教育内容和方式的积极性，就谈不上教育活动，更谈不上教育效果。倘使学生从内心深处明白了可为不可为的道理，其行为一般不会出现偏差。但在做好预防教育的同时，也一定要严格要求，对原则问题不能迁就。

（三）正确评价，树立信心

处于青春期的留守学生，其内心世界的自我评价的意识迅速增强，独立意识强烈，这种现象本身是一种进步，应给予肯定。因此，教师在对他们进行心理教育的过程中，必须善于引导他们正确评价自我，从内心深处知晓自己的优缺点和长短处，从而有效地扬长避短。对具有严重心理障碍的留守学生，教师更要加强对他们的自我评价的心理指导，让他们及时发现自己的优缺点和长短处，并对他们的点滴进步大力地宣传表彰，以帮助他们树立信心。

（四）创建良好的班集体

首先，要充分改变留守学生孤僻、压抑、自我封闭等不良心理状态，教师还应当注意营造一个和谐的班级环境，要想办法让他们与同学们交朋友、做知己，让他们感受到集体的关爱和同学的友情。例如，建立互助小组，开展一帮一、上门补习和分担家务等，可以使他们从被动到主动参加集体活动，融入到大集体中来；其次，要创造一个良好的活动环境，积极鼓励留守学生参加班集体的各项活动，对有一定组织能力的留守学生，可以有意识地把活动中最重要的任务交给他们，培养他们的责任感；对能力弱的学生，也可以有意识地让他们为同学们做一些力所能及的事，以增强他们与同学之间的亲和感。

（五）既晓之以理，又严格要求

由于留守学生平时问题较多，因此所受的批评也可能较多，在这种情况下，他们的逆反心理会更重。如果教师在他们这种心理状态下还经常用批评的方式去教育他们，结果会事与愿违，极可能出现顶嘴、出走甚至辍学行为的发生。因此，针对学生的一些不良言行教师要给他们讲清道理，忌用“死不悔改”“不可救药”等挫伤自尊心的言语。当然，对部分多次违纪的留守学生仅有“讲道理”是不够的，还应严格要求，对他们而言，没有严格的要求教育的效果就会大打折扣。耐心的思想教育与严肃的纪律处理是不矛盾的，只要教育方法得当，一定会得到满意效果。

（资料来源：www. people. com. cn）

第十二章 毕生心理发展

学习要求

1．概念识记：毕生、自我概念、自尊、自我认同、角色采择。

2．分析理解：毕生心理发展的研究内容、毕生身体发展的特征、认知发展的过程、自我和社会性发展的过程。

3．思考运用：在毕生发展过程中如何以及何时培养个体的自尊，影响个体自我认同的因素，塞尔曼的角色采择理论的运用。

发展心理学是心理科学的一个重要分支，从1882年德国生理学家和实验心理学家普莱尔出版巨作《儿童心理》至今，它已风雨兼程走过了一个多世纪。由于无数心理学家及学者们的艰辛努力，它的理论体系、研究方法及研究成果越来越丰富，对儿童教育实践和个体毕生发展的指导也越来越有意义。

在20世纪六七十年代以前，人们称发展心理学为儿童心理学，因为当时发展心理学的研究重点在儿童和青少年期。近几十年来，随着毕生发展观的发展，发展心理学进入了一个崭新的发展阶段。毕生心理发展是指人类个体从受精的一刻起就开始了心理发展的过程，直到死亡。毕生心理发展的研究就是要对这个过程进行科学研究，研究人一生发展变化的方式和其中较为稳定的心理特征。

第一节 毕生心理发展的研究内容

毕生发展心理学的研究主要涉及两个问题：一个是有关心理发展原理或规律的理论问题，另一个是毕生心理发展的年龄特征问题。

一、心理发展的基本原理

在人类心理发展基本原理或规律这个问题上，各种心理学派别之间的争论可以归为四点：第一，人类心理和行为是先天的还是后天的；第二，人类对待环境的关系是主动的还是被动的；第三，人类心理发展是分阶段的还是连续的；第四，人类心理发展的终点是开放的（发展变化能持续下去）还是有最终目标的。

因此，毕生发展心理学基本原理的研究涉及如下一些问题。

首先，关于遗传和环境（含教育）在心理发展中的作用问题。先天遗传给心理发展提供了可能性，后天的环境把这种可能性变为现实性，两者相辅相成，缺一不可。因此，毕生发展心理学要研究人类心理的先天要素，还要研究自然环境、社会环境等文化背景与人类心理发展的交互作用。

其次，关于心理发展的外因和内因问题。在人类心理发展中，既要重视外因，又要重视内因。人类身心发展是主动的，所以，外因要通过内因起作用。我们既要讲发展，又要强调内因与外因之间的关系和作用。

最后，关于心理不断发展和发展阶段的关系问题。人类的心理一方面是不断发展的，另一方面又是有阶段性的。应该将心理发展的连续性和阶段性统一起来，将相对主义的开放和理想化的终点统一起来，这样才能既科学地解释生命全程的心理持续发展趋势，又探讨不同年龄阶段心理发展的特征。

二、毕生心理发展的年龄特征

毕生发展心理学不仅要研究心理发展的一般原理或基本规律，而且要研究心理发展在人生不同发展阶段的具体原理或规律，这些原理或规律体现在生命全程各个年龄即各阶段所表现出来的质的特征上面。

（一）年龄阶段的划分

正确而科学地划分心理发展的年龄阶段，迄今为止还是一个远远没有得到适当解决的问题，然而，它却是毕生发展心理学研究的重要内容。古代教育家和哲学家曾提出这个问题，现代发展心理学家正在深入研究这个问题。我国研究者主张在划分人类心理发展年龄阶段时既要看到重点，又要顾及全面，根据身心发展趋势，综合地进行划分。

人类在生理、智力、个性、教育、生活诸方面的发展各有其特点，可以以身心发展的各指标来划分各自的年龄阶段，但同时又要看到内在的一致性。大部分毕生发展心理学者对年龄阶段划分趋于一致（0—2 或 3 岁，2 或 3—7 岁，7—12 岁，12—15 岁，15—18 岁，18—25 岁，25—35 岁，35—60 岁，60 岁以上）不是巧合，而是说明身心发展确实有一些一致性的年龄阶段。

（二）年龄特征的研究

毕生心理发展的实验研究主要是围绕着心理发展的年龄特征展开的。

第一，个体心理的年龄特征是心理发展的各个阶段中形成的一般特征（带有普遍性）、典型特征（具有代表性）或本质特征（表示有一定的性质）。它是和年龄有联系的，因为年龄是时间的标志，代表一定的时期和阶段，一切发展都和时间相联系。当然，它又不是完全由时间决定的。毕生发展心理学要通过实验研究，从大量别的心理特征中概括出某一年龄阶段心理发展的一般趋势、典型趋势、本质趋势，尽管这些趋势不能揭示这一年龄阶段人们的一切个别特点，可是它代表该年龄阶段心理发展的整体特征。

第二，在一定的条件下，心理发展的年龄特征既是相对稳定的，同时又可以随着社会生活和教育条件等文化背景的改变而有一定程度的改变。

第三，心理现象是复杂的，所以心理发展既指心理整体的综合发展，又指各种心理现象的发展。尽管生理、言语、活动、认知和人格的发展存在着内在一致性，但也存在着各自发展的不平衡性。所以，毕生发展心理学一般以横向联系为主要线索进行研究，研究每个年龄阶段心理发展的特征，也允许以某一心理现象的发展为线索进行研究，如研究认知、人格的发展等，甚至将认知分为感知、记忆、思维进行研究，从纵向角度探讨某种心理现象在生命全程中的发展趋势。此外，人类心理现象的复杂性决定了发展心理学研究的多学科性，其中包括心理学、社会学、人类学、生物学、遗传学、家庭科学、教育学、历史学、哲学和医学等。

第二节　毕生认知的发展

一、感觉和知觉的发生发展

个体早期的感觉和知觉是在活动过程中和教育的影响下发展起来的。它是一个不断成熟和完善的过程。在这个发展过程中，经验的作用逐渐增大，词的调节功能日益加强，对事物分析综合的水平迅速提高，从而使个体早期的感觉和知觉成为一种有目的方向性的有意认识活动。

（一）感觉的发展

1. 肤觉、味觉和嗅觉

新生儿出生后，最早出现的是肤觉（包括触觉、痛觉、冷觉、温觉）、味觉和嗅觉。它们对于维持新生儿的生命具有直接的生物学意义。新生儿的触觉已高度发达，特别敏感的是嘴唇、手掌、脚掌、前额和眼帘等部位。在早期的感受性方面存在着性别差异，女孩子更为敏感。可明显看到新生儿的痛觉，痛刺激能使他们发生全身或局部反应。新生儿对温度的感觉非常灵敏，如对过冷或过热的牛奶或洗澡水都有反应。新生儿已能辨别甜、咸、苦、酸等不同味道，并且对甜的喜爱胜过咸。婴儿味觉辨别力发展得相当快，1 岁内就能精确区别同一味道的不同浓度。婴儿具有辨别多种气味和适应气味的能力，4 个月时已能比较稳定地区别两种不同的气味。儿童对气味的感受性在 6 岁时已发展得很好，继续改善直到中年。

2. 视觉

新生儿对亮度差别是敏感的，并且辨别力发展迅速。但在出生后 2 ~ 3 周内，两眼运动仍不协调。视觉集中在 2 个月时才明显地出现。视觉首先集中在活动或鲜明发亮的物体上，逐渐还能随光亮的刺激物移动。4 个月时视觉调节已非常有效，注视时间和距离不断延长，视觉集中也逐渐由被动转变为主动。儿童的视觉感受性（即精确地辨别细微的物体或远距离物体的能力）在学前期开始发展起来，但发展速度不平衡，学前中期的发展速度快于学前晚期。通过有兴趣的游戏活动或词的调节，视觉感受性还可提高。学龄初期儿童视觉感受性随年龄增长和学习活动的进行而不断发展，15 岁左右甚至可超过成人。

婴儿的颜色视觉也有一个发展过程，3 个月时能够区别灰色和彩色，4 个月时开始对颜色有分化反应。4～8 个月时表现出喜欢亮度大的颜色而不喜欢暗色，喜欢光波较长的温暖色（红、橙、黄）而不喜欢光波较短的冷淡色（蓝、紫）。研究表明，2～3 岁幼儿最容易掌握红、黄两色，其次才是绿色和蓝色。3 岁幼儿能够正确辨别红、黄、蓝、绿四种基本颜色，4 岁开始发展细微区别各种色调的明度和饱和度的能力，并能把各种基本颜色和它的名称巩固地联系起来。有的研究则表明，3～4 岁已能初步辨认红、橙、黄、绿、天蓝、蓝、紫等七种颜色。学前儿童正确辨认颜色的百分率和正确辨认的颜色种类都随年龄增长，其正确辨认颜色的百分率还因颜色不同以及辨认方式不同而互有差异。儿童能否正确辨认颜色，关键在于是否掌握名称。对于间色（如淡棕和橘黄）或深浅不同的颜色（如深黄和柠檬黄，粉红和深红），只要告之明确的名称，学前儿童同样可以掌握。3～6 岁儿童对颜色的正确命名和对颜色的再认能力随年龄增长而提高，而 5 岁似乎是这方面能力发展的一个转折点。学龄初期儿童的颜色视觉（主要是差别感受性）伴随教学活动的进行而获得显著发展，一般女孩比男孩要好一些。

3. 听觉

关于新生儿最初听见声音的时间，历来存在分歧意见。有些研究认为在出生后 5 天或 24 小时甚至几分钟内就有听觉，另一些研究则认为要到几个月以后。现在一般认为，新生儿已能对某些声音发生反应，但明显的听觉集中在婴儿 3 个月时才清楚地看出来，即能感受不同方位发出的声音，并把头转向声源。3～4 个月的婴儿已能对音乐表现出愉快，对强烈的声音表示不安，还能对成人（特别是母亲）的声音发生分化。20 世纪 60 年代以来，人们通过现代科学技术手段测定了婴儿对声音刺激的各种反应，如肌肉变化、呼吸紊乱、眨眼以及心律和活动水平的变化，认为处于 35～75 分贝范围之内的会话，可以对很小的婴儿起刺激作用，还发现低音比高音更使婴儿感到舒服。大些的婴儿已能较好地辨别词音。学前儿童听觉的个别差异很大，但其听觉感受性一般仍随年龄增长而不断发展。6 至 14 或 15 岁期间的听觉敏度有明显提高。对音调高低的辨别能力在 6 至 17 或 18 岁期间也有显著发展，特别是语音听觉在阅读过程中发展很快。

4. 触摸觉

触摸觉是肤觉和运动觉的结合，对儿童的动作和心理发展都有很重大意义。触摸觉的绝对感受性在儿童很小的时候开始出现，如对粗细、软硬、轻重的辨别。触摸觉的差别感受性则从学前期才发展起来，如用双手比较两个体积相同而重量不等的物体。儿童（在蒙住眼睛情况下）手的触摸运动的特点随年龄而变化：3～4 岁的触摸动作还跟玩弄物体不大能分开，4～5 岁也不能较好地进行探索性的触摸活动，6～7 岁才出现细微的触摸动作。以上特点与 4～5 岁及以下年龄儿童小关节（指、腕）活动的进步不显著有关。触摸觉和视觉的联合对儿童认识物体具有特殊意义，但在学前期的不同年龄阶段又有不同特点：年龄最小者只是对物体匆匆地看一眼，就力图尽快用手抓住并开始玩弄起来；年龄较大者则通常在实际动作之前，要用眼睛相当仔细地观察物体。学龄初期儿童的触觉、运动觉定位优于视觉定位，视觉正常儿童的触觉定位成绩往往超过成人。

综上所述，可对个体早期的感觉发展归纳出以下一般特点。

首先，儿童的感觉是在活动中发展起来的：直立行走和摆弄、操作、使用各种物体的动作，对于扩大视野、进一步发展各种感觉都起重要的促进作用。

其次，从近距离感觉逐渐转向远距离感觉：新生儿出生后，首先发展的是以肤觉、味觉为中心的近距离感觉，随后逐渐发展以视觉、听觉为中心的远距离感觉。

再次，从不分化到逐渐发生分化：婴幼儿常出现联觉现象（如色听），这是各种感觉未能分化的表现，随着儿童抑制功能的发展才逐渐达到各种感觉的分化。

最后，各种感觉从单独起作用到相互结合：婴儿出生后的前半年主要是通过各种感觉去认识事物，以后随着动作的发展，视觉、听觉、运动觉、触觉之间建立了多种联系，产生对复合刺激的反应，这就是儿童知觉的发生。

成年期个体感觉发展基本上归于平缓发展程度，其主要特点如表 12－1 所示。

表 12－1　成年期个体的感觉发展

年龄组	视　觉	听　觉	味觉与嗅觉
20～35 岁	由于 20 岁时水晶体开始硬化，因此眼睛的适应性调节能力不断下降	分辨高频音调的音高能力开始下降	以往研究文献中无此方面变化情况的记载
35～65 岁	40 岁以后视敏度明显下降，明适应、暗适应的时间明显延长	至 50 岁之前音高分辨能力一直在逐渐下降	味蕾开始减少
65 岁以上	对强光敏感；完成日常视觉任务时产生越来越多的问题；会引发部分或完全失明的眼疾日益增多	70 岁以后音高分辨能力显著下降，声音强度必须增大才能听到	对酸、咸和苦的感觉阈限增高，在识别气味时常产生错误

（二）知觉的发展

婴幼儿知觉或认识物体的经常存在有一个发展过程。大约到 1 岁时，他们才能认识物体的常在性和永久性。

1. 空间知觉

空间知觉包括对方位距离（或深度）、形状、大小等的辨别。它的形成首先有赖于从生活经验中不断形成各种空间表象，同时也有赖于不断掌握各种表示空间关系的词。到婴儿期末期开始有了空间知觉的萌芽。

学前儿童方位知觉发展的一般趋势是：3 岁仅能辨别上下，4 岁开始辨别前后，5 岁开始能以自身为中心辨别左右，6 岁也只能达到完全正确地辨别上下前后四个方位的水平。皮亚杰的早期实验曾发现，由于左右空间关系的相对性比较突出，7～8岁儿童掌握起来都比较困难。朱智贤等的研究与皮亚杰的发现大体相符。

20世纪60年代以来，心理学界围绕着空间知觉的起源问题开展了一系列研究。E. J. 吉布森和R. D. 沃克根据视崖实验，认为婴儿刚会爬或在会爬以前就会辨别深度。R. L. 范兹等人关于儿童早期形状辨别的研究表明，出生不久的婴儿已能对不同图形做出不同反应，如注视时间和心律变化不同及微笑等。从中可以看出明显的偏好，即对复杂图形的注视更甚于对简单图形（如对有条纹物体的注视时间比无条纹物体长，对立体的注视时间比平面长等），特别是更愿注视人面图形，甚至发现出生后7天的新生儿就可以区别曲线和直线。关于儿童的图形大小辨别，其正确性依图形的形态而异：在幼儿期，辨别正圆形、正方形、等边三角形的大小比较容易，辨别椭圆形、长方形、菱形、五角形的大小比较困难。关于学前儿童感知物体的形状和颜色的先后问题有不同意见，一种认为5岁前主要感色而对形状的知觉模糊，另一种则认为形状在学前儿童感知物体过程中始终起主导作用。关于儿童感知物体时整体和部分的关系问题也有不同主张，有的强调整体的支配性，有的强调部分的特殊作用，还有的则认为既要依靠整体也要依靠部分，即对不熟悉的物体主要依据个别的偶然特征去感知，而对熟悉并能理解的物体则能从整体上加以把握。

2. 恒常性

皮亚杰指出，大小和形状恒常性在儿童大约7岁时以一种近似性的形式出现，直到10～12岁或者甚至更晚时才逐渐趋于完善。至于大小的超常性或对远距离物体高度的过高估计，是在8岁或9岁时出现，在成人中普遍存在。另一些研究却表明，早在婴儿出生后的上半年（3个月或更早），大小与形状恒常性实际上就已出现了。至于大小的超常性，在2岁幼儿身上也有发现。

3. 错觉

错觉可分为由被事物表面所吸引而产生的初次性错觉和由知觉活动过程中过度地订正而产生的二次性错觉。对于4～15岁儿童和青少年来说，前者随年龄增长逐渐减少，后者却有随年龄增长而增长的趋势。

4. 时间知觉

时间知觉是儿童通过与其生活关系密切并重复发生的实际活动逐渐形成的。婴儿末期，儿童开始有了时间知觉的萌芽。由于时间关系比较抽象，不如空间知觉那样有具体形象作为支柱，所以学前儿童时间知觉发展水平还比较低，既欠准确，也不稳定，7岁前不会使用时间标尺；各年龄组再现短时距（3秒、5秒）错后多于提前，再现长时距（15秒、30秒）提前多于错后；一般容易将时间与空间混淆而不考虑速度。学龄初期儿童首先掌握的是与他们生活常规有关的时间单位，但对这些时间单位实际意义的理解还常带有直观性和表面性。少年儿童在短时间间隔（2～5秒）的反映中起主导作用的是第一信号系统，而在知觉大间隔（5～60秒）时则让位给第二信号系统。

（三）儿童知觉发展的理论

婴幼儿往往不能使自己的知觉服从于既定的目的任务。随着年龄增长，在教育影响下，生活经验不断丰富以及言语系统的发展，儿童逐渐能使自己的知觉过程服从于成人的词的指示。以后还能用自己的词来调节自己的知觉，使知觉成为有目的方向性的有意认识的过程。3～6 岁儿童观察图形时眼动轨迹的变化，反映出学前儿童知觉过程中目的方向性和有意性的发展趋势。

在儿童知觉发展的问题上，历来存在着两种主要的相互对立的观点。生成论者认为人的知觉是遗传的，生来就有的。他们有的把儿童知觉发展看成命定的“内部成熟”的过程。如 A. 比奈和 W. 斯特恩分别把儿童知觉的发展分为三个阶段和四个阶段。有的则主张有一个预先成立的机构在生命的最初就起作用。如吉布森提出深度知觉是先天结构中就有的，视觉和运动觉先天就有相互补充和校正的功能，动物和人所感觉到的不是什么所谓的深度，而是环境表面的某种布局再加上个体自己相应于这种布局的运动。经验论者则主张人的知觉是每个人从经验中习得的。他们有的以儿童知觉中冗余信息量随年龄发展而增多作为根据，有的以动物（猴、猫）的视觉和运动觉配合要靠后天学习为旁证。A. B. 扎波罗热茨等人则特别强调掌握社会感觉经验在儿童感觉、知觉发展中的重要作用。他们认为儿童感知活动不是独自发展的，而是在掌握感觉标准的系统（人类用一定方式划分出来的物体属性的分散的和相互联系着的样品，如颜色光谱、几何形状、音乐、语音等系统）的过程中，在实践和学习的影响下进行的，因而掌握各种感觉标准对学前儿童知觉发展有特殊的意义。

目前一般认为，儿童知觉世界的建立是通过成熟和学习的交互作用进行的，其中大部分要靠经验和学习。有人曾对先天性盲人通过手术复明后的视觉经验进行分析，发现在辨认彩色或明暗很近似的图形与背景方面可以说是天生的，但在认知图形及其意义方面则主要依靠经验和学习。至于深度知觉，可以认为在儿童诞生初期就已具备。朱智贤认为，儿童知觉发展的年龄特征是存在的，然而它并非命定的、不变的，而是和教育影响密切相依存的，同时，它的发展也是不平衡的。在知觉发展过程中，每个儿童不完全一样，同一儿童在知觉不同事物时水平也不完全相同。这些不同主要与儿童的经验有关。

二、注意的发生发展

新生儿注意的发展主要表现为注意选择性的发展。1～3 个月婴儿的注意已经明显地偏向典型、不规则图形，对称的、集中的或复杂的刺激物以及所有轮廓密度大的图形。这些支持了轮廓密度理论和图形视觉理论。

3～6 个月婴儿的视觉注意能力在原有基础上进一步发展。平均注意时间缩短，探索活动更加主动积极，而且偏爱更加复杂的视觉对象，可看见和可操作的物体更能引起他们特别持久的注意和兴趣。

6 个月以后婴儿的睡眠时间减少，白天经常处于警觉和兴奋状态。这时的注意不再像以前那样只表现在视觉等方面，而是以更广泛和更复杂的形式表现在吮吸、抓握、够物、操作和运动等日常感知活动中。这时的选择性注意越来越受知识和经验的支配，受当前事物（或人）在其社会认知体系中的地位以及婴儿所知的自己与它们之间的关系的支配或影响。

1 岁以后，言语的产生与发展使婴儿的注意又增加了一个非常重要而广阔的领域，使其注意活动进入更高的层次即第二信号系统。如这时期婴儿注意活动的一个非常明显的特点就是当他听到成人说出某个物体的名称时，便会相应地注意那个物体，而不管其物理性质如何，是否是新异刺激，是否能满足其机体的需要。也就是说，物体的第二信号系统特征开始制约、影响婴儿的注意活动。

入学后，儿童的注意进一步发展，主要表现在注意的广度、稳定性、分配和转移四个方面。在注意广度方面，小学生注意的广度随年龄的增长、知识经验的丰富而逐渐发展。在注意的稳定性方面，有研究表明在儿童阶段，小学一年级学生和三年级学生可以连续集中的注意稳定性具有显著性差异。在一般情况下，小学低年级学生可以连续集中注意 20 分钟左右，中年级可达到 25 分钟左右，高年级可保持 30 分钟左右。在注意分配方面，儿童的注意分配能力较幼儿有明显的发展，尤其小学二年级发展迅速。一般初入学儿童，写字时往往注意写字的笔画而忽略了字的结构，注意了写字就不能保持正确的握笔方法和坐的姿势。在注意的转移方面，注意转移能力的发展是有意注意发展的重要表现。小学生有意注意逐渐占主导地位，注意转移的发展也呈上升趋势。五年级比二年级有明显的增长，尤其男生发展更快。到青春期后个体的注意发展水平基本上趋于稳定发展水平。

三、记忆的发生与发展

长期以来，人们认为记忆的发生应当在新生儿期。采用习惯化、条件反射和重学节省等判别指标研究证实，婴儿最早在生后几小时内便产生了记忆。但是，近年来胎儿研究工作者发现，人类个体在胎儿末期（妊娠 8 个月左右）就已有了听觉记忆，出生后有再认表现。

此外，帕波塞克最早采用经典条件反射研究了婴儿期记忆的发展。诺韦-科利尔及其同事首创用操作条件反射对婴儿记忆进行了一系列极富成效的研究，证实新生儿末期已具备特定的长时记忆能力，3 个月婴儿对操作条件反射的记忆保持达到 4 周之久。这一研究结果目前已开始为人们所普遍接受。

12 个月以后，婴儿语言的产生和发展为他们带来了很多重要的变化，如符号表征能力的产生，再现和模仿能力的迅速发展，延迟模仿能力的产生等。其中，符号表征的出现使婴儿语词逻辑记忆能力的产生成为可能，而延迟模仿的产生则标志着婴儿表象记忆及再现能力的初步成熟。

由于活动的复杂化和言语的发展，幼儿的记忆也在不断发展。与婴儿期相比，幼儿的信息储存容量相应增大，对信息的接收和编码方式也在不断地改进，记忆的策略和元记忆初步形成，主要表现为以下几个方面。

首先，记忆容量的增加。儿童的记忆容量随年龄增长而增加。由于短时记忆在记忆理论和生活实践中所处的特征地位，所以关于记忆容量发展的研究主要集中于短时记忆容量的发展上。研究表明，成人短时记忆容量为7±2个信息单位（组块），而7岁前儿童尚未达到这一标准。幼儿从3岁到7岁各年龄阶段的短时记忆广度均数分别为3.91、5.14、5.69、6.10、6.09个组块。尽管一些研究因实验条件不同而结果各异，但短时记忆容量的发展趋势是一致的，即随年龄增长而增加。

其次，无意识记和有意识记的发展。幼儿晚期的儿童有意识记占优势。凡是儿童感兴趣的、印象鲜明强烈的事物就容易记住，但让记忆服从于一定目的还有困难。在教育影响下，幼儿晚期的儿童有意识记和追忆的能力才逐步发展起来。有意识记最初是被动的，记忆的目标通常是由成人提出的，而后儿童才能主动确定目标进行记忆。有意识记的出现标志着儿童记忆发展上的一个质变。

再次，形象记忆和语词记忆的发展。幼儿初期儿童的记忆还带有很大的直观形象性，词的逻辑识记的能力还很差。随着语言的发展，儿童的语词记忆也在发展，但在整个幼儿期形象记忆仍占主要地位。

最后，自传式记忆的发展。自传式记忆是指个人特别重要的经历的回忆。儿童对新异事件的自传式记忆常常是相当好的。在3岁或4岁时参观过迪斯尼乐园的儿童，甚至18个月之后还记得许多发生于这次旅程的事件。通常而言，年龄较小的儿童比年龄较大的儿童需要更多的提示或指示性帮助，在这种帮助下他们常常能回忆起与年长儿童一样多的事件。相反，成人难以回忆起发生于3岁或4岁以前的事件，即婴幼儿期记忆缺少。但婴幼儿对事件的记忆非常容易被误导，他们会以为一些强加在自己身上的事件和原先虚构的事件真的发生在自己身上了。

此外，记忆策略和元记忆也有所发展。个体的记忆策略是不断发展的。弗拉维尔等提出记忆策略的发展可以分为三个阶段：一是没有策略；二是不能主动应用策略，但经过诱导可以使用策略；三是能主动自觉地采用策略。一般说来，儿童5岁以前没有策略，5~7岁处于过渡期，10岁以后记忆策略逐渐稳定发展起来。元记忆就是关于记忆过程的知识或认知活动。弗拉维尔认为，关于记忆的元认知知识主要包括三方面的内容：①有关记忆主体方面的知识；②有关记忆任务方面的知识；③有关记忆策略方面的知识。例如，儿童认识到他们所能记住的东西是有限的，有些事情更容易记忆，或者有些特定策略能更有效地帮助自己记忆，这些都是元记忆的表现。在一项预言瞬时记忆广度的实验中，呈现给被试一套印有10张图画的卡片后，问被试是否能够全部记住这套卡片，大多数5岁儿童认为能够记住，只有较少的8岁儿童也这样认为。如果不限定时间，让被试识记这套卡片，5岁儿童很快就宣布他已识记好了，即使他只记住很少几张。而8岁儿童却花较多的时间去识记，对自己记忆能力的评价比幼儿要客观得多。

随着年龄的增长，个体的记忆能力呈现出不断增长的局面，但增长到一定程度又会出现衰退。有心理学家根据有关记忆的实验研究，对记忆与年龄的关系做了这样的概括：儿童的记忆随年龄的增长而发展，到了成年期记忆达到最高峰。18～30岁是人的记忆的“黄金时期”，记忆的效率最高。35岁以后记忆逐步减退，减退的趋势是：假定18～35岁时记忆的平均成绩为100%（最高），那么35～60岁时记忆的平均成绩则为95%，60～85岁时为80%～85%。我国的研究材料指出，人的记忆在40岁以后有一个较为明显的衰退阶段，然后维持在一个相对稳定的水平上，直到70岁以后又出现一个较明显的衰退阶段。可见就大多数老年人来说，其记忆变化的总的趋势是随增龄而减退，主要表现为机械记忆减退，记忆广度变小，规定时间内的速度记忆成绩下降，再认能力较差，回忆能力显著减退等。

四、思维的发展

认知发展阶段论是皮亚杰关于认知发展的重要理论，认为人从出生到青年的认知发展不是简单的数量增加的过程，而是分为几个有着质的差异的阶段，每个阶段出现的新的认知能力表明个体发展出新的适应环境的方式。皮亚杰关于个体思维发展的理论将个体的思维分为四个大的阶段，在每一大阶段下又再划分出若干小的阶段。

第一阶段为感觉运动阶段（从出生到约2岁）。这一阶段的儿童只能依靠自己的肌肉动作和感觉应付外界事物。这一阶段又再分为六个小阶段。①从出生到1个月。婴儿尚不能觉察周围的东西，甚至不能觉察自己的存在，分不清物与我，缺乏自我意识。②1～4个月。婴儿的动作变得较协调了，但还不能摆弄外物。③4～10个月。婴儿视觉与抓握动作协调起来，开始会摆弄身旁的东西。9～10个月的婴儿知道东西即便离开了自己的视野仍然存在。④10～12个月。行为已有目的，开始能预料行为的效果。⑤12～18个月。婴儿对不同的物体会做略不同的动作，看会出现什么结果。⑥18～24个月。婴儿在行动之前能在头脑中思考动作，寻找解决问题的新方法。

第二阶段为前运算阶段（约2～7岁）。这一时期的幼儿只能以表象进行思维，他们的思维是表面的、原始的和混乱的。前运算阶段又可分为两个时期：①前概念期（约2～4岁）。此期以出现符号功能和模仿为特点。②直觉思维期（约4～7岁）。幼儿主要对事物的表面现象做出反应，只会从一特殊情况推到另一特殊情况，并将无关的事情说成有因果关系。自我中心思想是这一阶段的突出特点。

第三阶段为具体运算阶段（约7～11岁）。在这一阶段，儿童形成了初步的运算结构，出现了逻辑思维。但思维还直接与具体事物相联系，离不开具体经验，还缺乏概括的能力，抽象推理尚未发展，不能进行命题运算。这一阶段儿童发展了“去中心化”，即只站在自己角度看问题的自我中心思想逐渐消失。此时儿童不仅能集中注意情况或问题的一个方面，还能注意几个方面；不仅能注意事物的静止状态，还能看到动态的转变且能逆转思维的方向。

第四阶段为形式运算阶段（约自11或12岁开始）。到这一阶段，个体形成了完整的认知结构系统，能进行形式命题思维，智力发展趋于成熟。皮亚杰起初认为形式运算的智力发展约在15岁完成，1972年修正了原来的看法，认为正常的人不迟于15～20岁达到形式运算阶段。

第三节　毕生自我发展和社会认知发展

一、自我概念的发展

有些发展心理学家相信新生儿也有区分自我和环境的能力。有证据显示①，当新生儿听到别的婴儿哭泣的录音时会感到悲伤，而对自己的录音却没有反应，这暗示着刚出生的个体已经形成对自我和他人的分化了。另外，当自己的手快要碰到嘴巴时，新生儿是能够预知的。新生儿仿佛利用面部表情的本体知觉反馈来模仿看护者的某些表情。梅尔佐夫根据这些现象指出初生婴儿具有最初的身体图式。虽然这类身体图式是随时间发展的，但已经在婴儿的最初阶段作为心理上最基本的事物出现了。当然，对此类现象还有别的解释（许多人认为只是反射而已）。

另外的一些发展心理学家则认为新生儿没有自我意识。精神分析师梅勒把新生儿比喻为在蛋壳里的小鸡，无法从环境中分化出自我。毕竟，婴儿的所有需求都会从一直照顾他的人那儿立即得到满足，而婴儿根本不用知道他们是谁。

想要知道婴儿最早从什么时候获得了自我意识并不容易。在对婴儿自我意识的研究中，同样一个结果可以用完全不同的理论加以解释，人们也许永远无法知道婴儿是否生来就有意识，因为婴儿不会用语言告诉我们，人们只能采用推断和解释来形成自己的结论。这种模糊性也是婴儿研究吸引人的地方，这让许多研究者不断地研究婴儿的自我发展以及其他许多方面。

（一）婴儿期的自我分化

尽管对于自我源起有着不同的看法，不过人们近乎一致地认为，这种能力在出生后2～3个月已经初露锋芒。根据皮亚杰对婴儿早期认知发展的描述，2个月大时婴儿会重复那些能使自己获得快感的动作（如吮吸和挥舞手臂），这是在练习他们的反射图式。换言之，这表明他们开始熟悉自己的身体能力。如果将活动的物体或视器械系在2～3个月大的婴儿身上，他们的小手小脚会不停乱动，以此获得有趣的视觉和听觉刺激。对此，8周大的婴儿还能保持2～3天的记忆；当把绳索解下，他会增大动作幅度，当发现动作无效后，又会变得相当沮丧。似乎2个月的婴儿已经有了一定的个体动因感，或者说知道有的事情是由他们引发的，这也使得他们兴奋不已。

总之，对于新生儿是否真的能将自己与周围环境区分仍有争议。然而，即使还无法做到这一点，他们在1～2个月大时也很可能发现了自己身体的局限，此后不久便可由其控

① David R. Shaffer，Katherine Kipp：《发展心理学》，邹泓译，8版，428页，北京，中国轻工业出版社，2011。

制的外物中分化出身体自我。所以，对“我是什么样的人”这个问题，他们会说：“我能看见，我能吃东西，我能伸手，我能抓住东西，只要我做出什么动作总会发生点事情。”

（二）婴儿的自我再认

一旦婴儿意识到自己的存在（指他们独立于其他实体而存在），他们就会考虑自己是谁，是什么样的人，这正是自我概念的基础。例如，在何时，婴儿才能认识到自己的生理特征，并同其他婴儿区分开来？

解答这个问题的方法之一，是将婴儿置于自己的视觉表象之前（录像或镜像），观察他们的反应。这类研究发现，5个月的婴儿对自己的镜像的反应就好像在面对熟悉的社会性刺激。例如，莱杰斯蒂（Legerstee，1998）和其助手让5个月大的婴儿观察自己和同龄人的动作，发现他们能区分自己与同伴，表现出对同龄个体的视觉偏好（对他们来说是新颖有趣的）而非自己（也许比较熟悉，就不那么有趣了）。那么，这么小的婴儿是如何将自己和他们的面孔加以区别的呢？一种解释是婴儿在同看护者一起玩耍时，常能在镜子中看见自己的形象（至少在西方如此）。这让婴儿有大量的机会将自己活动产生的本体知觉信息和镜子里的动作形象匹配，从而将自己和长辈们区分开来，因为他们的动作往往和自己不那么一致。

刘易斯和布鲁克斯-顾恩（Lewis&Brooks-Gunn，1979）让母亲悄悄地在婴儿鼻子上抹上一点胭脂（借口为之擦脸），然后将婴儿置于镜子前，以此研究婴儿的自我再认。如果婴儿具有自我面孔的图式能认出镜像中的自我，他们就会注意到新出现的红点而去擦鼻子。9~24个月的婴儿在点红测验下，比较小的婴儿无法自我再认，他们对自己镜像的反应如同是在对待其他小孩。一些15~17个月大的婴儿已经表现出了自我再认，但是要等到18~24个月大部分婴儿才会明显意识到自己脸上的异样，而去摸自己的鼻子。这时的他们才知道镜子里的婴儿是谁了。

有趣的是，那些游牧部落的婴儿，虽然平时没有机会接触镜子，但在点红测验中表现出自我再认的年龄却和城里的婴儿一致。许多18~24个月大的婴儿甚至还能认出自己的近照，并用代词（我）或自己名字指代他们的照片。但在这个年龄段，婴儿还无法完全意识到自我是恒定的实体。让婴儿在延迟2~3分钟的录像或照片中第一次看到自己头顶被悄悄放了一个颜色鲜艳的小棍，他们要等到3岁半后才会去取下来。那些有了一定自我再认能力的2~3岁大的幼儿却不会寻找小棍，显然是由于他们的自我概念还局限在现在自我之内，他们不知道以前发生的事情和当前的自己是有联系的。在短暂延时条件下，4~5岁的儿童会去寻找小棍，但是如果录像时间早于一周，他们就不会这样做。年长的学前儿童已经获得扩展自我——他们意识到在时间上自己是恒定的，知道：① 近期发生的事情和当前状态有联系；② 一周前录像中在他们头上的小棍现在不会还在，因为时间过去太久了。

1. 影响自我再认的因素

为什么18~24个月的婴儿能够再认自己的镜像？应当注意这个年龄的婴儿正将自己的感觉运动图式内化为心理表象——对其面部特征的表象化至少是其中之一。甚至那些罹患唐氏综合症的儿童，心理年龄到了18~20个月都能自我再认。有人认为，3.5~4岁的儿童开始将重要的事件在自传体记忆中进行编码，他们这时才清楚地意识到自我是恒定的实体，他们所能记忆的事情是真真切切发生在自己身上的。

虽然一定的认知发展对自我再认来说是必需的，但社会经验同样重要。盖洛普发现，除非在完全孤立的社会条件下被抚养长大，青春期的黑猩猩也能轻易地认出镜子里的自我（点红测验）。和正常的黑猩猩不同的是，那些被社会孤立的黑猩猩对自己镜像的反应仿佛是在面对另一种动物。

影响人类自我意识的一种社会经验是对主要抚养者的安全依恋。佩普和助手对2～3岁的幼儿进行了一套复杂的测试，结果发现：在2岁时，安全依恋的幼儿成绩优于非安全依恋的幼儿；在3岁时，两者在自我认知上的差异更大。

父母也会对儿童的自我概念有所影响，他们往往会给儿童一些描述信息（“你都是大姑娘了”“你真是个聪明的孩子”），或者对儿童的行为做出评价（“你那样做不对，大哥哥不应该跟小妹妹抢玩具”）。父母还可能和儿童一起聊一些有意思的事，比如说去动物园或者迪斯尼乐园。在这种交流中，父母一般会问诸如“上周我们去了哪儿?”“这次游玩中你最喜欢什么?”这些交流让儿童能够将自己的经历按叙述故事的方式组织起来，在回忆这件事时便因为是发生在“我”身上，而具有个人意义。这些最初在成人帮助下获得的自传体记忆，帮助孩子认识到自我跨时间稳定性，从而帮助他们发展出了扩展自我。

在抚养方式上的文化差异也可能影响婴儿自我再认的获得。凯勒和其同事比较了三种不同文化下的抚养方式与儿童自我再认之间的关系。他们观察了婴儿在3个月大时母亲的抚养方式，并关注不同文化下母亲对自主性要求的差异。自主性主要通过母亲与婴儿目光接触频率加以测量，而依赖性主要通过与婴儿身体接触加以评定。他们预期在集体主义的喀麦隆文化、个体主义的希腊文化和介于两者之间的哥斯达黎加文化中，父母的抚养方式有差异。凯勒和其同事发现在三种文化下的母亲对3个月大的婴儿的抚养方式的确存在差异。喀麦隆的母亲更强调依赖，希腊的母亲更强调自主，哥斯达黎加的母亲则介于两者之间。接下来，研究者通过点红测验考察了这些幼儿在18～20个月大时自我再认的能力，发现母亲强调依赖的幼儿在测验中自我再认的成功率较低，而母亲强调自主的幼儿则更容易自我再认。总之，社会经验，包括相关的文化差异和抚养方式都会影响儿童获得自我再认的时间。

2. 自我再认对情感和社会性的影响

自我再认的发展和对自己在社会交往中的知觉，为许多新的社会和情感能力的发展铺平了道路。有研究者认为体验到像尴尬这样自我意识的情感的能力有赖于自我再认的发展。而且，如果儿童能够实现这样的自我参照，那么其交际和社会技能也会突飞猛进。他们在模仿同伴的动作中获得极大的乐趣，有时也乐于合作（比如一个小孩抓住把手打开柜门，另一个小孩取出玩具），以实现共同目标。

一旦儿童能够自我再认，他们对人的差异也会变得敏感，开始用这些种类划分自己，这就是所谓的类别自我。最早纳入幼儿自我概念的是年龄、性别和评价维度，比如他们开始说：“我是男子汉，不是小朋友”或是“珍妮，好姑娘”。

（三）幼儿期的自我概念

不久以前，发展心理学家还认为学前儿童的自我概念是具体的、生理上的，而心理上的自我知觉近似空缺。因为要 3 ~5 岁的儿童自我描述时，大多数都回答他们的生理特征（我的眼睛是蓝色的）、拥有物（我有新自行车），或者他们最为骄傲的行为，如会拍球或跳绳。而心理特征的描述，如“我快乐”“我数学很好”或“我喜欢和人们在一起”很少为这些年幼的儿童所用。

然而，并非所有的学者都认为学前儿童的自我概念仅仅局限于表面特征。艾德发现，让 3.5 ~5 岁的儿童在完成迫选陈述时，因为比回答“我是什么样的人”这类开放式问题需要更少的言语技能，所以他们能迅速地对自己心理方面的特点做出选择，例如社交性（在“我喜欢自己玩”和“我喜欢和朋友一起玩”中做出选择）。而且他们在不同维度的选择也不同，这类自我描述也比较稳定。虽然学前儿童不知道德观念如“善于交际”“爱好运动”“有成就感”的意义，但是艾德的研究却显示，他们在能用类似特质的术语进行自我描述之前已经有了初步的自我概念。

（四）儿童中期及青春期的自我概念

随着年龄的增长，儿童的自我描述便渐渐地从列举其生理、行为和其他的外表特征扩展到恒定的内在品质，即人格特质、价值和意识形态。从以下对“我是什么样的人”的三个不同回答，可以看出儿童的自我描述是朝着更抽象、更集中于心理的方向发展。

9 岁：我叫布鲁斯。我的眼睛是棕色的。头发也是棕色的。我喜欢运动。我家里有七个人。我视力很棒！我有很多朋友！我生活在……我的叔叔有 2.13 米高。我的老师是 V。我打曲棍球！我是班上最聪明的男生！我喜欢吃……我喜欢上学。

11 岁半：我的名字是 A。我是个女孩……很诚实。我不漂亮。我的成绩马马虎虎。我的大提琴拉得不错。我个头在同龄人中算高的了。我喜欢几个男生……我有点儿老套。我非常擅长游泳……我很愿意帮助别人……总的来说我是不错的，但是我的脾气不太好。有些男生和女生不喜欢我。我不知道有没有男生喜欢我。

17 岁：我是女孩……是独一无二的……我是双鱼座。我情绪比较容易波动……还优柔寡断……我有我的抱负。我好奇心很强……我有点儿孤独。我是个美国人。我加入了民主党。我是个自由主义者、激进分子，有时也有些保守。其实我是一个伪自由主义者。我支持无神论。我没法把自己归为某一类（我也不愿意把自己归类）。

青春期的个体与学龄儿童相比，除了在描述自我时使用更多的心理学词汇，也意识到他们在所有的情境下都不会完全相同，这使他们困惑甚至苦恼①。哈特和蒙索尔要 13、15、17岁的个体提供和父母、朋友、恋人、教师及同学在一起时的自我描述，从中选出不一致的地方，并指出给他们造成混淆和不安的程度。结果发现 13 岁的个体报告的不一致之处很少，即使有不一致也没有给他们带来很多相反特征并为之困扰。一个 15 岁的个体则列举出很多相反特征并为之困扰。一个 15 岁的个体谈到她和朋友在一起时的快乐

---

① David R. Shaffer，Katherine Kipp：《发展心理学》，邹泓译，8 版，432 页，北京，中国轻工业出版社，2011。

和回到家后的郁闷时说道："我真的认为我应该快乐，我也愿意那样，因为我觉得那才是真的我，但是和家里人在一起就让我烦。"这些 15 岁的个体似乎觉得有几个不同的自我，想要寻求"真实的我"。

对那些稍微年长的青少年，自我形象不一致造成的困扰就要轻一些，他们能在更高的层次上对其加以整合，更容易以连贯的方式看待自己。例如，一个 17 岁的男孩会认为一时的轻松自信和初次约会造成的紧张并不矛盾，同样，用喜怒无常可以解释有时和朋友在一起很快乐有时又很烦躁。哈特和蒙索尔相信认知发展影响了自我知觉的改变，特别是形式运算能力的发展，即能分辨出像快乐和烦躁这样的抽象特质并最终将其整合到像喜怒无常这样更广泛的概念中。总之，从儿童期到青春期，个体的自我概念变得更加心理化、更加抽象化，也更加完整一致。青少年变成了经验丰富的自我理论家，对其人格能真正加以反省和理解。

（五）文化对自我概念的影响

西方社会，如美国、加拿大、澳大利亚和欧洲工业国家可以被称为个人主义社会，崇尚竞争和个体主动性，强调人与人之间的差异。相反，许多亚洲文化（如印度、日本、中国）可被认为是集体主义（公共）社会，人们之间更多的是合作和相互依赖而非竞争和独立，他们的身份和其所属的群体（如家庭、宗教组织、社区等）紧密联系而非个人的成就和个人的特征。在如中国、韩国和日本等崇尚自我谦虚的东亚国家中，人们认为那些完全考虑自己的个体是不受欢迎的。

事实上，美国和日本青年对"我是什么样的人"的回答，可以很清楚地表现出自我概念的性质和内容方面文化间的差异。问卷首先要求从私人/个体特征（如"我很聪明""我很坦率"）和社会/关系特征（如"我是个学生""我是个好儿子"）维度对自己评分，然后要求在以上的回答中标记出在自我概念中哪些是最核心的自我描述。这项研究的结果很清楚。美国学生自我概念的核心大部分是私人/个体特征（59%），而在日本学生的核心自我概念中这类特征仅占到 19%。与之对应，日本学生比美国学生更愿意把社会/关系特征列为自我概念中最重要的成分。从发展趋势看，在日本和中国，以个体特征对人加以划分的倾向，青春期后的个体较青春期前的个体有所降低，而在美国这种倾向却会随年龄增长而加强。最后，研究还发现，移居美国的亚裔美国人更为看重他们的社会认同度和与他人的联系。

很明显，个体所处文化的传统价值和信念对其自我概念形成有很大的影响。个人主义和集体主义的文化和价值体系差异是非常突出的。这种差异意味着自我概念影响人们对成就动机、侵犯行为、利他行为、道德发展的看法和评价。

二、自尊：自我的评价成分

儿童在成长过程中，不仅对自己越来越了解，建构起的自我形象越来越复杂，而且他们对自己所具有的品质也开始加以评价。这些对自我的评价成分被称为自尊。对自己属于某类人感到满意的孩子会有较强的自尊，能意识到自己的优点，也能看到自己的缺点（常希望能克服它），对自己的性格和能力感到满意。相反，自尊不强的儿童不太喜欢自己，他们总是纠结于自己的缺点而忽视自己表现出的优点。

（一）自尊的发生和发展

儿童对自己和自己能力的评价是自我最重要的组成部分，将影响他们行为和心理健康的所有方面。自尊是如何产生的，在什么时候儿童建立起了真正意义的自我价值？这些问题不是很好回答，鲍比尔工作模型理论预测，那些安全依恋的儿童可能建构起积极的自我和他人工作模型，比起工作模型不完全是积极的非安全依恋儿童来，他们可能很快会开始更乐观地评价自己。事实的确如此。在比利时进行了一项研究，4～5 岁的儿童被问及有关他们价值感的问题，他们通过自己操作手偶娃娃回答。比起那些非安全依恋的儿童，和母亲有安全依恋的儿童（通过手偶娃娃）认为自己更可爱。与双亲之间都是安全依恋的儿童自尊的评分是最高的，8 岁时重测结果也很稳定。可见，大概 4 岁或 5 岁时（甚至更早），儿童已经建立起早期重要的自尊感了，这受到了他们依恋经验的影响。

（二）自尊的成分

当成年人想到自尊时，头脑中对自己的总体评价大都基于在生活的方方面面表现出的优缺点。儿童也是这样，他们会对自己许多不同方面加以评价，后来才会将这些印象整合成总的自我评价。

哈特提出了儿童自尊的多准层次模型（见图 12－1）。为了检验该模型，她让儿童完成自我认知量表，在学习能力、社会接受、运动能力、身体外貌和行为举止五个方面评价自己。儿童通过判断某些句子描述与自己的符合程度来进行自我评估，如“有的孩子在学校里成绩好”（学业能力），“有的孩子很贪玩”（运动能力）。

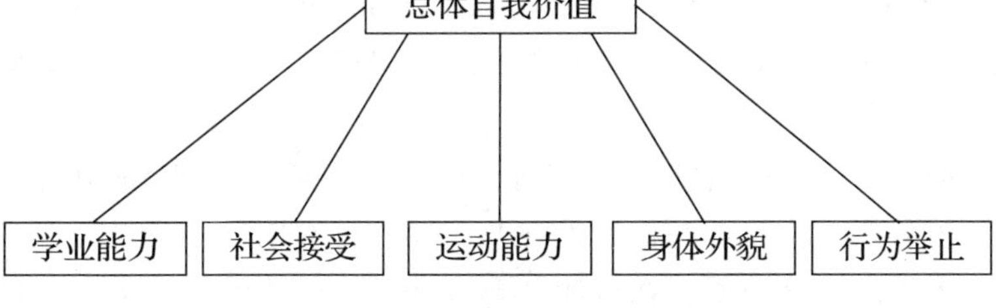

图 12－1　儿童自尊的多维层次模型

哈特认为，4～7 岁的儿童可能处于自我膨胀阶段，他们倾向于在所有方面积极评价自己。一些研究者认为，这些积极的评价反映了儿童在各个方面希望有良好表现并讨人喜欢的愿望，并不是完全的自我价值感。然而，4～7 岁儿童的自我评估并不是完全脱离实际的，和老师对他们这些方面的评价也相关。大约 8 岁起，儿童的自我评估和人们对他的评价越来越接近。总的来说，这些研究指出自我了解和自尊在很大程度上有赖于别人对我们行为的理解和反应。

到青春前期，个体对自我价值的判断集中在人际关系方面。哈特和其同事提出了“关系自我价值”这一概念。他们发现，在不同的关系条件下（如同父母、同老师），青少年开始意识到存在着不同的自我价值。很明显，关系自我价值的所有方面都会对总体自尊有影响，当然，具体哪个方面更重要则因人而异。比如，一个认为自己特别聪慧且颇受老师赏识的青少年会有很强的总体自尊，哪怕他的同学觉得他有点儿迂腐；而另一个感到自己和老师、父母相处不融洽的少年也可能会有同样强的自尊，因为他在同伴中人缘极佳。可见，我们的自尊不仅仅依赖于别人如何评价我们，还在于我们对这些自我评价的选取。

随着人际关系重要性的增加，类似浪漫的追求、好友间亲密程度等新的关系导向的维度对总体自尊变得非常重要就不足为奇了，虽然它们影响男生和女生自我评估的方式有所不同。女生获得强自尊往往是因为在与朋友的交往中得到了支持，而强自尊男生则往往是在朋友中有很强的影响力。女生自尊不强和其无法赢得朋友的赞同密切相关，而对于男生来说，造成自尊不强的主要原因是缺乏对异性的吸引力，具体来说就是他们往往无法赢得女生的芳心。

（三）自尊的变化

艾里克森认为，面对众多生理、认知及社会变化，青少年在走出童年开始寻求稳定的成人认同感的过程中，常常会感到困惑并伴随着自尊心的下降。追踪研究发现，儿童和青少年对某些方面能力（如学业、社会接纳、运动能力和外表等）的自我评价，从小学、初中到高中一直在下降，而在某些方面（如学业、运动能力），青少年早期会有明显的下降。对自己能力的信心降低，部分反映了年龄较大的儿童对自我的看法趋于现实，认识到自己在某些能力方面并不特别优秀。那么，是不是大部分青少年在自尊上都表现出艾里克森所预期的降低呢？一些大规模抽样研究说明，艾里克森所认为的青少年早期自尊会有所下降的观点可能是正确的。例如，罗宾斯和其同事对超过30万个9~90岁个体的总体自尊进行调查，发现男性和女性的自尊都在9~20岁时有明显的下降趋势，而后在成人初期到65岁之间又会逐渐恢复和增加，到了老年阶段人的自尊再次开始下降。

在断定青春期危害人们的自我价值之前，还需要注意一项对50个跨年龄的自尊研究的元分析结果。该分析认为自尊的稳定性在儿童期和青春期早期最低，而到了青春期后期和成年早期则大大提高。这说明，在过渡到青春期时，个体差异很大：有的人会感知到自尊的丧失，有的人则没有觉得有什么变化，甚至还有人觉得自尊有所提升。另外，由于女孩生理成熟要先于男孩，她们更可能同时体验到升学和发育上的双重压力。而且与男孩相比，青春期的女孩可能对自己的外貌和身材更为不满。这也许解释了为什么在青春期女孩出现抑郁症的概率要高于男孩以及女孩在青春期所感知到的自我价值降低程度要大于男孩。

大部分青少年在面对感知到的自尊变化时，能够很好地应对。尽管自尊有所波动（无论提高还是降低），但在青少年阶段的确表现出时间上的稳定性。那些青春期前对自我有理性的积极评价的个体，在度过青春期后自尊变化不大，甚至还可能会有所增长，尤其是当他们成功应对成年早期的一些挑战后。

（四）自尊的重要性

最近，对于自尊在影响生活品质的重要性方面产生了一些争论。一些学者主张，自尊在某种程度上是一种附带现象：如果发生好事情，自尊就高；如果发生坏事情，自尊就低。按照这种观点，高自尊只是积极社会调节的一种结果而非原因。然而，其他学者认为，自尊的固有属性是有利于产生成就体验的积极来源，并且保护人们免受心理健康问题和反社会行为的侵害。

虽然争论还远未解决，但是至少最近的两项研究显示，积极的自我评价可以预示未来的生活品质，而低自尊的前景堪忧。在对处于高危环境中的青少年进行的追踪研究中，杰拉德和布勒发现，高自尊年轻人在未来较少出现抑郁倾向或行为问题。在新西兰进行的第二项追踪研究发现，与高自尊的青少年相比，低自尊的青少年在 20 多岁时，心理和生理健康状况和经济前景都较差，犯罪行为也更多。一篇元分析综合报告说，提升低自尊儿童和青少年的自我价值的项目显著改善了这些被试的个人适应力和学习成绩。综上所述，研究似乎表明，自我价值的固有属性是帮助儿童和青少年应对逆境并达到良好发展结果的潜在的有价值的资源。

然而，我们注意到高自尊对一些儿童来说也有不好的方面。那些具有攻击性的青少年的高自尊来源于对其他儿童的欺凌。麦依及其同事在短期追踪研究中发现，高自尊的好斗青少年变得越来越看重自己从中获益的攻击性和反社会行为。所以，这样下结论可能更为准确：如果高自尊是从亲社会行为或适应性生活经验得来的，而不是从反社会或不适应行为得来的，那么可能就会在一定程度上预示未来几年的适应性发展情况。

（五）社会因素对自尊的影响

生理和认知发展都对人们的自尊发展有重要的影响。当然，自尊还受到许多社会因素的影响。

1. 父母养育方式

在儿童自尊的形成中，父母的作用至关重要。在早期抚养过程中，父母的敏感程度会对婴幼儿建立积极或消极的自我工作模型有明显的影响。高自尊儿童的父母一般也更和蔼可亲，会听取他们的意见，为他们树立了生活的榜样。高自尊和这种民主抚育方式之间的密切关系，不仅在美国和加拿大存在，在中国和澳大利亚同样也存在。虽然这些儿童抚养的研究只是相关研究，我们无法肯定父母民主养育方式就是儿童自尊较高的原因，但是其中可能是存在着因果关系的。表达出“你是个好孩子，我相信你会守规矩，做出正确决定的”这类信息，对提高儿童的自尊肯定要比说“你不乖，是个坏小孩”之类冷漠和操控的方式更好。

2. 同伴影响

早在4～5岁儿童就开始认识到他们与同伴的区别，在许多方面他们使用社会比较信息获知自己和同伴的优劣。例如，他们会去看别人的试卷并问“你错了多少”，或者在赛跑获胜后说“我比你快”。随着年龄的增长，这种比较不断增加而且变得微妙起来。这对儿童的能力感知和整体自尊的形成有重要作用，尤其是在竞争激烈、强调个人成就的西方社会中。有趣的是，在以色列的基布兹共同抚养长大的儿童，这种通过与同龄人比较获得自我评价的倾向却不是那么强，这也许是因为他们更注重团队和协作而非个人成就。

到了青春期，同伴群体对自尊的影响变得更加明显。有大量来自同伴的社会支持，而且这种支持和父母的社会支持较为均衡时，青少年往往会有较高的自尊而且也表现出较少的问题行为。关系密切的朋友之间友谊的质量是影响青少年自我赞许的最重要因素。事实上，成年早期个体在回忆影响其自尊的重要事件时，更多地提到了与朋友和恋人间的关系而不是与父母和家人的关系。

3. 文化影响

在中国、日本和韩国等集体主义社会，儿童和青少年报告的自尊往往比美国、加拿大和澳大利亚等个人主义社会中的同龄人要低。这种差异反映了集体主义社会和个人主义社会对个人成就和自我提升的推荐程度的差异。

不同文化下青少年自我概念存在差异的原因，可以追溯到不同文化的抚养方式的差异。有研究发现美国和中国的母亲在帮助幼儿和学前儿童形成自我概念时不尽相同，自我概念的文化差异由此开始，并随着年龄增长逐渐扩大。在自传体记忆和自我描述中，美国儿童往往强调他们自己个性化的特征。这种差异可能受美国和中国母亲在与子女交流曾经发生的事件时所采用的不同方式的影响。

三、自我认同感的形成

艾里克森的理论认为，青少年面临的主要发展问题是获得自我认同感（自我同一性）——一种对于自己是什么样的人、将要去向何方以及在社会中处于何处的稳固且连贯的知觉。自我认同感是在应对许多选择中形成的：什么样的职业是我想要的？我该秉承哪种宗教、道德观和价值观？作为男人或女人，或有性征的个体，我是什么样的？茫茫人海中我所属的位置是什么？当然，这一切困扰了许多青少年，艾里克森用认同感危机来描述当这些青春期个体思考现在的自己是谁，决定“我能（该）做怎样的自我”时会体验到那种混乱甚至焦虑的感受。

玛西亚设计了一套针对青少年的结构访谈，根据他们对于职业、宗教意识形态、性取向及政治价值的探究和确定程度，将青少年划分为四类认同水平：认同感混乱、认同感早闭、认同感延缓、认同感形成。

首先，认同感混乱。这一类个体对认同问题不做思考或无法解决，对将来的生活方向未能认清。例如，“我对宗教没有多考虑，我想我不知道宗教信仰是什么。”

其次，认同感早闭。这类个体获得了自我认同感，但是在这种认同感的获得过程中并未经历在寻求最适合自己时应该体验的危机。例如，“我父母是浸礼会教徒，所以我是浸礼会教徒；我就是这样长大的。”

再次，认同感延缓。这类个体经历了艾里克森所说的认同感危机，正在主动提出生活价值的问题并寻求答案。例如，“我能够对自己的信仰进行辩证思考，希望能找到最适合我的方面。天主教伴随我成长，我相信它为我提供的一些解释，但我仍存在疑虑。我至今还在从‘上帝一位论’中寻找答案。”

最后，认同感形成。这类个体通过自身的付出，确定了特定的目标、信仰、价值观，解决了认同问题。例如，“在对我的宗教和其他教派进行了许多次精神的探索之后，我最终知道我该信仰什么、不信仰什么了。”

艾里克森认为认同危机在青春期早期出现，大约在 15 ~ 18 岁得到解决，但他的年龄常模过于乐观。梅乐曼（Meilman，1979）对 12 ~ 14 岁男性的自我认同感水平加以测量，发现其明显呈发展趋势。在 12 ~ 18 岁之间有很多个体是属于认同感混乱和提前结束的，在 21 岁之后，大部分个体才达到延缓偿付水平并获得稳定的认同感。

女性获得明确自我认同感的时间和男性基本一致。然而有一项性别差异是很有意思的：虽然当代的女性对于获得职业认同感有着和男性一样的关注，但是她们更在乎对性、性别角色以及家庭和职业之间的平衡等方面的认同。

从这类研究可知，自我认同感的形成要花一些时间。大约要等到青春期晚期，即大学期间才能从混乱或提前结束水平进入延缓偿付水平，然后才能达到认同感的获得。但这不意味着自我认同感完全形成。许多成年人仍然为之困扰，甚至有的人会把“我是什么样的人”这类以前有了答案的问题重新提出来。比如，离婚就会让家庭主妇重新思考作为女人的意义，并对其他方面的自我认同感提出疑问。

获得的认同感也是很不均衡的。例如，阿彻对 6 ~ 12 年级的学生在职业选择、性别角色态度、宗教信仰、政治意识形态四个方面的认同感水平进行了测量。在四个方面的认同感水平一致的个体只有 5%，95% 的个体只在四个方面中的两个或三个方面获得了认同感。可见，青少年可能在某一方面能获得强烈的认同感，而在其他方面却不得不苦苦追寻。

四、社会认知的另一面：对他人的了解

（一）人际知觉的年龄趋向

七八岁之前的儿童在描述所认识的人时与在自我描述时一样，都是使用具体的、形象的词。例如，5 岁的珍妮会说：“我爸爸是大个子，爱吃芥末，还喜欢狗。”这里人格方面的描述很少。儿童描述他人时，大多是用非常宽泛的词汇，像“他很好”“她赖皮”，多是对某个人的近期行为的描述，而非某个人的稳定品质。

学前儿童并非无法了解人们的内在品质。18 个月大的幼儿会模仿人类的目的性行为，反映了他们对人类行为受意图指引的知觉。3 ~ 5 岁的儿童能够知道亲密伙伴

在不同环境下的典型行为，知道同学间在学习能力和社会技能上有差异，而且他们还会把学习成绩较好的同学当作学习上的竞争对手，和社交技能较好的同学一起玩耍。5~6岁的儿童不仅意识到其同伴表现的行为恒常性，还能根据愿望和动机等主观心理状态解释他人行为，开始做出类似特征的推论。5岁的儿童能从他人过去的行为差异中得知个体动机和特质的不同。4岁儿童对一些特质类的标志也有一定理解，并能用它做出正确的心理学推断。比如，告诉他们有个男孩很害羞，他们就知道这个男孩会选择人少的时候去游泳，要是遇见很多人他会很不好意思的。

如果4~6岁的儿童能够理解人格特质的心理学意义，那为什么他们很少用这些词汇描述同伴呢？也许是因为：① 他们还不像年长的儿童那样认为特质是稳定的；② 他们把特质词当成描述近期行为的形容词（如“比尔太坏了”），不知道在日常言谈中该如何应用。

在7~16岁之间，儿童对具体因素的依赖越来越少，更多使用心理描述来形容他们的朋友和熟人。巴伦博伊姆的研究很好地描述了这一变化，他是常让6~11岁的儿童对三个很了解的人加以描绘。这些儿童不单是简单地列出这些人的行为，而对比他人在重要行为方面的表现，比如说“比尔跑得比杰森快”“她在我们班里是画画最棒的”。行为比较在6~8岁的儿童中有所增加，在9岁之后迅速下降。超越了行为比较的儿童开始意识到同伴行为的规律性，并最终将其归因于这个人具有稳定的心理结构或者特质。以前儿童会说他的一个同学在班里画画最棒，到了10岁，儿童会说这个同学很有艺术天赋。9~11岁的儿童对行为比较的使用开始减少。最终，儿童开始对其他重要的心理维度进行比较，比如说“汤姆比玛丽还害羞”“达文是班里最有艺术细胞的人了”。尽管在描述他人时只有很少数的11岁儿童会使用心理比较，但在巴伦博伊姆的第二项研究中表明，12~16岁的儿童就开始更多地利用心理维度对其同伴进行比较。到了14~16岁，青少年不但知道了熟识的人在性格上的相似和不相似，也知道很多情境因素（如病痛、家庭不和）会使人做出与其性格不符的事情。所以到了青春期中期，个体已经成为一个老练的人格心理学家，能够对同伴的行为从里到外地进行解释，并对其性格形成连贯的印象。

（二）塞尔曼的角色采择理论

塞尔曼认为，当儿童能将自己和他人的观点加以区分，并能了解这两种观点之间存在差异关系时，他们对自己和他人的了解就更加丰富了。换言之，塞尔曼认为要了解一个人，必须能站在对方的角度去看问题，去理解对方的想法，感受其动机和意图。总之，行为是由内部因素产生的。尚未掌握角色采择的儿童就只能用具体外部特征，如“他们的外表怎样”“他们在做什么”“他们有什么”等描述所认识的人。

塞尔曼要求儿童回答一些人际两难问题，用以研究角色采择的发展。例如：

荷妮是个8岁的女孩，喜欢爬树。她是这一带的爬树高手。一天她在爬树的时候从高高的树上摔了下来，所幸没有受伤，但这让她父亲看见了。他非常不安，让她保证以后不再爬树。荷妮答应了。

后来，荷妮和朋友遇见肖恩。肖恩的小猫被困在树上下不来了，再不救小猫它就会摔下来。只有荷妮能爬上树去救小猫，但是她想到了对父亲的承诺。

为了测量儿童对荷妮、父亲和肖恩的理解能力，塞尔曼问：荷妮知道肖恩担心小猫吗？如果荷妮的父亲知道她爬树后会怎么做？你会如何？从儿童对这些问题的回答中，塞尔曼认为可以将角色采择的发展划分为如表 12－2 所示的五个阶段。

表 12－2　塞尔曼的社会知觉角色采择阶段

角色采择的阶段	对荷妮两难问题的典型反应
1. 自我中心或无差别知觉（大约 3～6 岁）：除了自己的观点儿童无法认识到其他人的观点，他们认为自己的想法就是荷妮的想法，其他人都会这样认为	他们认为荷妮会去救小猫。当问及荷妮的父亲对此有什么反应时，这些儿童认为“他会高兴，因为他喜欢小猫”。换言之，这些儿童因为自己喜欢小猫，就以为荷妮和她爸爸也会喜欢小猫
2. 社会信息的角色采择（6～8 岁）：儿童意识到别人的观点和自己的有所不同，但认为这只是因为他们接收到的信息不同	当问及荷妮的父亲是否因为爬树而生气时，儿童会说：“要是不知道爬树的原因，他会生气的；但是要是知道原因，他会理解的。”
3. 自我反思的角色采择（8～10 岁）：儿童知道就算他们获得同样的信息，自己和他人的观点仍然会有冲突。他们能考虑他人的观点。但他们还无法同时考虑自己和他人的观点	当问到荷妮是否会爬树的时候，儿童会说：“会。她知道她的父亲会理解她的行为。”这里儿童关注于父亲对荷妮观点的理解。但当被问到父亲是否想要荷妮爬树时，一般是否定的回答，这时他们又站在父亲的角度知道父亲会担心荷妮的安全
4. 相互角色采择（10～12 岁）：儿童可以同时考虑自己和他人的观点，并知道其他人也有这种能力。儿童能知道第三者的观点，也能知道自己和同伴对对方的观点会有什么反应	在这个阶段，儿童会在中立的角度叙述“荷妮”的困境，他们知道荷妮和父亲都能从对方的角度思考问题。例如，其中一个儿童说：“荷妮想要帮小猫，因为她喜欢猫，但是她知道她不该爬树。荷妮的爸爸知道他告诉了荷妮不要爬树，但是他并不知道小猫的事。”
5. 社会角色采择（12～15 岁及以上）：进入青春期的个体试图将别人的观点置于自己构建的社会系统（即对“概化他人”看法）中加以比较。就是说，青少年相信处于相同社会团体的个体会有相似的观点	当问到荷妮会不会因为爬树而被惩罚的时候，在此阶段的儿童很可能认为不会，他们觉得荷妮对小猫的帮助是对的，大部分父亲也会赞同这一点的

（三）角色采择与对关系的理解

当儿童获得角色采择能力后，他们对人际关系的意义和特征的理解也有了改变。不同年龄的儿童对友谊的理解也经历了这种变化：

处于自我中心阶段的学前儿童认为，那些在一起玩得开心的游戏伙伴就是朋友。

共同的活动在儿童6～8岁时仍然是友谊的一个主要基础。但因为这些儿童认识到别人的观点和自己的不尽相同，所以他们开始认为朋友是那些主动“帮助我”的人。这个阶段的友谊往往是单方向的，因为儿童还没有认识到互帮互助的重要性。要是一个朋友无法满足自己的愿望（如不愿和自己去后院捉迷藏），他们的友谊马上就会中断。

8～10岁的儿童开始意识到朋友的需求，并将友谊看成互惠互利的关系，认为相互信任是友谊的基础，两个人要相互尊重、友好相处。共同的活动对于交朋友是不够的，儿童知道自己的观点、爱好和同伴有同有异，会认为朋友和自己在心理上是相同的。

在青春期早期，尽管许多儿童还认为朋友之间要心理上相似，相互喜欢、帮助、信任，但他们更强调朋友之间要交换私密的想法和情感。他们希望朋友无论什么时候都能为自己辩护，能给予自己亲密的情感支持。可能因为以相互理解和亲近的关系为基础，所以比起儿童前期的个体，儿童晚期和青春期的个体认为亲密的友谊更为重要和稳定持久。

随着角色采择能力的增长，儿童的友谊概念也从朋友是“带给我好处的”单维、自我中心的观点，变为和谐、互惠的观点，认为朋友之间要相互理解，乐于为对方提供情感支援以及其他帮助。

参考文献

［1］张春兴．现代心理学［M］．上海：上海人民出版社，2005．

［2］黄希庭．心理学导论［M］．北京：人民教育出版社，2001．

［3］彭聃龄．普通心理学［M］．北京：北京师范大学出版社，2004．

［4］章志光．心理学［M］．北京：人民教育出版社，2002．

［5］范安平，程巍．新编心理学［M］．上海：华东师范大学出版社，2009．

［6］郭永玉，王伟．心理学导引［M］．武汉：华中师范大学出版社，2007．

［7］叶奕乾，孔克勤．个性心理学［M］．上海：华东师范大学出版社，1993．

［8］郑雪．人格心理学［M］．广州：暨南大学出版社，2001．

［9］郑日昌．中学生心理咨询［M］．济南：山东教育出版社，1994．

［10］陈琦．教育心理学［M］．北京：北京师范大学出版社，1997．

［11］章志光，金盛华．社会心理学［M］．北京：人民教育出版社，2008．

［12］张春兴．教育心理学［M］．杭州：浙江教育出版社，1998．

［13］马莹，黄晞建．大学生心理卫生与咨询［M］．北京：人民卫生出版社，2012．

［14］高玉祥．健全人格及其塑造［M］．北京：北京师范大学出版社，1997．

［15］路海东．教育心理学［M］．长春：东北师范大学出版社，2002．

［16］贺新宇．黄远春．心理学［M］．成都：西南交通大学出版社，2009．

［17］樊豫陇．心理学［M］．郑州：河南科学技术出版社，2007．

［18］BURGER J M. 人格心理学［M］．陈会昌，译．北京：中国轻工业出版社，2000．

［19］张厚璨．心理学［M］．天津：南开大学出版社，2002．

［20］江光荣，吴才智．大学生心理健康教育［M］．武汉：华中师范大学出版社，2012．

［21］敬义伦．大学生心理知识与心理健康教育［M］．长春：吉林人民出版社，2009．

［22］郑日昌．大学生心理健康——自主与自助手册［M］．北京：高等教育出版社，2007．

［23］廖桂芳．心理咨询理论与实践［M］．成都：电子科技大学出版社，2005．

［24］姚本先．咨询心理学导论［M］．北京：中国科学技术出版社，2005．

［25］黄希庭，郑涌．大学生心理健康与咨询［M］．北京：高等教育出版社，2007．

［26］姚萍．大学生心理健康与咨询［M］．北京：北京大学出版社，2010．

［27］NYSTUL M S. 心理咨询入门：艺术与科学的视角［M］．张敏，译．北京：高等教育出版社，2007．

[28] GERALD G. 心理咨询与治疗的理论及实践［M］. 谭晨，译. 北京：中国轻工业出版社，2010.
[29] 王甦，汪安圣. 认知心理学［M］. 北京：北京大学出版社，1992.
[30] 伍新春. 高等教育心理学［M］. 北京：高等教育出版社，1999.
[31] 施方良. 学习论［M］. 北京：人民教育出版社，1994.
[32] GAGNE R M. 学习的条件和教学论［M］. 皮连生，译. 上海：华东师范大学出版社，1991.
[33] BEST J B. 认知心理学［M］. 黄希庭，译. 北京：中国轻工业出版社，2000.
[34] 埃利奥特·阿伦森. 社会性动物［M］. 郑日昌，译. 北京：新华出版社，2001.
[35] 梁宁建. 当代认知心理学［M］. 上海：上海教育出版社，2003.
[36] 莫雷. 教育心理学［M］. 广州：广东高等教育出版社，2002.
[37] 刘电芝. 学习策略研究［M］. 北京：人民教育出版社，1999.
[38] 连榕. 现代学习心理辅导［M］. 福州：福建教育出版社，2001.
[39] STERNBERG R J. 思维教学［M］. 赵海燕，译. 北京：中国轻工业出版社，2001.
[40] ZIMMERMAN B J. 自我调节学习［M］. 姚梅林，译. 北京：中国轻工业出版社，2001.
[41] PARIS S G. 培养反思力［M］. 袁坤，译. 北京：中国轻工业出版社，2001.
[42] 郑日昌，戴艳. 小学生健康教育［M］. 北京：高等教育出版社，2004.
[43] 郑全全，俞国良. 人际关系心理学［M］. 北京：人民教育出版社，1999.
[44] 郭黎岩. 心理学［M］. 南京：南京大学出版社，2002.
[45] 梁宁建. 基础心理学［M］. 北京：高等教育出版社，2004.
[46] 皮连生. 学与教的心理学［M］. 上海：华东师范大学出版社，2009.
[47] 郭秀艳，杨治良. 基础实验心理学［M］. 北京：高等教育出版社，2005.
[48] 林崇德. 发展心理学［M］. 北京：人民教育出版社，2009.
[49] 李晓东. 小学生心理学［M］. 北京：人民教育出版社，2003.
[50] 张向葵，刘秀丽. 发展心理学［M］. 长春：东北师范大学出版社，2002.
[51] 边玉芳. 儿童心理学［M］. 杭州：浙江教育出版社，2009.
[52] SHAFFER D R，KIPP K. 发展心理学［M］. 邹泓，译. 北京：中国轻工业出版社，2011.
[53] SMITH P K，COWIE H，BLADES M. 理解孩子的成长［M］. 寇彧，译. 北京：人民邮电出版社，2006.